目 录

专题一 民事诉讼与民事诉讼法···（1）
    考点1　民事诉讼与民事诉讼法　/1
专题二 民事诉讼法的基本原则与基本制度···（1）
    考点2　民事诉讼基本原则　/1
    考点3　民事诉讼基本制度　/4
专题三 诉···（6）
    考点4　诉讼标的　/6
    考点5　诉的分类　/6
    考点6　反诉　/7
    考点7　诉的合并与分离　/8
专题四 主管与管辖···（9）
    考点8　管辖概述　/9
    考点9　级别管辖　/9
    考点10　地域管辖　/10
    考点11　选择管辖与裁定管辖　/12
    考点12　管辖权异议　/13
专题五 当事人···（14）
    考点13　当事人概述（当事人能力、当事人适格、当事人权利义务）　/14
    考点14　原告、被告和第三人　/15
    考点15　共同诉讼　/19
    考点16　诉讼代表人　/20
专题六 诉讼代理人···（21）
    考点17　委托诉讼代理人　/21
    考点18　法定诉讼代理人　/21
专题七 民事证据···（22）
    考点19　证据的种类（法定分类）　/22
    考点20　证据的分类（理论分类）　/24
    考点21　证据保全　/26
专题八 民事诉讼中的证明···（26）
    考点22　证明对象　/26
    考点23　证明责任与证明标准　/28
    考点24　证明程序之一：举证期限　/30
    考点25　证明程序之二：法院调查收集证据　/31
    考点26　证明程序之三：质证与证据的认定　/31

专题九 人民法院调解 …………………………………………………………（33）
　　考点27　法院调解 / 33
　　考点28　诉讼和解 / 34

专题十　期间、送达 ……………………………………………………………（35）
　　考点29　期间 / 35
　　考点30　送达 / 35

专题十一　保全和先予执行 ……………………………………………………（37）
　　考点31　保全制度 / 37
　　考点32　先予执行 / 38

专题十二　对妨害民事诉讼行为的强制措施 …………………………………（39）
　　考点33　对妨害民事诉讼行为的强制措施 / 39

专题十三　普通程序 ……………………………………………………………（39）
　　考点34　起诉与受理 / 39
　　考点35　开庭审理 / 40
　　考点36　撤诉和缺席判决 / 41
　　考点37　诉讼阻碍（延期审理、诉讼中止与终结） / 42
　　考点38　一审判决、裁定与决定 / 43

专题十四　简易程序 ……………………………………………………………（44）
　　考点39　简易程序 / 44
　　考点40　小额诉讼程序 / 46

专题十五　第二审程序 …………………………………………………………（47）
　　考点41　上诉的提起与受理 / 47
　　考点42　二审审理程序 / 48
　　考点43　二审的判决与裁定 / 50

专题十六　审判监督程序 ………………………………………………………（51）
　　考点44　再审的启动 / 51
　　考点45　再审审理程序 / 54

专题十七　公益诉讼与第三人撤销之诉 ………………………………………（56）
　　考点46　公益诉讼 / 56
　　考点47　第三人撤销之诉 / 57

专题十八　特别程序 ……………………………………………………………（58）
　　考点48　特别程序 / 58

专题十九　督促程序 ……………………………………………………………（60）
　　考点49　督促程序 / 60

专题二十　公示催告程序 ………………………………………………………（61）
　　考点50　公示催告程序 / 61

专题二十一　执行程序 …………………………………………………………（63）
　　考点51　执行程序 / 63

专题二十二　涉外民事诉讼程序 ………………………………………………（68）
　　考点52　涉外民事诉讼程序 / 68

专题二十三　仲裁与仲裁法概述 ………………………………………………（70）
　　考点53　仲裁与仲裁法概述 / 70

专题二十四　仲裁协议 ·· （71）
　　考点 54　仲裁协议　/71
专题二十五　仲裁程序 ·· （74）
　　考点 55　仲裁的申请、受理与审理程序　/74
　　考点 56　仲裁调解、和解与裁决　/75
专题二十六　申请撤销仲裁裁决 ·· （75）
　　考点 57　申请撤销仲裁裁决　/75
专题二十七　仲裁裁决的执行与不予执行 ·· （76）
　　考点 58　仲裁裁决的执行与不予执行　/76

法律文件简称对照表

简称	全称
民诉解释	最高人民法院关于适用《中华人民共和国民事诉讼法》的解释
调解规定	最高人民法院关于人民法院民事调解工作若干问题的规定
民诉证据规定	最高人民法院关于民事诉讼证据的若干规定
民法典婚姻家庭编解释（一）	最高人民法院关于适用《中华人民共和国民法典》婚姻家庭编的解释（一）
民法典担保制度解释	最高人民法院关于适用《中华人民共和国民法典》有关担保制度的解释
公司法解释（二）	最高人民法院关于适用《中华人民共和国公司法》若干问题的规定（二）
行政诉讼证据规定	最高人民法院关于行政诉讼证据若干问题的规定
审判监督解释	最高人民法院关于适用《中华人民共和国民事诉讼法》审判监督程序若干问题的解释
简易程序规定	最高人民法院关于适用简易程序审理民事案件的若干规定
诉讼时效规定	最高人民法院关于审理民事案件适用诉讼时效制度若干问题的规定
执行程序解释	最高人民法院关于适用《中华人民共和国民事诉讼法》执行程序若干问题的解释
举证时限规定的通知	最高人民法院关于适用《关于民事诉讼证据的若干规定》中有关举证时限规定的通知
执行和解规定	最高人民法院关于执行和解若干问题的规定
执行担保规定	最高人民法院关于执行担保若干问题的规定
仲裁法解释	最高人民法院关于适用《中华人民共和国仲裁法》若干问题的解释

民事诉讼法与仲裁制度 [答案详解]

专题一 民事诉讼与民事诉讼法

考点1 民事诉讼与民事诉讼法
1. 民事纠纷的解决方式[AD]

[解析]《劳动争议调解仲裁法》第5条规定:"发生劳动争议,当事人不愿协商、协商不成或者达成和解协议后不履行的,可以向调解组织申请调解;不愿调解、调解不成或者达成调解协议后不履行的,可以向劳动争议仲裁委员会申请仲裁;对仲裁裁决不服的,除本法另有规定的外,可以向人民法院提起诉讼。"本题中,甲公司不履行调解协议,黄某可以向劳动争议仲裁委员会申请仲裁,故A项正确;对仲裁裁决不服的,才可向法院起诉,故B项错误。

《人民调解法》第33条规定:"经人民调解委员会调解达成调解协议后,双方当事人认为有必要的,可以自调解协议生效之日起三十日内共同向人民法院申请司法确认……人民法院依法确认调解协议有效,一方当事人拒绝履行或者未全部履行的,对方当事人可以向人民法院申请强制执行……"经过司法确认的调解协议才具有强制执行效力,本题中的调解协议并未经过司法确认,故C项错误。

《劳动争议调解仲裁法》第16条规定:"因支付拖欠劳动报酬、工伤医疗费、经济补偿或者赔偿金事项达成调解协议,用人单位在协议约定期限内不履行的,劳动者可以持调解协议书依法向人民法院申请支付令。人民法院应当依法发出支付令。"本题属于拖欠劳动报酬案件,黄某可向法院申请支付令,故D项正确。

2. 民事纠纷解决机制[ABD]

[解析]《民事诉讼法》第53条规定:"双方当事人可以自行和解。"如调解委员会调解失败,当事人可以和解方式解决。故A项正确。

《人民调解法》第26条规定:"人民调解员调解纠纷,调解不成的,应当终止调解,并依据有关法律、法规的规定,告知当事人可以依法通过仲裁、行政、司法等途径维护自己的权利。"当事人可以协商一致,共同申请人民调解委员会调解。调解不成,可以告知当事人通过司法途径维护自己的权利。故B、D项正确。

本案中,虽然当事人在合同中约定,如因合同履行发生争议,可向B市东城区仲裁委员会仲裁,但B县和不设区的市没有民商事仲裁机构,所以本案属于约定了根本不存在的仲裁机构,仲裁协议无效,则无法申请仲裁。故C项错误。

法条变更	《中华人民共和国民事诉讼法》根据2023年9月1日第十四届全国人民代表大会常务委员会第五次会议《关于修改〈中华人民共和国民事诉讼法〉的决定》第五次修正

专题二 民事诉讼法的基本原则与基本制度

考点2 民事诉讼基本原则
3. 在线诉讼原则[D]

[解析]《民事诉讼法》第16条第1款规定,经当事人同意,民事诉讼活动可以通过信息网络平台在线进行。据此,法院适用在线方式审理案件,必须获得当事人同意,不同意的当事人,对其应适用线下方式审理。甲不同意在线质证,对其应采用线下质证方式,而非认为甲放弃了质证的权利,法院的做法属于变相强迫甲接受在线诉讼,这显然直接违反了在线诉讼原则。故D项正确。

同等、对等原则仅适用于外国人,根据《民事诉讼法》第5条规定,外国当事人在中国起诉、应诉,同中国当事人有同等的诉讼权利义务。外国法院对中国当事人的民事诉讼权利加以限制的,中国法院对该国当事人进行同等限制,实行对等原则。本案中没有外国人参与,不涉及同等、对等原则。故A、B项错误。

平等原则要求当事人在诉讼中权利义务相同或者相对应,本案中法院的做法并没有破坏当事人之间的平等地位,与该原则无关,故C项错误。

4. 在线诉讼原则[C]

[解析]《民事诉讼法》第16条第1款规定了在线诉讼原则,经当事人同意,民事诉讼活动可以通过信息网络平台在线进行。注意,此处并未规定须经双方当事人同意,也就是说,谁同意谁就适用在线诉讼,不同意的则不能适用。本题中,微尼公司同意线上开庭,黄某不同意线上开庭,则法院应采取对微尼公司线上开庭、对黄某线下开庭的方式审理本案。故A、B项错误,C项正确。**[陷阱点拨]** 对于A项,不要认为互联网法院审理的案件就一律线上开庭。《最高人民

法院关于互联网法院审理案件若干问题的规定》第1条规定："互联网法院采取在线方式审理案件，案件的受理、送达、调解、证据交换、庭前准备、庭审、宣判等诉讼环节一般应当在线上完成。根据当事人申请或者案件审理需要，互联网法院可以决定在线下完成部分诉讼环节。"据此，互联网法院审理案件并非全部在线进行。

互联网法院不存在专属管辖问题，故D项错误。

5. 当事人诉讼权利平等原则［C］

［解析］《民事诉讼法》第8条规定："民事诉讼当事人有平等的诉讼权利。人民法院审理民事案件，应当保障和便利当事人行使诉讼权利，对当事人在适用法律上一律平等。"可见，诉讼权利平等原则是法律面前人人平等原则在民事诉讼中的具体体现。故C项当选。

A项的检察监督原则，强调的主体是检察院，而不是所有平等主体，故A项错误。B项的诚实信用原则，要求当事人和其他诉讼主体在诉讼中诚实守信，主要是对每个诉讼主体行为的规范，而不涉及互相之间权利义务的平等关系。D项的同等原则和对等原则主要处理外国人在华的诉讼地位问题，虽然同等原则说明我国民事诉讼法给予外国人国民待遇，但并不能全面反映法律面前人人平等的内涵。唯有C项的诉讼权利平等原则，其内涵即是"人民法院审理民事案件，应当保障和便利当事人行使诉讼权利，对当事人在适用法律上一律平等"。可见，法律面前人人平等原则是民事诉讼法的平等原则的基础，当事人诉讼权利平等体现了法律面前人人平等原则。

6. 多元化纠纷解决机制［C］

［解析］《民事诉讼法》第209条规定："各级人民法院院长对本院已经发生法律效力的判决、裁定、调解书，发现确有错误，认为需要再审的，应当提交审判委员会讨论决定。最高人民法院对地方各级人民法院已经发生法律效力的判决、裁定、调解书，上级人民法院对下级人民法院已经发生法律效力的判决、裁定、调解书，发现确有错误的，有权提审或者指令下级人民法院再审。"故A项合法。

《调解规定》第1条规定："根据民事诉讼法第九十五条①的规定，人民法院可以邀请与当事人有特定关系或者与案件有一定联系的企业事业单位、社会团体或者其他组织，和具有专门知识、特定社会经验、与当事人有特定关系并有利于促成调解的个人协助调解工作。经各方当事人同意，人民法院可以委托前款规定的单位或者个人对案件进行调解，达成调解协议后，人民法院应当依法予以确认。"派出所民警对民事纠纷进行调解，符合相关的法律规定。故B项合法。

我国民事诉讼法所规定的诉讼代理人分为两类：法定诉讼代理人和委托诉讼代理人。前者是指根据法律规定，代无诉讼行为能力的当事人为诉讼行为的人；后者是指根据当事人或其法定代理人委托，代当事人为诉讼行为的人。也就是说，在我国民事诉讼中，没有指定代理人的情况。另外，按照《民事诉讼法》第62条第1款的规定："委托他人代为诉讼，必须向人民法院提交由委托人签名或者盖章的授权委托书。"如果是委托他人代为调解，按照《民诉解释》第147条的规定："人民法院调解案件时，当事人不能出庭的，经其特别授权，可由其委托代理人参加调解，达成的调解协议，可由委托代理人签名。离婚案件当事人确因特殊情况无法出庭参加调解的，除本人不能表达意志的以外，应当出具书面意见。"综上，当被告下落不明时，法院无权为其指定代理人参加调解。故C项不符合法律规定，当选。

《人民调解法》第17条规定："当事人可以向人民调解委员会申请调解；人民调解委员会也可以主动调解。当事人一方明确拒绝调解的，不得调解。"故D项合法。

法条变更	《最高人民法院关于人民法院民事调解工作若干问题的规定》
	根据2020年12月23日最高人民法院审判委员会第1823次会议通过的《最高人民法院关于修改〈最高人民法院关于人民法院民事调解工作若干问题的规定〉等十九件民事诉讼类司法解释的决定》第二次修正
	《最高人民法院关于适用〈中华人民共和国民事诉讼法〉的解释》
	根据2022年3月22日最高人民法院审判委员会第1866次会议通过的《最高人民法院关于修改〈最高人民法院关于适用《中华人民共和国民事诉讼法》的解释〉的决定》第二次修正

7. 诚信原则［C］

［解析］《民事诉讼法》第13条第1款规定："民事诉讼应当遵循诚信原则。"这就意味着参与民事诉讼的各种主体均应当本着诚实善意的理念行使诉讼权利，实施民事诉讼行为，而不得滥用其诉讼权利。具体而言，诚信原则禁止当事人以欺骗性的方法形成不正当诉讼状态，禁止证人提供虚假证言，因此A项

---

① 现为第98条，编者注。

中"当事人以欺骗的方法形成不正当诉讼状态","欺骗的方法"显然是不诚信的。B项中"证人故意提供虚假证言",也是不诚信的。

C项中"法院根据案件审理情况对当事人提供的证据不予采信",是诚信原则的体现。对此,《民事诉讼法》第68条规定:"当事人对自己提出的主张应当及时提供证据。人民法院根据当事人的主张和案件审理情况,确定当事人应当提供的证据及其期限……"由此可见,法院对当事人提供的证据是否采信,要根据诚信原则,以案件审理情况为依据,而不能"任意进行取舍或否定",D项中法院对当事人提出的证据任意进行取舍或否定,是有违诚信原则的。

8. 民事诉讼基本原则[C]

[解析]《民事诉讼法》第5条规定:"外国人、无国籍人、外国企业和组织在人民法院起诉、应诉,同中华人民共和国公民、法人和其他组织有同等的诉讼权利义务。外国法院对中华人民共和国公民、法人和其他组织的民事诉讼权利加以限制的,中华人民共和国人民法院对该国公民、企业和组织的民事诉讼权利,实行对等原则。"外国人在我国进行民事诉讼时,与中国人享有同等的诉讼权利义务,体现的是同等原则。故A项错误。

法院未根据当事人的自认进行事实认定,违反辩论原则,因为辩论原则针对事实问题,而处分原则针对诉讼标的、诉讼请求,并非所有的事项均可适用自认。《民诉解释》第92条规定:"一方当事人在法庭审理中,或者在起诉状、答辩状、代理词等书面材料中,对于己不利的事实明确表示承认的,另一方当事人无需举证证明。对于涉及身份关系、国家利益、社会公共利益等应当由人民法院依职权调查的事实,不适用前款自认的规定。自认的事实与查明的事实不符的,人民法院不予确认。"因此,当事人处分权的行使,法院可以进行必要的干预。如果当事人对涉及身份关系的事实进行自认,法院可以不根据当事人的自认进行事实认定,这并不违反处分原则。故B项错误。

《民诉证据规定》第53条规定:"诉讼过程中,当事人主张的法律关系性质或者民事行为效力与人民法院根据案件事实作出的认定不一致的,人民法院应当将法律关系性质或者民事行为效力作为焦点问题进行审理。但法律关系性质对裁判理由及结果没有影响,或者有关问题已经当事人充分辩论的除外。存在前款情形,当事人根据法庭审理情况变更诉讼请求的,人民法院应当准许并可以根据案件的具体情况重新指定举证期限。"据此,当事人主张的法律关系与法院根据案件事实作出的认定不一致时,当事人可以变更诉讼请求,故C项正确。

《民事诉讼法》第15条规定:"机关、社会团体、企业事业单位对损害国家、集体或者个人民事权益的行为,可以支持受损害的单位或者个人向人民法院起诉。"因此,支持起诉是向受损害的单位或者个人提供帮助,而不是代替他们直接去起诉。故D项错误。

法条变更	《最高人民法院关于民事诉讼证据的若干规定》 根据2019年10月14日最高人民法院审判委员会第1777次会议《关于修改〈关于民事诉讼证据的若干规定〉的决定》修正,自2020年5月1日起施行

9. 民事诉讼法的基本原则[D]

[解析] 处分原则是指民事诉讼当事人在法律规定的范围内,自由支配自己依法享有的民事权利和诉讼权利的准则。处分原则的核心在于强调当事人行使诉讼权利的自治性,因此,当事人决定是否委托代理人代为进行诉讼是处分原则的体现。故A项错误。

当事人的诉讼权利平等在民事诉讼中表现为双方当事人享有相同的诉讼权利和对等的诉讼权利。因此,当事人均有权委托代理人代为进行诉讼是平等原则的体现。故B项错误。

平等原则与同等原则适用的区别在于平等原则侧重于解决原告与被告行使诉讼权利的平等性;而同等原则则侧重于给外国当事人以国民的待遇。因此,原告与被告在诉讼中有一些不同但相对等的权利应为平等原则的体现。故C项错误。

法院调解应当遵循自愿合法的原则。因此,当事人达成调解协议不仅要自愿,内容也不得违法,是法院调解自愿和合法原则的体现。故D项正确。

10. 民事诉讼基本原则和制度[ABC]

[解析] 正确解答本题的关键在于准确理解一审和二审处理内容的关系。在一审中,王某提起的离婚诉讼本身包含了解除婚姻关系、共同财产的分割以及子女抚养关系的确定,一审法院判决不准离婚。王某不服提出上诉,只能涉及对判决不准予离婚的不同意见,而不会涉及一审未予判决内容的财产分割与子女抚养问题的上诉,当事人在二审中也就不会就此问题进行辩论,而二审法院对财产分割与子女抚养一并作出判决,不仅违反了处分原则,不当干预了当事人的私权处分,而且也违反了辩论原则。故A、B项正确。

两审终审制是指某一案件经过两级人民法院审判后即告终结的制度。根据《民诉解释》第327条第1款的规定,一审判决不准离婚的案件,上诉后,第二审人民法院认为应当判决离婚的,可以根据当事人自愿的原则,与子女抚养、财产问题一并调解,调解不成的,发回重审。司法解释之所以作此规定,其目的就在于保证当事人对财产分割与子女抚养问题的上诉权。因此，本题中，二审法院的正确做法应当是根据当事人自愿的原则，与子女抚养、财产问题一并调解，调解不成的，发回重审，而不能直接作出二审判决，否则就侵犯了当事人上诉的权利，违反了民事诉讼法两审终审制度。故C项正确。

回避制度是指审判人员具有法定情形，必须回避，不参与案件审理的制度。本题没有涉及法定的审判人员应回避事项，因此，二审法院并没有违反回避制度。故D项错误。

11. 处分原则[A]

[解析] 处分原则指民事诉讼当事人在诉讼进行中，在法律许可的范围内，有权处置自己的民事实体权利和民事诉讼权利。本题中，甲、乙两人并未要求丙支付利息，一审法院却主动判决丙支付利息，这是对甲、乙两人处分权利的侵犯，违反了民事诉讼的处分原则。故A项正确。

辩论原则指双方当事人在人民法院主持下，有权就案件事实和适用法律等有争议的问题，陈述各自的主张和意见，相互进行反驳和答辩，以维护自己的合法民事权益。本题题干未体现出违背民事诉讼的辩论原则。故B项错误。

当事人诉讼权利平等原则，是指在民事诉讼中，当事人平等地享有和行使诉讼权利。本题一审法院并没有违反这一原则。故C项错误。

同等原则，是指外国人、无国籍人、外国企业和组织在我国人民法院起诉、应诉，同我国公民、法人和其他组织有同等的诉讼权利和义务。本题一审法院的判决并不涉及对同等原则的违背。故D项错误。

12. 辩论原则[BD]

[解析] 辩论原则是指在人民法院主持下，当事人有权就案件事实和争议问题，各自陈述自己的主张和根据，互相进行反驳和答辩，以维护自己的合法权益。

《民事诉讼法》第12条规定："人民法院审理民事案件时，当事人有权进行辩论。"辩论的适用贯穿整个民事诉讼审判程序的始终，除执行程序、特别程序、督促程序与公示催告程序外，在一审程序、二审程序和审判监督程序中，都应当贯彻辩论原则，允许当事人行使辩论权。故A项错误。

辩论的形式包括言辞辩论和书面辩论。言辞辩论是主要的辩论形式，主要集中在法庭审理阶段。书面辩论，主要在其他场合进行。当事人向法院提出起诉状和答辩状是以书面方式辩论。故B项正确。

辩论权的行使主体是诉讼当事人，不包括证人。故C项错误。

督促程序是一种非讼程序，在整个程序过程中，只有一方当事人，没有对方当事人，无法辩论，不适用辩论原则。故D项正确。

13. 民事诉讼基本原则[B]

[解析] 民事诉讼实行"不告不理"原则，尽管事实上乙逾期还款应该偿还利息，但此项请求是否提出是原告自己的权利，法院不能擅自运用公权力站在一方当事人的立场而侵害另一方当事人的权利。故A项错误。

处分原则指民事诉讼当事人有权在法律规定的范围内，处分自己的民事权利和诉讼权利。本案中原告的诉讼请求仅限于要求偿还本金2万元，并没要求偿还利息，但法院却超过原告诉讼请求，判决偿还本金和利息，违反了处分原则。故B项正确。

辩论原则指在法院主持下，当事人有权就案件事实和争议问题陈述、反驳对方，进行答辩，以维护自己的合法权益。本题案件事实不涉及辩论原则。故C项错误。

本题不涉及平等原则，D项错误。

考点3 民事诉讼基本制度

14. 合议制度；简易程序[AD]

[解析] 根据《民诉解释》第257条第2项规定，发回重审的案件，不适用简易程序。故排除B项。

《民事诉讼法》第41条第3款规定："发回重审的案件，原审人民法院应当按照第一审程序另行组成合议庭。"据此，案件发回重审后，应当另行组成合议庭审理，原审审判人员不能参与合议庭组成。故A项正确，C项错误。

《民事诉讼法》第40条第1款规定："人民法院审理第一审民事案件，由审判员、人民陪审员共同组成合议庭或者由审判员组成合议庭。合议庭的成员人数，必须是单数。"本案发回重审后，适用一审程序，人民陪审员可以参与合议庭审理。故D项正确。

15. 合议制度[D]

[解析] 《民事诉讼法》第41条第3款规定："发回重审的案件，原审人民法院应当按照第一审程序另行组成合议庭。"由此可知，无论案件一审是适用的普通程序还是简易程序，二审法院裁定发回重审的，原审法院应当另行组成合议庭审理。故A项错误。

《民事诉讼法》第41条第4款规定："审理再审案件，原来是第一审的，按照第一审程序另行组成合议庭；原来是第二审的或者是上级人民法院提审的，按照第二审程序另行组成合议庭。"据此，法院审理再审案件只能组成合议庭审理。故B项错误。

《民事诉讼法》第40条规定："人民法院审理第一审民事案件，由审判员、人民陪审员共同组成合议庭或者由审判员组成合议庭……基层人民法院审理的基本事实清楚、权利义务关系明确的第一审民事案件,可以由审判员一人适用普通程序独任审理……"据此可知,审判组织的组织形式由法院决定,无需当事人同意;此外,基层法院有权决定由审判员一人适用普通程序独任审理,无需上级法院批准。故C项错误。

根据《民事诉讼法》第185条的规定,法院审理选民资格案件或者重大、疑难案件,由审判员组成合议庭审理。这是对适用特别程序审理选民资格案件适用合议制的一个特殊规定。故D项正确。

16. 回避的适用情形;决定权以及当事人对回避决定的救济权利[A]

[解析]《民诉解释》第43条规定,审判人员是本案当事人近亲属的,当事人有权申请其回避;此外,根据《民事诉讼法》第48条第1款的规定,回避事由在案件开始审理后知道的,也可以在法庭辩论终结前提出。故A项正确。

《民事诉讼法》第48条第2款规定:"被申请回避的人员在人民法院作出是否回避的决定前,应当暂停参与本案的工作,但案件需要采取紧急措施的除外。"故B项错误。

根据《民事诉讼法》第49条的规定,审判人员的回避,由院长决定。故C项错误。

根据《民事诉讼法》第50条的规定,申请人对回避决定不服的,可以在接到决定时申请复议一次。故D项错误。

17. 公开审判[C]

[解析] 公开审判制度是指人民法院审理民事案件,除法律规定的情况外,审判过程及结果应当向群众、社会公开。《民事诉讼法》第137条规定:"人民法院审理民事案件,除涉及国家秘密、个人隐私或者法律另有规定的以外,应当公开进行。离婚案件,涉及商业秘密的案件,当事人申请不公开审理的,可以不公开审理。"

本题就属于涉及商业秘密的案件。首先,法律并没有规定要双方当事人共同申请,只需一方当事人申请即可。故A项错误。其次,本题并不是涉及国家秘密、个人隐私的案件,因此不属于法定不公开的案件,涉及商业秘密的案件属于依申请可以不公开审理的案件,当事人仅有申请权,最终的决定权属于法院。故B项错误。最后,《民事诉讼法》第151条第1款规定:"人民法院对公开审理或者不公开审理的案件,一律公开宣告判决。"因此,无论公开审理的案件,还是不公开审理的案件,宣判时都要一律公开。本题中,法院可以根据当事人的申请不公开审理此案,但应当公开宣判。故C项正确。最后,本案属于可申请不公开审理的案件,"法院应当公开审理"的表述不准确。故D项错误。

18. 回避[C]

[解析]《民事诉讼法》第49条规定:"院长担任审判长或者独任审判员时的回避,由审判委员会决定;审判人员的回避,由院长决定;其他人员的回避,由审判长或者独任审判员决定。"因此,回避的决定权包括三种情况:院长担任审判长或者独任审判员时的回避,由审判委员会决定;审判人员(含陪审员)的回避,由院长决定;其他人员(包括书记员、翻译人员、鉴定人、勘验人四类)的回避,由审判长或者独任审判员决定。可见,只有在院长担任审判长的情形下,其回避才由审委会决定,若由其他审判人员担任审判长,其回避应由院长决定。故A项错误。陪审员属于审判人员,其回避应由院长决定。故B项错误。翻译人员的回避应由审判长决定。故D项错误。【特别提醒】审判人员包括审判长、审判员、代理审判员和人民陪审员。人民陪审员属于审判人员,不属于其他人员。

《民事诉讼法》第50条规定:"人民法院对当事人提出的回避申请,应当在申请提出的三日内,以口头或者书面形式作出决定。申请人对决定不服的,可以在接到决定时申请复议一次。复议期间,被申请回避的人员,不停止参与本案的工作。人民法院对复议申请,应当在三日内作出复议决定,并通知复议人。"故C项正确。

19. 合议庭的评议方式和对不同意见的处理[D]

[解析]《民事诉讼法》第45条规定:"合议庭评议案件,实行少数服从多数的原则。评议应当制作笔录,由合议庭成员签名。评议中的不同意见,必须如实记入笔录。"《人民陪审员法》第23条第1款规定:"合议庭评议案件,实行少数服从多数的原则。人民陪审员同合议庭其他组成人员意见分歧的,应当将其意见写入笔录。"据此,审判长意见与多数意见不同的,应当以多数意见为准判决,而不是按照审判长的意见作判决。故A项错误。陪审员作为审判人员,享有同审判员一样的权利,若其意见成为多数意见,是应当按照多数意见作判决,而不是可以按照陪审员的意见作判决。故B项错误。审判人员的不同意见均须写入笔录。故D项正确。

《最高人民法院关于人民法院合议庭工作的若干规定》第12条规定:"合议庭应当依照规定的权限,及时对评议意见一致或者形成多数意见的案件直接作出判决或者裁定。但是对于下列案件,合议庭应当提请院长决定提交审判委员会讨论决定:……(三)合议庭在适用法律方面有重大意见分歧的;……"因此,合议庭意见存在分歧的,一般性意见分歧,仍遵循少数服从多数原则。如果属于适用法律方面有重大意见分歧的,合议庭应当提请院长决定提交审判委员会讨论决定。无论哪种情形,院长都没有审查决定权。故C项错误。

20. 审判组织[BCD]

[解析]《民事诉讼法》第41条第4款规定:"审理再审案件,原来是第一审的,按照第一审程序另行组成合议庭;原来是第二审的或者是上级人民法院提审的,按照第二审程序另行组成合议庭。"再审程序也可能是一审程序,而一审合议庭可由审判员与人民陪审员共同组成合议庭。故A项错误。

《民事诉讼法》第41条第3款规定:"发回重审的案件,原审人民法院应当按照第一审程序另行组成合议庭。"故B项正确。

《民事诉讼法》第185条规定:"依照本章程序审理的案件,实行一审终审。选民资格案件或者重大、疑难的案件,由审判员组成合议庭审理;其他案件由审判员一人独任审理。"特别程序不是诉讼程序,所以不能有人民陪审员参加。故C项正确。

《民事诉讼法》第40条第1款规定:"人民法院审理第一审民事案件,由审判员、人民陪审员共同组成合议庭或者由审判员组成合议庭……"第41条第1款规定:"人民法院审理第二审民事案件,由审判员组成合议庭……"故D项正确。

专题三 诉

考点4 诉讼标的

21. 诉讼标的和诉讼请求的关系[A]

[解析] 诉讼标的是指当事人之间发生争议并请求法院作出裁判的实体法律关系。诉讼请求是指基于诉讼标的,原告向法院提出的具体的要求。杨某起诉要求朱某归还本金、支付利息和罚息,是三个具体的诉讼请求,但这三个诉讼请求都是基于杨某和朱某之间的借款合同关系这一诉讼标的。故本案中存在三个诉讼请求,但仅仅只有一个诉讼标的,即杨某和朱某之间的借款合同关系。综上所述,本题A项正确。【总结提示】诉讼标的 VS 诉讼请求:(1)诉讼标的又称之为诉的客体,是法院裁判的对象。在诉讼中一般不允许任意变更诉讼标的,但是允许在不变更诉讼标的的前提下增加、变更诉讼请求。(2)诉讼标的是当事人争议的实体权利义务关系,诉讼请求是原告基于该法律关系向法院提出的具体要求。基于同一个诉讼标的,原告可以提出若干不同的诉讼请求。

22. 诉讼标的与诉讼请求[C]

[解析] 诉讼标的是指当事人之间发生争执而要求法院作出裁判的民事权利义务关系。本案的诉讼标的是房屋租赁法律关系,没有发生变更,因此不能作为诉讼标的的变更另案审理。在诉讼过程中,诉讼标的不允许任意变更。因为变更诉讼标的实际上是要求法院对一个新的民事法律关系进行裁判。但在不变更诉讼标的的前提下可以增加诉讼标的的金额。

本案中,诉讼标的是房屋租赁法律关系,甲基于房屋租赁法律关系要求法院作出乙支付半年房租6000元的判决。后因情势变更,甲基于房屋租赁法律关系要求法院作出要求乙增加房租至7000元的判决。诉讼标的未曾改变,仅诉讼请求增加,法院应当继续审理案件。故C项正确,A、B、D项错误。

23. 诉讼标的[D]

[解析] 诉讼标的是指当事人之间发生争执而要求法院作出裁判的民事权利义务关系。本题中王某要求刘某不为某种行为(不得将垃圾袋放在家门口,以保证自家的正常通行和维护环境卫生),属于给付之诉,因此王某与刘某之间的相邻关系为本案的诉讼标的。故D项正确。A、B、C项均错误。

考点5 诉的分类

24. 诉的分类[CD]

[解析] 确认之诉,是指原告请求法院确认与被告之间是否存在某种民事法律关系的诉。确认之诉的客体是法律关系,不包括事实和事实关系。确认乙公司是否违规使用设备属于对事实的确认,不属于确认之诉,故A项错误。

形成之诉,又称变更之诉,是指原告请求法院以判决改变或消灭既存的某种民事法律关系的诉。合同解除权属于形成权,可由权利人直接向对方行使,当然,也可以通过诉讼方式行使。如果通过诉讼方式请求法院解除合同的,不是形成判决,而是一个认定原告是否具有合同解除权的确认判决,故B项错误。【总结提示】起诉撤销合同属于形成之诉,一般情况下的解除合同是确认之诉(因情势变更而解除的除外,因为此种情况下的解除,只能以诉讼或仲裁形式行使)。

给付之诉,是指原告请求法院判令被告向其履行特定给付义务的诉。根据给付内容的不同,给付之诉分为财产给付之诉(请求返还设备)和行为给付之诉(请求支付违约金),故C、D项正确。

25. 诉的要素与诉的种类[D]

[解析] 诉讼标的,是指当事人之间发生争执并要求法院作出裁判的民事权利义务关系。本案中,李某驾车不慎追尾撞坏刘某轿车,刘某向法院起诉要求李某将车修好,诉讼标的是侵权法律关系。在诉讼过程中,刘某变更诉讼请求,诉讼标的仍然是侵权法律关系。该诉的诉讼标的没有发生变更,A项错误。

《民诉解释》第232条规定:"在案件受理后,法庭辩论结束前,原告增加诉讼请求,被告提出反诉,第三人提出与本案有关的诉讼请求,可以合并审理的,人民法院应当合并审理。"在诉讼中,当事人刘某有权变更诉讼请求,B项错误。

变更之诉,又称形成之诉,是指原告请求法院以判决改变或消灭既存的某种民事法律关系的诉。本案没有变更法律关系,不是变更之诉,C项错误。

给付之诉,是指原告请求法院判令被告向其履行某种特定给付义务的诉讼。刘某变更诉讼请求,要求李某赔偿损失并赔礼道歉,这属于给付之诉,D项正确。

26. 诉的分类[C]

[解析] 确认之诉,是指原告请求法院确认其与被告之间是否存在某种民事法律关系的诉。作为确认之诉的对象,只能是法律关系。A项中,认定某公民为无民事行为能力人案件,是法院审理的民事非诉案件,不是解决当事人之间的民事争议,而是确认公民是否享有某种资格,不构成民事诉讼法上的诉。故A项错误。B项中,周某向法院申请宣告自己与吴某的婚姻无效,是请求法院确认其与被告之间是否存在某种民事法律关系的诉,属于消极确认之诉而非变更之诉。故B项错误。

给付之诉,是指原告请求法院判令被告向其履行某种特定给付义务的诉。《民法典婚姻家庭编解释(一)》第89条规定:"当事人在婚姻登记机关办理离婚手续后,以民法典第一千零九十一条规定为由向人民法院提出损害赔偿请求的,人民法院应当受理。但当事人在协议离婚时已经明确表示放弃该项请求的,人民法院不予支持。"C项中,张某在与王某协议离婚后,又向法院起诉,主张离婚损害赔偿,法院应当受理,其诉讼请求构成金钱给付之诉。故C项正确。

变更之诉,又称形成之诉,是指原告请求法院以判决改变或消灭既存的某种民事法律关系的诉。D项中,从表面来看,原告女儿起诉是要求给付抚养费,实际上原告女儿是希望通过诉讼变更与母亲之间抚养关系的内容,因此属于变更之诉。故D项错误。

27. 诉的种类[AB]

[解析] 变更之诉,是指当事人向法院提出的改变或消灭现存的某种法律关系的请求。甲公司请求法院撤销合同,即要求消灭现存的合同关系,因此属于变更之诉。故A项正确。

给付之诉,即当事人向法院提出的要求法院责令义务人履行一定的实体义务,以实现自己合法权益的请求。其可分为物的给付之诉和行为的给付之诉。B项中,甲公司要求乙公司继续履行合同是为请求义务人履行义务,因此为行为的给付之诉,故B项正确。D项中,甲公司的诉讼请求是要求乙公司停止施工,采取措施降低噪音,一个是消极的不作为,一个

是积极的作为,但都是给付之诉,给付的内容为行为,故D项错误。

确认之诉,是指当事人向法院提出的要求确认某种法律关系存在或不存在的诉。确认之诉的客体为法律关系,不包括事实和事实关系。甲请求法院责令乙还款属于物的给付之诉,而不是确认甲、乙之间存在借款关系的确认之诉。故C项错误。

考点6 反诉

28. 反诉[D]

[解析] 对不予受理、驳回起诉、管辖权异议裁定可以上诉。驳回反诉其实是一审法院对反诉作出的驳回起诉裁定,故乙对一审法院驳回反诉的裁定可以提起上诉。

基于反诉的独立性,反诉独立于本诉而存在,不会因为本诉的撤销而撤销,所以甲撤回起诉后,一审法院对于乙提出的反诉应当继续审理。因此,一审法院驳回反诉的裁定错误,二审法院应当裁定撤销原驳回反诉的裁定,指定原审法院继续审理。综上,本题D项正确。

29. 反诉[B]

[解析] 本题考查反诉与反驳的区分。反诉是一个独立的诉,可以不依赖本诉而存在,而反驳不是。可用如下方法区分反诉和反驳:

第一步,找到被告对原告的主张。

第二步,假设没有原告起诉被告,被告能否就自己的主张单独直接向法院起诉:①能够单独起诉,则是独立的诉,为反诉;②不能单独起诉,则不是独立的诉,为反驳。

B项中,即便没有原告起诉被告支付租金,被告也可以直接请求法院确认租赁合同无效,所以该主张是一个独立的诉,是反诉,B项当选。而A、C、D项显然必须依赖于原告请求被告支付租金的请求而提出主张,并非独立的诉,不是反诉。【特别提醒】反诉和反驳都有可能产生抵销或者折抵的法律效果,因此不能以法律效果对二者判断区分。

30. 反诉[AB]

[解析] 反诉,是指在诉讼程序进行中,本诉被告针对本诉原告向法院提出的独立反请求。反诉主要具有以下特点:(1)反诉的主体特定。因为反诉是本诉被告向本诉原告提出请求,因此,反诉的原告只能是本诉的被告,反诉被告为本诉原告。故A项正确。(2)反诉请求独立。反诉是一个独立的请求,并不依附于本诉。(3)反诉的关系牵连性和目的对抗性。牵连关系包括两者的诉讼请求基于相同的法律关系,两者诉讼请求具有因果关系,两者的诉讼请求基于相同事实。故D项错误。(4)反诉的时间特定。《民诉解释》第232条规定:"在案件受理后,法庭辩论

结束前,原告增加诉讼请求,被告提出反诉,第三人提出与本案有关的诉讼请求,可以合并审理的,人民法院应当合并审理。"因此,反诉提出的时间条件并非答辩期,而是法庭辩论结束前。故 C 项错误。(5)反诉与本诉程序同一。因为反诉必须是本诉被告在诉讼程序进行中针对本诉原告提出,因而反诉与本诉必须适用同一种诉讼程序。故 B 项正确。

31. 反诉[AB]

[解析] 反诉,是指在诉讼程序进行中,本诉被告针对本诉原告向法院提出的独立的反请求。因此,反诉应当向受理本诉的法院提出,且该法院对反诉所涉及的案件也享有管辖权。反诉中的诉讼请求是独立的,它不会因为本诉的撤销而撤销。故 A、B 项正确。

本诉、反诉相互独立,反诉成立并不一定产生本诉诉讼请求被驳回的法律后果,二者的诉讼请求不一定是完全对应的。如甲起诉乙赔偿医疗费,乙反诉甲向其赔礼道歉。故 C 项错误。

"本诉与反诉的当事人具有同一性",这一说法是对的,因为反诉与本诉的当事人具有特定性。但是"当事人在本诉与反诉中诉讼地位是相同的"这一说法不对,因为本诉的被告在反诉中是原告,本诉的原告在反诉中是被告,其诉讼地位并不相同。故 D 项错误。

32. 反诉与反驳[BD]

[解析] 反诉,是指在诉讼程序中,本诉被告针对本诉原告向法院提出的独立的反请求。反诉不同于反驳,反驳是指被告针对原告提出的诉讼请求和理由,从实体上和程序上、从事实上和法律上予以否定或部分否定。反驳不是向原告提出来的独立的诉讼请求,反驳会随原告的撤诉而失去意义,而反诉则不会因原告的撤诉而消失。反诉与反驳最大的区别在于反诉一定是一个诉,并且是不同于本诉的诉,即一个完全独立于本诉的诉。作为一个诉,被告一定会有自己的诉讼请求。与之不同,反驳并不是一个诉,只是对原告诉讼请求的否定,因此反驳中,被告不会有自己的诉讼请求。

本题中,赵刚称其向李强借款是事实,但在2010年1月卖给李强一块玉石,价值5000元,说好用玉石货款清偿借款。当时李强表示同意。这就说明双方当事人已经认可以玉石货款清偿借款,因此,赵刚的该辩称已不是一个对李强所主张借款的否定,而是目的在于抵销借款5000元的独立诉讼请求,即反诉。故 A 项错误,B 项正确。由于反诉是一个独立之诉,被告也可以选择另行提起诉讼。故 C 项错误。

33. 二审反诉的处理[D]

[解析]《民诉解释》第326条规定:"在第二审程序中,原审原告增加独立的诉讼请求或者原审被告提出反诉的,第二审人民法院可以根据当事人自愿的原则就新增加的诉讼请求或者反诉进行调解;调解不成的,告知当事人另行起诉。双方当事人同意由第二审人民法院一并审理的,第二审人民法院可以一并裁判。"本题中,丙提出用房屋修缮款抵销租金的请求,构成反诉,二审法院正确的处理办法是经当事人同意进行调解解决,调解不成的,告知丙另行起诉。故 D 项正确,A、B、C 项错误。

34. 反诉;反驳[A]

[解析] 反诉,是指诉讼程序进行中,本诉被告针对本诉原告向受理本诉的人民法院提出的独立的反请求,因此有无独立性诉讼请求是判断反诉的条件之一。本题中,"被告乙公司向法院主张合同无效,并要求原告甲公司承担合同无效的法律责任"属于一种诉讼请求,与甲公司起诉要求乙公司交付货物这一本诉具有牵连关系。如果乙公司的诉讼请求得到法院支持,就会产生抵销甲公司部分或者全部诉讼请求的效果,因此构成反诉,而并非一种事实主张,更不是一种证据。故 A 项正确,C、D 项错误。

反驳,是指被告用以对抗原告诉讼请求的一种诉讼权利,是被告列举事实和理由来否定原告主张的事实和理由。反诉与反驳具有明显的区别:(1)反诉是一种可以独立存在的诉,具有诉的性质,能够起到抵销或吞并诉讼请求的效果,而反驳则是一种具体的诉讼行为,不是一个独立存在的诉;(2)反诉具有相对独立性,即使原告撤回本诉,也不会影响反诉的存在,而反驳则不同,一旦原告撤回起诉,反驳也就失去了意义;(3)反诉的目的在于抵销或吞并原告诉讼请求,对原告也提出了独立的反请求,而反驳的目的只是否定原告的诉讼请求,没有独立的诉讼请求。结合本题,乙公司的主张能够起到抵销或吞并甲公司诉讼请求的效果,即使甲公司撤回要求乙公司交付货物的诉讼请求,乙公司向法院主张合同无效且应由原告甲公司承担合同无效的法律责任的主张也能够独立存在。由此可见,乙公司的主张构成反诉,而不是反驳。故 B 项错误。

考点7 诉的合并与分离

35. 诉的合并[BD]

[解析] 诉的合并,是指法院将两个或者两个以上的诉合并到一个诉讼程序中审理和裁判。诉的合并分为:

(1)诉的主体的合并,是指数个当事人合并到同一诉讼程序中审理和裁判。主要包括:①必要共同诉讼;②普通共同诉讼;③当事人在诉讼中死亡后,数个继承人承受诉讼。

(2)诉的客体的合并,是指将同一原告对同一被告提起的两个以上的诉,或者本诉与反诉合并到同一程序审理。又区分为单纯合并、预备合并和重叠(选择)合并。

①单纯合并:被合并的数个诉之间不存在牵连关系。如原告既诉请被告返还借款,又诉请被告交付买卖标的物,还诉请被告返还租用的房屋。

②预备合并:原告同时提出两个具有先后顺位的请求(主诉和预备之诉),在主诉请求无法得到满足时,法院要对预备请求进行审理与裁判。此外,命题人认为还有一种情况构成诉的预备合并,即其中一诉是其他诉的先决问题,法院应当先审理该诉,才有可能进一步审理其他各诉。如离婚诉讼中,原告既起诉离婚,又起诉分割共有财产,解除婚姻关系是分割共有财产的先决问题,法院应当先审理离婚之诉,才有必要进一步审理分割共有财产之诉。

③重叠合并(选择合并):诉讼请求相同,而诉讼标的不同,法院应当根据当事人的主张,对诉讼标的的全部进行审理或者择一进行审理。如原告基于买卖关系和票据关系请求判令被告支付同一笔价款,法院可就票据关系或者买卖关系择一审理。

本题中,原告提起了两个请求:一是请求判决撤销乙和丙之间的买卖合同;二是判令丙将买卖合同所涉款项交付给自己。显然,第一个诉是第二个诉的先决条件,只有在法院判决撤销了乙和丙之间的买卖合同的基础上才存在合同款项的返还问题,因此将两个诉合并审理属于诉的预备合并,故 D 项当选。诉的预备合并是诉的客体合并的一种类型,故 B 项当选。

36. 诉的合并[AC]

[解析] 本题中,李强提出的返还欠款 5000 元(借款纠纷)和支付医药费 6000 元(侵权纠纷)是同一原告对同一被告提出的两个独立的诉,且两个诉之间没有牵连关系,属于诉的合并,具体来说属于诉的客体合并中的单纯合并。对此,法院可以视情形分别审理,也可以合并审理,但由于存在无牵连的两个独立的诉,所以法院在审理后应当分别作出判决。故 A、C 项正确,B、D 项错误。【特别提醒】注意本案不是共同诉讼,不能按普通共同诉讼作答。共同诉讼是一方当事人为两人以上,而本案中双方当事人都只有一人,有两个不同的诉讼标的,所以是两个独立的诉。

专题四 主管与管辖

考点8 管辖概述

37. 专门法院管辖;专属管辖;级别管辖;管辖恒定原则[C]

[解析]《民诉解释》第 11 条规定:"双方当事人均为军人或者军队单位的民事案件由军事法院管辖。"因此,军人与非军人之间的民事诉讼,不应由军事法院管辖。故 A 项错误。

《民事诉讼法》第 279 条规定,在中国领域内履行的中外合资经营企业合同纠纷提起的诉讼专属于中国法院管辖,而 B 项是中外合资企业与外国公司之间的合同纠纷,不属于专属管辖的案件。故 B 项错误。

《民诉解释》第 2 条第 1 款规定:"专利纠纷案件由知识产权法院、最高人民法院确定的中级人民法院和基层人民法院管辖。"这一规定是为了平衡中院和基层法院案件负担。故 C 项正确。

根据民事诉讼理论,管辖恒定原则是指人民法院的管辖权在诉讼过程中不受确定管辖因素变化的影响。不动产纠纷由不动产所在地法院管辖属于专属管辖,而不是管辖恒定。故 D 项错误。

考点9 级别管辖

38. 专利纠纷案的管辖[ACD]

[解析]《民诉解释》第 2 条第 1 款规定:"专利纠纷案件由知识产权法院、最高人民法院确定的中级人民法院和基层人民法院管辖。"因此,A、C、D 项正确,B 项错误。

39. 管辖制度;级别管辖[BC]

[解析] 管辖权异议,是指当事人向受诉法院提出的该院对案件无管辖权的主张。考生大多知道地域管辖适用管辖权异议制度。实际上,级别管辖也适用管辖权异议制度。《最高人民法院关于审理民事级别管辖异议案件若干问题的规定》就专门规定了级别管辖异议制度。故 A 项错误。

当事人未依法提出管辖权异议,但受诉人民法院发现其没有级别管辖权的,应当将案件移送有管辖权的人民法院审理。由此可知,移送管辖通常发生在同级法院之间,但有时也发生在上下级法院之间。故 B 项正确。

管辖权转移是指依据上级法院的决定或者同意,将案件的管辖权从原来有管辖权的法院转移至无管辖权的法院,管辖权转移在上下级法院之间进行,而且通常在直接的上下级法院间进行,管辖权转移是裁定管辖,是对级别管辖的变通和个别调整。故 C 项正确。

协议管辖,又称合意管辖或约定管辖,是指双方当事人在民事纠纷发生之前或之后,以书面方式约定特定案件的管辖法院。《民事诉讼法》第 35 条规定:"合同或者其他财产权益纠纷的当事人可以书面协议选择被告住所地、合同履行地、合同签订地、原告住所地、标的物所在地等与争议有实际联系的地点的人民法院管辖,但不得违反本法对级别管辖和专属管辖的规定。"也就是说,当事人不得通过协议变更案件的级别管辖。故 D 项错误。

40. 中级法院管辖案件的范围与审理特点[A]

[解析]《民事诉讼法》第19条规定："中级人民法院管辖下列第一审民事案件：（一）重大涉外案件；（二）在本辖区有重大影响的案件；（三）最高人民法院确定由中级人民法院管辖的案件。"由此可见，中级法院受理的案件，既有一审涉外案件，也有一审非涉外案件。故A项正确。

《民事诉讼法》第41条第1款规定："人民法院审理第二审民事案件，由审判员组成合议庭。合议庭的成员人数，必须是单数。"第40条第1款规定："人民法院审理第一审民事案件，由审判员、人民陪审员共同组成合议庭或者由审判员组成合议庭。合议庭的成员人数，必须是单数。"中院可以作为一审法院，也可以作为二审法院。作为一审法院审理案件时，可以由审判员、人民陪审员共同组成合议庭。故B项错误。

中院作为一审法院，必须开庭。而中院作为二审法院，依《民事诉讼法》第176条第1款规定："第二审人民法院对上诉案件应当开庭审理。经过阅卷、调查和询问当事人，对没有提出新的事实、证据或者理由，人民法院认为不需要开庭审理的，可以不开庭审理。"也就是说，中院审理案件，符合条件，可以不开庭审理。故C项错误。

中院有可能作为二审法院，作所判决是生效判决。对此，《民事诉讼法》第182条规定："第二审人民法院的判决、裁定，是终审的判决、裁定。"但中院也有可能作为一审法院。由于我国民事诉讼实行二审终审制，因此中院作为一审法院所作的判决，并不一定是生效判决。故D项错误。

41. 级别管辖[A]

[解析]《民事诉讼法》第18条规定："基层人民法院管辖第一审民事案件，但本法另有规定的除外。"这实际是将大多数民事案件划归基层法院管辖。故A项正确。

《民事诉讼法》第19条规定："中级人民法院管辖下列第一审民事案件：（一）重大涉外案件；（二）在本辖区有重大影响的案件；（三）最高人民法院确定由中级人民法院管辖的案件。"虽然中级人民法院有权管辖重大涉外案件，但并不能说涉外案件的管辖权全部属于中级人民法院。涉外而不重大的案件，基层人民法院也有管辖权。故B项错误。

《民事诉讼法》第20条规定："高级人民法院管辖在本辖区有重大影响的第一审民事案件。"据此，高级人民法院不能管辖其认为应当由自己审理的案件。故C项错误。

《民事诉讼法》第21条规定："最高人民法院管辖下列第一审民事案件：（一）在全国有重大影响的案件；（二）认为应当由本院审理的案件。"因此，D项中"最高人民法院仅管辖在全国有重大影响的民事案件"的表述错误。故D项错误。

考点10 地域管辖

42. 协议管辖；特殊地域管辖[BC]

[解析]《民诉解释》第30条第1款规定，根据管辖协议，起诉时能够确定管辖法院的，从其约定；不能确定的，依照民事诉讼法的相关规定确定管辖。据此，双方在合同中约定由守约方所在地法院管辖，涉案合同各方当事人是否构成违约属于需要进行实体审理的内容，并非能够在管辖异议程序阶段确定的事实，故"守约方"的约定并不明确，无法依据协议管辖确定管辖法院，协议管辖无效。故D项错误。

本案为合同纠纷，在协议管辖无效的情况下，根据《民事诉讼法》第24条规定，因合同纠纷提起的诉讼，由被告住所地或者合同履行地人民法院管辖。被告乙公司住所地为B区，B区法院有管辖权。又根据《民诉解释》第18条第1款的规定，合同约定履行地点的，以约定的履行地点为合同履行地。本合同中约定的合同履行地为C区，因此C区法院也有管辖权。故B、C项正确。A区法院为原告住所地法院，无管辖权，故A项错误。

43. 协议管辖；特殊地域管辖[B]

[解析]《民诉解释》第33条规定，合同转让的，合同的管辖协议对合同受让人有效，但转让时受让人不知道有管辖协议，或者转让协议另有约定且原合同相对人同意的除外。据此，因丙公司不知道存在补充的管辖协议，因此管辖协议对丙公司无效。《民诉解释》第18条第3款的规定，合同没有实际履行，当事人双方住所地都不在合同约定的履行地的，由被告住所地人民法院管辖。据此，丙公司起诉要求乙公司履行合同，证明合同并未实际履行，双方当事人的住所地均不在约定履行地C区，本案应由被告乙公司住所地B区法院管辖。因此，B项当选。

44. 协议管辖[ACD]

[解析]题干并未明确交代保证人宁某的保证类型，但无论宁某提供的是一般保证还是连带保证，詹某都可以将宁某和曹某作为共同被告提起诉讼。《民法典担保制度解释》第21条第2款规定，债权人一并起诉债务人和担保人的，应当根据主合同确定管辖法院。据此，詹某一并起诉曹某和宁某，应根据借款合同约定向甲法院起诉。故A项正确，B项错误。

无论宁某提供的是一般保证还是连带保证，詹某都可以单独起诉债务人曹某。此时，应依据借款合同约定向甲法院起诉。故C项正确。

若宁某提供的是连带保证，詹某可单独起诉宁某；若宁某提供的是一般保证，詹某起诉曹某未获执行后,亦可单独起诉宁某。根据《民法典担保制度解释》第 21 条第 3 款规定,债权人依法可以单独起诉担保人且仅起诉担保人的,应当根据担保合同确定管辖法院。据此,若詹某单独起诉保证人宁某,应根据保证合同约定向乙法院起诉。故 D 项正确。【特别提醒】注意民法典司法解释的跨学科考查。

45. 管辖[AB]

[解析] 首先,认清题意,朱某住所地为 A 市东区,婚后一直居住在 A 市东区。刘某住所地为 A 市西县,婚后离开住所地住 A 市东区,后又因工作去南县,起诉前其经常居住地为南县。

其次,考生应当对一般地域管辖的原则有正确的理解。根据《民事诉讼法》第 22 条第 1 款的规定,对公民提起的诉讼由被告住所地法院管辖,被告住所地与经常居住地不一致的,由经常居住地法院管辖。对于被告人刘某而言,住所地为其户籍所在地,在本案中被告住所地为西县,但起诉时被告经常居住地为南县。因此,西县法院对该案没有管辖权。故 C 项错误。南县是被告的经常居住地,因而南县法院对该案有管辖权。故 B 项正确。

再次,应当准确把握一般地域管辖的例外情形,《民诉解释》第 12 条第 1 款规定:"夫妻一方离开住所地超过一年,另一方起诉离婚的案件,可以由原告住所地法院管辖。"因此,东区法院对该案也有管辖权。故 A 项正确。

最后,还应当正确理解裁定移送管辖的效力。根据《民事诉讼法》第 37 条的规定,法院受理案件后发现案件不属于本院管辖的,应当移送有管辖权的法院,受移送的法院应当受理;受移送的法院认为对受移送的案件也无管辖权的,应当报请上级法院指定管辖,不得再行移送。因此,西县法院为受移送的人民法院,认为受移送的案件不属于本院管辖的,应当报请上级人民法院指定管辖,不得再自行移送。故 D 项错误。

46.(1)协议管辖[ABCD]

[解析]《民事诉讼法》第 35 条规定:"合同或者其他财产权益纠纷的当事人可以书面协议选择被告住所地、合同履行地、合同签订地、原告住所地、标的物所在地等与争议有实际联系的地点的人民法院管辖,但不得违反本法对级别管辖和专属管辖的规定。"根据此条的规定,就协议管辖中管辖法院的选择由当事人协商确定,只要协议选择的法院与案件有实际联系,均可以认为符合法律的规定。因此,甲公司的住所地在 H 省 K 市 L 区,乙公司的住所地在 F 省 E 市 D 区,甲乙双方签订合同的地点在 B 市 C 区,合同履行地为 W 省 Z 市 Y 区。这四个地点均为与本案争议有实际联系的地点,因此这四个区所在的法院均可以成

为甲乙双方协议选择管辖的对象。而且对这些法院的选择并不违反级别管辖和专属管辖的规定。另外,根据《民诉解释》第 30 条第 2 款的规定,当事人协议选择两个或者两个以上法院的,当事人可以选择其中一个法院起诉。由此规定,在存在多个与案件有实际联系的法院时,即使当事人协议中选择两个或者两个以上法院的,管辖协议仍是有效的。因此,当事人可以选择该四地法院为案件的管辖法院,故 A、B、C、D 项正确。

(2)管辖[BC]

[解析] 在当事人对仲裁协议的效力发生争议时,可以向仲裁委员会申请确认,也可以向仲裁委员会所在地的中级法院申请确认,但这并不意味着仲裁委员会所在法院可以对案件的诉讼行使管辖权。甲公司欲向法院起诉乙公司,因为甲公司和乙公司之间的纠纷是合同纠纷,所以该地法院是否享有管辖权应按照合同纠纷管辖法院的确定规则来确定。《民事诉讼法》第 24 条规定,因合同发生争议,由被告住所地或合同履行地法院管辖。D 区为被告乙公司住所地,Y 区为双方约定的合同履行地。故 B、C 项正确。原告住所地 L 区法院和合同签订地 C 区法院对案件无管辖权。故 A、D 项错误。

47. 协议管辖[AC]

[解析] 本案中,当事人双方签订购货合同,约定若合同的履行发生争议,由原告所在地或者合同签订地的基层法院管辖,是有效的约定。《民事诉讼法》第 35 条规定:"合同或者其他财产权益纠纷的当事人可以书面协议选择被告住所地、合同履行地、合同签订地、原告住所地、标的物所在地等与争议有实际联系的地点的人民法院管辖,但不得违反本法对级别管辖和专属管辖的规定。"此外,《民诉解释》第 30 条第 2 款规定:"管辖协议约定两个以上与争议有实际联系的地点的人民法院管辖,原告可以向其中一个人民法院起诉。"因此,A 县法院作为原告住所地法院有管辖权,C 县法院作为合同签订地法院有管辖权,故 A、C 项正确,B、D 项错误。

48. 公司纠纷诉讼的管辖[C]

[解析]《民事诉讼法》第 27 条规定:"因公司设立、确认股东资格、分配利润、解散等纠纷提起的诉讼,由公司住所地人民法院管辖。"由于云峰公司的住所地在丙县,因此,C 项中的丙县法院对本案有管辖权,其余选项的法院均无管辖权。

49.(1)合同案件地域管辖[AB]

[解析]《民事诉讼法》第 24 条规定:"因合同纠纷提起的诉讼,由被告住所地或者合同履行地人民法院管辖。"由于本案是借款合同纠纷,《民诉解释》第 18 条规定:"合同约定履行地点的,以约定的履行地点

为合同履行地。合同对履行地点没有约定或者约定不明确，争议标的为给付货币的，接收货币一方所在地为合同履行地；交付不动产的，不动产所在地为合同履行地；其他标的，履行义务一方所在地为合同履行地。即时结清的合同，交易行为地为合同履行地。合同没有实际履行，当事人双方住所地都不在合同约定的履行地的，由被告住所地人民法院管辖。"如果债务人赵刚还钱，债权人李强是接收货币一方，李强所在地甲市B区为合同履行地。因此，对于本案，被告住所地甲市A区法院和合同履行地甲市B区法院都有管辖权。故A、B项当选。

欠款纠纷不属于专属管辖，当事人双方也未约定协议管辖，故D项不当选。本案欠款纠纷的诉讼标的额为5000元，属于一般的民事纠纷案件，应由基层法院管辖，故C项不当选。

(2) 侵权案件地域管辖[A]

[解析]《民事诉讼法》第29条规定："因侵权行为提起的诉讼，由侵权行为地或者被告住所地人民法院管辖。"就本题来讲，李强找到赵刚家追讨该债务时被赵刚的狗咬伤，因此侵权行为地与被告住所地均为甲市A区，甲市A区法院对于本案有管辖权。故A项正确，B、C、D项错误。

50. 地域管辖[ABCD]

[解析]《民诉解释》第9条规定："追索赡养费、扶养费、抚养费案件的几个被告住所地不在同一辖区的，可以由原告住所地人民法院管辖。"本题三个被告的住所地不一致，原告住所地法院有权管辖。《民事诉讼法》第22条规定："对公民提起的民事诉讼，由被告住所地人民法院管辖；被告住所地与经常居住地不一致的，由经常居住地人民法院管辖。对法人或者其他组织提起的民事诉讼，由被告住所地人民法院管辖。同一诉讼的几个被告住所地、经常居住地在两个以上人民法院辖区的，各该人民法院都有管辖权。"可知三个被告的住所地法院也有权管辖。故A、B、C、D项正确。

考点11 选择管辖与裁定管辖

51. 管辖恒定；侵权纠纷的管辖；移送管辖；合同纠纷的管辖[ABC]

[解析]《民诉解释》第37条规定："案件受理后，受诉人民法院的管辖权不受当事人住所地、经常居住地变更的影响。"因此，A区法院受理案件后，李河搬到甲市D区居住，该法院不得将案件移送D区法院。故A项的做法是违法的。

《民事诉讼法》第29条规定："因侵权行为提起的诉讼，由侵权行为地或者被告住所地人民法院管辖。"B项中，虽然被告黄玫的住所地不在乙市B区，而在乙市C区，但本题是侵权纠纷案件，乙市B区作为侵权行为地有管辖权。故B项的做法是违法的。

《最高人民法院关于审理民事级别管辖异议案件若干问题的规定》第4条规定，对于应由上级人民法院管辖的第一审民事案件，下级人民法院不得报请上级人民法院交其审理。本案中，E市中院对该案并无管辖权，也不能通过报请丙省高院取得管辖权。故C项的做法是违法的。

《民诉解释》第18条第3款规定，因合同纠纷提起的诉讼，如果合同没有实际履行，当事人双方住所地又都不在合同约定的履行地的，应由被告住所地人民法院管辖。因此，D项中的案件应由被告赵山的居住地丁市G区管辖，故D项的做法合法。

52. 管辖[ABCD]

[解析]《民事诉讼法》第23条规定："下列民事诉讼，由原告住所地人民法院管辖；原告住所地与经常居住地不一致的，由原告经常居住地人民法院管辖；……(二)对下落不明或者宣告失踪的人提起的有关身份关系的诉讼；……"按照该条规定，由原告住所地法院管辖的诉讼，只能是有关身份关系的诉讼。因此，对下落不明或者宣告失踪的人提起的民事诉讼，只有有关身份关系的诉讼才由原告住所地法院管辖。故A项错误，当选。

《民事诉讼法》第33条规定："因共同海损提起的诉讼，由船舶最先到达地、共同海损理算地或者航程终止地的人民法院管辖。"因此，对于共同海损诉讼，被告住所地法院没有管辖权。故B项错误，当选。

管辖权的转移，是指依据上级法院的决定或同意，将案件的管辖权从原来有管辖权的法院转移至无管辖权的法院，使无管辖权的法院因此而取得管辖权。《民事诉讼法》第39条规定："上级人民法院有权审理下级人民法院管辖的第一审民事案件；确有必要将本院管辖的第一审民事案件交下级人民法院审理的，应当报请其上级人民法院批准。下级人民法院对它所管辖的第一审民事案件，认为需要由上级人民法院审理的，可以报请上级人民法院审理。"管辖权的转移只发生在上下级法院之间。C项事实上属于移送管辖。移送管辖，是指法院在受理民事案件后，发现自己对案件并无管辖权，依法将案件移送到有管辖权的法院审理。根据《民事诉讼法》第37条的规定，人民法院发现受理的案件不属于本院管辖的，应当移送有管辖权的人民法院，受移送的人民法院应当受理。故C项错误，当选。

选择管辖指当两个以上的法院对诉讼都有管辖权时，当事人可以选择其中一个法院提起诉讼。《民事诉讼法》第36条规定："两个以上人民法院都有管辖权的诉讼，原告可以向其中一个人民法院起诉；原告向两个以上有管辖权的人民法院起诉的，由最先立案的人民法院管辖。"D项不涉及选择管辖的问题,而属于协议管辖。《民事诉讼法》第35条规定:"合同或者其他财产权益纠纷的当事人可以书面协议选择被告住所地、合同履行地、合同签订地、原告住所地、标的物所在地等与争议有实际联系的地点的人民法院管辖,但不得违反本法对级别管辖和专属管辖的规定。"协议管辖,又称合意管辖或约定管辖,是指双方当事人在民事纠纷发生之前或之后,以书面方式约定特定案件的管辖法院。故D项错误,当选。

53. 指定管辖[D]

[解析] 指定管辖分为两种不同情况:(1)受移送的法院认为对受移送的案件没有管辖权,应当报请自己的上级人民法院指定管辖。对此,《民事诉讼法》第37条规定:"……受移送的人民法院认为受移送的案件依照规定不属于本院管辖的,应当报请上级人民法院指定管辖,不得再自行移送。"(2)法院之间因管辖权发生争议,协商解决不了,报请它们的共同上级人民法院指定管辖。对此,《民事诉讼法》第38条第2款规定:"人民法院之间因管辖权发生争议,由争议双方协商解决;协商解决不了的,报请它们的共同上级人民法院指定管辖。"

本题中,某省甲市A区法院,与该省乙市B区法院,因移送管辖已经"发生争议",因此,正确的处理方式,不是乙市B区法院找自己的上一级法院乙市中级法院指定,而是先必须与甲市A区法院协商,协商不成,才报请该省高级法院指定管辖。故D项正确,A、B、C项错误。

54. 移送管辖;管辖恒定原则[ABC]

[解析] 本案中,起诉时被告住所地为甲县,甲县法院对案件有管辖权,在诉讼中虽然行政区划发生了变化,但是这种变化并不影响管辖权的确定,即地域管辖恒定。所以本案仍由甲县法院管辖,乙县法院没有管辖权,故A项正确,D项错误。进而甲县法院将案件从有管辖权的法院移送给没有管辖权的乙县法院是错误的,因为移送管辖只能是将案件从没有管辖权的法院移送给有管辖权的法院,故B项正确。同时,移送管辖只能移送一次,受移送的乙县法院就算认为自己没有管辖权,也不能将案件再行移送或退回,只能报请自己的上级人民法院指定管辖,故C项正确。

55. 地域管辖;共同管辖;移送管辖[ABCD]

[解析] 本案李某可以侵权或者违约为由起诉。如果以侵权为由起诉,由侵权行为地或者被告住所地法院管辖,则A区作为侵权行为地,B区作为被告住所地,两地法院都有管辖权;如果以违约为由起诉,由被告住所地或者合同履行地法院管辖,则B区为被告住所地,A区为合同履行地,均有管辖权。故本案A区和B区法院均有管辖权。故A项正确。

《民事诉讼法》第36条规定:"两个以上人民法院都有管辖权的诉讼,原告可以向其中一个人民法院起诉;原告向两个以上有管辖权的人民法院起诉的,由最先立案的人民法院管辖。"故B项正确。

《民事诉讼法》第37条规定:"人民法院发现受理的案件不属于本院管辖的,应当移送有管辖权的人民法院,受移送的人民法院应当受理。受移送的人民法院认为受移送的案件依照规定不属于本院管辖的,应当报请上级人民法院指定管辖,不得再自行移送。"故C、D项正确。

考点12 管辖权异议

56. 管辖权异议的提出与审查[C]

[解析]《民事诉讼法》第130条规定:"人民法院受理案件后,当事人对管辖权有异议的,应当在提交答辩期间提出。人民法院对当事人提出的异议,应当审查。异议成立的,裁定将案件移送有管辖权的人民法院;异议不成立的,裁定驳回。当事人未提出管辖异议,并应诉答辩或者提出反诉的,视为受诉人民法院有管辖权,但违反级别管辖和专属管辖规定的除外。"本案中,被告孙某在提交答辩状期间没有提出管辖权异议,因此甲县法院取得应诉管辖权,孙某在二审中不能再提出管辖权异议。所以,二审法院对被告孙某提出的管辖权异议不予审查,应当判决驳回上诉,维持原判。故C项正确。

57. 管辖权异议;应诉管辖[B]

[解析]《民诉解释》第18条第1、3款规定:"合同约定履行地点的,以约定的履行地点为合同履行地。合同没有实际履行,当事人双方住所地都不在合同约定的履行地的,由被告住所地人民法院管辖。"本题中,甲公司和乙公司约定了履行地,但合同并未实际履行,且双方住所地都不在约定的履行地,则本案的管辖法院只有被告住所地A市B区法院。故A项错误。

《民事诉讼法》第130条规定:"人民法院受理案件后,当事人对管辖权有异议的,应当在提交答辩状期间提出。人民法院对当事人提出的异议,应当审查。异议成立的,裁定将案件移送有管辖权的人民法院;异议不成立的,裁定驳回。当事人未提出管辖异议,并应诉答辩或者提出反诉的,视为受诉人民法院有管辖权,但违反级别管辖和专属管辖规定的除外。"本案中,D区法院原本无管辖权,但被告甲公司在提交答辩状期间未提出异议且提交了答辩状,未违反级别管辖和专属管辖,则D区法院基于应诉管辖取得管辖权。因此二审法院对上诉人提出的管辖权异议不予审查,裁定驳回其异议。故B项正确,C、D项错误。

58. 管辖权异议[AC]

[解析]《民事诉讼法》第130条第1款规定,当

事人对管辖权有异议的,应当在提交答辩状期间提出,人民法院对当事人提出的异议,应当审查。据此,当事人对管辖权有异议的,应当向受理本案的法院提出。故A项正确。受诉法院的上级人民法院无权受理当事人提出的管辖权异议申请。故B项错误。

根据《民事诉讼法》第157条的规定,当事人不服法院对管辖权异议的裁定,可以提起上诉。故C项正确。

《民事诉讼法》在2012年修正时取消了管辖错误作为再审的事由,根据《民事诉讼法》第211条的规定,管辖错误不属于法定的申请再审的理由。故D项错误。

59. 管辖权异议[BC(原答案为BCD)]

[解析] 根据《民事诉讼法》第130条的规定,人民法院受理案件后,当事人对管辖权有异议的,应在提交答辩状期间提出。《民事诉讼法》第128条规定,人民法院应当在立案之日起5日内将起诉状副本发送被告,被告应当在收到之日起15日内提出答辩状。在本题中,"7月13日,升湖区法院向张成功送达了起诉状副本。7月18日,张成功向升湖法院提交了答辩状,未对案件的管辖权提出异议。8月2日,张成功向升湖区法院提出管辖权异议申请",此时被告张成功提管辖权异议,已经过了15日的答辩期间。故A项错误,C项正确。

《民事诉讼法》第22条第1款规定:"对公民提起的民事诉讼,由被告住所地人民法院管辖;被告住所地与经常居住地不一致的,由经常居住地人民法院管辖。"在本题中,"张成功向升湖区法院提出管辖权异议申请,称其与黎明丽已分居2年,分别居住于A市安平区各自父母家中"。这表明,该离婚诉讼应当由经常居住地安平区法院管辖,而不应由升湖区法院管辖。故B项正确。

《民诉解释》第35条规定,当事人在答辩期间届满后未应诉答辩,人民法院在一审开庭前,发现案件不属于本院管辖的,应当裁定移送有管辖权的人民法院。本案中已经应诉答辩了,不能再依职权移送。故D项错误。

60. 管辖权异议[D]

[解析]《最高人民法院关于审理民事级别管辖异议案件若干问题的规定》第2条规定:"在管辖权异议裁定作出前,原告申请撤回起诉,受诉人民法院作出准予撤回起诉裁定的,对管辖权异议不再审查,并在裁定书中一并写明。"本案中,案件正在A市B区进行一审,整个案件并没有进入二审,上诉的仅仅是管辖权异议的裁定。因此应向A市B区法院申请撤诉。故A、B项错误。B区法院裁定准予撤诉后,二审法院不再对管辖权异议上诉进行审查。故C项错误,D项正确。

法条变更	《最高人民法院关于审理民事级别管辖异议案件若干问题的规定》
	根据2020年12月23日最高人民法院审判委员会第1823次会议通过的《最高人民法院关于修改〈最高人民法院关于人民法院民事调解工作若干问题的规定〉等十九件民事诉讼类司法解释的决定》修正

专题五 当事人

考点13 当事人概述(当事人能力、当事人适格、当事人权利义务)

61. 当事人适格[ABD]

[解析] 本案所涉及的情形在民诉法中没有具体规定,应当结合《民法典》进行分析。《民法典》第1215条第1款规定:"盗窃、抢劫或者抢夺的机动车发生交通事故造成损害的,由盗窃人、抢劫人或者抢夺人承担赔偿责任。盗窃人、抢劫人或者抢夺人与机动车使用人不是同一人,发生交通事故造成损害,属于该机动车一方责任的,由盗窃人、抢劫人或者抢夺人与机动车使用人承担连带责任。"据此,本案应当由盗窃人金某和使用人张某承担连带责任。因为是连带责任,在诉讼中权利人秦某有选择权,可主张张某承担责任,也可主张金某承担责任,还可主张张某和金某共同承担责任。故A、B、D正确。而刘某是机动车的原所有人,在实体上不承担责任,不是侵权法律关系的一方当事人,故不是本案适格被告,C项错误。

【特别提醒】当事人适格的判断一般应根据《民诉解释》确定,但在《民诉解释》没有具体规定的情况下,则应根据当事人适格的判断原则,结合实体法进行分析,实体法律关系的双方当事人即为适格当事人,如本题中《民法典》规定的侵权赔偿义务人就是适格被告。

62. 当事人资格;当事人的诉讼权利能力[BCD]

[解析]《民诉解释》第64条规定:"企业法人解散,依法清算并注销前,以该企业法人为当事人;未依法清算即被注销的,以该企业法人的股东、发起人或者出资人为当事人。"如果法人还在,法人能作当事人。如果法人不在,法人不能作当事人,而法人被依法解散、依法撤销后,该法人已经不存在,是不能作当事人的。故A项错误。【特别提醒】本选项表述存在不严谨之处,并未说明是否已经注销。法人终止的标志为注销,如果表述为"依法解散、依法被撤销并注

销"就不存在歧义了。

公民的诉讼权利能力始于出生,终于死亡。被宣告为无民事行为能力的成年人不具有诉讼行为能力,但仍具有诉讼权利能力,可以自己的名义作为当事人进行诉讼。故B项正确。

《民事诉讼法》第51条第1款规定:"公民、法人和其他组织可以作为民事诉讼的当事人。"故C项正确。

《消费者权益保护法》第47条规定:"对侵害众多消费者合法权益的行为,中国消费者协会以及在省、自治区、直辖市设立的消费者协会,可以向人民法院提起诉讼。"同时结合《民事诉讼法》第58条规定,故D项正确。

63. 当事人能力;正当当事人[B]

[解析] 正当当事人,也称当事人适格,是指对于具体的诉讼,有作为本案当事人起诉或应诉的资格。一般来讲,应当以当事人是不是所争议的民事法律关系(即本案诉讼标的)的主体,作为判断当事人适格与否的标准,而非当事人是否对诉讼标的有确认利益作为判断标准。故A项错误,B项正确。

《民法典》第17条规定:"十八周岁以上的自然人为成年人。不满十八周岁的自然人为未成年人。"第18条规定:"成年人为完全民事行为能力人,可以独立实施民事法律行为。十六周岁以上的未成年人,以自己的劳动收入为主要生活来源的,视为完全民事行为能力人。"因此,成年与未成年,以是否满18周岁作为判断标准。但事实上,有些不到18周岁的人,也有可能有诉讼行为能力。故C项错误。

《民诉解释》第64条规定:"企业法人解散的,依法清算并注销前,以该企业法人为当事人;未依法清算即被注销的,以该企业法人的股东、发起人或者出资人为当事人。"据此,企业清算期间,企业并未被注销,应当以该企业的名义起诉或应诉。故D项错误。

法条变更	《中华人民共和国民法典》
	2020年5月28日第十三届全国人民代表大会第三次会议通过,自2021年1月1日起施行

64. 当事人能力;当事人适格[AC]

[解析] 当事人能力,又称诉讼权利能力或者当事人诉讼权利能力,是指成为民事诉讼当事人,享有民事诉讼权利和承担民事诉讼义务所必需的诉讼法上的资格。如果起诉的当事人没有诉讼权利能力,法院将驳回起诉。当事人适格,又称正当当事人,是指对于具体的诉讼,有作为本案当事人起诉或者应诉的资格。故A项正确。

当事人适格与当事人能力的主要区别是当事人能力是抽象的诉讼当事人资格,与具体的诉讼无关;当事人适格则是作为具体诉讼的当事人资格,就当事人适格与否的判断只能将当事人与具体诉讼相联系进行判断。由此可见,当事人能力是当事人适格的前提,适格的当事人一定具有当事人能力,但具有当事人能力则不一定是适格的当事人。故B项错误,C项正确。

诉讼权利能力由法律明文规定。而当事人适格的判断标准一般以当事人是否是为所争议的民事法律关系主体作为标准,但在例外情况下,非民事法律关系或民事权利的主体也可以作为当事人。例外情况的判断标准主要可以分为:第一,根据当事人意思或者法律规定,对他人的民事法律关系或民事权利具有管理权的人或组织;第二,在确认之诉中,对诉讼标的有确认利益的人或者组织。由于当事人适格的判断标准多样,并非只有法律规定。故D项错误。

65. 当事人适格[D]

[解析] 当事人诉讼权利能力,是指成为民事诉讼当事人,享有民事诉讼权利和承担民事诉讼义务所必需的诉讼法上的资格,与具体的诉讼没有直接的联系。适格当事人也就是正当当事人,是作为具体的诉讼当事人的资格,是针对具体的诉讼而言的。故A项正确。

根据民法理论,通常情况下,判断当事人是否适格的标准是当事人是否是所争议民事法律关系的主体,但在特殊情况下,非民事法律关系主体基于当事人的意思或者法律的规定,也可以作为适格的当事人。故B项正确。

非民事法律关系或民事权利的主体也可以作为适格的当事人的情形主要是,根据当事人的意思或法律的规定,依法对他人的民事法律关系或民事权利享有管理权的人或组织,如破产程序中的管理人、遗产管理、遗嘱执行人等。当其管理的民事法律关系或民事权利发生争议后,这些人或组织可以自己的名义起诉或应诉。故C项正确。

对生效民事裁判提起抗诉是检察院法律监督职能的重要体现,根据《民事诉讼法》第224条可知,检察院在再审程序中为履行法律监督者的职权出席庭审,而非当事人。故D项错误。

考点14 原告、被告和第三人

66. 当事人的确定[B]

[解析]《民诉解释》第70条规定:"在继承遗产的诉讼中,部分继承人起诉的,人民法院应通知其他继承人作为共同原告参加诉讼;被通知的继承人不愿意参加诉讼又未明确表示放弃实体权利的,人民法院仍应将其列为共同原告。"据此,张甲起诉张乙的案件中,张丙应当作为共同原告参加诉讼。因此,B项正确。

67. 有独立请求权第三人；第三人参加之诉与本诉的关系 [AD]

[解析]《民事诉讼法》第59条第1款规定："对当事人双方的诉讼标的，第三人认为有独立请求权的，有权提起诉讼。"案外人王强主张该财产的部分权利，可以作为有独立请求权第三人提起诉讼。故A项正确。

必要共同诉讼是指当事人一方或者双方为两人以上，诉讼标的同一，法院必须合并审理并且在裁判中对诉讼标的合一确定。王强既非共同原告，也非共同被告，而是反对李立和陈山两个人，所以不是必要共同诉讼人。故B项错误。

《民诉解释》第237条规定："有独立请求权的第三人参加诉讼后，原告申请撤诉，人民法院在准许原告撤诉后，有独立请求权的第三人作为另案原告，原案原告、被告作为另案被告，诉讼继续进行。"李立撤回起诉不影响王强的参加之诉继续进行，法院应当以有独立请求权的王强为原告，以本诉的原告和被告作为共同被告，诉讼继续进行。故C项错误，D项正确。

68. 共同诉讼人 [C]

[解析]《民诉解释》第58条规定："在劳务派遣期间，被派遣的工作人员因执行工作任务造成他人损害的，以接受劳务派遣的用工单位为当事人。当事人主张劳务派遣单位承担责任的，该劳务派遣单位为共同被告。"可见，在劳务派遣致人损害的案件中，权利人存在两种起诉方式：一是仅起诉接受派遣的用工单位，二是将用工单位和派遣单位作为共同被告，也就意味着不能仅仅将派遣单位作为被告起诉。故受害人可以单独起诉用工单位，法院不必追加派遣单位为共同被告，A项错误；而受害人不能单独起诉派遣单位，故在受害人起诉派遣单位时，法院应当追加用工单位为共同被告，C项正确。本题并不存在无独三的问题，故B、D项错误。**【特别提醒】**本题考查劳务派遣致人损害的当事人问题。根据《民法典》第1191条的规定，劳务派遣致人损害的，由接受派遣的用工单位承担责任，如果派遣单位有过错，承担相应的责任。首先，承担责任的是用工单位，在诉讼法中首先应当将用工单位列为被告。其次，派遣单位有过错时，承担相应的责任。但派遣单位是否存在过错、是否承担责任属于实体判断的范畴，而在诉讼法中，仅仅解决当事人的主体资格问题，故只要当事人主张派遣单位承担责任的，就应当将其列为共同被告；至于其是否具有过错、是否应当承担责任，则属于实体判断，应当在诉讼中经过实体审理再作判断，起诉时在所不问。

69. 有独立请求权第三人 [B]

[解析] 案件的原告、被告为丁一、丁二，法律关系（诉讼标的）为法定继承。丁爽参加诉讼，是基于遗嘱继承法律关系主张权利，而并非基于法定继承关系主张权利，不是本案诉讼标的（法定继承）一方当事人，故不是本案共同原告；其基于独立法律关系（遗嘱继承）主张权利，应为有独立请求权第三人。有独立请求权第三人参加诉讼后，存在两个独立的诉，丁一、丁二基于法定继承关系进行的是本诉；基于遗嘱继承法律关系进行的是有独三之诉，以丁爽为原告，丁一、丁二为共同被告。有独三之诉和本诉相互独立，根据《民诉解释》第237条的规定，有独立请求权第三人参加诉讼后，法院在准许本原告撤诉后，有独立请求权第三人作为另案原告，原案原告、被告作为另案被告，继续进行诉讼。本题中，丁一撤诉被法院裁定准许后，对于丁爽的第三人参加之诉，应当以丁爽为原告，原案的原告丁一、被告丁二为被告继续审理。故B项正确，A、C、D项错误。

70. 当事人的确定 [ABCD]

[解析]《民诉解释》第249条第1款规定，在诉讼过程中当事人将争议的民事权利义务转让的，不影响当事人的诉讼主体资格和诉讼地位。因此，本案中程某将其债权转让给谢某，并不影响程某作为原告的主体资格和诉讼地位，因而作为原告的程某撤诉是其作为原告的权利，法院可以准许其撤诉。故A项正确。

关于受让争讼民事权利义务的案外人诉讼地位的确定，则依其申请以及法院考量案件具体情况来加以确定。《民诉解释》第249条第2款规定，受让人申请以无独立请求权第三人参加诉讼的，法院可以准许。故B项正确。受让人申请替代当事人承担诉讼的，是否准许由法院视案件具体情况酌定。故C项正确。如果法院不同意受让人承担诉讼的，可以追加其为无独立请求权的第三人。故D项正确。

71. 必要共同诉讼人；有独立请求权第三人与无独立请求权第三人的确定 [D]

[解析] 该题考查考生对必要共同诉讼人、有独立请求权第三人和无独立请求权第三人基本概念的理解。在本案中，商铺系赵某与刘某共同共有，刘某瞒着赵某将商铺卖给承租人陈某的行为损害了赵某的合法权益。在刘某与陈某的诉讼中，赵某既反对原告刘某，也反对被告陈某，其主张独立的实体权利，系有独立请求权的第三人，故D项是正确的，A、B、C项是错误的。**【思路拓展】**本题的分析思路可以分两步走：第一步，本案原告是刘某、被告是陈某，原被告争议的法律关系为商铺转让合同关系。第二步，赵某并非该商铺转让合同一方当事人，而是基于对商铺的所有权（共有）主张权利，显然赵某为有独立请求权第三人。**【总结提示】**要辨别清楚共同原告与有独立请求

权的第三人的区别,许多考生在此犯错。结合本案分析,假如赵某是共同原告,则其要么是必要共同诉讼的共同原告,要么是普通共同诉讼的共同原告。如果是必要共同诉讼的共同原告,则要求赵某与被告陈某之间具有商铺买卖合同关系,且与刘某和陈某的买卖合同关系同一;如果是普通共同诉讼的共同原告,则要求赵某与陈某具有商铺买卖合同关系,且与刘某和陈某的买卖合同关系相类似。而本案中赵某与陈某之间并无买卖合同关系,显然赵某不是本案的共同原告。本案中,刘某作为原告,陈某作为被告,诉讼标的为刘某、陈某之间的买卖合同关系,赵某并非该买卖合同关系一方当事人,其仅仅是基于对商铺的共有关系主张自己的独立权利,故为有独立请求权的第三人。

72. 必要共同诉讼人的确定[B]

[解析]《民诉解释》第59条规定:"在诉讼中,个体工商户以营业执照上登记的经营者为当事人。有字号的,以营业执照上登记的字号为当事人,但应同时注明该字号经营者的基本信息。营业执照上登记的经营者与实际经营者不一致的,以登记的经营者和实际经营者为共同诉讼人。"从题目来看,"该中心未起字号",应当以经营者为当事人。"徐某应征入伍,将该中心转让给同学李某经营,未办理工商变更登记",实际经营者(李某)与登记经营者(徐某)不一致,故应当将李某和徐某列为共同被告。因此B项当选。

73. 诉讼参与人的地位判断[D]

[解析] 本题属于合同纠纷案件,而合同具有相对性。本案合同的双方当事人为四海公司与五环公司,其为案件适格原告、被告。而付某作为五环公司的业务员,执行工作任务致人损害的,以法人和其他组织为当事人,不能以法人的工作人员为当事人。付某作为五环公司的员工,不能以本案的原告、被告、有独三、无独三等方式参加诉讼。因此A、B、C项错误。

《民事诉讼法》第75条第1款规定,凡是知道案件情况的单位和个人,都有义务出庭作证。因此D项正确。

74. 当事人的诉讼地位[A]

[解析] 股东起诉要求解散公司,是股东提起诉讼,要求消灭自己与公司之间存在的相应法律关系的主张,所以应当以该股东为原告。在本案中,"许某遂向法院请求解散公司",因此许某是原告。故A项正确。

《公司法解释(二)》第4条规定:"股东提起解散公司诉讼应当以公司为被告。原告以其他股东为被告一并提起诉讼的,人民法院应当告知原告将其他股东变更为第三人;原告坚持不予变更的,人民法院应当驳回原告对其他股东的起诉。原告提起解散公司诉讼应当告知其他股东,或者由人民法院通知其参加诉讼。其他股东或者有关利害关系人申请以共同原告或者第三人身份参加诉讼的,人民法院应予准许。"云峰公司是被告。故B、C、D项错误。

75. 申请再审的当事人[C]

[解析] 民事再审案件的当事人应当为原审案件的当事人。原审案件当事人死亡或者终止的,其权利义务承受人可以申请再审并参加再审诉讼。本题中,关于甲公司与乙公司之间的买卖合同案的判决是申请再审的对象,申请再审人应是甲公司或者乙公司,但是由于甲公司已与丙公司合并为丁公司,原审案件当事人甲公司已终止,所以应由其权利义务承受人即丁公司继受甲公司的权利义务,申请再审并参加再审诉讼。丁公司并非本案的案外人而是权利义务承受人,具有当事人的地位。故A、B、D项错误,C项正确。

76. 当事人申请再审[C]

[解析]《民诉解释》第63条规定:"企业法人合并的,因合并前的民事活动发生的纠纷,以合并后的企业为当事人;企业法人分立的,因分立前的民事活动发生的纠纷,以分立后的企业为共同诉讼人。"在本题中,两江公司与海大公司合并成立了大江公司,就应当由大江公司向法院申请再审。故C项正确,A、B、D项错误。

77. 无独立请求权第三人的诉讼地位[BC]

[解析] 民事诉讼中的当事人,包括原告、被告和第三人,而第三人又分为有独立请求权第三人和无独立请求权第三人两类。第三人是案件的当事人,有自己独立的诉讼地位。故A项正确,不当选。

《民诉解释》第82条规定:"在一审诉讼中,无独立请求权的第三人无权提出管辖异议,无权放弃、变更诉讼请求或者申请撤诉,被判决承担民事责任的,有权提起上诉。"故B项错误,当选。无独立请求权第三人作为上诉人是有条件的,即一审判决其承担民事责任,但无独立请求权第三人作为被上诉人是没有条件的。故C项错误,当选。

《民诉解释》第81条规定:"根据民事诉讼法第五十九条的规定,有独立请求权的第三人有权向人民法院提出诉讼请求和事实、理由,成为当事人;无独立请求权的第三人,可以申请或者由人民法院通知参加诉讼。第一审程序中未参加诉讼的第三人,申请参加第二审程序的,人民法院可以准许。"无独立请求权第三人参加诉讼的案件,法院调解时需要确定无独立请求权的第三人承担义务的,应经第三人同意,调解书应当同时送达第三人。第三人在调解书送达前反悔的,法院应当及时判决。故D项正确,不当选。

78. 无独立请求权第三人[C]

[解析]《民事诉讼法》第59条第2款规定:"对当事人双方的诉讼标的,第三人虽然没有独立请求权,但案件处理结果同他有法律上的利害关系的,可以申请参加诉讼,或者由人民法院通知他参加诉讼。人民法院判决承担民事责任的第三人,有当事人的诉讼权利义务。"在本题中,陈佳与张成功和黎明丽没有任何法律关系,与案件的处理结果也没有法律上的利害关系,因此不能作为无独立请求权第三人参加诉讼。故C项正确,A、B、D项错误。

79. 合伙中诉讼当事人的确定[C]

[解析]《民诉解释》第56条规定:"法人或者其他组织的工作人员执行工作任务造成他人损害的,该法人或者其他组织为当事人。"戊是雇员,雇员责任由雇主承担,不能作为被告,故首先排除D项。

本题中,"一通电脑行"只是依法登记,并未领取营业执照,应当视为个人合伙。《民诉解释》第60条规定:"在诉讼中,未依法登记领取营业执照的个人合伙的全体合伙人为共同诉讼人。个人合伙有依法核准登记的字号的,应在法律文书中注明登记的字号。全体合伙人可以推选代表人;被推选的代表人,应由全体合伙人出具推选书。"据此,个人合伙应以全体合伙人为共同被告,而不能以个人合伙为被告。故本题应以甲乙丙三人为共同被告,并注明"一通电脑行"字号,C项正确,A、B项错误。【总结提示】依法登记并领取营业执照的合伙组织,有诉讼权利能力,能作为原告或者被告。个人合伙未领取营业执照,无诉讼权利能力,只能以全体合伙人为被告。

80. 有独立请求权第三人与无独立请求权第三人[A]

[解析]《民事诉讼法》第59条第1、2款规定:"对当事人双方的诉讼标的,第三人认为有独立请求权的,有权提起诉讼。对当事人双方的诉讼标的,第三人虽然没有独立请求权,但案件处理结果同他有法律上的利害关系的,可以申请参加诉讼,或者由人民法院通知他参加诉讼。人民法院判决承担民事责任的第三人,有当事人的诉讼权利义务。"有独立请求权第三人只能以起诉方式参加诉讼;而无独立请求权第三人可以自己申请,也可以由法院通知其参加诉讼。故A项正确。有独立请求权第三人和无独立请求权第三人是第三人的两种类型,都属于当事人,具有当事人的诉讼地位。故B项错误。

"甲的诉讼行为可对本诉的当事人发生效力"是对的,如有独立请求权第三人申请审判长回避,会导致案件的延期审理。但"乙的诉讼行为不对本诉的当事人不发生效力"不对。同样地,无独立请求权第三人申请审判长回避,也会导致案件的延期审理。对此,

《民事诉讼法》第149条规定:"有下列情形之一的,可以延期开庭审理:……(二)当事人临时提出回避申请的;……"有独立请求权第三人和无独立请求权第三人,都属于当事人,显然都适用这一规定。故C项错误。

《民诉解释》第82条规定:"在一审诉讼中,无独立请求权的第三人无权提出管辖异议,无权放弃、变更诉讼请求或者申请撤诉,被判决承担民事责任的,有权提起上诉。"因此,"任何情况下,甲有上诉权,而乙无上诉权"的说法太过绝对。故D项错误。

81. 有独立请求权第三人[C]

[解析]《民事诉讼法》第59条第1款规定:"对当事人双方的诉讼标的,第三人认为有独立请求权的,有权提起诉讼。"本题中,甲与乙间就古董所有权发生争议诉至法院,而丙对古董主张所有权,因此,甲为原告,乙为被告,丙为有独立请求权的第三人。依据法律规定,法院不得依职权追加有独立请求权第三人。故A项错误。

《最高人民法院关于第三人能否对管辖权提出异议问题的批复》规定:"一、有独立请求权的第三人主动参加他人已开始的诉讼,应视为承认和接受了受诉法院的管辖,因而不发生对管辖权提出异议的问题;如果是受诉法院依职权通知他参加诉讼,则他有权选择是以有独立请求权的第三人的身份参加诉讼,还是以原告身份向其他有管辖权的法院另行起诉。二、无独立请求权的第三人参加他人已开始的诉讼,是通过支持一方当事人的主张,维护自己的利益。由于他在诉讼中始终辅助一方当事人,并以一方当事人的主张为转移。所以,他无权对受诉法院的管辖权提出异议。"因此,如丙起诉后认为受案法院无管辖权,不可以提出管辖权异议。故B项错误。

《民诉解释》第236条规定:"有独立请求权的第三人经人民法院传票传唤,无正当理由拒不到庭的,或者未经法庭许可中途退庭的,比照民事诉讼法第一百四十六条的规定,按撤诉处理。"故C项正确。

《民诉解释》第237条规定:"有独立请求权的第三人参加诉讼后,原告申请撤诉,人民法院在准许原告撤诉后,有独立请求权的第三人作为另案原告,原案原告、被告作为另案被告,诉讼继续进行。"据此,如丙起诉后,甲与乙达成协议经法院同意而撤诉的,丙作为另案原告,甲、乙作为另案被告,诉讼要另行进行,而不是驳回丙的起诉。故D项错误。

82. 赡养费诉讼中的原告和被告[AD]

[解析]原告,是指为维护自己或自己所管理的他人的民事权益,而以自己的名义向法院起诉,从而引起民事诉讼程序的人,故王某争取赡养费而提起诉讼,其是唯一适格原告。故A项正确。而对于本案被

告的确定问题,《民法典》第1067条第2款规定:"成年子女不履行赡养义务的,缺乏劳动能力或者生活困难的父母,有要求成年子女给付赡养费的权利。"在子女为多人的情况下,这种赡养义务是共同义务。因此,本题中王甲、王乙、王丙是王某赡养义务的共同承担者,是本案共同被告。故D项正确,B、C项错误。

83. 共同诉讼;第三人[C]

[解析] 必要共同诉讼的重大特征在于,其针对的是一个共同的民事法律关系,只有一个诉讼标的。普通共同诉讼实质上是几个有共同争议或者涉及同一法律问题的几个诉的合并。在本题中,共有两个侵权法律关系:张某与李某间的侵权法律关系,以及张某与李某父亲间的侵权法律关系。因此本案中的诉讼标的有两个而不是一个,本案为普通共同诉讼,李某的父亲应作为普通共同诉讼的共同原告。故C项当选。

考点15 共同诉讼

84. 劳动争议仲裁[B]

[解析]《劳动争议调解仲裁法》第22条第2款规定:"劳务派遣单位或者用工单位与劳动者发生劳动争议的,劳务派遣单位和用工单位为共同当事人。"故马迪是申请人,用工单位五湖公司和劳务派遣单位阳光劳务公司为被申请人,故A、C、D项错误,B项正确。

85. 共同诉讼人[D]

[解析]《民诉解释》第67条规定,无民事行为能力人、限制民事行为能力人造成他人损害的,无民事行为能力人、限制民事行为能力人与其监护人为共同被告。故A、C项错误。

《民法典》第1201条规定,无民事行为能力人在幼儿园受到幼儿园以外人员侵害的,由侵权人承担侵权责任;幼儿园未尽到管理职责的,承担相应的补充责任。根据此项规定,幼儿园承担的是补充赔偿责任,与受害人之间具有直接的赔偿权利义务关系,是赔偿权利义务关系一方当事人,故应为适格被告,不能列为无独立请求权的第三人。故B项错误。【**特别提醒**】注意两个问题:首先,掌握无独三和共同被告的区别。二者的主要区别在于无独三与案件原告没有直接的权利义务关系,而共同被告与原告存在直接的权利义务关系。对于本题,根据《民法典》的规定,幼儿园未尽管理责任的,应当承担补充责任。据此,幼儿园与受害人之间具有直接的赔偿权利义务关系,是赔偿权利义务关系一方当事人,因此应为适格被告,不是无独三。其次,注意程序问题与实体问题。有考生指出,根据《民法典》的规定,幼儿园未尽到管理职责的才承担补充责任,而题目并未表述幼儿园未尽到管理职责,为何要列为共同被告?另外,有考生指出,

补充责任是第二顺位的责任,即便幼儿园有过错,本题中也应当先向侵权责任人姜某主张责任,只有在姜某无法履行赔偿义务时才由幼儿园承担补充赔偿责任,为何可以将幼儿园列为共同被告一并起诉?对此,要注意区分程序问题与实体问题。本题中,幼儿园是否尽到管理职责,是否应承担补充责任的问题属于实体判断范畴,而在起诉时,只是解决当事人的主体资格问题,故权利人主张其承担责任,就应当列其为共同被告,至于其是否承担责任则属于实体审理后的判断问题,起诉时在所不问。

根据上述司法解释及法律规定,被监护人造成他人损害的,其与监护人为共同被告;同时,无民事行为能力人在幼儿园受到幼儿园以外人员侵害的,幼儿园未尽到管理职责的,应当承担补充责任,其在诉讼中的地位应当是共同被告。故D项正确。

86. 诉的合并;必要共同诉讼[AD(原答案为AC)]

[解析] 诉的合并是指法院将两个或两个以上彼此之间有牵连的诉合并到一个诉讼程序中审理和裁判。诉的合并包括诉的主体合并和诉的客体合并。诉的主体合并,是指将数个当事人合并到同一诉讼程序中审理和裁判。在一个原告对数个被告或数个原告对一个或数个被告提起诉讼时,会产生诉的主体合并。诉的客体合并,是指将同一原告对同一被告提起的两个以上的诉或者反诉与本诉合并到同一诉讼程序中审理。本题中,大恒银行向法院起诉甲、乙,被告一方主体为两人。故A项正确,B项错误。

在我国民事诉讼中,必要共同诉讼是指当事人一方或者双方为两人以上,诉讼标的是共同的,法院必须合一审理并在裁判中对诉讼标的合一确定的共同诉讼。普通共同诉讼是指当事人一方或者双方为两人以上,诉讼标的是同一种类,法院认为可以合并审理并且当事人也同意合并审理的共同诉讼。

《民诉解释》第66条规定:"因保证合同纠纷提起的诉讼,债权人向保证人和被保证人一并主张权利的,人民法院应当将保证人和被保证人列为共同被告。保证合同约定为一般保证,债权人仅起诉保证人的,人民法院应当通知被保证人作为共同被告参加诉讼;债权人仅起诉被保证人的,可以只列保证人为被告。"据此,本案成立共同诉讼,但是成立必要共同诉讼还是普通共同诉讼存在争议,学界观点存在固有必要共同诉讼、类似必要共同诉讼和普通共同诉讼的变迁。根据目前学界通说观点,债权人一并起诉债务人和保证人的,成立普通共同诉讼。故C项错误,D项正确。

87. 共同诉讼人[D]

[解析]《民法典》第1198条规定:"宾馆、商场、银行、车站、机场、体育场馆、娱乐场所等经营场所、公

共场所的经营者、管理者或者群众性活动的组织者,未尽到安全保障义务,造成他人损害的,应当承担侵权责任。因第三人的行为造成他人损害的,由第三人承担侵权责任;经营者、管理者或者组织者未尽到安全保障义务的,承担相应的补充责任。经营者、管理者或者组织者承担补充责任后,可以向第三人追偿。"本案中,因为顾客乙将热汤洒到甲身上致甲烫伤,首先应当由乙作为赔偿义务人,而题目表述"地板湿滑",则暗示丽都酒店未尽到安全保障义务,故也是赔偿义务人。可见,顾客乙和丽都酒店与受害人甲之间均具有直接的赔偿权利义务关系。一般而言,实体法律关系的双方当事人是适格当事人,故本案应当以丽都酒店和乙作为共同被告。因此,本题只有 D 项正确。【特别提醒】本题涉及共同被告与无独三的区别问题。顾客乙对甲存在一个侵权法律关系,而丽都酒店具有安全保障义务,却未尽到该义务(从地板湿滑可见),则丽都酒店也应当承担赔偿责任,故丽都酒店与甲也存在侵权法律关系,应作为共同被告,而非无独三。

88. 被告的确定[C]

[解析]《民法典》第 1201 条规定:"无民事行为能力人或者限制民事行为能力人在幼儿园、学校或者其他教育机构学习、生活期间,受到幼儿园、学校或者其他教育机构以外的第三人人身损害的,由第三人承担侵权责任。幼儿园、学校或者其他教育机构未尽到管理职责的,承担相应的补充责任。幼儿园、学校或者其他教育机构承担补充责任后,可以向第三人追偿。"本题中,王甲在幼儿园学习、生活期间受到校外人员刘某的人身损害,刘某作为侵权人应当承担侵权责任;而刘某作为幼儿园指派给其送货的人,幼儿园在选任和管理上存在过错,未尽到管理职责,应当承担相应的补充责任。可见,刘某和幼儿园与受害人甲之间均具有直接的赔偿权利义务关系。一般而言,实体法律关系的双方当事人是适格当事人,故本案应当以刘某和幼儿园为共同被告。幼儿园不可能成为第三人,更不可能是无独立请求权第三人。故 C 项正确,A、B、D 项错误。

89. 诉讼参与人[BC]

[解析] 本题中,受害人是张某,张某是原告。《民事诉讼法》第 75 条规定,凡是知道案件情况的单位和个人,都有义务出庭作证。李某和郑某都了解案件的经过,可以作为本案的证人。故 A 项错误,B 项正确。

《民法典》第 1191 条第 1 款规定:"用人单位的工作人员因执行工作任务造成他人损害的,由用人单位承担侵权责任。用人单位承担侵权责任后,可以向有故意或者重大过失的工作人员追偿。"据此,郑某因执行工作任务造成他人损害的,应由用人单位承担侵权责任。因此,华美购物中心是被告,购物中心负责地板打蜡的郑某不是被告。故 C 项正确,D 项错误。

考点 16 诉讼代表人

90. 代表人诉讼[B]

[解析] 根据《民事诉讼法》第 57 条第 4 款的规定,对于代表人诉讼,人民法院作出的判决、裁定,对参加登记的全体权利人发生效力。根据《民诉解释》第 77 条至第 80 条的规定,当事人一方人数众多在起诉时不确定的,由当事人推选代表人。人民法院可以发出公告,通知权利人向人民法院登记。向人民法院登记的权利人,应当证明其与对方当事人的法律关系和所受到的损害。证明不了的,不予登记,权利人可以另行起诉。人民法院的裁判在登记的范围内执行。本题中的投资者保护基金会即为诉讼代表人,法院予以登记的权利人为 5800 名,由于范某声明退出了诉讼,所以该判决对范某之外的 5079 名投资者发生效力,故 B 项正确。【特别提醒】本题命制的直接法律依据为《最高人民法院关于证券纠纷代表人诉讼若干问题的规定》第 34 条:投资者明确表示不愿意参加诉讼的,应当在公告期间届满后 15 日内向人民法院声明退出。未声明退出的,视为同意参加该代表人诉讼。对于声明退出的投资者,人民法院不再将其登记为特别代表人诉讼的原告,该投资者可以另行起诉。

91. 代表人诉讼[C]

[解析]《民事诉讼法》第 57 条规定:"诉讼标的是同一种类、当事人一方人数众多在起诉时人数尚未确定的,人民法院可以发出公告,说明案件情况和诉讼请求,通知权利人在一定期间向人民法院登记。向人民法院登记的权利人可以推选代表人进行诉讼;推选不出代表人的,人民法院可以与参加登记的权利人商定代表人。代表人的诉讼行为对其所代表的当事人发生效力,但代表人变更、放弃诉讼请求或者承认对方当事人的诉讼请求,进行和解,必须经被代表的当事人同意。人民法院作出的判决、裁定,对参加登记的全体权利人发生效力。未参加登记的权利人在诉讼时效期间提起诉讼的,适用该判决、裁定。"《民诉解释》第 77 条规定:"根据民事诉讼法第五十七条规定,当事人一方人数众多在起诉时不确定的,由当事人推选代表人。当事人推选不出的,可以由人民法院提出人选与当事人协商;协商不成的,也可以由人民法院在起诉的当事人中指定代表人。"

本题中,"潜在受害人不可确定"意味着本案是人数不确定的代表人诉讼。注意,在人数不确定的代表人诉讼中代表人的产生分为三个步骤:推选;协商;指定。题目中,"未能推选出诉讼代表人"意味着已经经过了推选。"法院建议由甲、乙作为诉讼代表人,但丙、丁等人反对"表明法院已经与当事人协商过,只是没有协商成功。此时,只能由法院指定诉讼代表人。故 C 项正确,A、B、D 项错误。

92. 诉讼代表人 [B]

[解析]《民诉解释》第 77 条规定,诉讼代表人是由当事人推选的,当事人推选不出的,可以由人民法院和当事人协商,协商不成的,也可以由人民法院在起诉的当事人中指定代表人。本案中,诉讼代表人已经确定,其因故不能参加诉讼,不能作为法院另行指定代表人的事由。故 A 项错误。

《民诉解释》第 78 条规定:"民事诉讼法第五十六条和第五十七条规定的代表人为二至五人,每位代表人可以委托一至二人作为诉讼代理人。"故 B 项正确。

《民事诉讼法》第 57 条第 3 款规定:"代表人的诉讼行为对其所代表的当事人发生效力,但代表人变更、放弃诉讼请求或者承认对方当事人的诉讼请求,进行和解,必须经被代表的当事人同意。"甲、乙变更诉讼请求必须经被代表的当事人同意,而不是事后告知。故 C 项错误。甲、乙和 A 厂签订和解协议必须经过所代表的当事人全体同意。故 D 项错误。

专题六 诉讼代理人

考点 17 委托诉讼代理人

93. 委托诉讼代理人应提交的材料 [BCD]

[解析]《民诉解释》第 88 条规定,委托律师作为诉讼代理人除根据《民事诉讼法》第 62 条规定提交授权委托书外,还应当提交律师执业证、律师事务所证明材料。因此,B、C、D 项符合本题要求,而 A 项不符合本题要求。

94. 委托代理制度 [B]

[解析]《民事诉讼法》第 65 条规定:"离婚案件有诉讼代理人的,本人除不能表达意思的以外,仍应出庭;确因特殊情况无法出庭的,必须向人民法院提交书面意见。"离婚诉讼当事人不出庭必须满足特定条件方可:(1)本人不能表达意思;(2)因特殊情况,且书面申请并经法院同意。本案中,即便有了委托代理人,郭某不属于法定的可以不出庭的情形,仍然需要出庭。故 A 项错误。

《民诉解释》第 89 条规定:"当事人向人民法院提交的授权委托书,应当在开庭审理前送交人民法院。授权委托书仅写'全权代理'而无具体授权的,诉讼代理人无权代为承认、放弃、变更诉讼请求,进行和解,提出反诉或者提起上诉。适用简易程序审理的案件,双方当事人同时到庭并径行开庭审理的,可以当场口头委托诉讼代理人,由人民法院记入笔录。"本题中,郭某委托黄律师为代理人,授权委托书中仅写明代

理范围为"全权代理",这属于一般授权。黄律师的签收行为在一般授权范围之内,有效;但代为放弃诉讼请求为特别授权事项,黄律师无权进行。故 B 项正确,C 项错误。

《民诉解释》第 526 条规定:"涉外民事诉讼中的外籍当事人,可以委托本国人为诉讼代理人,也可以委托本国律师以非律师身份担任诉讼代理人;外国驻华使领馆官员,受本国公民的委托,可以以个人名义担任诉讼代理人,但在诉讼中不享有外交或者领事特权和豁免。"本题中珍妮可以委托本国公民以非律师身份作为诉讼代理人。故 D 项错误。

考点 18 法定诉讼代理人

95. 法定诉讼代理人 [C]

[解析] 根据《民事诉讼法》第 60 条的规定,无诉讼行为能力人由他的监护人作为法定代理人代为诉讼。本案中秦某丧失民事行为能力,应当由其法定代理人代为诉讼;在民事诉讼中,无、限制民事行为能力人的监护人是其法定代理人。对于监护人的确定,《民法典》第 28 条规定:"无民事行为能力或者限制民事行为能力的成年人,由下列有监护能力的人按顺序担任监护人:(一)配偶;(二)父母、子女;(三)其他近亲属;(四)其他愿意担任监护人的个人或者组织,但是须经被监护人住所地的居民委员会、村民委员会或者民政部门同意。"可知,秦某的妻子是第一顺位,故应当由秦某的妻子担任法定代理人,因此本案应当追加秦某的妻子为法定代理人,诉讼继续进行,故 C 项正确,D 项错误。【特别提醒】本题表面上是考查民诉法问题,但实质上考查的是《民法典》中监护人的确定问题。注意民法与民诉法的结合问题。

秦某的妻子应当是原告秦某的法定代理人,不是当事人,不能变更其为原告或追加其为共同原告,故 A、B 项错误。

96. 法定诉讼代理人 [AB]

[解析]《民事诉讼法》第 60 条规定:"无诉讼行为能力人由他的监护人作为法定代理人代为诉讼。法定代理人之间互相推诿代理责任的,由人民法院指定其中一人代为诉讼。"由此可见,法定代理人的代理权的取得是基于法律的规定,而不是当事人的委托授权。故 A 项正确。

在我国,法定诉讼代理人是为补充无民事行为能力人或限制民事行为能力人在诉讼行为能力上的欠缺而设置的,这就决定了法定诉讼代理人在代理权限和诉讼地位上,与委托代理人有很大的不同。法定诉讼代理人可以按照自己的意志代理被代理人实施所有诉讼行为。同时,法定诉讼代理人也应当履行当事人所应当承担的一切诉讼义务。法定诉讼代理人无须被代理人的授权即可自由处分诉讼权利和实体权

利。故 B 项正确。

《民事诉讼法》第 154 条规定："有下列情形之一的,终结诉讼:(一)原告死亡,没有继承人,或者继承人放弃诉讼权利的;(二)被告死亡,没有遗产,也没有应当承担义务的人的;(三)离婚案件一方当事人死亡的;(四)追索赡养费、扶养费、抚养费以及解除收养关系案件的一方当事人死亡的。"法定诉讼代理人死亡,只会发生法定诉讼代理人的变更。但当事人死亡,在某些情况下可能会导致诉讼终结。故 C 项错误。

委托代理人必须获得当事人的授权,而且必须向法院提供授权委托书。对此,《民事诉讼法》第 62 条规定:"委托他人代为诉讼,必须向人民法院提交由委托人签名或者盖章的授权委托书。授权委托书必须记明委托事项和权限……"本题中,"所代理的当事人在诉讼中取得行为能力的",法定诉讼代理人没有获得授权的,也就不能作为委托代理人。故 D 项错误。

专题七 民事证据

考点19 证据的种类(法定分类)

97. 证人作证制度[ABC]

[解析]《民诉证据规定》第 67 条规定:"不能正确表达意思的人,不能作为证人。待证事实与其年龄、智力状况或者精神健康状况相适应的无民事行为能力人和限制民事行为能力人,可以作为证人。"本案中,何军 11 岁,待证的侵权事实与其年龄、智力状况和精神健康状况相适应,可以作为证人,故 A 项错误,当选。

证人具有不可替代性,所以证人不适用回避。故 B 项错误,当选。

《民诉证据规定》第 90 条规定:"下列证据不能单独作为认定案件事实的根据:……(二)无民事行为能力人或者限制民事行为能力人所作的与其年龄、智力状况或者精神健康状况不相当的证言;(三)与一方当事人或者其代理人有利害关系的证人陈述的证言;……"据此,未成年人所作的与其年龄、智力不相当的证言也具有证明力,只是其证明力较小(不能单独作为定案根据),需要其他证据补强其证明力而已,故 C 项错误,当选。同样,证人与当事人或代理人有利害关系,其证言依然具有证明力,但其证明力较小,不能单独作为定案依据,需要其他证据补强,故 D 项正确,不当选。

98. 书证提出[A(原答案为 AC)]

[解析]《民事诉讼法》第 73 条第 1 款规定:"书证应当提交原件。物证应当提交原物。提交原件或者原物确有困难的,可以提交复制品、照片、副本、节录本。"此条规定了书证提出的一般原则是应当提交原件。提交原件的例外情况规定在《民诉解释》第 111 条,即提交原件确有困难的情形主要包括书证原件遗失、灭失、毁损,书证在对方控制之下,经合法通知提交而拒不提交等。故 A 项正确。

《民诉解释》第 113 条规定,持有书证的当事人以妨碍对方当事人使用为目的,毁灭有关书证或者实施其他致使书证不能使用行为的,法院可以对其处以罚款、拘留的强制措施。由此,王武拒不提交书证的行为并没有构成妨害民事诉讼行为而需要适用强制措施。故 B 项错误。

《民诉解释》第 112 条规定,对方当事人拒不提出书证原件的,法院可以认定申请人所主张的书证内容为真实。《民诉证据规定》第 48 条进一步规定:"控制书证的当事人无正当理由拒不提交书证的,人民法院可以认定对方当事人所主张的书证内容为真实。控制书证的当事人存在《最高人民法院关于适用〈中华人民共和国民事诉讼法〉的解释》第一百一十三条规定情形的(即毁灭书证的行为——编者注),人民法院可以认定对方当事人主张以该书证证明的事实为真实。"据此,《民诉证据规定》第 48 条对相关内容予以细化,严格区分了认定"申请人所主张的书证内容为真实"与认定"申请人主张以该书证证明的事实为真实"。本案中,王武仅仅是无正当理由拒不提供书证,并未毁灭书证,故法院应当认定申请人王文主张的遗嘱内容为真实,不能认定该遗嘱能证明的事实为真实。故 C 项根据新的司法解释不准确。

法院应当在查明案件事实的基础上,依照实体法的相关规定来进行判决,而根据《民诉解释》第 112 条的规定,王武拒绝提出书证原件行为的法律后果,是申请人王文主张的该书证上记载的内容为真实,其并不能说明原告主张的各项诉讼请求就都能得以证明,况且题干中并未明确说明王文的诉讼请求,更不能以此判决支持原告的各项诉讼请求。故 D 项错误。

99. 证人证言及证人出庭作证[ABCD]

[解析]《民诉解释》第 117 条第 1 款规定:"当事人申请证人出庭作证的,应当在举证期限届满前提出。"因此,A 项的做法合法。

《民诉解释》第 119 条第 1 款规定:"人民法院在证人出庭作证前应当告知其如实作证的义务以及作伪证的法律后果,并责令其签署保证书,但无民事行为能力人和限制民事行为能力人除外。"因此,B 项的做法合法。

《民诉解释》第 120 条规定,证人拒绝签署保证书的,不得作证。因此,C 项的做法合法。同时,《民诉证据规定》第 68 条第 3 款规定:"无正当理由未出庭的证人以书面等方式提供的证言,不得作为认定案件事实的根据。"据此,D 项中法院对路芳的证言不同意组织质证的做法合法。

100. 专家辅助人；回避的适用对象；证据种类
[BC(原答案为C)]

[解析] 本题是对知识点"有专门知识的人出庭"的考查。《民事诉讼法》第82条规定："当事人可以申请人民法院通知有专门知识的人出庭，就鉴定人作出的鉴定意见或者专业问题提出意见。"

关于回避，《民事诉讼法》第47条规定："审判人员有下列情形之一的，应当自行回避……前三款规定，适用于法官助理、书记员、翻译人员、鉴定人、勘验人。"据此，回避适用于审判人员、法官助理、书记员、翻译人员、鉴定人、勘验人。有专门知识的人出庭的作用是帮助一方当事人对鉴定意见进行质证或者对专业问题发表意见，不需要秉持中立、客观立场，所以其不适用回避制度，故A项错误。

《民诉解释》第122条第2、3款规定："具有专门知识的人在法庭上就专业问题提出的意见，视为当事人的陈述。人民法院准许当事人申请的，相关费用由提出申请的当事人负担。"当事人陈述属于法定的证据种类，袁某在庭上的陈述被视为当事人的陈述，故B项正确。相关费用由提出申请的当事人负担，故D项错误。【旧题新解】根据旧法，具有专门知识的人的陈述不视为法定证据，原答案B项是错误的。《民诉解释》第122条第2款规定，具有专门知识的人在法庭上就专业问题提出的意见，视为当事人的陈述。此为法律拟制，将有专门知识的人就专业问题的陈述拟制为当事人陈述，故其应当作为一种法定证据种类，B项正确。同时《最高人民法院关于审理环境民事公益诉讼案件适用法律若干问题的解释》第15条第2款也明确规定："前款规定的专家意见经质证，可以作为认定事实的根据。"这也确定了专家意见经质证后具有证据资格。【陷阱点拨】A、D选项中，命题人运用了"张冠李戴"的命题手法，A选项是用鉴定人的规定进行干扰，D选项是用证人出庭的费用作为干扰。有专门知识的人出庭不同于鉴定人和证人出庭，其出庭的作用是帮助当事人对鉴定意见进行质证或者对专业问题发表意见，其作用是帮助一方当事人，所以其费用应当由申请方当事人承担。同时，既然是帮助一方当事人，无需保持中立立场，故不适用回避制度。

《民诉解释》第123条规定："人民法院可以对出庭的具有专门知识的人进行询问。经法庭准许，当事人可以对出庭的具有专门知识的人进行询问，当事人各自申请的具有专门知识的人可以就案件中的有关问题进行对质。具有专门知识的人不得参与专业问题之外的法庭审判活动。"故C项正确。

101. 证据的种类[D]

[解析] 书证和电子数据均是通过其记载的内容证明案件事实，但是关键区别在于载体不同。书证一般是通过原始的记录方式，如书写、刻画、印刷等，其内容很直观；而电子数据则是现代计算机科学技术发展的产物，其是通过电子信号等方式储存在计算机等电子设备之中，其形成、储存和读取均需要借助电子设备。而题目中反复强调数码相机、光盘等信息，可见该照片的读取需要借助电子设备，其为电子数据，并非书证。故D项正确。

另外需注意：(1)勘验笔录的制作主体一定是司法工作人员，交警不是民事诉讼中的司法工作人员，只有法院的法官、勘验人员等去现场勘验所制作的笔录、现场绘图、现场照片等才是勘验笔录。因此本题照片不是勘验笔录。(2)对于照片、录音、录像等，如果是通过胶片、录音带、录像带的方式储存的，是视听资料；如果是产生或者储存于数码相机、数码摄像机、U盘等电子介质中的，则为电子数据。因此本题照片不是视听资料。

102. 鉴定制度[A]

[解析]《民事诉讼法》第80条第1款规定："鉴定人有权了解进行鉴定所需要的案件材料，必要时可以询问当事人、证人。"因此，丙鉴定中心在鉴定过程中可以询问当事人。故A项正确。

《民事诉讼法》第81条规定："当事人对鉴定意见有异议或者人民法院认为鉴定人必要出庭的，鉴定人应当出庭作证。经人民法院通知，鉴定人拒不出庭作证的，鉴定意见不得作为认定事实的根据；支付鉴定费用的当事人可以要求返还鉴定费用。"本案中，乙公司已经提出异议，因此丙鉴定中心应当派员出庭。与证人不同，因正当理由不能出庭的除外规定，对鉴定人并不适用。故B项错误。【特别提醒】《民诉证据规定》完善了鉴定人出庭的程序，当事人对鉴定意见提出书面异议，法院应当要求鉴定人解释、说明、补充。当事人对鉴定人的书面答复仍有异议的，法院应当通知有异议的当事人预缴费用，并通知出庭。即在鉴定人出庭问题上前置了一个书面答复程序，只有当事人对鉴定人的书面答复仍有异议的，才通知鉴定人出庭。具体条文是：《民诉证据规定》第37条第2、3款："当事人对鉴定书的内容有异议的，应当在人民法院指定期间内以书面方式提出。对于当事人的异议，人民法院应当要求鉴定人作出解释、说明或者补充。人民法院认为有必要的，可以要求鉴定人对当事人未提出异议的内容进行解释、说明或者补充。"第38条："当事人在收到鉴定人的书面答复后仍有异议的，人民法院应当根据《诉讼费用交纳办法》第十一条的规定，通知有异议的当事人预交鉴定人出庭费用，并通知鉴定人出庭。有异议的当事人不预交鉴定人出庭费用的，视为放弃异议。双方当事人对鉴定意见均有异议的,分摊预交鉴定人出庭费用。"据此,因为本题是根据旧法设计的题目,因此相对于新法,逻辑不是十分严谨。更为严谨的案情应当是"乙公司收到鉴定意见书后提出异议,法院要求鉴定人书面补充、说明后,乙公司仍有异议,并申请某大学燕教授出庭说明专业意见"。

《民诉解释》第122条规定:"当事人可以依照民事诉讼法第八十二条的规定,在举证期限届满前申请一至二名具有专门知识的人出庭,代表当事人对鉴定意见进行质证,或者案件事实所涉及的专业问题提出意见。具有专门知识的人在法庭上就专业问题提出的意见,视为当事人的陈述。人民法院准许当事人申请的,相关费用由提出申请的当事人负担。"因此,燕教授是基于具有专门知识的人的身份出庭,其诉讼地位不是鉴定人。故C项错误。燕教授出庭费用由提出申请的当事人负担。故D项错误。

103. 证人[ACD]

[解析]《民诉证据规定》第67条规定:"不能正确表达意思的人,不能作为证人。待证事实与其年龄、智力状况或者精神健康状况相适应的无民事行为能力人和限制民事行为能力人,可以作为证人。"也就是说,限制民事行为能力的未成年人作证人,是有条件的:待证事实与其年龄、智力状况或者精神健康状况相适应。故A项正确。

《民事诉讼法》第77条规定:"证人因履行出庭作证义务而支出的交通、住宿、就餐等必要费用以及误工损失,由败诉一方当事人负担。当事人申请证人作证的,由该当事人先行垫付;当事人没有申请,人民法院通知证人作证的,由人民法院先行垫付。"证人因出庭作证而支出的合理费用,提供证人的一方当事人只是先行支付,最终由败诉一方承担。故B项错误。

《民诉证据规定》第68条第1款规定:"人民法院应当要求证人出庭作证,接受审判人员和当事人的询问。证人在审理前的准备阶段或者人民法院调查、询问等双方当事人在场时陈述证言的,视为出庭作证。"法院组织双方当事人交换证据属于审理前的准备阶段,此时证人出席陈述证言的,视为出庭作证。故C项正确。

《民诉证据规定》第90条规定:"下列证据不能单独作为认定案件事实的根据:……(二)无民事行为能力人或者限制民事行为能力人所作的与其年龄、智力状况或者精神健康状况不相当的证言;……"可见D项是关于证人证明力问题的规定,具体来说是关于证明力强弱的问题,而不属于证明力有无的问题。故D项正确。**[总结提示]**(1)无民事行为能力人、限制民事行为能力人能否作证人,需看其能否正确表达意

思(属于证人资格问题,见《民诉证据规定》第67条)。
(2)无民事行为能力人、限制民事行为能力人所作证言能否单独作为认定案件事实的依据,需看所作证言与其年龄、智力、精神健康状况是否相当(属于证明力问题,见《民诉证据规定》第90条)。

104. 证人[BC(原答案为C)]

[解析]《民诉证据规定》第67条规定:"不能正确表达意思的人,不能作为证人。待证事实与其年龄、智力状况或者精神健康状况相适应的无民事行为能力人和限制民事行为能力人,可以作为证人。"据此可知,未成年人能作证人。故A项错误。

《民诉解释》第117条第1款规定:"当事人申请证人出庭作证的,应当在举证期限届满前提出。"故B项正确。**[旧题新解]**2002年《民诉证据规定》规定,申请证人出庭应当在举证期限届满前10日内提出,故当时的答案B项是错误的。而《民诉解释》和2019年《民诉证据规定》均规定在举证期限届满前提出即可,因此,根据新的司法解释,B项是正确的。

《民事诉讼法》第75条规定:"凡是知道案件情况的单位和个人,都有义务出庭作证。有关单位的负责人应当支持证人作证。不能正确表达意思的人,不能作证。"据此,证人身份在诉讼参与人各身份中具有优先性。则证人身份与律师身份重合,应优先考虑证人身份,原因在于证人具有不可替代性。所以乙优先作证人,并不得再担任诉讼代理人。故C项正确。

《民事诉讼法》第76条规定:"经人民法院通知,证人应当出庭作证。有下列情形之一的,经人民法院许可,可以通过书面证言、视听传输技术或者视听资料等方式作证:(一)因健康原因不能出庭的;(二)因路途遥远,交通不便不能出庭的;(三)因自然灾害等不可抗力不能出庭的;(四)其他有正当理由不能出庭的。"D项中没有提到这4种例外情况,因此书面证言不能够代替证人出庭作证。故D项错误。

考点20 证据的分类(理论分类)

105. 证据的理论分类;证明责任[BD]

[解析] 直接证据和间接证据的区分要点在于内容的完整性,在内容上能够完整证明待证事实的是直接证据,在内容上只能证明待证事实的一个部分、一个片段的证据是间接证据。林某向法院提供了银行的转账凭证,该证据的待证事实是自己借给郑某50万元,显然,该转账凭证只能证明自己向郑某转款50万元,但并不能完整证明借款事实,是间接证据。故A项错误,B项正确。

证明对象是证明责任的前提,故分析证明责任应当首先确定该事实是否为本案的证明对象,如果是本案证明对象则需要讨论由谁承担证明责任,如果不是本案证明对象则无需证明,无需讨论证明责任。

林某是否曾经向郑某借款与本案无关,不是本案证明对象,无需证据证明,因此无需讨论证明责任。故C项错误。

根据《民诉解释》第91条的规定,主张法律关系存在的当事人,应当对产生该法律关系的基本事实承担举证证明责任。林某主张借款事实成立,故应当对借款事实的成立承担证明责任,故D项正确。

106. 证明责任分配;自认;证据的理论分类[C]

[解析]《民诉解释》第91条规定:"人民法院应当依照下列原则确定举证证明责任的承担,但法律另有规定的除外:(一)主张法律关系存在的当事人,应当对产生该法律关系的基本事实承担举证证明责任;(二)主张法律关系变更、消灭或者权利受到妨害的当事人,应当对该法律关系变更、消灭或者权利受到妨害的基本事实承担举证证明责任。"本案为借款合同纠纷,借款的事实是由王某提出,其应当承担证明借款事实存在的证明责任。故A项不当选。

《民诉解释》第92条第1款规定:"一方当事人在法庭审理中,或者在起诉状、答辩状、代理意见等书面材料中,对于己不利的事实明确表示承认的,另一方当事人无需举证证明。"钱某提交证据证明其已返还借款,构成对借款事实的自认。故B项不当选。

本证是指承担证明责任的人提供的证据。反证是指不承担证明责任的人提供的证据。本案中,钱某应承担其已还款事实的证明责任,且提供的收条证明该事实,所以该证据为本证。故C项当选,D项不当选。

107. 证据种类[B]

[解析] 以对案件事实的证明效力分类,可以将证据分为直接证据和间接证据。直接证据,是指可以对案件事实直接进行证明的证据;间接证据,是指不能直接用于证明案件事实而需要与其他间接证据结合来形成证据链来证明案件事实的证据。

牟某提供的银行转款凭证,是以其内容来证明案件事实,属于书证。但其只能证明牟某向战某转了款项,并不能证明这笔转款是借给战某的款项,还是用于偿还战某的款项,属于间接证据。故A项错误。

《民诉解释》第116条第2款规定,电子数据是指通过电子邮件、电子数据交换、网上聊天记录、博客、手机短信、电子签名等形成或者存储在电子介质中的信息。牟某提供的手机短信属于电子数据。但是手机短信只是说明"战某表示要向其借款",并没有直接说明借款事实是否真的发生,该手机短信相对于借款事实而言只是间接证据。故B项正确。

视听资料,是指录音、录像等,既包括传统上的录音带、录像带等储介质,也包括电子介质存储的音频文件、视频文件等,本题中的手机通话录音属于视听资料。同时,该通话录音只是说明"战某表示要向其借款",并没有直接说明借款事实是否真的发生,该录音相对于借款事实而言只是间接证据。故C项错误。

从证明责任负担标准分类,可以将证据分为本证与反证。本证是负担证明责任一方提供的用于证明其主张的事实为真实的证据,反证则是对该事实不负证明责任的相对方提供的用于证明该事实不存在的证据。首先,本案待证事实是"牟某主张战某借款的事实",即战某是否向牟某借款。而战某提供的"牟某书写的向其借款10万元的借条"只能证明牟某是否向战某借款,该事实并非本案待证事实,故该借条与本案待证事实无关,不是本案的证据。因此,其既不是本案的本证,也不是本案的反证,故D项错误。【总结提示】区分本、反证的分析步骤:首先,确定证据的待证事实;其次,分析该证明对象由谁承担证明责任;最后,分析该证据是否为承担证明责任的当事人提出。如果由承担证明责任的当事人提出,则为本案的本证。D项中战某提供的借条的待证事实是牟某曾向战某借款10万元,而待证事实并非本案(牟某起诉战某归还借款)的证明对象,故无需再讨论证明责任问题,因为其不属于本案的本证或反证。【思路拓展】假设战某起诉牟某归还借款,战某提供了"牟某书写的向其借款10万元的借条",按上述步骤分析:首先,该借条的待证事实是"战某主张牟某借款的事实";其次,对于该借款关系是否存在这一事实,应当由主张借款关系存在的战某承担证明责任;最后,该证据为承担证明责任的战某提供。因此,该借条应为战某起诉牟某归还借款案的本证。

108. 证据的分类;自认[AC]

[解析] 本证,是指在民事诉讼中负有证明责任的一方当事人提出的用于证明自己所主张事实的证据。反证,是指没有证明责任的一方当事人提出的用于证明对方主张事实不真实的证据。本证与反证的分类依据是证据与证明责任承担者的关系。区分本证与反证的重点在于,对证据所证明的事实,提出方是否承担证明责任。本题中,对于是否有借贷关系,由原告李强负证明责任,借条由李强提出,属于本证。故A项正确。是否已经还款的争议,应当由被告赵刚负证明责任,"赵刚所言已用卖玉石的款项偿还借款"是当事人陈述,由于是负证明责任的赵刚提供的,也属于本证。故D项错误。

直接证据是能够单独、直接证明案件主要事实的证据。间接证据是不能够单独、直接证明案件主要事实,需要与其他证据结合形成逻辑一致的证据链条才能证明案件主要事实的证据。直接证据与间接证据的区分方法,是看该证据是否能够单独证明案件主要事实。向赵刚转账5000元的银行转账凭证,并不能证明已经向"李强借款5000元",因此属于间接证据。故B项错误。

自认是指一方当事人对另一方当事人主张的不利于自己的案件事实予以承认。故C项正确。

109. 证据的分类[AD]

[解析] 关于证据的法定种类。书证是指以文字、符号、图形等形式所记载的内容或表达的思想来证明案件事实的证据。物证则是利用物体外观等自然属性证明案件事实的证据。证据的分类一定要结合题目来判断。在本案中,书店提交被损毁图书是为了证明自己遭受的损失,而图书被损毁这一事实,只需要法官查看被损毁的图书外观就能够明白,而无需通过内容来证明。因此被损毁图书属于物证,而不属于书证。故D项正确,C项错误。

关于证据的理论分类。本题涉及的是直接证据与间接证据的区分。直接证据与间接证据的区分,关键是看该证据是否能够单独证明需要证明的案件事实。也就是说,一个证据就能单独反映题目中需要证明的事实,就是直接证据。一个证据无法单独反映题目中需要证明的事实,就是间接证据。结合题目来看,本题中,需要证明的事实是书店遭受的损失,本案被损毁图书就能够单独反映这一情况。故A项正确,B项错误。

110. 证据的理论分类[A]

[解析] 传来证据和原始证据是从证据的来源上看的,而直接证据和间接证据是从内容上看的,分类标准不同,当然可能出现交叉。例如,一张借条的复印件,由于是复印件,属于传来证据,但不论是复印件还是原件,从其内容上来说都能完整证明待证事实(借款),是直接证据。故A项正确。

关于本证和反证的区分要看跟举证责任的关系,切不可草率地认为原告提出的是本证,被告提出的是反证。在诉讼中,存在有些事实应当由被告承担证明责任,此时,被告提出的恰恰是本证,原告提出的恰恰是反证。故B项错误。

证言是否经过转述是其来源问题,与直接证据、间接证据的区分无关。直接证据与间接证据的区分主要看证据的内容,如果该证言在内容上能够完整地证明待证事实,是直接证据;如果该证言在内容上只能证明待证事实的一个部分,则为间接证据。一份证言是转述的他人所见所闻事实,则属于传来证据,但如果该证言在内容上能够完整陈述案件事实,则又为直接证据。故C项错误。

间接证据应当与其他证据结合在一起才能证明案件事实,其不可以单独作为认定案件事实的依据。故D项错误。

考点21 证据保全

111. 诉前证据保全[D]

[解析]《民事诉讼法》第104条规定:"利害关系人因情况紧急,不立即申请保全将会使其合法权益受到难以弥补的损害的,可以在提起诉讼或者申请仲裁前向被保全财产所在地、被申请人住所地或者对案件有管辖权的人民法院申请采取保全措施。申请人应当提供担保,不提供担保的,裁定驳回申请。人民法院接受申请后,必须在四十八小时内作出裁定;裁定采取保全措施的,应当立即开始执行。申请人在人民法院采取保全措施后三十日内不依法提起诉讼或者申请仲裁的,人民法院应当解除保全。"

依据上述规定,诉前证据保全可以向证据所在地、被申请人住所地或者对案件有管辖权的法院申请。本题中,从"货到后"三字可以看出甲县是证据所在地,乙县是被申请人宝丰公司的住所地,而丙县是合同签订地,不是证据所在地,也不是被申请人住所地,当然合同签订地法院对案件也没有管辖权,所以吴某可以向甲县和乙县法院申请诉前证据保全,但不能向丙县法院申请,故A项错误。

诉前证据保全,法院应当在48小时内作出裁定,而非15日,故B项错误。

诉前保全措施只能依申请,不能依职权作出,故C项错误。

证据保全后,该证据视为已经向法院提出,吴某对该事实提供证据的责任已经免除,故D项正确。

专题八 民事诉讼中的证明

考点22 证明对象

112. 证明对象;证据的种类[C]

[解析] 掌握本国法律是担任法官所应具备的基本素养,因此本国法律属于司法认知的范畴,无需证据证明;外国法则不同,法官未必了解,需要当事人加以证明,外国法的查明也是国际法上的重要内容,因此外国法属于证明对象范畴,当事人需要提供证据证明,A公司申请童某出庭即是出于此目的。故D项错误。

对外国法的查明不属于鉴定,童某也不具有鉴定资格,故A项错误。

证人陈述的内容是证人在案发时所见所闻的内容,具有不可替代性;而专家辅助人所陈述的往往是其平时所研究、学习、积累的知识,具有可替代性(其他专家也可胜任)。本案中,童某出庭陈述的是甲国法律的内容,是其学习、研究的内容,并非在案发现场的所见所闻,因此属于专家辅助人,而非证人。故B项错误,C项正确。

113. 免证事实;自认[BD]

[解析] 本题中,丙承担的是连带保证,则乙和丙是共同被告,本案为必要共同诉讼。《民诉证据规定》第6条第2款规定:"必要共同诉讼中,共同诉讼人中一人或者数人作出自认而其他共同诉讼人予以否认的,不发生自认的效力。其他共同诉讼人既不承认也不否认,经审判人员说明并询问后仍然不明确表示意见的,视为全体共同诉讼人的自认。"据此,必要共同诉讼人中一人的承认是否构成自认,关键看其他共同诉讼人的态度:如果其他共同诉讼人予以否认的,则不构成自认;如果其他必要共同诉讼人没有否认的,则视为全体共同诉讼人的自认。本题中,"丙始终拒绝承认约定过利息",因此无论甲是否曾承认约定利息,对双方口头约定利息的事实均不发生自认的效力。在双方均无法提供证据证明存在关于利息的约定时,法院应当认定不存在利息的约定。由此,法院只能认定甲还款6万元为本金,因此甲还应归还54万元本金,丙应对54万元承担连带保证责任。综上,A、C项错误,B、D项正确。

114. 自认制度[CD]

[解析] 一方当事人在诉讼过程中口头自认,或者在起诉状、答辩状、代理词等书面材料中明确承认于己不利的事实的,另一方当事人无需举证证明。因此口头自认须在本案诉讼过程中,向本案审判法官作出。A项情形发生在开庭回去的路上,也不是对法官作出,因此不构成自认。故A项错误。

自认包括书面自认和口头自认,在起诉状、答辩状、代理词中书面承认的,才构成书面自认。B项中,被告是在庭前写的书面材料中描述了相关事实,但是该材料并不是答辩状,因此不构成自认,B项错误。

一方当事人对于另一方当事人主张的于己不利的事实既不承认也不否认,经审判人员说明并询问后,其仍然不明确表示肯定或者否定的,视为对该事实的承认。C项中,乙的确有向他人借款的行为,经法官说明后仍向法官表示自己记不清楚是否向甲借钱,可以构成默示自认。故C项当选。

D项中,甲已经承认了借款事实,该事实已经构成自认,后面甲对乙表示"既然你不承认我还了钱,那我也不承认向你借了钱",不构成对于自认的撤回。自认的撤回需要满足以下条件之一:(1)经对方当事人同意;(2)自认是在受胁迫或者重大误解情况下作出的。因此D项构成自认,当选。

115. 诉讼自认及其效力[A]

[解析]《民诉解释》第92条规定,一方当事人在答辩状中,对于己不利的事实明确表示承认的,另一方当事人无需举证证明。因此,A项当选。

《民诉解释》第107条规定,在诉讼中,当事人为达成调解协议作出妥协而认可的事实,不得在后续的诉讼中作为对其不利的根据,但法律另有规定或者当事人均同意的除外。因此,B项不当选。

《民诉解释》第92条第2款规定,对于涉及身份关系的事实,不适用自认的规定。因此,C项不当选。

《民诉解释》第92条第3款规定:"自认的事实与查明的事实不符的,人民法院不予确认。"因此,D项不当选。

116. (1) 自认[ACD]

[解析]《民诉解释》第92条规定:"一方当事人在法庭审理中,或者在起诉状、答辩状、代理词等书面材料中,对于己不利的事实明确表示承认的,另一方当事人无需举证证明。对于涉及身份关系、国家利益、社会公共利益等应当由人民法院依职权调查的事实,不适用前款自认的规定。自认的事实与查明的事实不符的,人民法院不予确认。"自认是指一方当事人对另一方当事人主张的案件事实予以承认。自认制度的适用范围有限,涉及身份关系、国家利益、社会公共利益等应当由法院依职权调查的事实,不适用自认。在有关身份关系的案件中,如涉及收养、婚姻关系等案件,涉及身份关系的事实主张不能因为对方当事人的承认而免除其证明责任。因为身份关系的案件涉及人身权利,这是当事人自己不能任意处分的。本题中,A、D项提及的事实是与身份关系相联系的事实,不能适用自认制度。B项中关于存款的状态,适用自认。C项中张成功同意生活用品归各自所有是对对方诉讼请求的承认,是认诺,不是自认。本题A、C、D项当选。

(2) 免证事实[AB]

[解析] 本题中,"张成功承认与黎明丽没有其他财产分割争议",与"张成功承认家中36万元存款在自己手中",均能构成自认,作为法院判决的根据。故A、B项正确。自认只能承认案件事实,而不能承认诉讼请求。"黎明丽提出张成功每月应当支付张好帅抚养费1500元的主张"是诉讼请求,不构成自认,不能作为法院判决的根据。故C项错误。

《民诉解释》第107条规定:"在诉讼中,当事人为达成调解协议或者和解协议作出妥协而认可的事实,不得在后续的诉讼中作为对其不利的根据,但法律另有规定或者当事人均同意的除外。"张成功在调解中承认自己有第三者,不可以在其后的诉讼中作为对其不利的证据。故D项错误。

117. 自认[C]

[解析]《民诉解释》第92条规定:"一方当事人在法庭审理中,或者在起诉状、答辩状、代理词等书面材料中,对于己不利的事实明确表示承认的,另一方当事人无需举证证明。对于涉及身份关系、国家利

益、社会公共利益等应当由人民法院依职权调查的事实,不适用前款自认的规定。自认的事实与查明的事实不符的,人民法院不予确认。"《民诉解释》第107条规定:"在诉讼中,当事人为达成调解协议或者和解协议作出妥协而认可的事实,不得在后续的诉讼中作为对其不利的根据,但法律另有规定或者当事人均同意的除外。"本题中,在庭前调解中,张某承认对郭某财产造成损害,并不构成自认,因此不能作为对张某不利的证据使用。故C项正确,A、B项错误。

法院审理的第一审民事诉讼案件,应当开庭审理,不得未经开庭直接作出判决。故D项错误。

118. 自认[D]

[解析] 自认是指一方当事人对对方当事人所主张的不利己的案件事实的承认。《民诉解释》第92条第3款规定:"自认的事实与查明的事实不符的,人民法院不予确认。"据此,如果有相反的证据,则法院对自认的事实不予确认,即用相反的证据可以推翻自认的事实。故A项正确。

《民诉证据规定》第8条第1款规定:"《最高人民法院关于适用〈中华人民共和国民事诉讼法〉的解释》第九十六条第一款规定的事实,不适用有关自认的规定。"《民诉解释》第96条第1款规定:"民事诉讼法六十七条第二款规定的人民法院认为审理案件需要的证据包括:……(二)涉及身份关系的;……"据此,与身份有关的事实不适用自认制度。在与身份有关的案件中,有些事实与身份有关,有些事实与身份无关,只有与身份有关的案件事实不可以自认,而与身份无关的案件事实则可以自认。故B项正确。

《民诉解释》第107条规定:"在诉讼中,当事人为达成调解协议或者和解协议作出妥协而认可的事实,不得在后续的诉讼中作为对其不利的根据,但法律另有规定或者当事人均同意的除外。"据此,调解中的妥协和让步不构成诉讼中的自认。故C项正确。

《民诉证据规定》第5条规定:"当事人委托诉讼代理人参加诉讼的,除授权委托书明确排除的事项外,诉讼代理人的自认视为当事人的自认。当事人在场对诉讼代理人的自认明确否认的,不视为自认。"据此,委托代理人(包括一般授权和特别授权)可以代为自认,除非委托授权书明确排除相关事项,故D项错误。

考点23 证明责任与证明标准

119. 证明责任的分配[ABCD]

[解析] 根据"谁主张,谁举证"的规则,本题中,乙主张甲堆放的杂物倒塌砸伤了自己的孩子丙,则乙应当对产生该侵权法律关系的基本事实承担举证责任,即对加害行为、损害结果和因果关系承担举证责任。甲堆放的杂物倒塌属于加害行为、丙被砸伤属于损害结果,两者均应由乙承担证明责任,故A、B项正确。甲主张丙走路时故意将杂物推倒(主张因当事人故意而免责,见《民法典》第1174条),则甲应当对丙故意将杂物推倒的事实承担举证责任,故C项正确。

《民法典》第1255条规定:"堆放物倒塌、滚落或者滑落造成他人损害,堆放人不能证明自己没有过错的,应当承担侵权责任。"据此,堆放物倒塌侵权案件采用过错推定原则,应由堆放人甲对其无过错承担举证责任,故D项正确。

120. 证明责任[D]

[解析]《民诉解释》第57条规定:"提供劳务一方因劳务造成他人损害,受害人提起诉讼的,以接受劳务一方为被告。"由此可知,提供劳务的杨某造成乔某损害的,应由接受劳务一方薛某作被告。故A、B项错误。提供劳务致人损害的,雇主承担无过错责任,薛某主观是否有过错不是本案的证明对象,无需任何人承担证明责任。故C项错误,D项正确。【**特别提醒**】注意证明对象、证明责任和证明标准的关系:证明对象是证明责任的前提,证明责任是证明标准的前提。即一个事实是本案的证明对象才需要证据证明,才需要讨论证明责任,而不属于证明对象的事实无需证据证明,则无需讨论证明责任,更无从谈起证明标准问题。

121. 证明责任[B]

[解析]《民诉解释》第93条第1款规定:"下列事实,当事人无需举证证明:(一)自然规律以及定理、定律;(二)众所周知的事实;(三)根据法律规定推定的事实;(四)根据已知的事实和日常生活经验法则推定出的另一事实;(五)已为人民法院发生法律效力的裁判所确认的事实;(六)已为仲裁机构生效裁决所确认的事实;(七)已为有效公证文书所证明的事实。"本题中,"刘月向法院提供了本村吴某起诉甲公司损害赔偿案件的判决书,以证明甲公司出售的化肥有质量问题且与其所受损害有因果关系",这表明,关于化肥质量与损害结果之间的因果关系,已为生效的法律文书确认,因此刘月无需对此事承担举证责任。故A项错误。

《民诉解释》第93条第2款规定:"前款第二项至第四项规定的事实,当事人有相反证据足以反驳的除外;第五项至第七项规定的事实,当事人有相反证据足以推翻的除外。"本题中,甲公司要否认生效裁判文书确认的因果关系的事实,必须提供证据证明,即要对不存在因果关系承担证明责任。故B项正确。

《民诉解释》第90条规定,当事人对自己提出的诉讼请求所依据的事实或者反驳对方诉讼请求所依据的事实,应当提供证据加以证明,但法律另有规定的除外;在作出判决前,当事人未能提供证据或者证据不足以证明其事实主张的,由负有举证证明责任的当事人承担不利的后果。此谓证明责任分配的一般原则。根据此规定,证明责任的分配应当由法律或者司法解释明确加以分配,具有法定性。故C、D项错误。

122. 证明责任的分担[AC]

[解析]《民诉解释》第91条规定,人民法院应当依照下列原则确定举证证明责任的承担,但法律另有规定的除外:(1)主张法律关系存在的当事人,应当对产生该法律关系的基本事实承担举证证明责任;(2)主张法律关系变更、消灭或者权利受到妨害的当事人,应当对该法律关系变更、消灭或者权利受到妨害的基本事实承担举证证明责任。在本案中,被告四海公司应当就消灭原告的权利,即自己已经履行付款义务承担举证责任,因此,A、B、C项的事实构成被告四海公司合理履行付款义务的事实。但是,在本案诉讼中,五环公司承认付某是其业务员,《民诉解释》第92条第1款规定:"一方当事人在法庭审理中,或者在起诉状、答辩状、代理词等书面材料中,对于己不利的事实明确表示承认的,另一方当事人无需举证证明。"四海公司就该事实无需承担举证责任,因此,选项A、C的事实应当由被告四海公司承担证明责任。故A、C项正确,B、D项错误。【思路拓展】关于证明的解题步骤可分三步:首先确定证明对象(哪些事实需要证据证明),其次在证明对象的基础上确定证明责任(该证明对象应当由谁提供证据证明),最后在证明责任的基础上确定证明标准(承担证明责任的人应当将该事实证明到何种标准)。故讨论证明责任应当以确定证明对象为前提,而B项所述事实为自认事实,属于免证事实,不是本案证明对象,无需证据证明,故也不存在证明责任问题;D项所述事实属于与案件无关的事实,也不是本案证明对象,无需证据证明,故也不存在证明责任问题。

123. 证据证明力;无需举证证明的事实;涉外民事诉讼程序;证明责任[C]

[解析]经过公证的书证的证明力一般大于其他书证、视听资料和证人证言,而非大于传来证据和间接证据。书证、传来证据和间接证据并不是同一个分类项下的证据种类,互有重合,不能彼此简单比较证明力大小。故A项表述不对。【特别提醒】本题原是对2002年《民诉证据规定》第57条的直接考查,该条规定了不同证据证明力大小的判断标准,2019年《民诉证据规定》删除了该条规定,但不影响本题作答。

经验法则,是指人们从生活经验中归纳获得的关于事物因果关系或属性状态的法则或知识。《民诉解释》第93条规定:"下列事实,当事人无须举证证明:……(四)根据已知的事实和日常生活经验法则推定出的另一事实;……"根据这一规定,经验法则是否成为证明对象不能一概而论:属于日常生活领域内的经验法则,因为为一般人所知晓,因此无须加以证明,但对于不为一般人所知晓的专门知识领域的经验法则,则应当加以证明。故B项表述不对。

《民事诉讼法》第275条规定:"在中华人民共和国领域内没有住所的外国人、无国籍人、外国企业和组织委托中华人民共和国律师或者其他人代理诉讼,从中华人民共和国领域外寄交或者托交的授权委托书,应当经所在国公证机关证明,并经中华人民共和国驻该国使领馆认证,或者履行中华人民共和国与该所在国订立的有关条约中规定的证明手续后,才具有效力。"故C项表述正确。

证明责任,是指当事人对自己提出的事实主张,有提出证据加以证明的责任,如果当事人未能尽到上述责任,则有可能承担对其主张不利的法律后果。证明责任由哪一方当事人承担是由法律、法规或司法解释预先确定的,因此在诉讼中不存在原告与被告之间相互转移证明责任的问题。故D项表述不对。

124. 证明责任[D]

[解析]《民事诉讼法》第67条第1款规定:"当事人对自己提出的主张,有责任提供证据。"《民诉解释》第90条第1款规定:"当事人对自己提出的诉讼请求所依据的事实或者反驳对方诉讼请求所依据的事实,应当提供证据加以证明,但法律另有规定的除外。"据此,受害人甲应当证明侵权行为"乙叠放砖头倒塌"的事实。故A项正确。受害人甲应当证明损害结果"甲受损害"的事实。故B项正确。受害人甲应当证明因果关系"甲所受损害是由于乙叠放砖头倒塌砸伤"的事实。故C项正确。《民法典》第1255条规定:"堆放物倒塌、滚落或者滑落造成他人损害,堆放人不能证明自己没有过错的,应当承担侵权责任。"据此,堆放物侵权实行过错推定责任,在行为人过错方面的举证责任是倒置的,应由被告乙承担证明责任,故D项错误。【总结提示】侵权纠纷举证责任的判断步骤分三步走:第一步,根据"谁主张,谁举证"原则,一般应当由原告证明侵权构成要件(行为、结果、过错、因果关系),被告证明免责事由;第二步,根据民法归责原则,堆放物致人损害不是无过错责任原则,侵权构成要件包括行为、结果、因果关系、过错四要件,故应由原告证明行为、结果、因果关系、过错四要件,被告证明免责事由;第三步,本案属于堆放物致人损害,根据民法的规定属于过错推定,故过错倒置给被告证明。综上,本案应由原告证明行为、结果、因果关系,被告证明无过错和免责事由。

民事诉讼法与仲裁制度 [答案详解] · 29 ·

125. 书证;证明责任[CD]

[解析] 书面证词仍然属于证人证言,书面形式只是该证据的表现形式而已,并不影响证据的种类判断,故A项错误。【特别提醒】进行证据种类的判断,只能看其原始形态,不能看其传来形态。如用视听资料形式记录未出庭的证人证言,虽然是视听资料形式,但其实质仍然是证人证言;反映电视机被损坏的照片,虽然是照片形式,但其仍然是用电视机被损坏的状态证明案件事实,属于物证,照片只是该物证的一个表现形式或者传来形态而已。

法院就数个证据对同一事实的证明,可依据原始证据的证明力一般大于传来证据的原则确定。由此可见,传来证据并非没有证明力,只是证明力的强弱要由审判人员来依法判断。结合本题,李强提交的诊断书、医院处方为复印件,属于传来证据,但仍然具有证明力,故B项错误。

《民法典》第1245条规定:"饲养的动物造成他人损害的,动物饲养人或者管理人应当承担侵权责任;但是,能够证明损害是因被侵权人故意或者重大过失造成的,可以不承担或者减轻责任。"动物致害案件适用无过错责任原则,饲养人赵刚只需对受害人李强的故意或重大过失行为(免责事由)承担举证责任,即李强是因为挑逗赵刚的狗而被狗咬伤的事实。其他的证明责任还是遵循"谁主张,谁举证"原则,因而李强受损害与被赵刚的狗咬伤之间具有因果关系的证明责任由李强承担。故C、D项正确。

126. 证明责任[ABD]

[解析] 证明责任,是指当事人对自己提出的事实主张,有提出证据并加以证明的责任,以及当事人无法提供证据或者所提供的证据不能证明待证事实的,应当承担不利的诉讼后果的责任。理解证明责任应注意以下问题:第一,真伪不明是证明责任发生的前提,即只有在作为裁判基础的法律要件事实处于真伪不明的状态时,证明责任才发生作用。故A项正确。第二,证明责任由哪一方当事人承担是由法律法规或司法解释预先确定的,即对案件中的同一事实,只有一方当事人负有证明责任。因此,在诉讼中不存在在原告与被告间相互转移证明责任的问题。故B、D项正确。第三,当事人对自己的主张不能提供证据或提供证据后不能证明自己的主张,将可能导致诉讼结果的不利,而不是必将承担败诉后果。故C项错误。

127. 举证责任的分配[A]

[解析] 本题考查环境污染案件的证明责任分配。侵权纠纷举证责任的判断步骤分三步走:第一步,根据"谁主张,谁举证"原则,一般应当由原告证明侵权构成要件(行为、结果、过错、因果关系),被告证

明免责事由。第二步,《民法典》第1229条规定:"因污染环境、破坏生态造成他人损害的,侵权人应当承担侵权责任。"据此,环境污染案件适用无过错责任原则,侵权构成要件不含过错,故应由原告证明行为、结果、因果关系三要件,被告证明免责事由。第三步,《民法典》第1230条规定:"因污染环境、破坏生态发生纠纷,行为人应当就法律规定的不承担责任或者减轻责任的情形及其行为与损害之间不存在因果关系承担举证责任。"据此,环境污染案件存在倒置规定,即将因果关系倒置给被告证明。综上,本案中原告应当证明行为、结果,被告应当证明无因果关系或者具有免责事由。题目所问"化工厂是否向鱼塘排污的事实"属于侵权责任构成要件中的"行为",应当由原告王某证明。故A项正确,B、C、D项错误。

128. 共同危险行为侵权的举证责任[AB(原答案为ABC)]

[解析] 本题考查共同危险案件的举证责任。侵权纠纷举证责任的判断步骤分三步走:第一步,根据"谁主张,谁举证"原则,一般应当由原告证明侵权构成要件(行为、结果、过错、因果关系),被告证明免责事由。第二步,共同危险案件不适用无过错责任原则,原则上原告应当证明侵权构成四要件(即行为、结果、因果关系、过错),被告证明免责事由。第三步,共同危险中不存在责任倒置的规定。综上,共同危险案件中,应当由原告证明行为、结果、因果关系和过错,被告证明免责事由。本题中,A项中三被告投掷石子的行为属于"行为",B项中刘某所受到的损失属于"结果",C项是"因果关系",D项是"过错",属于侵权行为四要件,都应当由原告刘某举证证明。故A、B项正确,C、D项错误。【旧题新解】根据2002年《民诉证据规定》,共同危险行为实行因果关系倒置,原本C项是正确的。但是2019年《民诉证据规定》将该规定删除,相关内容已经废止,故在共同危险案件中不再适用因果关系倒置规定,即应当完全按照"谁主张,谁举证"的规则确定举证责任。

考点24 证明程序之一:举证期限

129. 举证期限[B]

[解析] 根据《民诉解释》第102条的规定,当事人因故意或者重大过失逾期提供的证据,人民法院不予采纳。但该证据与案件基本事实有关的,人民法院应当采纳,但应予训诫、罚款的制裁。本题中,王某在一审期间未找到收条,二审时找到了,且该收条与案件基本事实有关,法院应当采纳,并可以在采纳的同时给予王某训诫。故B项正确,A、C、D项错误。

130. 举证期限[C]

[解析] 当事人可以协商确定举证期限。《民诉解释》第99条规定:"人民法院应当在审理前的准

阶段确定当事人的举证期限。举证期限可以由当事人协商,并经人民法院准许。人民法院确定举证期限,第一审普通程序案件不得少于十五日,当事人提供新的证据的第二审案件不得少于十日。举证期限届满后,当事人对已经提供的证据,申请提供反驳证据或者对证据来源、形式等方面的瑕疵进行补正的,人民法院可以酌情再次确定举证期限,该期限不受前款规定的限制。"根据上述规定,双方当事人可以协商确定举证期限。故A项正确,不当选。双方当事人约定25日的举证期限,符合"不得少于15日"的规定。故B项正确,不当选。

申请延长举证时限,必须在举证期限内提出。《民诉解释》第100条规定:"当事人申请延长举证期限的,应当在举证期限届满前向人民法院提出书面申请。申请理由成立的,人民法院应当准许,适当延长举证期限,并通知其他当事人。延长的举证期限适用于其他当事人。申请理由不成立的,人民法院不予准许,并通知申请人。"故C项错误,当选。

逾期提供的证据,有可能被采纳。《民事诉讼法》第68条规定:"当事人对自己提出的主张应当及时提供证据。人民法院根据当事人的主张和案件审理情况,确定当事人应当提供的证据及其期限。当事人在该期限内提供证据确有困难的,可以向人民法院申请延长期限,人民法院根据当事人的申请适当延长。当事人逾期提供证据的,人民法院应当责令其说明理由;拒不说明理由或者理由不成立的,人民法院根据不同情形可以不予采纳该证据,或者采纳该证据但予以训诫、罚款。"因此,对于逾期提供的证据是否采纳,由法院根据不同情况决定。D项正确,不当选。

考点25 证明程序之二:法院调查收集证据

131. 职权调查事项[ABCD]

[解析]《民事诉讼法》第67条第2款规定:"当事人及其诉讼代理人因客观原因不能自行收集的证据,或者人民法院认为审理案件需要的证据,人民法院应当调查收集。"《民诉解释》第96条规定:"民事诉讼法第六十七条第二款规定的人民法院认为审理案件需要的证据包括:(一)涉及可能损害国家利益、社会公共利益的;(二)涉及身份关系的;(三)涉及民事诉讼法第五十五条规定诉讼的;(四)当事人有恶意串通损害他人合法权益可能的;(五)涉及依职权追加当事人、中止诉讼、终结诉讼、回避等程序性事项。除前款规定外,人民法院调查收集证据,应当依照当事人的申请进行。"D项中,合议庭成员是否存在回避的法定事由,显然属于程序事项,应由法院依职权调查。故D项正确。

《民事诉讼法》第122条规定:"起诉必须符合下列条件:(一)原告是与本案有直接利害关系的公民、

法人和其他组织;(二)有明确的被告;(三)有具体的诉讼请求和事实、理由;(四)属于人民法院受理民事诉讼的范围和受诉人民法院管辖。"A、B、C项均属于起诉条件,而起诉条件涉及民事诉讼程序的启动,是程序事项,也应当由法院依职权调查。故A、B、C项正确。

132. 人民法院收集调查证据[AB(原答案为ABD)]

[解析]《民事诉讼法》第67条第2款规定:"当事人及其诉讼代理人因客观原因不能自行收集的证据,或者人民法院认为审理案件需要的证据,人民法院应当调查收集。"

《民诉解释》第96条第1款规定:"民事诉讼法第六十七条第二款规定的人民法院认为审理案件需要的证据包括:(一)涉及可能损害国家利益、社会公共利益的;(二)涉及身份关系的;(三)涉及民事诉讼法第五十五条规定诉讼的;(四)当事人有恶意串通损害他人合法权益可能的;(五)涉及依职权追加当事人、中止诉讼、终结诉讼、回避等程序性事项。"根据第(四)项,A项正确。

《民诉解释》第94条规定:"民事诉讼法第六十七条第二款规定的当事人及其诉讼代理人因客观原因不能自行收集的证据包括:(一)证据由国家有关部门保存,当事人及其诉讼代理人无权查阅调取的;(二)涉及国家秘密、商业秘密或者个人隐私的;(三)当事人及其诉讼代理人因客观原因不能自行收集的其他证据……"B项中存在"客观原因",可以向法院申请调查收集证据;C项中周某自己没有时间收集证据,并不是"客观原因",不能向法院申请调查收集证据。故B项正确,C项错误。

D项原是对2002年《民诉证据规定》第19条的直接考查,据此规定,当事人对法院不予准许调查收集证据的通知不服的,可以申请复议一次。但是2019年《民诉证据规定》已经将相关内容删除,故根据新的司法解释,对于法院不予准许调查收集证据的通知,当事人不能申请复议,故D项错误。

考点26 证明程序之三:质证与证据的认定

133. 证据的理论分类;证据能力和证明力的判断[A]

[解析]直接证据和间接证据的区分应当看证据内容的完整性,在内容上能够完整证明案件事实的证据是直接证据,在内容上只能证明待证事实的一个部分、一个片段的证据是间接证据。显然,收条能够完整证明还款事实,应当是直接证据。故A项正确。

【特别提醒】注意,直接证据和间接证据的区分与证据的来源无关,本题中的收条虽然是复印件,但是不影响对直接证据的判断。

本证和反证的判断与证明责任有关。首先，收条的待证事实是借款已经归还；其次，借款是否已经归还应当由主张已经归还的被告乙承担证明责任；最后，收条是被告乙提供的，故是承担证明责任的乙提供的证据，是本证，故B项错误。

证据能力，又称证据资格，是指一个材料能否在诉讼中作为证据使用，如果一个材料能够在诉讼中作为证据使用，则称之为具有证据能力，反之，则没有证据能力。证明力是指一个具有证据能力的证据对案件事实认定的影响力，即这项证据能不能证明案件事实，能在多大程度上证明案件事实。《行政诉讼证据规定》第71条规定，无法与原件、原物核对的复制件、复制品，下不能单独作为认定案件事实的根据。对此需要分两层意思理解：首先，无法与原件核对的复印件是可以作为定案根据的，说明其具有证据能力和证明力；其次，由于其证明力比较小，所以不能单独定案，需要其他证据对其证明力进行补强。故C、D项错误。

134. 证据能力[A]

[解析] 录音属于视听资料，结合题目该视听资料主要存在两个方面问题：一是未经对方准许私录，二是经过剪辑。首先，关于私自录音、录像的证据能否作为证据使用，《民诉解释》第106条对非法证据作出了规定："对以严重侵害他人合法权益、违反法律禁止性规定或者严重违背公序良俗的方法形成或者获取的证据，不得作为认定案件事实的根据。"据此，未经对方准许私自录音、录像并不属于非法证据，是可以作为定案根据的，具有证明力。同时，关于经过剪辑的录音、录像，《民诉证据规定》第90条规定，"存有疑点的视听资料、电子数据不得单独作为定案根据"，可见存有疑点的视听资料可以作为定案根据（具有证据能力的），只是因为证明力较小，不能单独定案，需要其他证据补强其证明力才能定案。因此，该视听资料虽然未经对方同意，且经过剪辑后存有疑点，但依然是具有证据能力的，故A项正确，B、D项错误。

《民诉解释》第107条规定："在诉讼中，当事人为达成调解协议或者和解协议作出妥协而认可的事实，不得在后续的诉讼中作为对其不利的根据，但法律另有规定或者当事人均同意的除外。"本案中，甲的承认并不是在诉讼中的调解、和解中所作出，故C项表述错误。

135. 证据的理论分类；证据的认定[ABCD]

[解析]《民事诉讼法》第73条第1款规定，提交书证原则上应当提交原件，但提交原件确有困难的，可以提交复印件。本案中，因为原件在对方当事人控制之下，经法院合法通知提交而拒不提交，属于提交原件确有困难的情形。故A项正确。

根据证据的理论分类，证据可以分为原始证据和传来证据，传来证据指不直接来源于案件事实，而是通过转抄、复制后所获得的证据，本案中的复印件并不直接来源于案件事实，应属于传来证据。故B项正确。

《民诉解释》第112条规定："书证在对方当事人控制之下的，承担举证证明责任的当事人可以在举证期限届满前书面申请人民法院责令对方当事人提交。申请理由成立的，人民法院应当责令对方当事人提交，因提交书证所产生的费用，由申请人负担。对方当事人无正当理由拒不提交的，人民法院可以认定申请人所主张的书证内容为真实。"因此，在汪某拒不提供借条原件时，法院可根据叶某提交的复印件认定其主张的借款内容为真实。故C项正确。

《民诉解释》第113条规定，持有书证的当事人以妨碍对方当事人使用为目的，毁灭有关书证或者实施其他致使书证不能使用行为的，人民法院可以对其处以罚款、拘留。故D项正确。

136. 再审质证；证据制度[CD]

[解析] 质证是指当事人、诉讼代理人及第三人在法庭的主持下，对当事人及第三人提出的证据，就其真实性、合法性、关联性以及证明力的有无、大小予以说明和质辩的活动或过程。根据《审判监督解释》第29条规定，民事再审案件的当事人应为原审案件的当事人。因此，质证的主体范围包括当事人、诉讼代理人和第三人，检察院不是再审当事人，不能参与质证。故A项错误。

录音带属于视听资料，而不是电子数据。二者区分的关键点在于资料是储存于传统的载体中（胶片、语音带、录像带等），还是"电子介质"（数码相机、U盘等）中，录像带显然属于前者。视听资料，是指以声音、图像及其他视听信息来证明案件待证事实的录像带、录音带等信息材料。电子数据，是指随着计算机及互联网络的发展，在计算机或计算机系统运行过程中因电子化数据交换等产生的证明案件事实的信息。故B项错误。

《民诉解释》第106条规定："对以严重侵害他人合法权益、违反法律禁止性规定或者严重违背公序良俗的方法形成或者获取的证据，不得作为认定案件事实的根据。"对于偷录的录音带，其取证手段并不违法，仍可采纳，可作为质证对象。故C项正确。【**特别提醒**】偷拍、偷录指未经他人许可而进行的录音、录像，不是违法方式，该证据是可以使用的；而窃听、窃录是指使用法律禁止的专门的窃听、窃录设备进行的，是以违反法律规定的方式取证，不能作为认定案件事实的证据。

《民诉解释》第103条规定："证据应当在法庭上

出示,由当事人互相质证。未经当事人质证的证据,不得作为认定案件事实的根据。当事人在审理前的准备阶段认可的证据,经审判人员在庭审中说明后,视为质证过的证据。涉及国家秘密、商业秘密、个人隐私或者法律规定应当保密的证据,不得公开质证。"故D项正确。

137. 证据规则[ABD]

[解析]《民诉证据规定》第90条规定:"下列证据不能单独作为认定案件事实的根据:(一)当事人的陈述;(二)无民事行为能力人或者限制民事行为能力人所作的与其年龄、智力状况或者精神健康状况不相当的证言;(三)与一方当事人或者其代理人有利害关系的证人陈述的证言;(四)存有疑点的视听资料、电子数据;(五)无法与原件、原物核对的复制件、复制品。"可知A项中因丙某是被原甲公司开除的员工,因此与甲公司存在一定的利害关系,其提供的证言不能单独作为认定事实的证据。故A项正确。B项因录音比较模糊,属于存在疑点的视听资料,因此不能单独作为认定案件事实的证据。故B项正确。C项属于书证,应当按照法律关于书证的审查规则进行效力审查,不属于上述情形,因而不能排除其单独认定的可能性。故C项错误。

《民事诉讼法》第142条第1款规定:"当事人在法庭上可以提出新的证据。"故D项正确。

专题九 人民法院调解

考点27 法院调解

138. 调解书的生效[CD]

[解析] 根据《民事诉讼法》第102条的规定,调解未达成协议或者调解书送达前一方反悔的,人民法院应当及时判决。据此,当事人在签收调解书之前可以通过拒绝签收调解书等方式反悔,表达对调解协议以及调解书内容的不认可。但是,本题中岳某已经签收调解书,应当受其签收调解书这一行为的约束,不能再反悔。故A、B项错误,C项正确。

根据《民事诉讼法》第100条第3款的规定,调解书经双方当事人签收后,即具有法律效力。本题中,刘某一直没有领取、签收调解书,因此调解书尚未生效。因为本案尚在诉讼中,所以原告可以申请撤诉,故D项正确。

139. 调解协议的效力[A]

[解析]《调解规定》第7条规定,调解协议内容超出诉讼请求的,人民法院可以准许。故A项正确。

《民诉解释》第133条规定,调解书应当直接送达当事人本人,不适用留置送达。故B项错误。

《调解规定》第9条规定:"调解协议约定一方提供担保或者案外人同意为当事人提供担保的,人民法院应当准许。案外人提供担保的,人民法院制作调解书应当列明担保人,并将调解书送交担保人。担保人不签收调解书的,不影响调解书生效。当事人或者案外人提供的担保符合民法典规定的条件时生效。"由此可知,调解书中明确了担保协议的内容,其是否生效应当以民法典为评判依据,在符合《民法典》规定的条件时,担保协议即对丙公司发生法律效力,故C项错误。D项中,担保人丙公司不签收调解书不会影响调解书的生效,既然调解书生效不受影响,法院则无需及时判决,故D项错误。

140. 涉外调解[ABC]

[解析]《民诉解释》第528条规定,在涉外民事诉讼中双方达成调解协议的,应当制作调解书。本案中一方涉及美国的公司。故A项正确。制作调解书的,调解书送达双方当事人后即发生法律效力。故B项正确。

《民诉解释》第148条规定,当事人达成调解协议后,请求法院根据调解协议内容制作判决书的,法院不予准许。这是一般规则。根据《民诉解释》第528条的规定,涉外民事诉讼中,经调解双方达成调解协议,当事人要求发给判决书的,可以依协议的内容制作判决书送达双方当事人。综上,当事人达成调解协议后,请求法院根据调解协议内容制作判决书的,一般情况下法院不予准许,但是涉及外国公司的,法院可以准许。故C项正确。

《民事诉讼法》第100、101条规定,调解达成协议后,法院应当制作调解书,双方当事人签收后生效;对于调解和好的离婚案件、调解维持收养关系的案件、能够即时履行的案件等,将调解协议记入笔录,由审判员、书记员、双方当事人签名或盖章即生效。因而,在调解达成协议后,原则上都应当制作调解书,符合法定情形的特殊情况可以记入笔录由双方当事人签字生效。本案不属于不需要制作调解书的情形。故D项错误。

141. 依法裁判原则;调解制度[D]

[解析]《民事诉讼法》第136条规定:"人民法院对受理的案件,分别情形,予以处理:……(二)开庭前可以调解的,采取调解方式及时解决纠纷;……"因此,法院在审理中进行调解是正确的。故A项说法错误,不当选。

《调解规定》第1条第1款规定,根据《民事诉讼法》第95条(现为第98条)的规定,人民法院可以邀请与当事人有特定关系或者与案件有一定联系的企业事业单位、社会团体或者其他组织,和具有专门知识、特定社会经验、与当事人有特定关系并有利于促成调解的个人协助调解工作。因此,邀请其他人参与调解,并不影响当事人行使辩论权。故 B 项说法错误,不当选。

处分原则表明当事人可以自由处分自己的实体权利和程序权利,"双方让步放弃诉求和权益"正好体现了处分原则。故 C 项说法错误,不当选。

"邀请了村中有声望的老人及当事人的共同朋友参加"是在运用法律手段,积极主动履职。能动司法要求法院依法裁判,并充分运用调解手段,化解社会矛盾,做到"能调则调、当判则判、调判结合、案结事了",充分实现司法工作的政治效果、社会效果和法律效果的结合。故 D 项说法正确,当选。

142. 法院调解[C]

[解析]《调解规定》第 1 条规定,根据《民事诉讼法》第 95 条(现为第 98 条)的规定,人民法院可以邀请与当事人有特定关系或者与案件有一定联系的企业事业单位、社会团体或者其他组织,和具有专门知识、特定社会经验、与当事人有特定关系并有利于促成调解的个人协助调解工作。经各方当事人同意,人民法院可以委托前款规定的单位或者个人对案件进行调解,达成调解协议后,人民法院应当依法予以确认。因此,法院可以委托与当事人有特定关系的个人进行调解,达成协议的,法院应当依法予以确认。故 A 项正确,不当选。

《调解规定》第 2 条规定:"当事人在诉讼过程中自行达成和解协议的,人民法院可以根据当事人的申请依法确认和解协议制作调解书……"故 B 项正确,不当选。

要注意区分法律约定力与执行力,两种是完全不同的效力。《民事诉讼法》第 100 条第 3 款规定:"调解书经双方当事人签收后,即具有法律效力。"因此,调解书生效对当事人就有法律约定力。但生效的调解书不一定有执行力。生效的调解书具有执行力是有条件的,例如需要有执行内容。《民诉解释》第 461 条第 1 款规定:"当事人申请人民法院执行的生效法律文书应当具备下列条件:(一)权利义务明确;(二)给付内容明确。"因此,"法院制作的调解书生效后都具有执行力"这一说法是不准确的。故 C 项错误,当选。

《调解规定》第 15 条第 1 款规定:"调解书确定的担保条款条件或者承担民事责任的条件成就时,当事人申请执行的,人民法院应当依法执行。"故 D 项正确,不当选。

143. 法院调解[ABC]

[解析]《简易程序规定》第 14 条规定:"下列民事案件,人民法院在开庭审理时应当先行调解:(一)家庭婚姻纠纷和继承纠纷;……"本题安平区法院在开庭审理时如不先行组织调解,将违反法律或司法

释规定。故 A、B 项正确。

在答辩期届满前,人民法院对案件进行调解,适用普通程序的案件在当事人同意调解之日起 15 天内,适用简易程序的案件在当事人同意调解之日起 7 天内未达成调解协议的,经各方当事人同意,可以继续调解。延长的调解期间不计入审限。据此,当事人未达成调解协议,法院在当事人同意的情况下可以再次组织调解,而非必须再次进行调解,法院未再次进行调解的,也不违法。故 C 项正确,D 项错误。

法条变更	《最高人民法院关于适用简易程序审理民事案件的若干规定》 根据 2020 年 12 月 23 日最高人民法院审判委员会第 1823 次会议通过的《最高人民法院关于修改〈最高人民法院关于人民法院民事调解工作若干问题的规定〉等十九件民事诉讼类司法解释的决定》修正

考点 28 诉讼和解

144. 诉讼和解[C]

[解析] 诉讼中和解是当事人对自己实体权利和诉讼权利的处分。诉讼和解不能作为法院结案方式,不能直接终结诉讼程序。诉讼中达成和解协议之后有两种结案方式,一是申请撤诉,二是申请根据和解协议制作调解书。结合本题,因为当事人达成和解协议后,可以选择撤诉作为终结诉讼程序的方法,故 A 项错误。诉讼中和解是当事人对自己权利的自行处分,法院不能依职权终结诉讼程序,故 B 项错误。【特别提醒】注意诉讼中达成和解协议之后有两种结案方式:一是申请撤诉,二是申请根据和解协议制作调解书。但这两种结案方式的效力有区别:(1)撤诉后对方不履行和解协议,不能申请强制执行,因为和解协议不具有强制执行力;但是可以再次起诉,因为撤诉后视为从未起诉,不受一事不再理的限制。(2)制作调解书结案后,对方不履行则可以申请法院强制执行,因为调解书具有强制执行力。同时,法院通过调解书的方式结案后,案件已经经过实体处理,根据一事不再理原则,当事人不得再次起诉。

《调解规定》第 2 条第 1 款规定:"当事人在诉讼过程中自行达成和解协议的,人民法院可以根据当事人的申请依法确认和解协议制作调解书。双方当事人申请庭外和解的期间,不计入审限。"《民诉解释》第 148 条第 1 款规定:"当事人自行和解或者调解达成协议后,请求人民法院按照和解协议或者调解协议的内容制作判决书的,人民法院不予准许。"因此,当事人可以申请法院依和解协议内容制作调解书,但不能申

请法院依和解协议内容制作判决书(注意,存在两个例外:一是无民事行为能力人的离婚案件,二是涉外民事案件)。故 C 项正确,D 项错误。

145. 法院调解与诉讼和解的区别[ABCD]

[解析] 法院调解,又称诉讼中调解,是指在民事诉讼中,双方当事人在法院审判人员的主持和协调下,就案件争议的问题进行协商,从而解决纠纷所进行的活动,等同于法院判决。诉讼和解是指当事人在诉讼过程中通过自行协商,就案件争议问题达成协议,并共同向法院陈述协议的内容,要求结束诉讼从而终结诉讼的制度。法院调解与诉讼和解相比较,有以下几点区别:(1)性质不同。前者含有人民法院行使审判权的性质,后者则是当事人在诉讼中对自己诉讼权利和实体权利的处分。(2)参加的主体不同。前者有人民法院和双方当事人共同参加,后者只有双方当事人自己参加。(3)效力不同。根据法院调解达成协议制作的调解书生效后,诉讼归于终结,有给付内容的调解书具有执行力;当事人在诉讼中和解的,则应由原告申请撤诉,经法院裁定准许后结束诉讼,和解协议不具有执行力。此外,调解有法定的程序要求,而和解没有严格的程序要求。故 A、B、C、D 项正确。

专题十 期间、送达

考点29 期间

146. 期间的顺延[C]

[解析]《民事诉讼法》第86条规定:"当事人因不可抗拒的事由或者其他正当理由耽误期限的,在障碍消除后的十日内,可以申请顺延期限,是否准许,由人民法院决定。"

由于可以申请顺延期限,A 项法律上没有途径可对张弟上诉权予以补救,说法不对。顺延期限需要当事人申请,法院不能依职权决定,因此,B 项不对。C 项符合法律规定,应选。D 项中,上诉期限为法定期间,说法正确。但是法定期间,是可以顺延的。顺延期限,是基于公平正义的考虑,与期限的确定方式并不冲突。D 项说法不对,不能选。【特别提醒】期间的耽误与顺延适用于所有的期间,包括法定期间(含绝对不可变期间和相对不可变期间)与指定期间。只要当事人因不可抗拒的事由耽误期间的,都可以在障碍消除后的10天内向法院申请顺延,是否准许,由法院决定。

147. 诉讼期间[B]

[解析] 法定期间,即由法律明文规定的期间。法定期间又包括:(1)绝对不可变期间,是指该期间经法律确定,任何机构和人员都不得改变,如上诉期限等。(2)相对不可变期间,是指该期间经法律确定后,在通常情况下不可改变,但遇到有关法定事由,法院可对其依法予以变更,如一审的案件审理期间等。法定期间并不都属于绝对不可变期间。故 A 项错误。

《民事诉讼法》第287条规定:"人民法院审理涉外民事案件的期间,不受本法第一百五十二条、第一百八十三条规定的限制。"因此,涉外案件的审理不受案件审结期限的限制。故 B 项正确。

《民事诉讼法》第85条第4款规定:"期间不包括在途时间,诉讼文书在期满前交邮的,不算过期。"因此,"在途时间"仅指邮寄在途时间,当事人从外地到法院参加诉讼的时间不属于在途期间。故 C 项错误。

《民事诉讼法》第86条规定:"当事人因不可抗拒的事由或者其他正当理由耽误期限的,在障碍消除后的十日内,可以申请顺延期限,是否准许,由人民法院决定。"因此,顺延期限必须由当事人申请,法院不可依职权顺延。故 D 项错误。

148. 民事诉讼期间[D]

[解析] 期间包括法定期间和指定期间两类。法定期间是指法律明文规定的期间。法定期间可以分为绝对不可变期间和相对不可变期间。绝对不可变期间是指期间经法律确定后,任何机构和人员都不能改变的期间。相对不可变期间是指该期间经法律确定后,通常情况下不可改变,但遇到有关法定事由,法院可以对其依法予以变更的期间。因此,"法定期间都是不可变期间"的说法是不准确的。故 A 项错误。指定期间是指人民法院根据案件审理时遇到的具体情况和案件审理的具体需要,依职权决定当事人及其诉讼参与人进行或完成某种诉讼行为的期间。指定期间,通常是不能任意变更的,只有遇到特殊情况,法院才可依职权变更原来的指定。故 D 项正确。

《民事诉讼法》第85条第3款规定:"期间届满的最后一日是法定节假日的,以法定节假日后的第一日为期间届满的日期。"注意,"法定期间的开始日及期间中遇有节假日的",在计算期间时并不扣除。故 B 项错误。

《民事诉讼法》第85条第4款规定:"期间不包括在途时间,诉讼文书在期满前交邮的,不算过期。"按照这一规定,在途时间是特指邮寄在途时间,而不是指当事人参加诉讼的在途期间。故 C 项错误。

考点30 送达

149. 送达方式[D]

[解析] 根据《民事诉讼法》第90条的规定,经受送达人同意,人民法院可以采用能够确认其收悉的电子方式送达诉讼文书。据此,电子送达需要经受送达人同意,且须确认受送达人能收到。本题中,冯某已外出,不能取得其同意及确认其收到的方式,故 A 项错误。

根据《民事诉讼法》第89条的规定,留置送达的适用条件是受送达人或者他的同住成年家属拒绝接收诉讼文书。本案不符合留置送达的适用条件,故B项错误。

本题中,冯某在外地务工,家中无人,无法确认其寄送地址,显然通过邮寄方式无从实现送达目的,故C项错误。

《民事诉讼法》第95条第1款规定:"受送达人下落不明,或者用本节规定的其他方式无法送达的,公告送达。自发出公告之日起,经过三十日,即视为送达。"本题中,虽然冯某并非下落不明,但采用其他方式均无法送达,此时可采用公告送达方式完成送达,故D项正确。

150. 送达方式[A]

[解析] 根据《民诉解释》第130条和第131条的规定,直接送达包括三种方式:一是在当事人的住所向当事人送达文书;二是通知当事人到法院领取文书;三是在当事人住所地以外向当事人直接送达文书。对于第二种方式,《民诉解释》第131条第1款规定:"人民法院直接送达诉讼文书的,可以通知当事人到人民法院领取。当事人到达人民法院,拒绝签署送达回证的,视为送达。审判人员、书记员应当在送达回证上注明送达情况并签名。"本题中,法院通知甲到法院领取文书,甲委托代理人乙到法院代为领取,则法院可以向代理人乙送达文书,代理人拒绝签收送达回证的,视为送达。因此,本案的送达属于直接送达,故A项当选。

151. 电子送达[AB(原答案为A)]

[解析] 关于电子送达,要区分是否在国内有住所,从而确定是适用国内送达还是涉外送达。

张某在中国有住所,故应当适用国内送达的规定。《民事诉讼法》第90条规定:"经受送达人同意,人民法院可以采用能够确认其收悉的电子方式送达诉讼文书。通过电子方式送达的判决书、裁定书、调解书,受送达人提出需要纸质文书的,人民法院应当提供。采用前款方式送达的,以送达信息到达受送达人特定系统的日期为送达日期。"据此,国内电子送达需要注意:(1)需经受送达人同意且确保收悉。本题中,张某提供了电子邮件地址,视为其同意电子送达,同时张某对邮件予以了回复,即确认其已收悉。(2)各种诉讼文书,包括判决书、裁定书、调解书均可电子送达,但受送达人要求纸质文书的,法院应当提供。因此,法院对张某送达举证通知书和缺席判决书的做法合法。故A、B项正确。【旧题新解】对于电子送达的范围,根据旧法规定,判决书、裁定书、调解书不能适用电子送达,原本B项是错误的;但2021年《民事诉讼法》修改后,扩大了电子送达的范围,所有诉讼文

书,包括判决书、裁定书、调解书均可电子送达,根据新法,B项正确。

海斯在中国没有住所,故应当适用涉外送达的规定。《民事诉讼法》第283条规定:"人民法院对在中华人民共和国领域内没有住所的当事人送达诉讼文书,可以采用下列方式:……(九)采用能够确认受送达人收悉的电子方式送达,但是受送达人所在国法律禁止的除外;……"据此,对在中国没有住所的当事人以电子邮件的方式送达文书,无需经受送达人同意,只需要即确认其收悉。本题中,海斯对举证通知书和缺席判决书均未回复,即没有确认其收悉,因此法院对海斯送达举证通知书和缺席判决书的做法不合法。故C、D项错误。【特别提醒】国内电子送达和涉外电子送达的唯一区别——是否需经受送达人同意:国内,需要;涉外,不需要。

152. 法院的送达制度[AD(原答案为A)]

[解析]《民事诉讼法》第89条规定:"受送达人或者他的同住成年家属拒绝接收诉讼文书的,送达人可以邀请有关基层组织或者所在单位的代表到场,说明情况,在送达回证上记明拒收事由和日期,由送达人、见证人签名或者盖章,把诉讼文书留在受送达人的住所;也可以把诉讼文书留在受送达人的住所,并采用拍照、录像等方式记录送达过程,即视为送达。"故A项正确。

《民事诉讼法》第91条规定:"直接送达诉讼文书有困难的,可以委托其他人民法院代为送达,或者邮寄送达。邮寄送达的,以回执上注明的收件日期为送达日期。"因此,邮寄送达以回执作为送达成功的证据。当事人未寄回送达回执的,邮寄送达并不当然无效。故B项错误。

根据上述《民事诉讼法》第91条规定,委托送达的对象只能是其他人民法院,而不能委托学校等机构代为行使送达权。故C项错误。

《民事诉讼法》第90条第1款规定:"经受送达人同意,人民法院可以采用能够确认其收悉的电子方式送达诉讼文书。通过电子方式送达的判决书、裁定书、调解书,受送达人提出需要纸质文书的,人民法院应当提供。"据此,经许某同意,法院可以用电子方式向其送达证据保全裁定书。故D项正确。

153. 转交送达;留置送达[C]

[解析]《民事诉讼法》第92条规定:"受送达人是军人的,通过其所在部队团以上单位的政治机关转交。"《民事诉讼法》第93条规定:"受送达人被监禁的,通过其所在监所转交。受送达人被采取强制性教育措施的,通过其所在强制性教育机构转交。"所以,转交送达的对象只能是军人、被监禁的人和被采取强制性教育措施的人。故A、B、D项错误。

《民事诉讼法》第 89 条规定:"受送达人或者他的同住成年家属拒绝接收诉讼文书的,送达人可以邀请有关基层组织或者所在单位的代表到场,说明情况,在送达回证上记明拒收事由和日期,由送达人、见证人签名或者盖章,把诉讼文书留在受送达人的住所;也可以把诉讼文书留在受送达人的住所,并采用拍照、录像等方式记录送达过程,即视为送达。"另外,《民诉解释》第 133 条规定:"调解书应当直接送达当事人本人,不适用留置送达。当事人本人因故不能签收的,可由其指定的代收人签收。"据此,判决书能够留置送达。故 C 项正确。

专题十一 保全和先予执行

考点 31 保全制度

154. 行为保全;对保全的救济[B]

[解析] 本题解题的关键在于识别"禁止令"的性质。小丁向法院提起诉讼的依据是《民法典》第 997 条规定:"民事主体有证据证明行为人正在实施或者即将实施侵害其人格权的违法行为,不及时制止将使其合法权益受到难以弥补的损害的,有权依法向人民法院申请采取责令行为人停止有关行为的措施。"可见,"禁止令"即责令行为人停止作出一定行为,这实质上是民事诉讼法中的行为保全。根据《民诉解释》第 171 条的规定,当事人对保全或者先予执行裁定不服的,可以自收到裁定书之日起 5 日内向作出裁定的人民法院申请复议。人民法院应当在收到复议申请后 10 日内审查。裁定正确的,驳回当事人的申请;裁定不当的,变更或者撤销原裁定。据此,舅舅不服法院的禁止令,应向乙区法院申请复议,故 B 项正确。

155. 诉前财产保全[AC]

[解析]《民事诉讼法》第 104 条第 1 款规定:"利害关系人因情况紧急,不立即申请保全将会使其合法权益受到难以弥补的损害的,可以在提起诉讼或者申请仲裁前向被保全财产所在地、被申请人住所地或者对案件有管辖权的人民法院申请采取保全措施。申请人应当提供担保,不提供担保的,裁定驳回申请。"据此,在诉前保全中担保是必需的,故 A 项正确。

《民诉解释》第 153 条规定:"人民法院对季节性商品、鲜活、易腐烂变质以及其他不宜长期保存的物品采取保全措施时,可以责令当事人及时处理,由人民法院保存价款;必要时,人民法院可予以变卖,保存价款。"本案被保全的财产是水果,属于鲜活、易腐烂变质物品,不能直接予以查封、扣押、冻结,应当对其进行变价处理后保存其价款,故 B 项错误。

《民诉解释》第 160 条规定:"当事人向采取诉前保全措施以外的其他有管辖权的人民法院起诉的,采取诉前保全措施的人民法院应当将保全手续移送受理案件的人民法院。诉前保全的裁定视为受移送人民法院作出的裁定。"故 C 项正确,D 项错误。

156. 财产保全[C]

[解析]《民诉解释》第 163 条规定,法律文书生效后,进入执行程序前,债权人因对方当事人转移财产等紧急情况申请财产保全的,可以向执行法院申请采取保全措施。故 A 项错误。

《民事诉讼法》第 235 条第 1 款规定,发生法律效力的民事判决、裁定,由第一审人民法院或者与第一审人民法院同级的被执行财产所在地人民法院执行。本案第一审法院为甲市 M 区法院,可供执行的财产位于甲市 N 区。因此,本案执行法院应当为 M 区法院或 N 区法院。故 B 项错误,C 项正确。

履行期间届满后,不申请执行的,应于履行期间届满后 5 日内解除保全措施。故 D 项错误。

157. 财产保全措施[ABC]

[解析]《民诉解释》第 154 条第 2 款规定:"查封、扣押、冻结担保物权人占有的担保财产,一般由担保物权人保管;由人民法院保管的,质权、留置权不因采取保全措施而消灭。"A 项不对。通常应当由担保物权人小额贷款公司保管。B 项不对,质权没有丧失。

《民诉解释》第 157 条规定:"人民法院对抵押物、质押物、留置物可以采取财产保全措施,但不影响抵押权人、质权人、留置权人的优先受偿权。"C 项不对,优先受偿权没有丧失。D 项正确,采取保全措施并不以担保物权人小额贷款公司同意为前提。由于本题需要选错误的选项,因此应当选 A、B、C 项。

158. 诉前保全[ABC]

[解析]《民事诉讼法》第 104 条规定:"利害关系人因情况紧急,不立即申请保全将会使其合法权益受到难以弥补的损害的,可以在提起诉讼或者申请仲裁前向被保全财产所在地、被申请人住所地或者对案件有管辖权的人民法院申请采取保全措施。申请人应当提供担保,不提供担保的,裁定驳回申请。人民法院接受申请后,必须在四十八小时内作出裁定;裁定采取保全措施的,应当立即开始执行。申请人在人民法院采取保全措施后三十日内不依法提起诉讼或者申请仲裁的,人民法院应当解除保全。"因此,A、B、C 项是正确的,而 D 项是不正确的。

159. 财产保全[CD]

[解析] 根据民事诉讼中诉的种类的相关理论,给付之诉是当事人向法院提出请求,责令义务人履行义务,以实现其权利的诉。而变更之诉则是当事人向法院提出的,请求变更或者消灭法律关系的诉。许某提出公司解散的诉讼实际上是要消灭公司股东之间的法律关系,因此,属于变更之诉,而非给付之诉。故

A项是不正确的。

《公司法解释(二)》第3条规定:"股东提起解散公司诉讼时,向人民法院申请财产保全或者证据保全的,在股东提供担保且不影响公司正常经营的情形下,人民法院可予以保全。"故B项错在后半句,法院是可以作出保全决定的。许某应当提供担保且采取的保全措施不应当影响公司正常经营,故C、D项正确。

160. 财产保全的范围[C]

[解析]《民诉解释》第157条规定:"人民法院对抵押物、质押物、留置物可以采取财产保全措施,但不影响抵押权人、质权人、留置权人的优先受偿权。"一审法院仍然可以对乙公司的该处房产采取保全措施,该保全裁定并不影响抵押权人丙银行的优先受偿权。故C项正确,A、B、D项错误。

161. 诉讼中财产保全[ABD]

[解析] 诉讼中的保全应向受理案件的法院申请,而不是向财产所在地法院申请。B地基层法院是本案的受案法院。故A项错误。

《民事诉讼法》第103条规定:"人民法院对于可能因当事人一方的行为或者其他原因,使判决难以执行或者造成当事人其他损害的案件,根据对方当事人的申请,可以裁定对其财产进行保全、责令其作出一定行为或者禁止其作出一定行为;当事人没有提出申请的,人民法院在必要时也可以裁定采取保全措施。人民法院采取保全措施,可以责令申请人提供担保,申请人不提供担保的,裁定驳回申请。人民法院接受申请后,对情况紧急的,必须在四十八小时内作出裁定;裁定采取保全措施的,应当立即开始执行。"可见,诉中保全的担保不是必须提供的,故B项错误。诉中保全可以由当事人申请,也可以由法院依职权采取,故C项正确。诉中保全,对情况紧急的,法院必须在48小时内作出裁定,情况不紧急的,没有时间限制。本题中,只是甲得知乙将货物放置于其设在D地的仓库,并且随时可能转移,该情况并非法院认为的紧急情况,因此要求法院在48小时内作出裁定是错误的。故D项错误。

考点32 先予执行

162. 先予执行[C]

[解析]《劳动争议调解仲裁法》第44条第1款规定,仲裁庭对追索劳动报酬、工伤医疗费、经济补偿或者赔偿金的案件,根据当事人的申请,可以裁决先予执行,移送人民法院执行。据此,在劳动仲裁中的先予执行,由仲裁庭裁决,由法院负责执行。故C项正确。【特别提醒】先予执行也是执行,只有法院才享有该权力,从而可直接选C。

163. 财产保全;先予执行[CD]

[解析] 财产保全分为诉前财产保全和诉讼中财产保全,其中诉前财产保全只能依据利害关系人的申请启动;而诉中财产保全既可以由当事人申请,也可由法院依职权启动。先予执行的启动只能依据当事人的申请,法院不得依职权启动先予执行。故A项错误。

民事诉讼法对财产保全的适用案件范围未作出规定,但根据该制度的目的,财产保全可以适用于有财产给付内容的案件;而《民事诉讼法》第109条规定:"人民法院对下列案件,根据当事人的申请,可以裁定先予执行:(一)追索赡养费、扶养费、抚养费、抚恤金、医疗费用的;(二)追索劳动报酬的;(三)因情况紧急需要先予执行的。"此外,《民诉解释》第170条对"情况紧急"又作了相应的解释,也就是说,先予执行适用于特殊的案件。故B项错误。

《民事诉讼法》第103条第2款规定:"人民法院采取保全措施,可以责令申请人提供担保,申请人不提供担保的,裁定驳回申请。"《民事诉讼法》第110条第2款规定:"人民法院可以责令申请人提供担保,申请人不提供担保的,驳回申请。申请人败诉的,应当赔偿被申请人因先予执行遭受的财产损失。"故C项正确。

根据《民事诉讼法》第111条的规定,当事人对保全或者先予执行的裁定不服的,可以申请复议一次。复议期间不停止裁定的执行。故D项正确。

164. 财产保全;先予执行[BD]

[解析] 本题诉讼过程中,当事人未实施妨害民事诉讼的行为,因此,不能实行强制措施。故A项错误。

《民事诉讼法》第103条规定:"人民法院对于可能因当事人一方的行为或者其他原因,使判决难以执行或者造成当事人其他损害的案件,根据对方当事人的申请,可以裁定对其财产进行保全、责令其作出一定行为或者禁止其作出一定行为;……"由此可知,诉讼中保全是为了保证人民法院的判决能顺利实施。本案王乙的存款转移,表明将来判决生效后,王乙可能无钱供执行,因此适用诉讼保全措施。故B项正确。

《民事诉讼法》第84条第1款规定:"在证据可能灭失或者以后难以取得的情况下,当事人可以在诉讼过程中向人民法院申请保全证据,人民法院也可以主动采取保全措施。"该题不涉及证据可能灭失或以后难以取得的情形。故C项错误。

《民事诉讼法》第109条规定:"人民法院对下列案件,根据当事人的申请,可以裁定先予执行:(一)追索赡养费、扶养费、抚养费、抚恤金、医疗费用的;……"由此可知,本案符合先予执行措施。故D项正确。

专题十二 对妨害民事诉讼行为的强制措施

考点33 对妨害民事诉讼行为的强制措施

165. 强制措施的种类和适用[ABD]

[解析] 本题中,李某拒不执行生效判决,法院可以用公告、登报等方式将判决书的主要内容与相关情况公之于众,费用由被执行人承担。故 B 项正确。李某未在指定的期间内履行赔礼道歉的义务,应当支付迟延履行金。故 A 项正确。李某不按生效法律文书的要求履行义务,属于妨碍执行的行为,可以对其采取罚款、拘留等妨碍执行的强制措施。故 D 项正确。关于加倍支付迟延履行期间的债务利息适用于被执行人未在生效法律文书指定的期间内履行金钱给付义务,而本案中属于行为义务。故 C 项错误。

专题十三 普通程序

考点34 起诉与受理

166. 重复起诉[BC]

[解析]《民诉解释》第247条规定:"当事人就已经提起诉讼的事项在诉讼过程中或者裁判生效后再次起诉,同时符合下列条件的,构成重复起诉:(一)后诉与前诉的当事人相同;(二)后诉与前诉的诉讼标的相同;(三)后诉与前诉的诉讼请求相同,或者后诉的诉讼请求实质上否定前诉裁判结果。当事人重复起诉的,裁定不予受理;已经受理的,裁定驳回起诉,但法律、司法解释另有规定的除外。"本题中,乙公司基于买卖合同关系起诉甲公司偿还货款,裁判生效后,乙公司又基于代位权法律关系起诉丙公司,要求丙公司代位清偿 300 万元。显然,后诉与前诉的当事人不同,诉讼标的不同,后诉的诉讼请求与前诉的诉讼请求不同,亦不存在后诉诉讼请求否定前诉裁判结果的问题,故不构成重复起诉,法院应当依法受理。故 A、D 项错误,B、C 项正确。

167. 重复起诉[B]

[解析]《民诉解释》第247条规定:"当事人就已经提起诉讼的事项在诉讼过程中或者裁判生效后再次起诉,同时符合下列条件的,构成重复起诉:(一)后诉与前诉的当事人相同;(二)后诉与前诉的诉讼标的相同;(三)后诉与前诉的诉讼请求相同,或者后诉的诉讼请求实质上否定前诉裁判结果。当事人重复起诉的,裁定不予受理;已经受理的,裁定驳回起诉,但法律、司法解释另有规定的除外。"本案中,乙公司向法院提起要求确认买卖合同无效的诉与甲公司要求乙公司支付违约金的诉,当事人均为甲公司和乙公司,诉讼标的均为买卖合同法律关系,后诉的诉讼请求实质上否定了前诉的裁判结果,构成重复起诉,应裁定不予受理。故 B 项正确,A、C、D 项错误。

168. 裁定驳回起诉的适用[B]

[解析] 根据《民事诉讼法》第122条的规定,原告起诉的条件之一是有明确的被告,该案王旭已于张丽起诉前死亡,因此,张丽起诉离婚不符合《民事诉讼法》规定的条件,法院在受理案件后发现此事实,应裁定驳回原告的起诉。因此,B 项是本题的答案,其余选项均错误。

169. 起诉[A]

[解析] 根据《民法典》第195条的规定,中断诉讼时效的事由包括提起诉讼或仲裁、当事人一方提出请求或者同意履行义务(承诺)。故 A 项说法正确。

《民事诉讼法》第128条规定,人民法院应当在立案之日起5日内将起诉状副本发送被告,被告应当在收到之日起15日内提出答辩状。因此,被告的答辩期应当始于收到起诉状副本之日。故 B 项说法错误。

《民事诉讼法》第37条规定:"人民法院发现受理的案件不属于本院管辖的,应当移送有管辖权的人民法院,受移送的人民法院应当受理。受移送的人民法院认为受移送的案件依照规定不属于本院管辖的,应当报请上级人民法院指定管辖,不得再自行移送。"因此,甲县法院受理该案并不意味着其当然地取得了排他的管辖权,若根据法律规定不该由其管辖,则其应将该案进行移送管辖。故 C 项说法错误。

法院受理案件后,田某成为本案形式上的被告,但田某是否为本案的适格被告,则需要法院根据诉讼标的来进行实体审查。因此,法院的受理行为并不能决定被告是否适格,换言之,起诉的条件中仅要求有明确的被告,而并不要求被告适格。故 D 项说法错误。

170. 起诉与受理[ABD]

[解析]《民诉解释》第212条规定:"裁定不予受理、驳回起诉的案件,原告再次起诉,符合起诉条件且不属于民事诉讼法第一百二十七条规定情形的,人民法院应予受理。"故 A 项正确。

《民诉解释》第214条规定:"原告撤诉或者人民法院按撤诉处理后,原告以同一诉讼请求再次起诉的,人民法院应予受理。原告撤诉或者按撤诉处理的离婚案件,没有新情况、新理由,六个月内又起诉的,比照民事诉讼法第一百二十七条第(七)项的规定不予受理。"题里没有提到例外情况,就不考虑例外情况。故 B 项正确。【总结提示】一审中撤回起诉后可以再次起诉;二审、再审中撤回起诉后不能再次起诉。

《民事诉讼法》第127条规定:"人民法院对下列起诉,分别情形,予以处理:……(七)判决不准离婚和调解和好的离婚案件,判决、调解维持收养关系的案件,没有新情况、新理由,原告在六个月内又起诉的,不予受理。"原告过了6个月,即使没有新事实和新理由,也能起诉;被告随时可以起诉,没有时间和新事实、新理由的要求。故C项错误。

《民诉解释》第219条规定:"当事人超过诉讼时效期间起诉的,人民法院应予受理。受理后对方当事人提出诉讼时效抗辩,人民法院经审理认为抗辩事由成立的,判决驳回原告的诉讼请求。"故D项正确。

171. 民事诉讼的基本原则和裁判文书[B]

[解析] 不告不理原则体现了民事诉讼中所应当遵循的司法的被动性原则,表现为法院审理民事纠纷的范围由当事人确定,法院无权变更、撤销当事人的诉讼请求。根据这一原则,在民事诉讼中,法院只能按照当事人提出的诉讼事实和主张进行审理,对超过当事人诉讼主张的部分不得主动审理。而本题中法院未对超过王某的诉讼主张的部分进行主动审,没有违反不告不理原则。故A项错误。

判决是指人民法院根据查明和认定的案件事实,正确适用法律,以国家审判机关的名义,对案件中民事实体权利义务争议,作出权威性的判定;而裁定则是指人民法院在审理民事案件的时候,对所发生的程序上应解决的事项,所作的审判职务上的判定。因此,裁定解决的是诉讼过程中的程序性问题,而判决解决的则是当事人双方争执的权利义务问题,即实体法律关系。本案中,法院驳回王某的诉讼请求应当适用判决,而不能适用裁定。故B项正确。

辩论原则是民事诉讼法的一项基本原则,指的是双方当事人在人民法院主持下,有权就案件事实和适用法律等有争议的问题,陈述各自的主张和意见,相互进行反驳和答辩,以维护自己的合法民事权益。本题中,法院并没有限制当事人辩论的权利,因此不违反辩论原则。故C项错误。

处分原则指民事诉讼当事人在诉讼进行中,在法律许可的范围内,有权处置自己的民事实体权利和民事诉讼权利。判断法院是否违反处分原则,关键看判决是否超出了原告的诉讼请求,超出诉讼请求进行判决即为违反处分原则。本题中,王某以借款纠纷为由起诉吴某,法院认为该借款关系不存在,王某与吴某之间存在的是买卖关系,在王某不予变更诉讼请求和理由的情况下,法院驳回了王某的诉讼请求。法院作出这一判决完全是基于对"借款纠纷"的分析判断,没有超出王某的诉讼请求范围,因此并未违反处分原则,故D项错误。【特别提醒】本题中,法院向王某说明变更诉讼请求的依据是原2002年《民诉证据规定》第35条,根据该条,诉讼过程中,当事人主张的法律关系的性质或者民事行为的效力与人民法院根据案件事实作出的认定不一致的,人民法院应当告知当事人可以变更诉讼请求。但2019年《民诉证据规定》对此作出了修改,其第53条规定:"诉讼过程中,当事人主张的法律关系性质或者民事行为效力与人民法院根据案件事实作出的认定不一致的,人民法院应当将法律关系性质或者民事行为效力作为焦点问题进行审理。但法律关系性质对裁判理由及结果没有影响,或者有关问题已经当事人充分辩论的除外。存在前款情形,当事人根据法庭审理情况变更诉讼请求的,人民法院应当准许并可以根据案件的具体情况重新指定举证期限。"

172. 一事不再理原则[C]

[解析]《民事诉讼法》第212条规定:"当事人对已经发生法律效力的调解书,提出证据证明调解违反自愿原则或者调解协议的内容违反法律的,可以申请再审。经人民法院审查属实的,应当再审。"该题是因为王某经常看病,要求增加赡养费,不属于再审的事由,况且当事人申请再审也超过了法定期限。故B项错误。原案已以调解结案,因此不可增加诉讼请求。故A项错误。

《民诉解释》第218条规定:"赡养费、扶养费、抚养费案件,裁判发生法律效力后,因新情况、新理由,一方当事人再行起诉要求增加或者减少费用的,人民法院应作为新案受理。"故C项正确。

一事不再理,是指一个实体法律关系争议,法院正在或者已经实体审理后,原告不得另行起诉,起诉法院不受理。一事不再理只是一般原则,存在可以另行起诉的例外,包括两种情况:其一,判决不准离婚和调解和好的离婚案件,判决、调解维持收养关系的案件,符合一定条件的。其二,增加或者减少赡养费、扶养费、抚育费案件,裁判发生法律效力后,因新情况、新理由,一方当事人再行起诉要求增加或减少费用的,人民法院应作为新案受理。本题属于后一种情况。故D项错误。

考点35 开庭审理

173. 开庭审理[C]

[解析]《民诉解释》第251条规定:"二审裁定撤销一审判决发回重审的案件,当事人申请变更、增加诉讼请求或者提出反诉,第三人提出与本案有关的诉讼请求的,依照民事诉讼法第一百四十三条规定处理。"《民事诉讼法》第143条规定:"原告增加诉讼请求,被告提出反诉,第三人提出与本案有关的诉讼请求,可以合并审理。"据此,二审发回重审的案件,当事人有权申请变更诉讼请求,法院应根据余某变更后的诉讼请求审理案件,故C项正确。

174. 开庭审理;增加诉讼请求[B]

[解析] 本题中,龙玉公司诉请丰和公司支付工

程款由2500万元变更为3500万元,增加了诉讼标的额,属于增加诉讼请求。根据《民诉解释》第232条的规定:"在案件受理后,法庭辩论结束前,原告增加诉讼请求,被告提出反诉,第三人提出与本案有关的诉讼请求,可以合并审理的,人民法院应当合并审理。"据此,原告增加诉讼请求应当在法庭辩论结束前提出,本案中,龙玉公司增加诉讼请求是在法庭辩论终结后,已经超过了法定期限,一审法院不应处理,应直接就原诉讼请求作出判决。因此B项正确。

175.处分原则;法院释明义务[C]

[解析]《诉讼时效规定》第2条规定:"当事人未提出诉讼时效抗辩,人民法院不应对诉讼时效问题进行释明。"因此,对于诉讼时效问题,法院不能主动进行释明。法官向赵某释明诉讼时效,建议赵某提出诉讼时效抗辩的做法不对,不符合执法为民的要求。故A项错误,不当选。

《民事诉讼法》第109条规定:"人民法院对下列案件,根据当事人的申请,可以裁定先予执行:(一)追索赡费、扶养费、抚养费、抚恤金、医疗费用的;(二)追索劳动报酬的;(三)因情况紧急需要先予执行的。"因此,先予执行只能根据当事人的申请裁定,法官不能依职权裁定。故B项错误,不当选。

《民法典》第1091条规定:"有下列情形之一,导致离婚的,无过错方有权请求损害赔偿:(一)重婚;(二)与他人同居;(三)实施家庭暴力;(四)虐待、遗弃家庭成员;(五)有其他重大过错。"《民法典婚姻家庭编解释(一)》第88条规定:"人民法院受理离婚案件时,应当将民法典第一千零九十一条等规定中当事人的有关权利义务,书面告知当事人。……"据此,人民法院受理离婚案件时,应当将《民法典》第1091条规定中的损害赔偿请求权书面告知当事人,因此法官释明法律是正确的。故C项正确,当选。【特别提醒】有考生认为C选项违背了处分原则,离婚损害赔偿应当由当事人申请,关键在于正确理解"释明"二字。该选项内容仅仅是对当事人的权利进行解释说明,是否提出该主张仍然由当事人自己决定,并未违背处分原则。

《民事诉讼法》第67条第1、2款规定:"当事人对自己提出的主张,有责任提供证据。当事人及其诉讼代理人因客观原因不能自行收集的证据,或人民法院认为审理案件需要的证据,人民法院应当调查收集。"《民诉解释》第94条规定:"民事诉讼法第六十七条第二款规定的当事人及其诉讼代理人因客观原因不能自行收集的证据包括:(一)证据由国家有关部门保存,当事人及其诉讼代理人无权查阅调取的;(二)涉及国家秘密、商业秘密或者个人隐私的;(三)当事人因客观原因不能自行收集的其他

证据。当事人及其诉讼代理人因客观原因不能自行收集的证据,可以在举证期限届满前书面申请人民法院调查收集。"《民诉解释》第96条规定:"民事诉讼法第六十七条第二款规定的人民法院认为审理案件需要的证据包括:(一)涉及可能损害国家利益、社会公共利益的;(二)涉及身份关系的;(三)涉及民事诉讼法第五十八条规定诉讼的;(四)当事人有恶意串通损害他人合法权益可能的;(五)涉及依职权追加当事人、中止诉讼、终结诉讼、回避等程序性事项的。除前款规定外,人民法院调查收集证据,应当依照当事人的申请进行。"因此,民事诉讼中的证据,通常法院不能主动收集。D项没有提到当事人申请法院调查收集证据,也不存在需要法院主动调查收集证据的情况。故D项错误,不当选。

176.法院的审判行为[B]

[解析] 开庭审理是人民法院在当事人和其他诉讼参与人的参加下,依照法定程序和方式,全面审查证据、认定案件事实,并依法作出裁判的诉讼活动。其重要的意义就是法院用法定程序审查认定案件中所涉及的一切证据、事实,同时也可以保障当事人诉讼权利的充分实现,并通过辩论、质证保护自己的合法权益。因此,质证活动必须在此阶段进行,方能保证程序正义。故B项正确。

其他选项不仅仅发生于开庭审理阶段:送达法律文书,可以发生在开庭前送达传票、应诉通知书等,庭审结束后送达判决书等;在开庭前,适合调解的纠纷可以通过调解方式结案,所以调解也可以发生在开庭审理之前;追加当事人当然也可以发生在开庭之前。故A、C、D项错误。

考点36 撤诉和缺席判决

177.缺席判决;送达方式;诉讼中止[A]

[解析]《民事诉讼法》第88条第1款规定,送达诉讼文书,应当直接送交受送达人。受送达人是公民的,本人不在,交他的同住成年家属签收。被告宋某不在家,宋某的妻子代其签收传票是有效的直接送达。《民事诉讼法》第147条规定:"被告经传票传唤,无正当理由拒不到庭的,或者未经法庭许可中途退庭的,可以缺席判决。"因此,本案中,既然诉讼文书已经有效送达(妻子作为与之同住的成年家属签收,为直接送达),就不需要再行送达,法院直接以宋某无正当理由拒不到庭,缺席判决即可。故A项正确,其他选项都为干扰项。

178.缺席判决[ABD]

[解析]《民事诉讼法》第146条规定:"原告经传票传唤,无正当理由拒不到庭的,或者未经法庭许可中途退庭的,可以按撤诉处理;被告反诉的,可以缺席判决。"故A项正确。

《民诉解释》第234条规定:"无民事行为能力人的离婚诉讼,当事人的法定代理人应当到庭;法定代理人不能到庭的,人民法院应当在查清事实的基础上,依法作出判决。"故B项正确。【特别提醒】一般案件中,无民事行为能力人的法定代理人,经传票传唤无正当理由拒不到庭的,应区分原告方与被告方:若是原告方法定代理人,应当按照撤诉处理,若是被告方法定代理人,应当缺席判决。但在无民事行为能力人的离婚案件中,不论是原告还是被告的法定代理人不到庭,均缺席判决。

《民诉解释》第236条规定:"有独立请求权的第三人经人民法院传票传唤,无正当理由拒不到庭的,或者未经法庭许可中途退庭的,比照民事诉讼法第一百四十六条的规定,按撤诉处理。"故C项错误。

《民诉解释》第240条规定:"无独立请求权的第三人经人民法院传票传唤,无正当理由拒不到庭,或者未经法庭许可中途退庭的,不影响案件的审理。"故D项正确。

考点37 诉讼阻碍(延期审理、诉讼中止与终结)

179. 诉讼中止与终结的适用;确认婚姻无效案件的审理[C]

[解析]《民法典婚姻家庭编解释(一)》第14条规定:"夫妻一方或者双方死亡后,生存一方或者利害关系人依民法典第一千零五十一条的规定请求确认婚姻无效的,人民法院应当受理。"据此,既然夫妻一方死亡,生存一方都可以请求确认婚姻无效,那么郑某在诉讼中死亡,法院应对案件继续审理,并就婚姻效力问题作出判决。故C项正确。【陷阱提示】本题要与《民事诉讼法》第154条规定相区分,根据该条第3项,离婚案件一方当事人死亡的,诉讼终结。但是,认定婚姻效力不同于离婚,认定婚姻效力中一方当事人死亡,裁判会涉及对生者利益的维护(如身份是已婚还是未婚、是否继承财产等),因此一方死亡后诉讼仍应继续进行。

180. 诉讼中止的条件;证明标准[CD]

[解析] 根据2019年《全国法院民商事审判工作会议纪要》(即《九民纪要》)第130条规定,人民法院在审理民商事案件时,如果民商事案件必须以相关刑事案件的审理结果为依据,而刑事案件尚未审结的,应当根据《民事诉讼法》第150条(现为第153条)第5项的规定裁定中止诉讼。待刑事案件审结后,再恢复民商事案件的审理。如果民商事案件不是必须以相关的刑事案件的审理结果为依据,则民商事案件应当继续审理。本题中,民事案件与刑事案件相互独立,民事案件并不是必须以刑事案件的审理结果为依据,因此不需要中止民事诉讼。故A项错误,C项正确。

本案中,丙系该合同的连带保证人,乙可单独向其主张权利。根据《民法典》第688条第2款的规定:"连带责任保证的债务人不履行到期债务或者发生当事人约定的情形时,债权人可以请求债务人履行债务,也可以请求保证人在其保证范围内承担保证责任。"故B项错误。

对欺诈事实的证明标准,在民事诉讼和刑事诉讼程序中均为排除合理怀疑。故D项正确。

181. 诉讼终结;一审判决的生效[BD]

[解析]《民事诉讼法》第154条第3项规定,离婚案件一方当事人死亡的,终结诉讼。本案中,被告刘女在一审判决后、上诉期限尚未届满前死亡的,应当裁定终结诉讼。故A项错误,B项正确。

一审判决上诉期未满,李某作为刘女的法定代理人拟提起上诉,但尚未提起上诉,因此一审判决尚未生效。故C项错误。因判决尚未生效,夫妻关系依然存在。婚姻关系存续期间,夫妻一方死亡,应按照法定继承,张男与李某作为第一顺位法定继承人,对遗产享有继承权。故D项正确。

182. 当事人缺席庭审的法律后果[ABCD]

[解析]《民事诉讼法》第149条规定:"有下列情形之一的,可以延期开庭审理:(一)必须到庭的当事人和其他诉讼参与人有正当理由没有到庭的;(二)当事人临时提出回避申请的;(三)需要通知新的证人到庭,调取新的证据,重新鉴定、勘验,或者需要补充调查的;(四)其他应当延期的情形。"因此,"法院开庭审理时一方当事人未到庭",如果未到庭的当事人有正当理由,法院可以延期审理。故A项正确。

《民事诉讼法》第146条规定:"原告经传票传唤,无正当理由拒不到庭的,或者未经法庭许可中途退庭的,可以按撤诉处理;被告反诉的,可以缺席判决。""法院开庭审理时一方当事人未到庭",如果未到庭的是原告,可以按原告撤诉处理。故B项正确。

《民事诉讼法》第147条规定:"被告经传票传唤,无正当理由拒不到庭的,或者未经法庭许可中途退庭的,可以缺席判决。""法院开庭审理时一方当事人未到庭",如果未到庭的是被告,可以缺席判决。故C项正确。

《民事诉讼法》第112条规定:"人民法院对必须到庭的被告,经两次传票传唤,无正当理由拒不到庭的,可以拘传。""法院开庭审理时一方当事人未到庭",如果未到庭的当事人是必须到庭的被告,法院可以采取强制措施拘传未到庭的当事人到庭。故D项正确。

183. 终结诉讼[A(原答案为D)]

[解析]《民事诉讼法》第154条第3项规定,离婚案件一方当事人死亡的,终结诉讼。据此,对于离婚案件,不论是处于一审还是二审,只要出现了一

方当事人死亡的情况,即应裁定终结诉讼,而不能作其他处理。本题中,乙是在甲提交上诉状后第三天死亡,只要判决书尚未生效,即可认为是在诉讼过程中,按照法律规定应当裁定终结诉讼。故 A 项正确。

184. 延期审理;缺席判决;撤诉;中止诉讼[BD]
[解析]《民事诉讼法》第 149 条规定:"有下列情形之一的,可以延期开庭审理:(一)必须到庭的当事人和其他诉讼参与人有正当理由没有到庭的;……(四)其他应当延期的情形。"A 项是赡养案件,当事人必须到庭,不到庭则延期审理,但是,延期审理应当用决定,而不是裁定。故 A 项错误。B 项中,甲胃病发作未到庭属于有正当理由未到庭,法院可以决定延期审理。故 B 项正确。

根据《民事诉讼法》第 154 条的规定,离婚案件一方当事人死亡的,应裁定终结诉讼,而不是按撤诉处理。故 C 项错误。

《民事诉讼法》第 153 条规定:"有下列情形之一的,中止诉讼:……(二)一方当事人丧失诉讼行为能力,尚未确定法定代理人的;……"D 项属于第 2 项规定的情形,正确。

185. 中止诉讼;终结诉讼[C]
[解析]《民事诉讼法》第 153 条规定:"有下列情形之一的,中止诉讼:……(五)本案必须以另一案的审理结果为依据,而另一案尚未审结的;……"在本题中,本案是张某与孙某的借贷纠纷,在案件审理过程中出现的另一案是孙某的盗窃案,依上述条文可知,法院是需要对本案作出诉讼中止的裁定,关键是判断张某与孙某借贷纠纷的审理是否需要以孙某的盗窃案为依据。经过分析可知,孙某盗窃罪成立与否都不会对借贷纠纷的成立产生任何影响,两个案件之间没有任何关系,所以法官既不能裁定中止审理本案,也不能合并审理两个案件。故 C 项正确。

《民事诉讼法》第 154 条规定:"有下列情形之一的,终结诉讼:(一)原告死亡,没有继承人,或者继承人放弃诉讼权利的;(二)被告死亡,没有遗产,也没有应当承担义务的人的;(三)离婚案件一方当事人死亡的;(四)追索赡养费、抚养费、抚养以及解除收养关系案件的一方当事人死亡的。"在本案的审理过程中并没有出现法定的诉讼终结的情形。故 B 项错误。

186. 诉讼中止;诉讼终结;延期审理的适用情形[D]
[解析] "杨某在去往法院开庭的路上,突遇车祸",属于不可抗拒的事由,也属于正当理由。《民事诉讼法》第 153 条规定:"有下列情形之一的,中止诉讼:……(四)一方当事人因不可抗拒的事由,不能参加诉讼的;……"《民事诉讼法》第 149 条第 1 项规定,必须到庭的当事人和其他诉讼参与人有正当理由没有

到庭的,延期开庭审理。因此,A 项中突遇车祸有可能会导致延期审理或者诉讼中止,选项交代不完整。此外,如果从文书上分析本选项,法院的做法不对,中止诉讼应当用裁定书而不是决定书。故 A 项错误。

《民事诉讼法》第 149 条第 3 项规定,需要通知新的证人到庭,调取新的证据,重新鉴定、勘验,或者需要补充调查的,延期开庭审理。法院采取延期审理措施是对的。但延期审理应当使用决定书,而不是裁定书。故 B 项错误。

《民事诉讼法》第 153 条第 1 款第 3 项规定,作为一方当事人的法人或者其他组织终止,尚未确定权利义务承受人的,中止诉讼。甲公司与其他公司合并,谁是合并之后的法人,尚未确定,因此法院应当裁定诉讼中止,而不是诉讼终结。故 C 项错误。

《民事诉讼法》第 153 条第 1 款第 5 项规定,本案必须以另一案的审理结果为依据,而另一案尚未审结的,中止诉讼。故 D 项正确。

考点38 一审判决、裁定与决定

187. 民事判决的法律效力(既判力)[B]
[解析] 既判力,是指判决生效后所具有的确定效力。既判力的时间范围,是指生效判决的既判力对诉讼标的在某个具体时间(保准时)点予以确定,当事人就超出该时间点的相同诉讼标的再起诉的,后诉法院应当予以受理。《民诉解释》第 248 条规定,裁判发生法律效力后,发生新的事实,当事人再次提起诉讼的,人民法院应当依法受理。据此,我国将既判力标准时确定为裁判生效之时。车祸后遗症发生在判决履行 1 年后,是判决生效(既判力标准时)后的事实,对此再次起诉的,不受既判力拘束,法院应当受理。故 B 项正确。

188. 民事判决的法律效力(既判力);处分原则[B]
[解析] 处分原则是指民事诉讼当事人有权在法律规定的范围内,处分自己的民事权利和诉讼权利。违反处分原则的常见情形是法院裁判遗漏或超出诉讼请求范围。据此,甲仅起诉 5 万元,如果法院对全部 50 万元作出判决,就超越了诉讼请求范围,违反处分原则。故 A 项错误。

从纠纷一次性化解角度,对部分请求应予限制。否则原告提出部分请求,既耗费司法资源,也增加了对方当事人不必要的诉累。因此,除非原告有合理理由提起部分请求,否则部分请求的既判力客观范围应当及于全部请求。据此,甲欲将 50 万元争议标的额分为 10 次提起诉讼,仅为了给乙教训,这显然不属于提出部分请求的合理理由。因此,对 5 万元判决的既判力客观范围应及于全部 50 万元。故 B 项正确,C 项错误。

不管被告是否同意,法院都应以原告的请求范围为限作出判决。故 D 项错误。

189. 确认婚姻无效案件的裁判;调解的适用[D]

[解析] 根据《民法典婚姻家庭编解释(一)》第 9 条的规定,有权向人民法院就已办理结婚登记的婚姻请求确认婚姻无效的主体,包括婚姻当事人及利害关系人。其中,利害关系人包括:(1)以重婚为由的,为当事人的近亲属及基层组织;(2)以未到法定婚龄为由的,为未到法定婚龄者的近亲属;(3)以有禁止结婚的亲属关系为由的,为当事人的近亲属。刘某的母亲作为刘某的近亲属,有权作为适格原告起诉请求确认刘某与郝某的婚姻关系无效,故法院不能裁定驳回起诉,B 项错误。

《民法典婚姻家庭编解释(一)》第 11 条第 1、2 款规定:"人民法院受理请求确认婚姻无效案件后,原告申请撤诉的,不予准许。对婚姻效力的审理不适用调解,应当依法作出判决。"据此,A、C 项错误,D 项正确。【思路拓展】如果不熟悉司法解释规定,也可以从法理角度进行分析:婚姻效力问题涉及社会公序良俗,故有必要对当事人的处分权进行限制,不允许调解,也不允许撤诉。另外,也可以从调解制度的适用范围来分析,身份关系的确认案件不适用调解,确认婚姻无效即属于此类案件,故不能调解。

190. 判决与裁定的区别;允许上诉与具有执行力的裁判文书[AB]

[解析] 根据民事诉讼理论,判决是人民法院行使审判权,依照法律对审理终结的诉讼案件或者非诉讼案件,就当事人民事实体权利义务的争议,或者就确认具有法律意义的事实作出的决定。而裁定是人民法院审理民事案件或者在民事案件执行的过程中,为保证审判工作的顺利进行,就发生的诉讼程序问题作出的决定。但少数裁定,如先予执行的裁定则涉及实体义务的履行。故 A 项是正确的。

判决应当采用书面判决书的形式作出,而裁定既可以采取书面形式,也可以采取口头形式。故 B 项是正确的。

根据《民事诉讼法》第 21 条和第 171 条的规定,最高人民法院可以管辖第一审民事案件,其作出的判决不得上诉。此外,根据《民事诉讼法》第 157 条的规定,只有部分裁定可以上诉。故 C 项是不正确的。

根据民事诉讼理论,具有给付内容的生效判决具有执行力,而财产案件的生效判决不一定都具有给付内容;而裁定只有少数涉及给付内容的才具有执行力。故 D 项是不正确的。

191. 法院裁判错误的纠纷[D]

[解析] 法院裁判的错误,可以分为笔误和实体错误两类:(1)判决书、裁定书和调解书中的笔误(包括法律文字误写、误算,诉讼费用漏写、误算和其他笔误)。笔误可以通过裁定书补正。(2)判决的实质错误。《民诉解释》第 242 条规定:"一审宣判后,原审人民法院发现判决有错误,当事人在上诉期内提出上诉的,原审人民法院可以提出原判决有错误的意见,报送第二审人民法院,由第二审人民法院按照第二审程序进行审理;当事人不上诉的,按照审判监督程序处理。"显然,本案中法院错误适用诉讼时效规则(对时效问题,不能主动适用、不能主动释明),属于实质错误而非笔误,应通过上诉或者再审才能救济。故 C 项错误,D 项正确。

一旦法律文书作出后,就具有确定的效力,不能随意撤销,更不存在收回的问题。故 A、B 项错误。

192. 民事诉讼的裁定[C]

[解析]《民事诉讼法》第 157 条规定:"裁定适用于下列范围:(一)不予受理;(二)对管辖权有异议的;(三)驳回起诉;……"此处要注意驳回起诉与驳回诉讼请求不同。《民事诉讼法》第 122 条规定的起诉条件不满足,裁定驳回起诉。驳回诉讼请求,是在否定原告的实体要求,因此只能用判决书处理,不能用裁定。故 A 项错误。

《民事诉讼法》第 149 条规定,必须到庭的当事人和其他诉讼参与人有正当理由没有到庭的,可以延期开庭审理。但延期审理必须用决定书,不能用裁定书。故 B 项错误。

判决与裁定拘束力作用的范围不同。裁定的拘束力通常只及于当事人、诉讼参与人和审判人员。判决的拘束力除了及于当事人、诉讼参与人和审判人员外,还及于案外人。故 C 项正确。

根据《民事诉讼法》第 157 条及《企业破产法》第 12 条的规定,能够上诉的裁定,只有不予受理、驳回起诉、对管辖权有异议和驳回破产申请的裁定四类。因此,并不是所有的裁定都能上诉。故 D 项错误。

193. 一审判决的内容[ABCD]

[解析]《民事诉讼法》第 151 条规定:"人民法院对公开审理或者不公开审理的案件,一律公开宣告判决。当庭宣判的,应在十日内发送判决书;定期宣判的,宣判后立即发给判决书。宣告判决时,必须告知当事人上诉权利、上诉期限和上诉的法院。宣告离婚判决,必须告知当事人在判决发生法律效力前不得另行结婚。"故 A、B、C、D 项正确。

专题十四 简易程序

考点39 简易程序

194. 简易程序的特殊规定[D]

[解析]《简易程序规定》第 8 条规定:"人民法

院按照原告提供的被告的送达地址或者其他联系方式无法通知被告应诉的,应当按以下情况分别处理:……(二)原告不能提供被告准确的送达地址,人民法院经查证后仍不能确定被告送达地址的,可以被告不明确为由裁定驳回原告起诉。"本题中,原告夏某提供的被告的地址有误,且经法院多方了解和查证也无法确定准确地址,属于上述第2项规定的情形,法院可裁定驳回原告起诉。故A、B、C项错误,D项正确。

【思路拓展】起诉应当满足以下四个条件:(1)原告适格;(2)被告明确;(3)诉讼请求明确具体;(4)属于人民法院主管以及属于受诉法院管辖。如果原告不能提供被告的准确住址,经法院查证仍无法确定被告送达地址的,即视为被告不明确,则不能满足起诉的法定条件。对于不符合起诉条件的,法院应当不予受理;如受理后发现的,应当裁定驳回起诉。

195. 简易程序的适用;送达方式[CD]

[解析]《民事诉讼法》第160条规定,基层人民法院和它派出的法庭审理事实清楚、权利义务关系明确、争议不大的简单的民事案件,适用简易程序。基层人民法院和它派出的法庭审理前款规定以外的民事案件,当事人双方也可以约定适用简易程序。因此,A项是合法的。

《民诉解释》第261条第1、2款规定:"适用简易程序审理案件,人民法院可以依照民事诉讼法第九十条、第一百六十二条的规定采取捎口信、电话、短信、传真、电子邮件等简便方式传唤双方当事人、通知证人和送达诉讼文书。以简便方式送达的开庭通知,未经当事人确认或者没有其他证据证明当事人已经收到的,人民法院不得缺席判决。"因此,B项是合法的,C项是违法的。

《民事诉讼法》第90条规定:"经受送达人同意,人民法院可以采用能够确认其收悉的电子方式送达诉讼文书。通过电子方式送达的判决书、裁定书、调解书,受送达人提出需要纸质文书的,人民法院应当提供。采用前款方式送达的,以送达信息到达受送达人特定系统的日期为送达日期。"且《民诉解释》第140条规定:"适用简易程序的案件,不适用公告送达。"因此,D项是违法的。

196. 处分原则;当事人的程序选择权[ABCD]

[解析]证明责任,是指当事人对自己提出的事实主张,有提出证据并加以证明的责任,如果当事人未能尽到上述责任,则有可能承担对其主张不利的法律后果。证明责任由哪一方当事人承担是由法律、法规或司法解释预先确定的,因此,当事人约定"合同是否履行无法证明时,应以甲方主张的事实为准"是无效的。故A项不符合法律规定。

诉讼和解是指当事人在诉讼过程中通过自行协商,就案件争议问题达成协议,并共同向法院陈述协议的内容,要求结束诉讼从而终结诉讼的制度。诉讼和解对"原告撤诉后不得以相同的事由再次提起诉讼"进行约定,没有法律约束力。因为《民诉解释》第214条规定:"原告撤诉或者人民法院按撤诉处理后,原告以同一诉讼请求再次起诉的,人民法院应予受理。原告撤诉或者按撤诉处理的离婚案件,没有新情况、新理由,六个月内又起诉的,比照民事诉讼法第一百二十七条第(七)项的规定不予受理。"当事人不能通过诉讼和解来排除该规定的适用。故B项不符合法律规定。

《民事诉讼法》第160条规定:"基层人民法院和它派出的法庭审理事实清楚、权利义务关系明确、争议不大的简单的民事案件,适用本章规定。基层人民法院和它派出的法庭审理前款规定以外的民事案件,当事人双方也可以约定适用简易程序。"按照这一规定,简单的民事案件必须适用简易程序。即使当事人约定适用普通程序,该规定也是违法的。故C项不符合法律规定。

拘传是对于必须到庭的被告,经法院传票传唤,无正当理由拒绝出庭的,法院派出司法警察,强制被传唤人到庭参加诉讼活动的一种措施。拘传的对象是法律规定或法院认为必须到庭的被告,即使当事人约定"双方必须亲自参加开庭审理,不得无故缺席",对于这类案件的被告,也不得适用拘传。故D项不符合法律规定。

197. 简易程序的特点[C]

[解析]《民事诉讼法》第161条第2款规定:"当事人双方可以同时到基层人民法院或者它派出的法庭,请求解决纠纷。基层人民法院或者它派出的法庭可以当即审理,也可以另定日期审理。"故A项正确,不当选。

《民事诉讼法》第163条规定:"简单的民事案件由审判员一人独任审理,并不受本法第一百三十九条、第一百四十一条、第一百四十四条规定的限制。"其中第141条规定了法庭调查的顺序,第144条规定了法庭辩论的顺序。因此,审判程序可以不按法庭调查、法庭辩论的顺序进行。故B项正确,不当选。

《简易程序规定》第24条规定:"书记员应当将适用简易程序审理民事案件的全部活动记入笔录。对于下列事项,应当详细记载:(一)审判人员关于当事人诉讼权利义务的告知、争议焦点的概括、证据的认定和裁判的宣告等重大事项;(二)当事人申请回避、自认、撤诉、和解等重大事项;(三)当事人当庭陈述的与其诉讼权利直接相关的其他事项"。因此,诉讼权利义务的告知、原被告的诉辩意见等通常性程序内容必须详细记录。故C项错误,当选。

《民诉解释》第270条规定:"适用简易程序审理的案件,有下列情形之一的,人民法院在制作判决书、裁定书、调解书时,对认定事实或者裁判理由部分可以适当简化:(一)当事人达成调解协议并需要制作民事调解书的;(二)一方当事人明确表示承认对方全部或者部分诉讼请求的;(三)涉及商业秘密、个人隐私的案件,当事人一方要求简化裁判文书中的相关内容,人民法院认为理由正当的;(四)当事人双方同意简化的。"故D项正确,不当选。

198. 简易程序的特点[D]

[解析]《简易程序规定》第5条第1款规定:"当事人应当在起诉或者答辩时向人民法院提供自己准确的送达地址、收件人、电话号码等其他联系方式,并签名或者按指印确认。"A项并不是《民事诉讼法》直接规定的。故A项不当选。

《简易程序规定》第14条规定:"下列民事案件,人民法院在开庭审理时应当先行调解:(一)婚姻家庭纠纷和继承纠纷;(二)劳务合同纠纷;(三)交通事故和工伤事故引起的权利义务关系较为明确的损害赔偿纠纷;(四)宅基地和相邻关系纠纷;(五)合伙合同纠纷;(六)诉讼标的额较小的纠纷。但是根据案件的性质和当事人的实际情况不能调解或者显然没有调解必要的除外。"B项说法正确,但不是《民事诉讼法》直接规定的。故B项不当选。

《民诉解释》第266条规定:"适用简易程序案件的举证期限由人民法院确定,也可以由当事人协商一致并经人民法院准许,但不得超过十五日。被告要求书面答辩的,人民法院可在征得其同意的基础上,合理确定答辩期间。人民法院应当将举证期限和开庭日期告知双方当事人,并向当事人说明逾期举证以及拒不到庭的法律后果,由双方当事人在笔录和开庭传票的送达回证上签名或者捺印。当事人双方均表示不需要举证期限、答辩期间的,人民法院可以立即开庭审理或者确定开庭日期。"因此,C项仍然不是《民事诉讼法》直接规定的。故C项不当选。

根据《民事诉讼法》第40条第2款的规定,适用简易程序审理的民事案件,由审判员一人独任审理。故D项当选。本题的解题关键是"《民事诉讼法》直接规定"这几个字,虽然A、B、C、D项都是简易程序的特点,但唯有D项是《民事诉讼法》直接规定的。

199. 简易程序的特点[ABC]

[解析]《简易程序规定》第2条第1款规定:"基层人民法院适用第一审普通程序审理的民事案件,当事人各方自愿适用简易程序,经人民法院审查同意的,可以适用简易程序进行审理。"因此,适用普通程序审理的案件,可以转为简易程序,但需要当事人协议选择并且经法院同意。故A项正确。

《民诉解释》第270条规定:"适用简易程序审理的案件,有下列情形之一的,人民法院在制作判决书、裁定书、调解书时,对认定事实或者裁判理由部分可以适当简化:……(四)当事人双方同意简化的。"故B项正确。

《民诉解释》第261条第1款规定:"适用简易程序审理案件,人民法院可以依照民事诉讼法第九十条、第一百六十二条的规定采取捎口信、电话、短信、传真、电子邮件等简便方式传唤双方当事人、通知证人和送达诉讼文书。"因此,简易程序可以不用传票传唤当事人。故C项正确。【特别提醒】要注意的是,《简易程序规定》第18条规定:"以捎口信、电话、传真、电子邮件等形式发送的开庭通知,未经当事人确认或者没有其他证据足以证明当事人已经收到的,人民法院不得将其作为按撤诉处理和缺席判决的根据。"

《简易程序规定》第23条规定:"适用简易程序审理的民事案件,应当一次开庭审结,但人民法院认为确有必要再次开庭的除外。"因此,简易程序必须开庭,只有在第二审程序中才有不开庭径行裁判的规定。故D项错误。

200. 简易程序的适用[C(原答案为D)]

[解析]《民事诉讼法》第160条规定:"基层人民法院和它派出的法庭审理事实清楚、权利义务关系明确、争议不大的简单的民事案件,适用本章规定。基层人民法院和它派出的法庭审理前款规定以外的民事案件,当事人双方也可以约定适用简易程序。"适用普通程序的案件可以不经法院审查同意,由当事人双方协商适用简易程序。故A、B、D项错误,C项正确。

考点40 小额诉讼程序

201. 小额诉讼的特别规定[BC]

[解析]《民诉解释》第276条规定,当事人对小额诉讼案件提出管辖异议的,人民法院应当作出裁定。裁定一经作出即生效。据此,小额诉讼案件管辖权异议的裁定一经作出即生效,甲不能上诉。故A项错误,B项正确。

根据《民诉解释》第424条第1款的规定,对小额诉讼案件的判决、裁定,当事人应向原审人民法院申请再审。故C项正确,项D错误。

202. 小额诉讼程序适用的条件与范围;互联网法院[ABC]

[解析]《最高人民法院关于互联网法院审理案件若干问题的规定》第12条规定,互联网法院采取在线视频方式开庭。存在确需当庭查明身份、核对原件、查验实物等特殊情形的,互联网法院可以决定在线下开庭,但其他诉讼环节仍应当在线完成。据此,互联网法院可决定线下开庭,A项正确。

《最高人民法院关于互联网法院审理案件若干问题的规定》第15条第3款规定,经告知当事人权利义务,并征得其同意,互联网法院可以电子送达裁判文书。当事人提出需要纸质版裁判文书的,互联网法院应当提供。据此,若当事人同意,互联网法院可电子送达判决书。B项正确。

《最高人民法院关于互联网法院审理案件若干问题的规定》第18条规定,对需要进行公告送达的事实清楚、权利义务关系明确的简单民事案件,互联网法院可以适用简易程序审理。据此,即便需要公告送达,互联网法院也可适用简易程序审理案件。本题案情简单,标的额小,完全可以适用简易程序审理。又根据《民事诉讼法》第40条第2款规定,适用简易程序审理的民事案件,由审判员一人独任审理。因此,本案可由法官独任审理。C项正确。

《民诉解释》第275条第2项规定,涉外民事纠纷不适用小额诉讼程序审理。据此,因当事人麦克为美国人,本案为涉外案件,不适用小额诉讼程序审理。D项错误。

203. 适用小额诉讼的再审[BC]

[解析] 《民诉解释》第424条第1款规定,对适用小额案件审理程序错误的,应当向原审法院申请再审。故A项错误。

根据法律的规定,独任制适用于简易程序及非讼程序,再审程序只能适用合议制;《民诉解释》第424条第1款规定,当事人因法院适用小额案件审理程序申请再审,法院应当组成合议庭审理。故B项正确。

当事人若认为法院适用小额案件审理作出的判决、裁定有符合《民事诉讼法》第211条规定之再审事由的,则应当根据《民诉解释》第424条第1款的特别规定,再审裁判实行一审终审,不得提起上诉;而如果是针对法院适用小额诉讼案件审理程序错误,则应根据《民诉解释》第424条第2款的特别规定,实行两审终审,作出的判决、裁定,当事人可以上诉。故C项正确,D项错误。

204. 小额诉讼程序的适用范围[ABD]

[解析] 根据《民事诉讼法》第166条的规定,人身关系案件和涉外案件不适用小额诉讼程序。故A、B项当选。

根据《民诉解释》第273条的规定,海事法院可以适用小额诉讼的程序审理海事、海商案件。故C项不当选。

根据《民事诉讼法》第165条规定,小额诉讼程序属于简易程序的一种,应以能够适用简易程序为前提。而根据《民诉解释》第257条的规定,发回重审的案件不适用简易程序,因此也不能适用小额诉讼程序。故D项当选。

205. 小额诉讼程序[B]

[解析] 根据《简易程序规定》第14条第1款的规定,适用简易程序审理的婚姻家庭纠纷、合伙合同纠纷、标的额较小的纠纷应当先行调解。本案属于适用简易程序审理的诉讼标的额较小的纠纷,应当先行调解,故A项正确。

一审诉讼案件必须开庭审理,不存在书面审理的情形。小额诉讼程序属于第一审简易程序的简化形式,应当开庭审理,当事人无权选择书面审理,故B项错误。

《简易程序规定》第27条规定,适用简易程序审理的民事案件,除人民法院认为不宜当庭宣判的外,应当当庭宣判,故C项正确。

《民诉解释》第271条规定:"人民法院审理小额诉讼案件,适用民事诉讼法第一百六十五条的规定,实行一审终审。"故D项正确。

专题十五 第二审程序

考点41 上诉的提起与受理

206. 必要共同诉讼中上诉人和被上诉人[A]

[解析] 《民诉解释》第317条规定:"必要共同诉讼人的一人或者部分人提起上诉的,按下列情形分别处理:(一)上诉仅对与对方当事人之间权利义务分担有意见,不涉及其他共同诉讼人利益的,对方当事人为被上诉人,未上诉的同一方当事人依原审诉讼地位列明;(二)上诉仅对共同诉讼人之间权利义务分担有意见,不涉及对方当事人利益的,未上诉的同一方当事人为被上诉人,对方当事人依原审诉讼地位列明;(三)上诉对双方当事人之间以及共同诉讼人之间权利义务承担有意见的,未提起上诉的其他当事人均为被上诉人。"本案为必要共同诉讼,甲享有上诉权且提出上诉,甲为上诉人。甲仅对与共同诉讼人丙的权利义务分担有意见,丙为被上诉人。未上诉的同一方当事人乙为原审被告,对方当事人丁为原审原告。故A项正确,B、C、D项错误。

207. 二审程序当事人地位的确定[D]

[解析] 《民诉解释》第317条规定:"必要共同诉讼人的一人或者部分人提起上诉的,按下列情形分别处理:(一)上诉仅对与对方当事人之间权利义务分担有意见,不涉及其他共同诉讼人利益的,对方当事人为被上诉人,未上诉的同一方当事人依原审诉讼地位列明;(二)上诉仅对共同诉讼人之间权利义务分担有意见,不涉及对方当事人利益的,未上诉的同一方当事人为被上诉人,对方当事人依原审诉讼地位列明;(三)上诉对双方当事人之间以及共同诉讼人之间权利义务承担有意见的,未提起上诉的其他当事人均为

被上诉人。"

本题中，甲认为分配给丙和丁的遗产份额过多，即对与丙、丁之间的权利义务分担有意见，因此应将丙和丁作为被上诉人，甲为上诉人。而对于乙的权利义务的承担，甲在上诉中并没有涉及，故乙应当按照原审诉讼地位列明，将其列为原审原告。故A、B、C项错误，D项正确。

208. 二审中的撤诉[A]

[解析]《民诉解释》第336条第1款规定："在第二审程序中，原审原告申请撤回起诉，经其他当事人同意，且不损害国家利益、社会公共利益、他人合法权益的，人民法院可以准许。准许撤诉的，应当一并裁定撤销一审裁判。"由此可知，人民法院同意撤回起诉的，将产生三个方面的法律后果：一是应当一并裁定撤销一审裁判；二是诉讼程序终结；三是原审原告撤回起诉后重复起诉的，人民法院不予受理。本案中，甲公司撤回起诉，乙公司撤回上诉均符合法定条件。故A项正确，B、C、D项错误。需要提醒的是，撤回上诉时，如果对方不履行和解协议，此时一审裁判仍然存在，可以去申请执行一审裁判。

209. 二审当事人地位[A]

[解析]《民事诉讼法》第59条第2款规定："对当事人双方的诉讼标的，第三人虽然没有独立请求权，但案件处理结果同他有法律上的利害关系的，可以申请参加诉讼，或者由人民法院通知他参加诉讼。人民法院判决承担民事责任的第三人，有当事人的诉讼权利义务。"在本题中，原告甲对被告丙提起了代位权诉讼，此时的乙是无独立请求权第三人。本题中，乙、丙均提起上诉。但因为在一审判决中，法院没有判决乙承担民事责任，因此乙不能作为上诉人，只有丙能作上诉人。丙的上诉针对了甲，因此甲是被上诉人。故B、C、D项错误，A项正确。

210. 上诉[ACD]

[解析]《执行程序解释》第3条第1、2款规定："人民法院受理执行申请后，当事人对管辖权有异议的，应当自收到执行通知之日起十日内提出。人民法院对当事人提出的异议，应当审查。异议成立的，应当撤销执行案件，并告知当事人向有管辖权的人民法院申请执行；异议不成立的，裁定驳回。当事人对裁定不服的，可以向上一级人民法院申请复议。"因此，对执行管辖异议不能上诉，只能向上一级人民法院申请复议。故A项当选。

《民事诉讼法》第171条第1款规定："当事人不服地方人民法院第一审判决的，有权在判决书送达之日起十五日内向上一级人民法院提起上诉。"故B项不当选。

对调解协议进行司法确认的案件适用特别程序审理，适用特别程序审理的案件实行一审终审，当事人不服的，不能提起上诉。故C项当选。

有关婚姻效力的判决一审终审，不能上诉；对其上诉，法院不应受理。故D项当选。

211. 上诉的方式[C]

[解析]《民事诉讼法》第172条规定："上诉应当递交上诉状……"《民诉解释》第318条规定："一审宣判时或判决书、裁定书送达时，当事人口头表示上诉的，人民法院应告知其必须在法定上诉期间内提出上诉状。未在法定上诉期间内递交上诉状的，视为未提出上诉……"

在本题中，"一审判决书送达王某时，其即向送达人郑某表示上诉，但因其不识字，未提交上诉状"，因此，王某未在法定上诉期间内递交上诉状的，视为未提出上诉，不产生上诉效力。故A、B、D项错误，C项正确。

212. 二审中当事人的确定[D]

[解析]《民诉解释》第72条规定："共有财产权受到他人侵害，部分共有权人起诉的，其他共有权人为共同诉讼人。"本案中，丙承租的房屋为甲、乙共有，因丙未付租金，甲、乙起诉属于必要共同原告。因此，本案属于必要共同诉讼。

本题考查二审中当事人的诉讼地位，确认规则是"谁上诉，谁是上诉人；对谁提起上诉，谁是被上诉人；都上诉则都为上诉人，没有被上诉人"。本题中，原告和被告均提出上诉，因此所有人均为上诉人，没有被上诉人。故D项正确，A、B、C项错误。

考点42 二审审理程序

213. 二审中的特殊调解[AD]

[解析]《民诉解释》第327条第1款规定："一审判决不准离婚的案件，上诉后，第二审人民法院认为应当判决离婚的，可以根据当事人自愿的原则，与子女抚养、财产问题一并调解；调解不成的，发回重审。"《民事诉讼法》第177条第2款规定："原审人民法院对发回重审的案件作出判决后，当事人提起上诉的，第二审人民法院不得再次发回重审。"发回重审仅限一次，B项明显错误。本案中，婚姻关系已经完全符合两审终审制度的要求，二审法院可以先针对婚姻关系作出判决。而财产分割问题尚处第一次审理的阶段，如果二审法院直接作出裁判，会违反两审终审的基本制度，影响当事人的审级利益，因此不能直接改判，而是应告知当事人对财产部分另行起诉。故A、D项正确，C项错误。

214. 和解协议；撤回上诉的法律后果[B]

[解析] 诉讼和解协议属于双方民事合同，只在当事人之间产生拘束力，不具有强制执行力。故A项错误。

撤回上诉的法律效果是一审判决生效。在建安公司未依照约定履行和解协议时,石山公司可申请执行一审判决。故 B 项正确。

双方当事人的纠纷已经过实体处理,基于一事不再理原则,不得再另行起诉。故 C 项错误。

申请司法确认的对象为调解协议,针对的是未经法院处理的民事纠纷,诉讼和解协议不得申请司法确认。故 D 项错误。

215. 执行依据[C]

[解析]《民诉解释》第 337 条规定:"当事人在第二审程序中达成和解协议的,人民法院可以根据当事人的请求,对双方达成的和解协议进行审查并制作调解书送达当事人;因和解而申请撤诉,经审查符合撤诉条件的,人民法院应予准许。"因此,在二审审理中,当事人申请撤回上诉,法院审查准许后,二审诉讼即告终结,一审裁判发生法律效力。因此,可以申请执行生效的一审判决。同时,和解协议没有强制执行力,不能向法院申请强制执行。故 C 项正确,A、B、D 项错误。

216. 二审中的特殊调解[A]

[解析] 本题中,一审时原告提出的住房分割诉讼请求,原审人民法院未作审理、判决的,按照《民诉解释》第 324 条规定:"对当事人在第一审程序中已经提出的诉讼请求,原审人民法院未作审理、判决的,第二审人民法院可以根据当事人自愿的原则进行调解;调解不成的,发回重审。"故 A 项正确。但是一审时原告提出的住房分割诉讼请求,二审中即便当事人同意,二审法院也不能一并裁判。故 D 项错误。

二审中,张红增加诉讼请求,要求分割诉讼期间齐远继承其父的遗产。《民诉解释》第 326 条规定:"在第二审程序中,原审原告增加独立的诉讼请求或者原审被告提出反诉的,第二审人民法院可以根据当事人自愿的原则就新增加的诉讼请求或者反诉进行调解;调解不成的,告知当事人另行起诉。双方当事人同意由第二审人民法院一并审理的,第二审人民法院可以一并裁判。"也就是说,这个新的诉讼请求,是不能发回重审的。故 B、C 项错误。【总结提示】(1)一审法院存在错误的(如遗漏当事人诉讼请求、遗漏必须参加诉讼的当事人、一审判决不准离婚但二审认为应当离婚的),二审法院调解不成,发回重审;一审法院不存在错误的(如原告新增独立诉讼请求或被告提出反诉的),二审法院调解不成,告知另行起诉。(2)经过当事人同意后,二审法院可以一并审理并作出判决的情形:第一,一审判决不准离婚,二审认为应当判决离婚的,对于财产分割和子女抚养问题;第二,一审原告新增独立诉讼请求或者被告提出反诉的。

217. 二审中达成和解协议[B]

[解析] 法院裁定准许撤回上诉后,会产生如下法律效果:(1)在对方当事人未上诉的情况下,二审程序终结。(2)在对方当事人提起上诉的情况下,第一审裁判不发生法律效力。本案中,王某撤回上诉后,第一审判决即发生法律效力,不得上诉;判决生效具有对事的效力,当事人不得就同一诉讼标的重新起诉。因此,选项 A、D 错误。具有给付内容的生效判决会产生执行力,因此本题中刘某可以根据第一审生效判决向法院申请执行,从而得到国家的公权力保护,选项 B 正确。当事人之间的和解协议不具有强制执行力,不能申请执行。故 C 项错误。

218. 二审程序[C]

[解析] 根据普通程序的基础性法律地位,对于简易程序、二审程序和再审程序等没有特别规定时,适用一审普通程序的规定。故 A 项正确。

《民事诉讼法》第 176 条第 1 款规定:"第二审人民法院对上诉案件应当开庭审理。经过阅卷、调查和询问当事人,对没有提出新的事实、证据或者理由,人民法院认为不需要开庭审理的,可以不开庭审理。"由此可知,二审审理方式以开庭审理为原则,不开庭审理为例外。故 B 项正确。

《民事诉讼法》第 179 条规定:"第二审人民法院审理上诉案件,可以进行调解。调解达成协议,应当制作调解书,由审判人员、书记员署名,加盖人民法院印章。调解书送达后,原审人民法院的判决即视为撤销。"据此,调解书送达后,原审判决即视为撤销,第二审法院根本不需要在调解书中写"撤销原判"。故 C 项错误。

《民事诉讼法》第 41 条第 1 款规定:"人民法院审理第二审民事案件,由审判员组成合议庭。合议庭的成员人数,必须是单数。"因此,人民法院审理第二审民事案件,应当由审判员组成合议庭。故 D 项正确。

219. 二审中对一审遗漏必须参加诉讼的当事人的处理[BD]

[解析]《民诉解释》第 325 条规定:"必须参加诉讼的当事人或者有独立请求权的第三人,在第一审程序中未参加诉讼,第二审人民法院可以根据当事人自愿的原则予以调解;调解不成的,发回重审。"二审法院发现该情况后必须先调解,调解不成才能发回一审法院重审。故 B 项正确。由于继承人甲没有参加过一审,直接改判将剥夺其上诉机会,违反两审终审制度的要求。故 A 项错误。

《民诉解释》第 70 条规定:"在继承遗产的诉讼中,部分继承人起诉的,人民法院应通知其他继承人作为共同原告参加诉讼;被通知的继承人不愿意参加诉讼又未明确表示放弃实体权利的,人民法院仍应将其列为共同原告。"本案中,二审法院审理继承纠纷上诉案时,发现一审判决遗漏另一继承人甲。继承人甲原来就应当作为一审必要共同原告。因此，本案属于遗漏了必须参加诉讼的当事人的情形。故 C 项错误，D 项正确。

220. 二审中原告增加诉讼请求的处理[CD]

[解析]《民诉解释》第 326 条规定："在第二审程序中，原审原告增加独立的诉讼请求或者原审被告提出反诉的，第二审人民法院可以根据当事人自愿的原则就新增加的诉讼请求或者反诉进行调解；调解不成的，告知当事人另行起诉。双方当事人同意由第二审人民法院一并审理的，第二审人民法院可以一并裁判。"本题中，一审中原告甲和乙起诉要求丙给付的是租金，并没有提到解除租赁关系。从诉的分类角度来看，一审原告甲和乙提的是给付之诉，而甲上诉请求解除与丙的租赁关系，则属于变更之诉，这就属于原审原告增加独立的诉讼请求，二审法院不能直接判决，也不能直接裁定发回重审。故 A、B 项错误。调解需要当事人同意。故 C 项正确。

甲和乙在一审程序中为必要共同原告，根据《民事诉讼法》第 55 条第 2 款的规定，即共同诉讼的一方当事人对诉讼标的有共同权利义务的，其中一人的诉讼行为经其他共同诉讼人承认，对其他共同诉讼人发生效力。因此，甲在上诉中提出要求解除租赁关系的请求时，应当征得房屋共同所有人乙的同意。故 D 项正确。

221. 二审中的调解结案[C]

[解析]《民事诉讼法》第 179 条规定："第二审人民法院审理上诉案件，可以进行调解。调解达成协议，应当制作调解书，由审判人员、书记员署名，加盖人民法院印章。调解书送达后，原审人民法院的判决即视为撤销。"因此，二审法院应当制作调解书，因为二审法院的调解结果除解决纠纷外，还具有对一审法院的判决效力发生影响的功能。故 C 项正确，A、B、D 项错误。【总结提示】一审中达成调解协议，原则上应当制作调解书，但存在不制作调解书的情形。二审、再审中达成调解协议，必须制作调解书；调解书送达后，原判决视为撤销。

222. 二审法院对原一审判决遗漏诉讼请求的处理[B]

[解析] 解答本题的关键在于准确理解一审中"赔礼道歉"诉讼请求的具体情况，因为二审法院对一审法院遗漏当事人的诉讼请求的处理和对当事人二审中增加诉讼请求的处理是不同的，本题属于遗漏当事人"赔礼道歉"诉讼请求的情形。《民诉解释》第 324 条规定："对当事人在第一审程序中已经提出的诉讼请求，原审人民法院未作审理、判决的，第二审人民法院可以根据当事人自愿的原则进行调解；调解不成的，发回重审。"故 B 项正确，A、C、D 项错误。

考点 43 二审的判决与裁定

223. 二审的裁判[B]

[解析]《民事诉讼法》第 177 条第 1 款第 4 项规定，原判决遗漏当事人或者违法缺席判决等严重违反法定程序的，裁定撤销原判决，发回原审人民法院重审。《民诉解释》第 323 条规定，下列情形，可以认定为《民事诉讼法》第 177 条第 1 款第 4 项规定的严重违反法定程序：(1)审判组织的组成不合法的；(2)应当回避的审判人员未回避的；(3)无诉讼行为能力人未经法定代理人代为诉讼的；(4)违法剥夺当事人辩论权利的。"本案中，15 岁的甲属于无诉讼行为能力人，在一审程序中其未经法定代理人代为诉讼，属于严重违反法定程序，二审法院应当裁定撤销原判、发回重审。故 B 项正确。

224. 二审中的撤回起诉[D]

[解析]《民诉解释》第 336 条第 1 款规定："在第二审程序中，原审原告申请撤回起诉，经其他当事人同意，且不损害国家利益、社会公共利益、他人合法权益的，人民法院可以准许。准许撤诉的，应当一并裁定撤销一审裁判。"本题中，虽然和解协议内容与原判决认定的事实不一致，但并不存在损害国家利益、社会公共利益、他人合法权益的情形，且双方当事人均同意撤诉，法院应当准予撤诉，一并裁定撤销原判。故 D 项当选。

225. 二审中的撤诉[B]

[解析]《民诉解释》第 336 条第 1 款规定："在第二审程序中，原审原告申请撤回起诉，经其他当事人同意，且不损害国家利益、社会公共利益、他人合法权益的，人民法院可以准许。准许撤诉的，应当一并裁定撤销一审裁判。"《民诉解释》第 335 条规定："在第二审程序中，当事人申请撤回上诉，人民法院经审查认为一审判决确有错误，或者当事人之间恶意串通损害国家利益、社会公共利益、他人合法权益的，不应准许。"由此可知，当事人可以在二审中撤回起诉，准许的，应一并裁定撤销一审裁判。双方当事人均同意撤回上诉且不损害"三益"，人民法院可以允许。故 B 项正确，A、C、D 项错误。

226. 二审审理范围[AC]

[解析]《民诉解释》第 321 条规定："第二审人民法院应当围绕当事人的上诉请求进行审理。当事人没有提出请求的，不予审理，但一审判决违反法律禁止性规定，或者损害国家利益、社会公共利益、他人合法权益的除外。"二审以当事人的上诉请求为审理范围，既是事实审，又是法律审。本案中，二审法院应当围绕不服违约金判决的请求，对该上诉请求所涉及的事实认定和法律适用进行审理。故 A、C 项正确。房屋有质量问题的认定不在当事人的上诉范围内，不属

于违反法律禁止性规定或损害国家利益、社会公共利益等情形，法院不得自行查清事实后改判，故 B 项错误。民事诉讼中二审应围绕当事人上诉请求进行，不适用全面审理，故 D 项错误。

227. 裁定的适用范围[C]

[解析] 一审裁判文书错误的纠正，应当区分情形处理：

其一，如果是瑕疵（如笔误、文字错误、计算错误），则下达裁定书予以补正。法律依据为：《民事诉讼法》第 157 条第 1 款："裁定适用于下列范围：……（七）补正判决书中的笔误；……"《民诉解释》第 245 条："民事诉讼法第一百五十七条第一款第七项规定的笔误是指法律文书误写、误算，诉讼费用漏写、误算和其他笔误。"

其二，如果是实质错误（如事实认定错误、适用法律错误），则区分在上诉期满前当事人是否上诉；如果当事人上诉，则报二审法院，由二审法院通过二审程序审理后纠正；如果上诉期满当事人不上诉，判决生效，通过审判监督程序处理。

同理，在二审程序中也遵循上述规则（二审判决作出即生效，不存在当事人上诉的问题，故无需讨论当事人是否上诉的情形）。

本题中的赔偿金额错误属于"计算错误"，则应当下达裁定予以补正。故 C 项正确，A、B、D 项错误。

228. 简易程序的适用；管辖权异议的时间；发回重审时当事人增加诉讼请求与反诉的处理[BC]

[解析]《民诉解释》第 257 条规定，发回重审的案件不适用简易程序。因此，A 项是不正确的。

《民诉解释》第 39 条第 2 款规定："人民法院发回重审或者按第一审程序再审的案件，当事人提出管辖异议的，人民法院不予审查。"因此，B 项是正确的。

《民诉解释》第 251 条规定，二审裁定撤销一审判决发回重审的案件，当事人申请变更、增加诉讼请求或者提出反诉，第三人提出与本案有关的诉讼请求的，依照《民事诉讼法》第 143 条的规定可以合并审理。因此，C 项是正确的，而 D 项是不正确的。

229. 发回重审对原判的影响以及合议庭的组成；发回重审的适用[D]

[解析] 二审法院发回重审的适用情形有二：(1) 二审法院认为一审程序错误，此时只能发回重审。(2) 一审认定基本事实不清，此时可以发回重审，也可以依法改判。撤销原判、发回重审是将一审判决撤销之后，由一审法院适用一审程序对案件重新进行审理。采取保全措施后，其效力应当持续于整个诉讼过程中，虽然一审判决被撤销，但案件仍处于诉讼过程中，保全措施不当然解除。故 A 项错误。

《举证时限规定的通知》第 9 条规定："关于发回重审案件举证期限问题。发回重审的案件，第一审人民法院在重新审理时，可以结合案件的具体情况和发回重审的原因等情况，酌情确定举证期限。如果案件是因违反法定程序被发回重审的，人民法院在征求当事人的意见后，可以不再指定举证期限或者酌情指定举证期限。但案件因遗漏当事人被发回重审的，按照本通知第五条处理。如果案件是因认定事实不清、证据不足发回重审的，人民法院可以要求当事人协商确定举证期限，或者酌情指定举证期限。上述举证期限不受'不得少于三十日'的限制。"按照这一规定，二审法院认为一审事实不清，裁定撤销原判，发回重审后，一审法院可以要求当事人协商确定举证期限，或者酌情指定举证期限。故 B 项中"法院必须重新指定举证时限"的说法错误。

《民事诉讼法》第 41 条第 3 款规定："发回重审的案件，原审人民法院应当按照第一审程序另行组成合议庭。"发回重审的案件必须适用普通程序，而不能适用简易程序，但重审时应另行组成合议庭，李法官作为原独任审判员，不得再次参加重审。故 C 项错误。

《民事诉讼法》第 177 条第 2 款规定："原审人民法院对发回重审的案件作出判决后，当事人提起上诉的，第二审人民法院不得再次发回重审。"故 D 项正确。

230. 仲裁协议对法院管辖权的排除[D]

[解析]《仲裁法》第 26 条规定："当事人达成仲裁协议，一方向人民法院起诉未声明有仲裁协议，人民法院受理后，另一方在首次开庭前提交仲裁协议的，人民法院应当驳回起诉，但仲裁协议无效的除外；另一方在首次开庭前未对人民法院受理该案提出异议的，视为放弃仲裁协议，人民法院应当继续审理。"本题中，甲公司与乙公司在一审审理中，都未声明存在仲裁协议，且一审法院已经作出了判决，因此，即使甲、乙公司间存在有效仲裁协议，也因为乙公司在首次开庭前未提出异议而视为放弃仲裁协议，法院对该案的审理是合法的。一审判决后，当事人以存在仲裁协议为由提出上诉，明显属于上诉请求不成立。根据《民事诉讼法》第 177 条第 1 款第 1 项的规定，即原判决、裁定认定事实清楚，适用法律正确的，以判决、裁定方式驳回上诉，维持原判决、裁定。故 D 项正确。

专题十六 审判监督程序

考点 44 再审的启动

231. 申请再审的条件[D]

[解析] 当事人对已经发生法律效力的判决、裁定，认为有错误的，就可以向上一级人民法院申请再审。本题中，丙对二审判决其承担一般保证责任不

服,以其不应承担保证责任为由申请再审,符合申请再审的条件,法院应受理再审申请。故C项错误。

再审事由具有法定性,《民事诉讼法》第211条规定了13种再审法定情形。根据《民诉解释》第393条第2款规定:"当事人主张的再审事由不成立,或者当事人申请再审超过法定申请再审期限、超出法定再审事由范围等不符合民事诉讼法和本解释规定的申请再审条件的,人民法院应当裁定驳回再审申请。"因为丙的再审事由不符合《民事诉讼法》第211条规定的再审法定情形,法院应裁定驳回其再审申请。故A、B项错误,D项正确。

232. 无需制作调解书的法定情形;当事人申请再审的范围;人民检察院对调解书的监督方式;执行和解协议的效力[A]

[解析]《民事诉讼法》第101条规定,调解维持收养关系的案件,人民法院可以不制作调解书。因此,A项是正确的。

《民事诉讼法》第213条规定:"当事人对已经发生法律效力的解除婚姻关系的判决、调解书,不得申请再审。"因此,B项是不正确的。

《民事诉讼法》第219条第1、2款规定,最高人民检察院或者上级人民检察院发现调解书损害国家利益、社会公共利益,应当提出抗诉;如果是地方各级人民检察院发现同级人民法院的调解书损害国家利益、社会公共利益的,可以向同级人民法院提出检察建议,并报上级人民法院备案,也可以提请上级人民检察院向同级人民法院提出抗诉。因此,C项是不正确的。

《民事诉讼法》第241条第1款规定:"在执行中,双方当事人自行和解达成协议的,执行员应当将协议内容记入笔录,由双方当事人签名或者盖章。"因此,D项是不正确的。

233. 检察建议[CD]

[解析]《民事诉讼法》第220条规定:"有下列情形之一的,当事人可以向人民检察院申请检察建议或者抗诉:(一)人民法院驳回再审申请的;(二)人民法院逾期未对再审申请作出裁定的;(三)再审判决、裁定有明显错误的。人民检察院对当事人的申请应当在三个月内进行审查,作出提出或者不予提出检察建议或者抗诉的决定。当事人不得再次向人民检察院申请检察建议或者抗诉。"故A、B项是不正确的。

《民事诉讼法》第221条规定:"人民检察院因履行法律监督职责提出检察建议或者抗诉的需要,可以向当事人或者案外人调查核实有关情况。"故C、D项是正确的。

234. 民事检察监督[C]

[解析]《民事诉讼法》第219条第2款规定:"地方各级人民检察院对同级人民法院已经发生法律效力的判决、裁定,发现有本法第二百一十一条规定情形之一的,或者发现调解书损害国家利益、社会公共利益的,可以向同级人民法院提出检察建议,并报上级人民检察院备案;也可以提请上级人民检察院向同级人民法院提出抗诉。"因此,对于乙县法院的生效判决适用法律错误的问题,甲县检察院不能对其提出检察建议,而应当由乙县检察院对其提出检察建议。故A项错误。民事检察监督的对象是法院,检察院不能向仲裁委员会提出检察建议。故B项错误。

《民事诉讼法》第219条第3款规定:"各级人民检察院对审判监督程序以外的其他审判程序中审判人员的违法行为,有权向同级人民法院提出检察建议。"丁县法院某法官在制作除权判决时收受贿赂,丁县检察院可以向该法院提出检察建议。故C项正确。

认定某公民为无民事行为能力人案件适用特别程序,不适用审判监督程序,如果该程序存在错误,可以经本人或利害关系人申请,撤销原判决、作出新判决即可,如果审判人员有违法行为,检察院可以向同级法院提出检察建议。因此,适用特别程序审理的案件不能申请再审。故D项错误。

235. 检察院抗诉;再审[ABC]

[解析]《民事诉讼法》第210条规定:"当事人对已经发生法律效力的判决、裁定,认为有错误的,可以向上一级人民法院申请再审;当事人一方人数众多或者当事人双方为公民的案件,也可以向原审人民法院申请再审。当事人申请再审的,不停止判决、裁定的执行。"因此,当事人申请再审,原则上应当向原审法院的上一级法院申请再审,但如果当事人一方人数众多或者当事人双方为公民的案件,当事人也可以向原审法院申请再审。周某只应向甲省高院申请再审的说法不对。故A项错误,当选。

《民事诉讼法》第222条规定,人民检察院提出抗诉的案件,接受抗诉的人民法院应当自收到抗诉书之日起30日内作出再审的裁定;有本法第211条第1项至第5项规定情形之一的,可以交下一级人民法院再审,但经该下一级人民法院再审的除外。因此,检察院抗诉的案件,法院必须再审,不能拒绝。故B项错误,当选。

《民事诉讼法》第217条规定:"按照审判监督程序决定再审的案件,裁定中止原判决、裁定、调解书的执行,但追索赡养费、扶养费、抚育费、抚恤金、医疗费用、劳动报酬等案件,可以不中止执行。"因此,法院应当在裁定再审的同时,裁定中止执行,而不是撤销原判。故C项错误,当选;D项正确,不当选。

236. 离婚诉讼的特点[AB]

[解析]《民事诉讼法》第23条规定:"下列民事

诉讼,由原告住所地人民法院管辖;原告住所地与经常居住地不一致的,由原告经常居住地人民法院管辖:(一)对不在中华人民共和国领域内居住的人提起的有关身份关系的诉讼;(二)对下落不明或者宣告失踪的人提起的有关身份关系的诉讼;(三)对被采取强制性教育措施的人提起的诉讼;(四)对被监禁的人提起的诉讼。"离婚诉讼属于有关身份关系的诉讼,被告下落不明的,应当由原告住所地法院管辖。故 A 项正确。

《民事诉讼法》第 154 条规定:"有下列情形之一的,终结诉讼:(一)原告死亡,没有继承人,或者继承人放弃诉讼权利的;(二)被告死亡,没有遗产,也没有应当承担义务的人的;(三)离婚案件一方当事人死亡的;(四)追索赡养费、扶养费、抚养费以及解除收养关系案件的一方当事人死亡的。"因此,一方当事人死亡的,诉讼终结。故 B 项正确。

《民事诉讼法》第 213 条规定:"当事人对已经发生法律效力的解除婚姻关系的判决、调解书,不得申请再审。"《民诉解释》第 380 条规定:"当事人就离婚案件中的财产分割问题申请再审,如涉及判决中已分割的财产,人民法院应当依照民事诉讼法第二百条①的规定进行审查,符合再审条件的,应当裁定再审;如涉及判决中未处理的夫妻共同财产,应当告知当事人另行起诉。"离婚案件的婚姻关系部分不能申请再审,财产分割部分,满足条件时,允许申请再审。故 C 项错误。

《民事诉讼法》第 137 条规定:"人民法院审理民事案件,除涉及国家秘密、个人隐私或法律另有规定的以外,应当公开进行。离婚案件,涉及商业秘密的案件,当事人申请不公开审理的,可以不公开审理。"离婚案件原则上是公开的。故 D 项错误。

237. 先予执行;再审申请[D]

[解析]《民事诉讼法》第 111 条规定:"当事人对保全或者先予执行的裁定不服的,可以申请复议一次。复议期间不停止裁定的执行。"《民诉解释》第 171 条规定:"当事人对保全或者先予执行裁定不服的,可以自收到裁定书之日起五日内向作出裁定的人民法院申请复议。人民法院应当在收到复议申请后十日内审查。裁定正确的,驳回当事人的申请;裁定不当的,变更或者撤销原裁定。"可见,对先予执行裁定不服的救济途径是申请复议。本案中,李某申请复议,法院审查后裁定驳回了李某的申请,符合法定程序要求。因此,本题不存在申请再审的法定事由,根据《民事诉讼法》第 215 条第 1 款的规定,人民法院对再审申请书进行审查,符合本法规定的,裁定再审;不符合本法规定的,裁定驳回申请。故法院应该裁定驳回李某的再审申请,D 项正确。

238. 再审的启动方式;检察院抗诉的效力[D]

[解析] 法院主动再审、当事人申请再审和检察院抗诉启动再审,是再审启动的三种方式。因为《民事诉讼法》第 215 条第 1 款规定:"人民法院应当自收到再审申请书之日起三个月内审查,符合本法规定的,裁定再审;不符合本法规定的,裁定驳回申请。有特殊情况需要延长的,由本院院长批准。"《民事诉讼法》第 222 条规定:"人民检察院提出抗诉的案件,接受抗诉的人民法院应当自收到抗诉书之日起三十日内作出再审的裁定;有本法第二百一十一条第一项至第五项规定情形之一的,可以交下一级人民法院再审,但经该下一级人民法院再审的除外。"因此,当事人申请再审的案件,法院有 3 个月的审查期限。但对于检察院抗诉的案件,法院则必须再审。对此,虽然再审的启动方式有三种,但目的只有一个即启动再审程序。由于检察院抗诉的案件,法院必须再审。故 D 项正确。一旦再审程序已经启动,对于当事人的再审申请,法院已经没有必要审查。故 A、B、C 项错误。

【特别提醒】本题需要重点掌握:检察院抗诉的案件,接受抗诉的法院应当在 30 日内裁定再审。也就是说,对于检察院的抗诉,法院不能进行审查,必须裁定再审,选项中如出现"经审查""裁定是否再审"等表述,一律为错误。

239. 审判监督程序[BD]

[解析]《民事诉讼法》第 210 条规定:"当事人对已经发生法律效力的判决、裁定,认为有错误的,可以向上一级人民法院申请再审;当事人一方人数众多或者当事人双方为公民的案件,也可以向原审人民法院申请再审。当事人申请再审的,不停止判决、裁定的执行。"本题中,S 县法院所作一审判决生效,且不存在双方当事人都是公民或一方当事人人数众多的情形(双方都是法人),当事人申请再审只能向上级法院即南山市中级法院申请。故 A 项错误,B 项正确。

《审判监督解释》第 18 条规定:"上一级人民法院经审查认为申请再审事由成立的,一般由本院提审……"《民事诉讼法》第 218 条第 1 款规定:"……上级人民法院按照审判监督程序提审的,按照第二审程序审理,所作的判决、裁定是发生法律效力的判决、裁定。"因此,南山市中级法院应当提审此案,提审应当适用二审程序审理。故 C 项错误,D 项正确。

240. 再审程序对遗漏当事人的处理[C]

[解析]《民诉解释》第 420 条规定:"必须共同进行诉讼的当事人因不能归责于本人或者其诉讼代理人的事由未参加诉讼的,可以根据民事诉讼法第二百

---

① 现为第 204 条,编者注。

零七条①第八项规定,自知道或者应当知道之日起六个月内申请再审,但符合本解释第四百二十一条规定情形的除外。人民法院因前款规定的当事人申请而裁定再审,按照第一审程序再审的,应当追加其为当事人,作出新的判决、裁定;按照第二审程序再审,经调解不能达成协议的,应当撤销原判决、裁定,发回重审,重审时应追加其为当事人。"本题中,陈某作为财产共有权人申请再审,属于案外人以必要共同诉讼人的身份申请再审,且属于应按照二审程序再审的情形,故C项正确,A、B、D项错误。

考点45 再审审理程序

241. 再审审理范围[CD]

[解析]《民诉解释》第403条第1款规定:"人民法院审理再审案件应当围绕再审请求进行。当事人的再审请求超出原审诉讼请求的,不予审理;符合另案诉讼条件的,告知当事人可以另行起诉。"据此,再审以原审范围为限,当事人超出原审范围增加、变更诉讼请求的,不属于再审范围。本案中,原告新增的违约金请求以及被告提出解除合同的反诉请求不属于再审范围,再审法院不能组织调解,应当直接告知当事人另行起诉。故A、B项错误,C、D项正确。

242. 再审程序的终结[D]

[解析]根据《民诉解释》400条规定:"再审申请审查期间,有下列情形之一的,裁定终结审查:……(三)当事人达成和解协议且已履行完毕的,但当事人在和解协议中声明不放弃申请再审权利的除外;……"第404条第1款规定:"再审审理期间,有下列情形之一的,可以裁定终结再审程序:……(四)有本解释第四百条第一项至第四项规定情形的。"据此,在再审审理期间当事人达成和解协议且已履行完毕的,可以裁定终结再审程序。这是因为当事人达成和解协议并履行完毕,意味着当事人通过协议的方式处分了自己的权利,并通过实际履行的方式解决了原有纠纷,此时法院没有必要再对原生效判决进行再审审查,也没有必要对案件进行重新审理。故D项当选。

243. 再审终结审查[D]

[解析]根据《民诉解释》第400条第1款规定,再审申请审查期间,有下列情形之一的,裁定终结审查:(1)再审申请人死亡或者终止,无权利义务承继者或者权利义务承继者声明放弃再审申请的;(2)在给付之诉中,负有给付义务的被申请人死亡或者终止,无可供执行的财产,也没有应当承担义务的人的;(3)当事人达成和解协议且已履行完毕的,但当事人在和解协议中声明不放弃申请再审权利的除外;(4)他人未经授权以当事人名义申请再审的;(5)原审或者上一级人民法院已经裁定再审的;(6)有本解释第381条第1款规定情形的。本题中,判决生效后,在执行中甲、乙公司达成和解协议并且已经履行完毕,即当事人已经通过和解的方式处分了权利,了结了原纠纷,符合上述(3)项规定,故对其再审申请法院应当终结审查。故A、B、C项错误,D项正确。

244. 简易程序的传唤方式;申请再审的法定事由;申请再审的管辖;裁定再审的效力[B]

[解析]《民诉解释》第261条第1款规定:"适用简易程序审理案件,人民法院可以依照民事诉讼法第九十条、第一百六十二条的规定采取捎口信、电话、短信、传真、电子邮件等简便方式传唤双方当事人、通知证人和送达诉讼文书。"据此,本案一审法院适用简易程序审理案件,可以电话通知当事人开庭。因此,A项不正确。

《民事诉讼法》第211条第10项规定,未经传票传唤,缺席判决的,当事人可以申请再审。因此,B项正确。

根据《民事诉讼法》第210条的规定,当事人一方人数众多或者当事人双方为公民的案件,可以向上一级人民法院申请再审,也可以向原审人民法院申请再审。因此,C项不正确。

《民事诉讼法》第217条规定:"按照审判监督程序决定再审的案件,裁定中止原判决、裁定、调解书的执行,但追索赡养费、扶养费、抚养费、抚恤金、医疗费用、劳动报酬等案件,可以不中止执行。"因此,D项不正确。

245. 再审程序中缺席判决的适用[D]

[解析]《民事诉讼法》第146条规定,"按撤诉处理"只适用于原告。根据《民诉解释》第398条的规定,撤回再审申请只能针对再审申请人。根据《民事诉讼法》第153条的规定,一方当事人未说明理由缺席开庭并不属于法院裁定中止诉讼的情形。故A、B、C项错误。本案中,吴某是再审申请人,万某是被申请人,被申请人不到庭不影响法院对案件的审理,法院仍需对吴某的再审请求进行审查并作出相应裁判,因此可对万某作出缺席判决,故D项正确。【总结提示】在民事程序中一方不到庭如何处理:(1)启动程序一方不到庭,表明其不愿意通过该程序解决问题,视为撤回;(2)被动接受程序一方不到庭,表明其放弃陈述与申辩的权利,应当缺席判决。

246. 当事人申请再审[ACD]

[解析]《民事诉讼法》第210条规定:"当事人对已经发生法律效力的判决、裁定,认为有错误的,可以向上一级人民法院申请再审;当事人一方人数众多或者当事人双方为公民的案件,也可以向原审人民法院申请再审。当事人申请再审的,不停止判决、裁定的

---

① 现为第211条,编者注。

执行。"《民事诉讼法》第215条第2款规定:"因当事人申请裁定再审的案件由中级人民法院以上的人民法院审理,但当事人依照本法第二百一十条的规定选择向基层人民法院申请再审的除外。最高人民法院、高级人民法院裁定再审的案件,由本院再审或者交其他人民法院再审,也可以交原审人民法院再审。"因此,本案当事人只能向省高院申请再审。本案省高院裁定再审后,既可以由省高院审理,也可以由原审法院或者其他下一级法院再审。

《民事诉讼法》第218条第1款规定:"人民法院按照审判监督程序再审的案件,发生法律效力的判决、裁定是由第一审法院作出的,按照第一审程序审理,所作的判决、裁定,当事人可以上诉;发生法律效力的判决、裁定是由第二审法院作出的,按照第二审程序审理,所作的判决、裁定,是发生法律效力的判决、裁定;上级人民法院按照审判监督程序提审的,按照第二审程序审理,所作的判决、裁定是发生法律效力的判决、裁定。"因此,如果由省高院审理,属于提审,应当适用二审程序。如果由原审法院再审,由于本案是经过二审的,也应当适用二审程序。故A项正确,B项错误。

《民诉解释》第403条规定:"人民法院审理再审案件应当围绕再审请求进行。当事人的再审请求超出原审诉讼请求的,不予审理;符合另案诉讼条件的,告知当事人可以另行起诉。被申请人及原审其他当事人在庭审辩论结束前提出的再审请求,符合民事诉讼法第二百一十二条①规定的,人民法院应当一并审理。人民法院经再审,发现已经发生法律效力的判决、裁定损害国家利益、社会公共利益、他人合法权益的,应当一并审理。"因此,省高院裁定再审后,韩某变更诉讼请求为解除合同,这属于再审时提出超出原审范围增加诉讼请求,不属于再审审理范围。故C项正确。

《民事诉讼法》第220条规定:"有下列情形之一的,当事人可以向人民检察院申请检察建议或者抗诉:(一)人民法院驳回再审申请的;(二)人民法院逾期未对再审申请作出裁定的;(三)再审判决、裁定有明显错误的。人民检察院对当事人的申请应当在三个月内进行审查,作出提出或者不予提出检察建议或者抗诉的决定。当事人不得再次向人民检察院申请检察建议或者抗诉。"因此,再审裁判,当事人可以向检察院申请抗诉。故D项正确。

247. 再审程序[CD]

[解析]《民诉解释》第403条规定:"人民法院审理再审案件应当围绕再审请求进行。当事人的再审请求超出原审诉讼请求的,不予审理;符合另案诉讼条件的,告知当事人可以另行起诉。被申请人及原审

其他当事人在庭审辩论结束前提出的再审请求,符合民事诉讼法第二百一十二条②规定的,人民法院应当一并审理。人民法院经再审,发现已经发生法律效力的判决、裁定损害国家利益、社会公共利益、他人合法权益的,应当一并审理。"这一法条包含三层意思:(1)审理范围不超过再审申请或者抗诉范围;(2)超范围的不审理;(3)但有例外。因此,在再审中,当事人提出新的诉讼请求的,通常情况下都不属于再审范围,法院不得进行调解。故A、B项错误。

《民诉解释》第408条规定:"一审原告在再审审理程序中申请撤回起诉,经其他当事人同意,且不损害国家利益、社会公共利益、他人合法权益的,人民法院可以准许。裁定准许撤诉的,应当一并撤销原判决。一审原告在再审审理程序中撤回起诉后重复起诉的,人民法院不予受理。"因此,按照第一审程序审理再审案件时,允许原告撤回起诉,但应当同时裁定撤销原判决、裁定、调解书。故C项正确。

《民事诉讼法》第238条规定:"执行过程中,案外人对执行标的提出书面异议的,人民法院应当自收到书面异议之日起十五日内审查,理由成立的,裁定中止对该标的的执行;理由不成立的,裁定驳回。案外人、当事人对裁定不服,认为原判决、裁定错误的,依照审判监督程序办理;与原判决、裁定无关的,可以自裁定送达之日起十五日内向人民法院提起诉讼。"可见,在执行中,案外人提出对执行标的的异议,法院裁定驳回案外人异议后,案外人不服,如果与原生效裁判无关,案外人可以向法院提起案外人异议之诉;但是如果认为原判决、裁定错误的,应依照审判监督程序处理。即在案外人对执行标的的异议程序中,案外人有可能申请再审。故D项正确。

248. 审判监督程序[CD]

[解析] A、B项,高院指令再审和中院再审此案是因为原判决符合再审条件,从而启动再审程序,对案件进行重新审理。在重新审理的过程中,原生效裁判的效力处于中止状态,只有在再审经过重新审理后,作出新的判决才能明确原判决是撤销还是维持,所以在决定再审时,应当中止原判决、裁定的执行,而不能直接撤销原判决、裁定。据此,《民事诉讼法》第217条规定:"按照审判监督程序决定再审的案件,裁定中止原判决、裁定、调解书的执行……"《民诉解释》第405条规定:"人民法院经再审审理认为……原判决、裁定认定事实、适用法律错误,导致裁判结果错误的,应当依法改判、撤销或者变更。"故应为中止执行,而非撤销,故A、B项错误,C项正确。

---

① 现为第216条,编者注。
② 现为第216条,编者注。

《民事诉讼法》第218条第1款规定："人民法院按照审判监督程序再审的案件,发生法律效力的判决、裁定是由第一审法院作出的,按照第一审程序审理,所作的判决、裁定,当事人可以上诉;发生法律效力的判决、裁定是由第二审法院作出的,按照第二审程序审理,所作的判决、裁定,是发生法律效力的判决、裁定;上级人民法院按照审判监督程序提审的,按照第二审程序审理,所作的判决、裁定是发生法律效力的判决、裁定。"可见,本案原生效判决是由中院一审作出的,因此中院再审此案不存在提审问题,应适用一审程序再审。故D项正确。

专题十七 公益诉讼与第三人撤销之诉

考点46 公益诉讼

249. 民事公益诉讼[D]

[解析] 公益诉讼所作判决为一审判决,当事人不服的可以上诉,故A项错误。

《民事诉讼法》第58条第1款规定："对污染环境、侵害众多消费者合法权益等损害社会公共利益的行为,法律规定的机关和有关组织可以向人民法院提起诉讼。"可见,公益组织提起公益诉讼没有前置程序,无需先行告知行政机关。故B项错误。【陷阱提示】本选项注意以下混淆点:第一,检察院提起公益诉讼才有前置程序,即在法定机关和有关组织不提起诉讼的情况下才可提起;第二,法院受理环境民事公益诉讼后,应当告知环境资源保护主管部门(《最高人民法院关于审理环境民事公益诉讼案件适用法律若干问题的解释》第12条),本题中某环保协会提起诉讼无需通知主管行政机关。

《最高人民法院关于审理环境民事公益诉讼案件适用法律若干问题的解释》第9条规定："人民法院认为原告提出的诉讼请求不足以保护社会公共利益的,可以向其释明变更或者增加停止侵害、修复生态环境等诉讼请求。"据此,法院可以向某环保协会释明。释明只是告知原告享有增加、变更诉讼请求的权利,至于是否增加、变更诉讼请求还是取决于原告的意愿,故没有违反处分原则,C项错误。

《最高人民法院关于审理环境民事公益诉讼案件适用法律若干问题的解释》第6条第1款规定："第一审环境民事公益诉讼案件由污染环境、破坏生态行为发生地、损害结果地或者被告住所地的中级以上人民法院管辖。"故D项正确。

250. 公益诉讼[C]

[解析]《民诉解释》第286条规定："人民法院受理公益诉讼案件后,不影响同一侵权行为的受害人根据民事诉讼法第一百二十二条规定提起诉讼。"据此,公益诉讼的受理与裁判不影响同一侵权行为的受害人另行提起民事诉讼。因此张某参与本案的诉讼,法院应当不予受理,告知其另行起诉。故C项正确。

251.（1）公益诉讼的原告[D]

[解析]《民诉解释》第285条规定："人民法院受理公益诉讼案件后,依法可以提起诉讼的其他机关和有关组织,可以在开庭前向人民法院申请参加诉讼。人民法院准许参加诉讼的,列为共同原告。"本案中,在法院已受理环保组织甲的起诉后,环保组织乙提出起诉,属于公益诉讼原告主体资格竞合的情形。因此,在法院受理后,公益环保组织乙也向法院提起诉讼时应当允许其参加诉讼,与甲组织列为共同原告。故A、B、C项错误,D项正确。

（2）公益诉讼中的和解[BCD]

[解析]《民诉解释》第287条规定："对公益诉讼案件,当事人可以和解,人民法院可以调解。当事人达成和解或者调解协议后,人民法院应当将和解或者调解协议进行公告。公告期间不得少于三十日。公告期满后,人民法院经审查,和解或者调解协议不违反社会公共利益的,应当出具调解书;和解或者调解协议违反社会公共利益的,不予出具调解书,继续对案件进行审理并依法作出裁判。"可见,公益诉讼中达成和解、调解协议的,唯一结案方式就是公告后认为不损害公共利益的,出具调解书结案,而不允许因为达成和解协议而撤诉。故本案公益组织与大洲公司达成和解协议而申请撤诉的,法院不应当准许。故A项错误,B项正确。公益诉讼中达成和解协议后应当先公告、后审查,协议内容不损害社会公共利益的,制作调解书结案。故C、D项正确。

（3）民事公益诉讼与民事私益诉讼的关系[D]

[解析]《民诉解释》第286条规定："人民法院受理公益诉讼案件后,不影响同一侵权行为的受害人根据民事诉讼法第一百二十二条提起诉讼。"可知,公益诉讼不排斥私益诉讼。故C项错误。《民诉解释》第289条规定："公益诉讼案件的裁判发生法律效力后,其他依法具有原告资格的机关和有关组织就同一侵权行为另行提起公益诉讼的,人民法院裁定不予受理,但法律、司法解释另有规定的除外。"可知,公益诉讼只解决公益保护问题,不涉及其他非公益主体利益保护,其既判力的规则也仅限于公益诉讼。故A项错误,D项正确。

因公益环保组织提起的是公益诉讼,并不涉及其他主体受到损害的赔偿问题,法院因此也不会将其他主体的损害赔偿进行审理和判决。故B项错误。

252. 公益诉讼的地域管辖、撤诉、和解以及与私益诉讼的关系[A]

[解析] 关于管辖,《民诉解释》第283条第1款

规定,公益诉讼案件由侵权行为地或者被告住所地中级人民法院管辖,但法律、司法解释另有规定的除外。故 A 项正确。

关于公益诉讼中原告的撤诉权,是考生容易出错的地方。实际上公益诉讼中的原告享有撤诉权。《民诉解释》第 288 条规定,公益诉讼案件的原告在法庭辩论终结后申请撤诉的,人民法院不予准许,即是行使撤诉权的表现。故 B 项错误。

民事诉讼的处分原则与调解原则也适用于公益诉讼制度。《民诉解释》第 287 条第 1 款规定,对公益诉讼案件,当事人可以和解,人民法院可以调解。故 C 项错误。

提出公益诉讼后,因侵权行为受到损害的当事人可以提出民事诉讼。《民诉解释》第 286 条规定,人民法院受理公益诉讼案件,不影响同一侵权行为的受害人根据《民事诉讼法》第 122 条规定提起诉讼。故 D 项错误。

253. 民事公益诉讼[D]

[解析] 民事公益诉讼,是指特定机关或有关社会团体,根据法律的授权,对违反法律法规损害社会公共利益的行为,向法院提起民事诉讼,由法院通过审判来追究违法者的法律责任并维护社会公共利益的诉讼活动。通常认为,公益诉讼的提起,并不以存在实际损害为前提条件。对那些给社会公众或不特定多数人造成潜在危害的不法行为,也可以提起公益诉讼。故 D 项说法错误,当选。

《民事诉讼法》第 58 条规定:"对污染环境、侵害众多消费者合法权益等损害社会公共利益的行为,法律规定的机关和有关组织可以向人民法院提起诉讼。人民检察院在履行职责中发现破坏生态环境和资源保护、食品药品安全领域侵害众多消费者合法权益等损害社会公共利益的行为,在没有前款规定的机关和组织或者前款规定的机关和组织不提起诉讼的情况下,可以向人民法院提起诉讼。前款规定的机关或者组织提起诉讼的,人民检察院可以支持起诉。"因此,公益诉讼的起诉主体只限于人民检察院及法律授权的机关或团体,个人不能作为公益诉讼的起诉主体。故 B 项说法正确,不当选。

民事诉讼法规定公益诉讼制度是为了适应我国经济社会发展中出现的新问题、新情况,满足社会公共利益需求,是坚持科学立法,构建和完善中国特色社会主义法律体系的举措,反映了广大人民的意志,符合我国国情,保障了我国经济社会的全面协调发展。故 A、C 项说法正确,不当选。

考点47 第三人撤销之诉

254. 第三人撤销之诉[C]

[解析] 根据《民诉解释》第 295 条第 3 项的规定,未参加登记的权利人对代表人诉讼案件的生效裁判提起第三人撤销之诉的,人民法院不予受理。本题中,受周边居民因河流污染起诉维权,属于代表人诉讼。周某属于未参加登记的权利人,对其提起的第三人撤销之诉,法院不予受理。故 C 项正确。

255. 第三人撤销之诉的程序设置[B]

[解析]《民诉解释》第 296 条规定:"第三人提起撤销之诉,人民法院应当将该第三人列为原告,生效判决、裁定、调解书的当事人列为被告,但生效判决、裁定、调解书中没有承担责任的无独立请求权的第三人列为第三人。"据此,乙公司提起撤销之诉,应列为原告;甲超市作为生效判决的当事人,应列为被告,即使甲超市认可乙公司的主张,也不能作为共同原告。故 B 项正确,A、C 项错误。

乙公司与本案的处理结果有法律上的利害关系,认为判决存在错误,可以提起第三人撤销之诉,故 D 项错误。

256. 第三人撤销之诉的起诉条件[BD]

[解析] 本题中,庞某拥有该块土地使用权,本案生效判决支持了乙公司的诉讼请求,显然侵犯了庞某的合法权益,庞某有权提起第三人撤销之诉,故 A 项错误。

判决生效前甲公司已经将该土地使用权转让给庞某,且办理了登记,庞某对该土地使用权主张权利,应当作为有独立请求权第三人参加本案诉讼;如果由于不能归责于庞某的原因导致其没能参加本案诉讼,但是发现生效判决侵犯自身合法权益的,庞某可以在知道或者应当知道权利受损之日起 6 个月内向作出该判决的法院提出第三人撤销之诉。可见,庞某提出第三人撤销之诉的前提是由于"不能归责于自身的事由",如果庞某因自身原因没有参加原审,则不能提出第三人撤销之诉,故 B 项正确。

《民法典》第 539 条规定:"债务人以明显不合理的低价转让财产、以明显不合理的高价受让他人财产或者为他人的债务提供担保,影响债权人的债权实现,债务人的相对人知或者应当知道该情形的,债权人可以请求人民法院撤销债务人的行为。"本案中,债务人甲公司是以市场价格将土地使用权转让给庞某,不存在以不合理的价格转让,故乙公司不能起诉请求撤销甲公司与庞某之间的土地使用权转让合同,C 项错误。

乙公司与甲公司之间的土地使用权纠纷一案判决已经生效,虽然庞某提起了第三人撤销之诉,但在第三人撤销之诉中原生效判决仍然有效,故乙公司可以申请执行该判决,故 D 项正确。【知识拓展】如果庞某希望中止原判决的执行,可以选择提供担保或者提出案外人对执行标的的异议。

257. 第三人撤销之诉与再审的竞合[C]

[解析]《民事诉讼法》第41条第4款规定:"审理再审案件,原来是第一审的,按照第一审程序另行组成合议庭;原来是第二审的或者是上级人民法院提审的,按照第二审程序另行组成合议庭。"《民诉解释》第300条规定,第三人诉讼请求并入再审程序审理,按照第二审程序审理的,人民法院可以调解,调解达不成协议的,应当裁定撤销原判决、裁定、调解书,发回一审法院重审,重审时应当列明第三人。本案中,第三人撤销之诉与再审发生竞合。在丙公司提起第三人撤销之诉的审理过程中,中级法院因检察院抗诉而启动再审,属于提审情形,应适用二审程序审理。所以,法院可以调解,调解不成的,裁定撤销原判,发回重审。故C项正确,A、B、D项错误。【思路分析】本案中,生效判决是由一审法院B县法院作出的,检察院提起抗诉,显然只能由其上级检察院即A市人民检察院向A市中院提出抗诉。题目表述由A市中院重新审理本案,而原终审判决是基层法院作出的,则A市中院应当提审,适用二审程序审理。

258. 第三人撤销之诉[D]

[解析]《民诉解释》第297条规定,法院受理第三人撤销之诉,原则上不影响原裁判的执行,若原告提供担保,请求中止执行,人民法院可以准许。故A项是不正确的。

根据民事诉讼理论,第三人撤销之诉是通过撤销生效法律文书从而改变生效法律文书所确定的权利义务关系,因此属于变更之诉,而不是确认之诉。故B项是不正确的。

《民事诉讼法》第59条规定,第三人撤销之诉应向作出生效判决、裁定、调解书的人民法院提起。故C项是不正确的。

《民事诉讼法》第59条规定,第三人撤销之诉是第三人认为生效的民事判决、裁定、调解书的内容错误,损害其民事权益,从而起诉主张改变或撤销原判决、裁定、调解书的诉讼。故D项是正确的。

专题十八 特别程序

考点48 特别程序

259. 宣告公民失踪案件的审理[AC]

[解析]《民诉解释》第342条规定:"失踪人的财产代管人经人民法院指定后,代管人申请变更代管的,比照民事诉讼法特别程序的有关规定进行审理。申请理由成立的,裁定撤销申请人的代管人身份,同时另行指定财产代管人;申请理由不成立的,裁定驳回申请。失踪人的其他利害关系人申请变更代管的,人民法院应当告知其以原指定的代管人为被告起诉,并按普通程序进行审理。"据此,若代管人秦某申请变更代管,应当适用特别程序审理;白某作为失踪人的其他利害关系人申请变更代管,应以原指定的代管人秦某为被告起诉,适用普通程序审理。故A、C项正确,B、D选项均错误。

260. 宣告失踪;变更财产代管人[B]

[解析]《民事诉讼法》第190条第1款规定:"公民下落不明满二年,利害关系人申请宣告其失踪的,向下落不明人住所地基层人民法院提出。"本案中,李某是刘某的债权人,属于利害关系人,有权申请宣告刘某失踪。故A项错误。

《民诉解释》第342条规定:"失踪人的财产代管人经人民法院指定后,代管人申请变更代管的,比照民事诉讼法特别程序的有关规定进行审理。申请理由成立的,裁定撤销申请人的代管人身份,同时另行指定财产代管人;申请理由不成立的,裁定驳回申请。失踪人的其他利害关系人申请变更代管的,人民法院应当告知其以原指定的代管人为被告起诉,并按普通程序进行审理。"本案中,刘某的妻子为财产代管人,刘父作为其他利害关系人申请变更财产代管人,应当以刘某的妻子为被告起诉,适用普通程序审理。故B项正确,C、D项错误。

261. (1)调解协议的效力[B]

[解析]《民诉解释》第61条规定:"当事人之间的纠纷经人民调解委员会或者其他依法设立的调解组织调解达成协议后,一方当事人不履行调解协议,另一方当事人向人民法院提起诉讼的,应以对方当事人为被告。"本案中,双方当事人在调解委员会的主持下最终达成调解协议,钟阳未按时履行协议时,林剑欲向法院提起诉讼,应当以对方当事人钟阳为被告,而不是以调解委员会为被告。故B项正确。调解委员会是解决纠纷的主持者,不是实体权利义务的当事人或者利害关系人,其与纠纷没有利害关系,不应作为诉讼当事人。故A、C、D项错误。

(2)司法确认[BC]

[解析]《民事诉讼法》第205条规定:"经依法设立的调解组织调解达成调解协议,申请司法确认的,由双方当事人自调解协议生效之日起三十日内,共同向下列人民法院提出:(一)人民法院邀请调解组织开展先行调解的,向作出邀请的人民法院提出;(二)调解组织自行开展调解的,向当事人住所地、标的物所在地、调解组织所在地的基层人民法院提出;调解协议所涉纠纷应当由中级人民法院管辖的,向相应的中级人民法院提出。"因此,应当自调解协议生效之日起30日内,由林剑、钟阳共同向法院申请确认调解协议。故A项错误,B项正确。申请确认调解协议,应当向调解组织所在地基层法院提起,即B市北城区基层法

院。故D项错误。

《民诉解释》第353条规定:"当事人申请司法确认调解协议,可以采用书面形式或者口头形式。当事人口头申请的,人民法院应当记入笔录,并由当事人签名、捺印或者盖章。"故C项正确。

262. 诉讼中止的法定情形[C]

[解析] 移送管辖是指法院在受理民事案件后,发现自己对案件并无管辖权,依法将案件移送到有管辖权的法院审理。移送的前提是受理法院对本案没有管辖权。乙县法院为被宣告死亡人的住所地,享有管辖权。A项错误。

诉的合并的条件是彼此独立的几个诉在主体或客体上具有关联性,诉讼合并的意义在于提高诉讼效率,防止在相互关联的问题上作出相互矛盾的裁判。本题中,两个案件程序不一,借款纠纷应适用普通程序审理,而宣告死亡案件适用特别程序,不能合并审理。B项错误。

《民事诉讼法》第153条关于诉讼中止的法定情形的规定包括"本案必须要以另一案的审理结果为依据,而另一案尚未审结的";此外还包括"一方当事人死亡,需要等待继承人表明是否参加诉讼的"。本案诉讼的进行需要以两个事实为基础:一是乙县法院是否宣告成某死亡;二是如果乙县法院判决宣告成某死亡,还需要等待成某的继承人表示是否参加诉讼。所以法院应裁定诉讼中止,C项正确,D项错误。

263. 调解协议的司法确认;法院不予受理的法定情形[D]

[解析]《民事诉讼法》第205条规定:"经依法设立的调解组织调解达成调解协议,申请司法确认的,由双方当事人自调解协议生效之日起三十日内,共同向下列人民法院提出:(一)人民法院邀请调解组织开展先行调解的,向作出邀请的人民法院提出;(二)调解组织自行开展调解的,向当事人住所地、标的物所在地、调解组织所在地的基层人民法院提出;调解协议所涉纠纷应当由中级人民法院管辖的,向相应的中级人民法院提出。"因此,A、B、C项均是不正确的。《民诉解释》第355条第1款第5项规定,当事人申请司法确认调解协议,人民法院裁定不予受理的情形之一是"调解协议内容涉及物权、知识产权确权的"。因此,D项是正确的。

264. 担保物权的实现[D]

[解析]《民事诉讼法》第207条规定:"申请实现担保物权,由担保物权人以及其他有权请求实现担保物权的人依照民法典等法律,向担保财产所在地或者担保物权登记地基层人民法院提出。"故A项是不正确的。

由于本案需要实现担保物权,因而被申请人除了

债务人,还应当有担保人,否则将导致裁定对担保人没有效力,无法实现担保物权。故B项是不正确的。

《民事诉讼法》第208条规定:"人民法院受理申请后,经审查,符合法律规定的,裁定拍卖、变卖担保财产,当事人依据该裁定可以向人民法院申请执行;不符合法律规定的,裁定驳回申请,当事人可以向人民法院提起诉讼。"该裁定的执行依赖于当事人的申请。故C项是不正确的,而D项是正确的。

265. 民事诉讼特别程序[C]

[解析] 特别程序是指人民法院审理特定民事非讼案件和选民资格案件所适用的程序。与通常民事诉讼程序相比,特别程序有如下特点:(1)特别程序审理案件的目的特殊,是确认某种法律事实是否存在,权利状态有无或公民是否享有某种资格,行使某种权利。(2)启动特别程序的当事人特殊,起诉人或者申请人不一定与本案有直接利害关系。(3)审判组织特殊。适用特别程序审理案件以独任制为原则,以合议制为补充,特别程序中的合议庭只能由审判员组成,陪审员不能参加。(4)实行一审终审制度。人民法院依特别程序审理案件,判决书一经送达即生效,当事人不得上诉。此外,特别程序还具有审理期限短、免交案件受理费、不适用审判监督程序的特点。结合本题,A项认为特别程序审理的案件都是非讼案件的说法过于绝对,因为选民资格案件也适用特别程序审理,但并不是非讼案件,故A项说法错误。因为特别程序只确认某种事实和权利状态,不必要求起诉人或者申请人与本案有直接的利害关系,故B项说法错误。由于特别程序审理的案件实行一审终审,故C项说法正确。因为特别程序采用合议庭审理时,陪审员不能参加,D项说法认为"通常不能参加"错误,是"绝对不能参加",故D项说法错误。【特别提醒】关于A项,特别程序中的选民资格案件不是非讼程序,因为诉讼程序和非讼程序的分类是针对民事审判程序的分类,而选民资格案件涉及公民的政治权利,并非民事审判程序,所以既不是诉讼程序,也不是非讼程序。

266. 人民调解协议的效力[A]

[解析] 人民调解与法院调解是不一样的。法院调解,是法院行使审判权的一种方式,是民事纠纷进入诉讼后的一种调解。而人民调解则是人民调解员主持下的调解,是一种民间的纠纷解决机制。本题就属于人民调解,它是人民调解委员会进行调解的,而不是法院主持下的调解。

人民调解协议具有合同性质。对此,《人民调解法》第31条第1款规定:"经人民调解委员会调解达成的调解协议,具有法律约束力,当事人应当按照约定履行。"这就好比人民调解协议是一个新的合同,有了人民调解协议,当事人不得再争议原来的纠纷,即

使要争议,也只能围绕人民调解协议发生争议。《人民调解法》第32条规定:"经人民调解委员会调解达成调解协议后,当事人之间就调解协议的履行或者调解协议的内容发生争议的,一方当事人可以向人民法院提起诉讼。"本题中,张某如反悔不履行协议,李某可就调解协议向法院提起诉讼,不得再对原来的侵权纠纷起诉。故A项正确,B项错误。张某如反悔不履行协议,李某可先向法院请求确认调解协议有效,在法院确认调解协议有效后,才能向法院申请强制执行调解协议。故C项错误。

人民调解不是法院调解,没有合议庭与独任庭的问题,因此张某不能以调解委员会未组成合议庭调解为由,而向法院申请撤销调解协议。故D项错误。

【总结提示】关于人民调解委员会主持制作的调解协议的效力,注意:(1)有法律约束力。其效力类似于合同,约束双方当事人。(2)没有既判力。既判力指禁止再诉的效力,即一个有既判力的法律文书将禁止当事人就该纠纷再次向人民法院起诉。而当事人达成调解协议后可以就该调解协议向法院起诉,所以调解协议没有既判力。(3)没有强制执行力。如果需要赋予调解协议强制执行力,当事人可以在调解协议生效后30日内共同向调解组织所在地基层法院申请确认调解协议效力,法院适用特别程序审理。

267. 选民资格案件的起诉与受理[B]

[解析]《民事诉讼法》第189条第2款规定:"审理时,起诉人、选举委员会的代表和有关公民必须参加。"据此,张某、刘某和选举委员会的代表都必须参加诉讼。故A项正确。

《民事诉讼法》第188条规定:"公民不服选举委员会对选民资格的申诉所作的处理决定,可以在选举日的五日以前向选区所在地基层人民法院起诉。"据此,选民资格案件的起诉人的范围非常广泛,并不一定是选民名单所涉及的公民本人,其他任何公民认为选民名单有错误的,都可以对选民名单进行申诉,对申诉处理决定不服的,可以向人民法院提起诉讼。因此,起诉人并不一定与本案有直接利害关系。故B项错误。

《民事诉讼法》第185条规定:"依照本章程序审理的案件,实行一审终审。选民资格案件或者重大、疑难的案件,由审判员组成合议庭审理;其他案件由审判员一人独任审理。"故C、D项正确。

专题十九 督促程序

考点49 督促程序

268. 支付令[AD]

[解析]《民诉解释》第434条规定:"对设有担保的债务的主债务人发出的支付令,对担保人没有拘束力。债权人就担保关系单独提起诉讼的,支付令自人民法院受理案件之日起失效。"据此,债权人乙公司申请向债务人甲公司发出的支付令仅仅对债务人甲公司有拘束力,对担保人丙公司没有拘束力,故A项正确、B项错误。而债权人乙公司单独就担保关系对丙公司提起诉讼,则支付令失效,故C项错误、D项正确。

269. 支付令[AC]

[解析]《民诉解释》第429条规定:"向债务人本人送达支付令,债务人拒绝接收的,人民法院可以留置送达。"故A项正确。

《民诉解释》第431条第1款规定:"债务人在收到支付令后,未在法定期间提出书面异议,而向其他人民法院起诉的,不影响支付令的效力。"发出支付令的法院是A市B县法院,但债务人却向A市C区法院起诉,向其他法院起诉的,不影响支付令的效力。故B项错误。

《民事诉讼法》第227条规定:"人民法院受理申请后,经审查债权人提供的事实、证据,对债权债务关系明确、合法的,应当在受理之日起十五日内向债务人发出支付令;申请不成立的,裁定予以驳回。债务人应当自收到支付令之日起十五日内清偿债务,或者向人民法院提出书面异议。债务人在前款规定的期间不提出异议又不履行支付令的,债权人可以向人民法院申请执行。"本案中,甲公司在收到支付令的法定期间内既不提出异议又不履行支付令,乙公司可向法院申请执行甲公司的财产。故C项正确。

《民诉解释》第434条第1款规定:"对设有担保的债务的主债务人发出的支付令,对担保人没有拘束力。"本案中,丙公司为担保人,并非甲公司和乙公司之间债权债务关系的主体,该支付令对担保人丙公司并没有拘束力。故D项错误。

270. 支付令[AB]

[解析]《民诉解释》第429条规定,向债务人本人送达支付令,债务人拒绝的,法院可以采取留置送达的方式。故A项正确。

根据《民事诉讼法》第227条的规定,债务人自收到支付令起15日内既不提出异议也不履行清偿义务,债权人可以向法院申请执行。在收到支付令后,卢某未在法定期间向M法院提出书面异议,而向其他人民法院即N法院起诉的,不影响支付令的效力。故B项正确。

《民诉解释》第431条第1款规定:"债务人在收到支付令后,未在法定期间提出书面异议,而向其他人民法院起诉的,不影响支付令的效力。"卢某在收到支付令后,未在法定期间提出书面异议,而向其他法院起诉的,支付令并未失效,也不属于《民事诉讼法》第228条规定的人民法院应当裁定终结督促程序的法定情形。故C、D项错误。

271. 支付令异议及其效力[C]

[解析]《民诉解释》第431条规定:"债务人在收到支付令后,未在法定期间提出书面异议,而向其他人民法院起诉的,不影响支付令的效力。债务人超过法定期间提出异议的,视为未提出异议。"A、B项都不对,C项正确。

《民诉解释》第434条规定:"对设有担保的债务的主债务人发出的支付令,对担保人没有拘束力。债权人就担保关系单独提起诉讼的,支付令自人民法院受理案件之日起失效。"D项中,法院发出的支付令,对丙没有拘束力,D项不对。

272. 支付令的送达;支付令异议及其法律后果[D]

[解析]《民诉解释》第429条规定:"向债务人本人送达支付令,债务人拒绝接收的,人民法院可以留置送达。"故A项是不正确的。

《民事诉讼法》第227条第2款规定:"债务人应当自收到支付令之日起十五日内清偿债务,或者向人民法院提出书面异议。"故B项是不正确的。

《民诉解释》第436条规定,债务人对债务本身没有异议,只是提出缺乏清偿能力的,不影响支付令的效力。而本题中,陈某提出已经归还借款,足以表明其对债权债务关系有异议,法院经审查认为异议成立,应当裁定终结督促程序,支付令失效。故C项是不正确的。

《民事诉讼法》第228条规定:"人民法院收到债务人提出的书面异议后,经审查,异议成立的,应当裁定终结督促程序,支付令自行失效。支付令失效的,转入诉讼程序,但申请支付令的一方当事人不同意提起诉讼的除外。"黄某表示希望法院彻底解决自己与陈某的借款问题,可见其并不反对案件转入诉讼程序。故D项是正确的。

273. 督促程序[BD]

[解析]《民诉解释》第143条规定:"适用特别程序、督促程序、公示催告程序的案件,婚姻等身份关系确认案件以及其他根据案件性质不能进行调解的案件,不得调解。"本案属于督促程序,不适用调解。故A项错误。

《民事诉讼法》第228条规定:"人民法院收到债务人提出的书面异议后,经审查,异议成立的,应当裁定终结督促程序,支付令自行失效。支付令失效的,转入诉讼程序,但申请支付令的一方当事人不同意提起诉讼的除外。"本题中,彗星公司已经提出有效异议,应当裁定终结督促程序。故B项正确。但申请支

付令的胡某不同意提起诉讼的,不能转入诉讼程序。故C项错误,D项正确。

274. 对支付令的异议[AC]

[解析]《民诉解释》第431条规定:"债务人在收到支付令后,未在法定期间提出书面异议,而向其他人民法院起诉的,不影响支付令的效力。债务人超过法定期间提出异议的,视为未提出异议。"因此,债务人在收到支付令后,如果起诉,是否会影响支付令的效力,要区分不同的情况:(1)如果向发出支付令的法院起诉,会导致支付令失效。本案中,乙公司在收到支付令后,在法定期限内,向发出支付令的A法院起诉。故A项正确。(2)如果向发出支付令法院之外的其他法院起诉,不会影响支付令的效力。由于向发出支付令的法院起诉,是当事人对支付令提出异议的有效方式,因此对于被告乙公司的起诉,A县法院有管辖权。乙公司的起诉符合法律规定,法院应予受理。故C项正确,D项错误。

《民事诉讼法》第227条第3款规定:"债务人在前款规定的期间不提出异议又不履行支付令的,债权人可以向人民法院申请执行。"可见,债权人可以申请强制执行的前提条件是,债务人没有在法定期间提出异议、没有履行支付令。而本案中,乙公司已经提出了异议,因而,甲方并没有申请强制执行的权利。故B项错误。

275. 支付令异议[B]

[解析]《民诉解释》第431条规定:"债务人在收到支付令后,未在法定期间提出书面异议,而向其他人民法院起诉的,不影响支付令的效力。债务人超过法定期间提出异议的,视为未提出异议。"故A项错误,B项正确。裁定终结督促程序的前提是债务人提出有效的书面异议,向发出支付令以外的其他法院起诉不构成这里的有效异议。受理支付令申请的法院并不能裁定终结督促程序。故C、D项错误。

专题二十 公示催告程序

考点50 公示催告程序

276. 除权判决的性质[B]

[解析]诉的分类的前提是"诉",除权判决属于公示催告程序,而公示催告程序属于非讼程序,不是"诉",不适用诉的分类理论,因此除权判决不属于形成判决、确认判决或给付判决。故B项正确,C、D项错误。

根据《民诉解释》第451条的规定,判决公告之日起,公示催告申请人有权依据判决向付款人请求付款;付款人拒绝付款的,申请人可以向人民法院起诉。可知,除权判决只能成为要求付款人付款的依据,但

不能成为执行根据,申请人的支付请求被拒绝后,不能直接申请法院执行。故 A 项错误。

277. 公示催告程序[C]

[解析]《民诉解释》第 448 条规定:"在申报期届满后、判决作出之前,利害关系人申报权利的,应当适用民事诉讼法第二百二十八条①第二款、第三款规定处理。"《民事诉讼法》第 232 条第 2、3 款规定:"人民法院收到利害关系人的申报后,应当裁定终结公示催告程序,并通知申请人和支付人。申请人或者申报人可以向人民法院起诉。"在申报期届满、除权判决作出前,家佳公司向法院申报权利,属于有效申报。因此法院应当裁定终结公示催告程序。故 C 项正确,A、B、D 项错误。

278. 公示催告案件的审理[AC]

[解析]《民诉解释》第 449 条规定,利害关系人申报权利,法院应当通知公示催告申请人查看票据;利害关系人出示的票据与公示催告票据不一致的,应当裁定驳回利害关系人的申报。故 A、C 项正确。

《民事诉讼法》第 232 条第 2 款规定,利害关系人申报权利后,法院应当裁定终结公示催告程序,并非开庭审理。故 B 项错误。

公示催告程序区别于审判程序,属于非讼程序,其是根据失票人的申请以公告的方式催促不明的利害关系人申报权利,在有利害关系人申报权利时通知其查验并进行形式审查,但并不对失票的权属进行认定,也不解决票据纠纷的程序。故无需当事人提供享有所有权的相应证据,D 项错误。

279. 公示催告程序的相关规定[AD]

[解析] 本题中,根据《民事诉讼法》第 231 条的规定,支付人 A 银行收到人民法院停止支付的通知,应当停止支付,至公示催告程序终结。故 A 项正确。

公示催告期间,转让票据权利的行为无效。甲公司按原计划与材料供应商乙企业签订购货合同,将该汇票权利转让给乙企业作为付款是无效的。故 B 项错误。

《民事诉讼法》第 233 条规定,没有人申报的,人民法院应当根据申请人的申请,作出判决,宣告票据无效。据此,除权判决应当由甲公司提出申请,没有甲公司提出申请,法院不能主动作出除权判决。故 C 项错误。

《民诉解释》第 452 条规定,适用公示催告程序审理案件,可由审判员 1 人独任审理;判决宣告票据无效的,应当组成合议庭审理。故 D 项正确。

280. 公示催告程序[C]

[解析]《民诉解释》第 448 条规定:"在申报期届满后、判决作出之前,利害关系人申报权利的,应当适用民事诉讼法第二百二十八条②第二款、第三款规定处理。"《民事诉讼法》第 232 条规定:"利害关系人应当在公示催告期间向人民法院申报。人民法院收到利害关系人的申报后,应当裁定终结公示催告程序,并通知申请人和支付人。申请人或者申报人可以向人民法院起诉。"由此可知,申报权利一般应在人民法院指定的公示催告期间内进行,在作出除权判决之前申报的,法院应当准许。故 A 项错误。判决作出之前利害关系人申报权利的,法院应当准许,不需要审查乙迟延申报权利是否具有正当事由。故 D 项错误。

适用公示催告程序审理的案件,只有一方当事人即申请人,没有双方当事人,不需要也不存在通常诉讼程序所具有的开庭前的准备、开庭审理等阶段。一般采取书面审理和公示方式,无需开庭审理,也不需要法庭调查和辩论。故 B 项错误。

《民诉解释》第 449 条规定:"利害关系人申报权利,人民法院应当通知其向法院出示票据,并通知公示催告申请人在指定的期间查看该票据。公示催告申请人申请公示催告的票据与利害关系人出示的票据不一致的,应当裁定驳回利害关系人的申报。"因此,人民法院对权利人的申报仅作形式审查,并通知申请人到场查验利害关系人申报的票据,如果利害关系人申报的票据与公示催告的票据一致,人民法院应当裁定终结公示催告的程序,并通知申请人和支付人;利害关系人申报的票据与公示催告的票据不一致的,人民法院应当裁定驳回利害关系人的申报。故 C 项正确。

281. 公示催告程序[AD]

[解析]《民诉解释》第 449 条规定:"利害关系人申报权利,人民法院应当通知其向法院出示票据,并通知公示催告申请人在指定的期间查看该票据。公示催告申请人申请公示催告的票据与利害关系人出示的票据不一致的,应当裁定驳回利害关系人的申报。"公示催告程序属于非讼程序,不涉及实体权利义务纠纷的解决,故当乙公司申报权利时,法院应当要求乙公司提供票据,并通知甲公司查验票据。此时,只能对乙公司申报的票据与甲公司申请公示催告的票据是否一致进行形式审查,而不能对票据权利义务的归属问题进行实质审查,同时也不需要组织法庭辩论、调解,无需开庭审理。故 A 项正确,B 项错误。

《民诉解释》第 452 条规定:"适用公示催告程序审理案件,可由审判员一人独任审理;判决宣告票据无效的,应当组成合议庭审理。"公示催告程序分为公示催告阶段和除权判决阶段,公示催告阶段适用独任制,除权判决阶段适用合议制。乙公司申报权利时处

---

① 现为第 232 条,编者注。
② 现为第 232 条,编者注。

于公示催告阶段,应当适用独任制。故C项错误。

《民事诉讼法》第232条第2款规定:"人民法院收到利害关系人的申报后,应当裁定终结公示催告程序,并通知申请人和支付人。"若乙公司申报权利的票据与甲公司申请公示催告的票据一致,则说明申报成立,法院应当裁定终结公示催告程序,甲、乙公司可以通过诉讼等方式解决票据权利义务纠纷。故D项正确。

专题二十一 执行程序

考点51 执行程序

282. 对财产的执行措施[D]

[解析]《执行异议和复议规定》第7条第1款规定,当事人、利害关系人认为执行过程中或者执行保全、先予执行裁定过程中的下列行为违法提出异议的,人民法院应当依照《民事诉讼法》第225条(现为第236条)规定进行审查:(1)查封、扣押、冻结、拍卖、变卖、以物抵债、暂缓执行、中止执行、终结执行等执行措施;(2)执行的期间、顺序等应当遵守的法定程序;(3)人民法院作出的侵害当事人、利害关系人合法权益的其他行为。《民事诉讼法》第236条规定:"当事人、利害关系人认为执行行为违反法律规定的,可以向负责执行的人民法院提出书面异议……"对韩某房屋的司法拍卖属于执行行为,牛某认为拍卖行为违法,应当向执行法院提出执行行为异议,故D项当选。

283. 执行和解;对财产的执行措施[AC]

[解析]《执行和解规定》第9条规定:"被执行人一方不履行执行和解协议的,申请执行人可以申请恢复执行原生效法律文书,也可以就履行执行和解协议向执行法院提起诉讼。"据此,执行和解协议不能直接成为执行根据。本题中,双方达成执行和解协议后,李四反悔不履行,则张三可以起诉要求李四履行执行和解协议,也可申请执行法院恢复执行原判决,但不能申请法院执行和解协议。故A、C项正确,B项错误。

《民诉解释》第492条规定:"执行标的物为特定物的,应当执行原物。原物确已毁损或者灭失的,经双方当事人同意,可以折价赔偿。双方当事人对折价赔偿不能协商一致的,人民法院应当终结执行程序。申请执行人可以另行起诉。"据此,本案中的古董瓷盘属于特定物,损毁后双方可以协商折价赔偿;协商不成,张三应就赔偿问题另行起诉,法院不能直接执行李四5万元的其他财产。故D项错误。

284. 执行异议之诉中的证明责任[B]

[解析]《民诉解释》第309条规定:"案外人或者申请执行人提起执行异议之诉的,案外人应当就对执行标的享有足以排除强制执行的民事权益承担举证证明责任。"本案中,易某为申请执行人,谢某为案外人,执行过程中,谢某提出案外人执行异议之诉,法院裁定中止执行,易某不服该裁定提起申请人异议之诉,应由案外人谢某对执行标的享有足以排除强制执行的民事权益承担举证证明责任。故A项错误,B项正确。能够提起执行异议之诉的主体是案外人或申请执行人,被执行人无权提起执行异议之诉。故C、D项错误。

285. 追加被执行人[D]

[解析]《最高人民法院关于民事执行中变更、追加当事人若干问题的规定》第14条规定:"作为被执行人的合伙企业,不能清偿生效法律文书确定的债务,申请执行人申请变更、追加普通合伙人为被执行人的,人民法院应予支持。作为被执行人的有限合伙企业,财产不足以清偿生效法律文书确定的债务,申请执行人申请变更、追加未按期足额缴纳出资的有限合伙人为被执行人,在未足额缴纳出资的范围内承担责任的,人民法院应予支持。"由此可知,"好安逸"饭店作为被执行人无力履行生效法律文书确定的义务,法院可追加该合伙组织的合伙人,即法院应当裁定追加合伙人甲、乙、丙为被执行人,执行其财产。故D项正确,A、B、C项错误。

286. 第三人撤销之诉;执行异议;案外人申请再审[BCD]

[解析]《民事诉讼法》第238条规定:"执行过程中,案外人对执行标的提出书面异议的,人民法院应当自收到书面异议之日起十五日内审查,理由成立的,裁定中止对该标的的执行;理由不成立的,裁定驳回。案外人、当事人对裁定不服,认为原判决、裁定错误的,依照审判监督程序办理;与原判决、裁定无关的,可以自裁定送达之日起十五日内向人民法院提起诉讼。"由此可知,案外人成某作为所有权人在执行过程中可以提出执行异议,法院裁定驳回后方可申请再审,而不可直接向法院申请再审。故A项错误,B项正确。但成某可以向法院申诉,为法院提供线索,从而促使法院依职权启动再审,故D项正确。【特别提醒】(1)案外人不能直接申请再审,应当以提出对执行标的的异议为前提。(2)对于错误生效裁判,法院可依职权启动再审,此时不论是当事人还是案外人均可向法院提供原生效裁判确有错误的材料来源。

《民诉解释》第290条规定,第三人对已经发生法律效力的判决、裁定、调解书,应当自知道或者应当知道其民事权益受到损害之日起6个月内,向作出生效判决、裁定、调解书的人民法院提起撤销之诉。本题中,成某对玉瓶的所有权受到侵害,在执行程序中,有权提起第三人撤销之诉,以成某为原告,汤某和毛某为共同被告。故 C 项正确。

287. 案外人对执行标的的异议；析产诉讼；对共有财产的执行[BCD]

[解析]《民诉解释》第 463 条第 1 款规定："案外人对执行标的提出的异议，经审查，按照下列情形分别处理：(一)案外人对执行标的不享有足以排除强制执行的权益的，裁定驳回其异议；(二)案外人对执行标的享有足以排除强制执行的权益的，裁定中止执行。"本案中，车辆虽为共有，但郝辉还是对该车辆享有部分利益，案外人不享有足以排除强制执行的权益，法院不应当直接裁定中止执行。故 A 项错误。

《最高人民法院关于人民法院民事执行中查封、扣押、冻结财产的规定》第 12 条规定："对被执行人与其他人共有的财产，人民法院可以查封、扣押、冻结，并及时通知共有人。共有人协议分割共有财产，并经债权人认可的，人民法院可以认定有效。查封、扣押、冻结的效力及于协议分割后被执行人享有份额内的财产；对其他共有人享有份额内的财产，人民法院应当裁定予以解除。共有人提起析产诉讼或者申请执行人代位提起析产诉讼的，人民法院应当准许。诉讼期间中止对该财产的执行。"本案中，法院可以查扣该共有财产。故 B 项正确。共有人协议分割共有财产并经债权人认可的，法院可以认定为有效。故 C 项正确。申请执行人龙前铭可对共有财产提起析产诉讼。故 D 项正确。

288. 分配方案异议之诉[D]

[解析] 根据《民诉解释》第 509、510 条的规定，多个债权人对执行财产申请参与分配的，执行法院应当制作财产分配方案，并送达各债权人和被执行人。债权人或者被执行人对分配方案有异议的，应当自收到分配方案之日起 15 日内向执行法院提出书面异议。未提出异议的债权人、被执行人自收到通知之日起 15 日内未提出反对意见的，执行法院依异议人的意见对分配方案审查修正后进行分配；提出反对意见的，应当通知异议人。异议人可以自收到通知之日起 15 日内，以提出反对意见的债权人、被执行人为被告，向执行法院提起诉讼；异议人逾期未提起诉讼，执行法院按照原分配方案进行分配。结合本案，在法院制订参与分配方案后，甲和乙认为分配方案不合理，向法院提出了异议，法院根据甲和乙的意见对分配方案进行修正后，丙和丁均反对。此时甲和乙作为异议人，可以自收到通知之日起 15 日内，以提出反对意见的丙和丁为被告，向执行法院提起诉讼。故 A、B、C 项错误，D 项正确。

289. 执行当事人的变更[C]

[解析]《民诉解释》第 473 条规定："作为被执行人的公民死亡，其遗产继承人没有放弃继承的，人民法院可以裁定变更被执行人，由该继承人在遗产的范围内偿还债务。继承人放弃继承的，人民法院可以直接执行被执行人的遗产。"故 A、B 项错误，C 项正确。

因为除乙之外的其他继承人均表示不继承，法院不能将放弃继承的继承人变更为被执行人，即法院不能变更甲的全部继承人为被执行人。故 D 项错误。

290. 执行措施[AC]

[解析] 根据《民事诉讼法》第 114 条第 1 款的规定，诉讼参与人拒不履行人民法院已经发生法律效力的判决、裁定的，人民法院可以根据情节轻重予以罚款、拘留；构成犯罪的，依法追究刑事责任。故 A 项正确。本案跟赔礼道歉无关，B 项错误。

根据《民事诉讼法》第 264 条的规定，对金钱履行的迟延履行责任是加倍支付迟延履行期间的债务利息，对其他义务履行的迟延履行责任是支付迟延履行金。本案是行为履行，应当支付迟延履行金，而非加倍支付银行利息。故 D 项错误。

关于迟延履行金的计算，《民诉解释》第 505 条规定，被执行人未按判决、裁定和其他法律文书指定的期间履行非金钱给付义务，已经造成损失的，双倍补偿申请执行人已经受到的损失；没有造成损失的，迟延履行金可以由人民法院根据具体案件情况决定。本题中明确指出，田某的行为已经给钟某造成损失，因此应当双倍补偿其损失作为迟延履行金，故 C 项正确。

291. 执行终结；执行和解协议的效力[CD(原答案为 D)]

[解析]《民诉解释》第 464 条规定："申请执行人与被执行人达成和解协议后请求中止执行或者撤回执行申请的，人民法院可以裁定中止执行或者终结执行。"可知，请求中止执行的，法院可以裁定中止执行；撤回执行申请的，法院可以裁定终结执行，即法院需要根据当事人的具体申请作出相应的裁定。故 A 项错误。

《民事诉讼法》第 241 条规定："在执行中，双方当事人自行和解达成协议的，执行员应当将协议内容记入笔录，由双方当事人签名或者盖章。申请执行人因受欺诈、胁迫与被执行人达成和解协议，或者当事人不履行和解协议的，人民法院可以根据当事人的申请，恢复对原生效法律文书的执行。"可知，执行和解协议是双方行使处分权达成的民事协议，并不具备法定的强制执行力，也不能变更原生效法律文书的执行力，执行和解协议不能作为执行根据。故 B 项错误。

《执行和解规定》第 9 条规定："被执行人一方不履行执行和解协议的，申请执行人可以申请恢复执行原生效法律文书，也可以就履行和解协议向执行法院提起诉讼。"该条明确赋予了申请执行人选择权，即在被执行人不履行执行和解协议时,申请执行人既可以申请恢复执行,也可以就履行执行和解协议提起诉讼。故C项正确。【旧题新解】申请执行人可以就履行执行和解协议提起诉讼,这是《执行和解规定》新增的规定,先前没有这种说法,因此C项原本是错误的,但根据新法,C项正确。

《民诉解释》第465条规定:"一方当事人不履行或者不完全履行在执行中双方自愿达成的和解协议,对方当事人申请执行原生效法律文书的,人民法院应当恢复执行,但和解协议已履行的部分应当扣除。和解协议已经履行完毕,人民法院不予恢复执行。"故D项正确。

292.(1)**案外人执行异议的处理**[AC]

[解析]《民事诉讼法》第238条规定,执行过程中,案外人对执行标的提出书面异议的,人民法院应当自收到书面异议之日起15日内审查,理由成立的,裁定中止对该标的的执行;理由不成立的,裁定驳回。案外人、当事人对裁定不服,认为原判决、裁定错误的,依照审判监督程序办理;与原判决、裁定无关的,可以自裁定送达之日起15日内向人民法院提起诉讼。因此,A、C项是正确的,B、D项是不正确的。

(2)**申请执行人异议之诉的当事人**[D]

[解析] 根据《民诉解释》第306条的规定,申请执行人提起执行异议之诉的,以案外人为被告。被执行人反对申请执行人主张的,以案外人和被执行人作为共同被告;被执行人不反对申请执行人主张的,可以列被执行人为第三人。据此,应当以申请人林海为原告,案外人宁虹为被告,而被执行人张山的诉讼地位则视其态度而定。故D项正确。

(3)**申请执行人异议之诉的管辖、审理、举证责任分担;对被执行人提出执行异议之诉的处理**[BC]

[解析]《民诉解释》第302条规定:"根据民事诉讼法第二百三十四条①规定,案外人、当事人对执行异议裁定不服,自裁定送达之日起十五日内向人民法院提起执行异议之诉的,由执行法院管辖。"林海应向乙法院提起执行异议之诉。因此,A项是不成立的。

《民诉解释》第308条规定:"人民法院审理执行异议之诉案件,适用普通程序。"因此,B项是成立的。

《民诉解释》第309条规定:"案外人或者申请执行人提起执行异议之诉的,案外人应当就其对执行标的享有足以排除强制执行的民事权益承担举证证明责任。"因此,C项是成立的。

《民诉解释》第306条规定:"申请执行人提起执行异议之诉的,以案外人为被告。被执行人反对申请执行人主张的,以案外人和被执行人为共同被告;被执行人不反对申请执行人主张的,可以列被执行人为第三人。"由于张山在执行异议之诉中只能作被告或者无独三,因此不可能作为原告提起执行异议之诉。对此,《民诉解释》第307条规定:"申请执行人对中止执行裁定未提起执行异议之诉,被执行人提起执行异议之诉的,人民法院告知其另行起诉。"因此,D项是不成立的。

293. 对执行行为的异议[B]

[解析] 对执行行为的异议,是指当事人、利害关系人对人民法院的执行行为提出质疑,从而要求人民法院变更或停止执行行为的请求。本题中,乙作为被执行人,认为法院的扣押行为错误而提出异议,属于当事人对执行行为的异议。根据《民事诉讼法》第236条的规定:"当事人、利害关系人认为执行行为违反法律规定的,可以向负责执行的人民法院提出书面异议。当事人、利害关系人提出书面异议的,人民法院应当自收到书面异议之日起十五日内审查,理由成立的,裁定撤销或者改正;理由不成立的,裁定驳回。当事人、利害关系人对裁定不服的,可以自裁定送达之日起十日内向上一级人民法院申请复议。"故B项是正确的。

294. 执行和解[A(原答案为AD)]

[解析] 根据民事诉讼法理论,法院调解是法院行使审判权解决纠纷的一种方式,调解只适用于诉讼程序。执行不适用法院调解,在执行中只能由当事人自行进行和解。故A项正确。

《民事诉讼法》第241条第1款规定:"在执行中,双方当事人自行和解达成协议的,执行员应当将协议内容记入笔录,由双方当事人签名或者盖章。"故B项错误。

《执行和解规定》第8条规定:"执行和解协议履行完毕的,人民法院作执行结案处理。"和解协议已经即时履行后,法院应当裁定执行终结而不是中止。故C项错误。

本案中,双方达成和解协议并当即交付了玉石,因此执行和解协议已经履行完毕,人民法院应当作执行结案处理。而后,甲发现此玉石为赝品,乙属于瑕疵履行。根据《执行和解规定》第15条规定:"执行和解协议履行完毕,申请执行人因被执行人迟延履行、瑕疵履行遭受损害的,可以向执行法院另行提起诉讼。"因此,甲可以另行起诉要求赔偿。故D项错误。

【疑难辨析】有些考生认为玉石为赝品,乙的行为构成欺诈,根据《民事诉讼法》第241条第2款的规定:"申请执行人因受欺诈、胁迫与被执行人达成和解协议,或者当事人不履行和解协议的,人民法院可以根据当事人的申请,恢复对原生效法律文书的执行。"因此D项正确。但是题目中并未说明乙事先知道该玉石为

---

① 现为第238条,编者注。

赝品,根据答题原则,题目没有说明的即为不存在,因此应当认为乙事先不知道玉石为赝品,乙并不存在欺诈行为。【总结提示】关于执行和解:(1)如果是因受欺诈、胁迫与被执行人达成和解协议,权利人可以申请法院恢复对原生效法律文书的执行(《民事诉讼法》第241条)。(2)如果义务人拒不履行和解协议,权利人可以选择申请法院恢复对原生效法律文书的执行,也可以就和解协议的履行向执行法院提起诉讼(《执行和解规定》第9条)。(3)如果和解协议履行完毕的,法院应作执行结案处理(终结执行),但由于迟延履行、瑕疵履行造成损失的,申请执行人可以向执行法院另行起诉(《执行和解规定》第15条)。

295.(1)**执行措施**[ABCD]

[解析]《最高人民法院关于限制被执行人高消费及有关消费的若干规定》第1条第1款规定:"被执行人未按执行通知书指定的期间履行生效法律文书确定的给付义务的,人民法院可以采取限制消费措施,限制其高消费及非生活或者经营必需的有关消费。"第3条第1款规定:"被执行人为自然人的,被采取限制消费措施后,不得有以下高消费和非生活和工作必需的消费行为:(一)乘坐交通工具时,选择飞机、列车软卧、轮船二等以上舱位;……"因此,法院可依职权决定限制郭某乘坐飞机。故A项正确。

《民事诉讼法》第252条规定:"被执行人未按执行通知履行法律文书确定的义务,应当报告当前以及收到执行通知之日前一年的财产情况。被执行人拒绝报告或者虚假报告的,人民法院可以根据情节轻重对被执行人或者其法定代理人、有关单位的主要负责人或者直接责任人员予以罚款、拘留。"因此,法院可以要求郭某报告当前的财产情况。故B项正确。

《民事诉讼法》第264条规定:"被执行人未按判决、裁定和其他法律文书指定的期间履行给付金钱义务的,应当加倍支付迟延履行期间的债务利息。被执行人未按判决、裁定和其他法律文书指定的期间履行其他义务的,应当支付迟延履行金。"因此,法院可以强制郭某加倍支付迟延履行期间的债务利息。故C项正确。

《民诉解释》第499条规定:"人民法院执行被执行人对他人的到期债权,可以作出冻结债权的裁定,并通知该他人向申请执行人履行。该他人对到期债权有异议,申请执行人请求对异议部分强制执行的,人民法院不予支持。利害关系人对到期债权有异议的,人民法院应当按照民事诉讼法第二百三十四条①规定处理。对生效法律文书确定的到期债权,该他人予以否认的,人民法院不予支持。"因此,根据郭某的申请,对拖欠郭某货款的金康公司发出履行通知。故D项正确。

(2)**执行担保**[CD]

[解析]《民事诉讼法》第242条规定:"在执行中,被执行人向人民法院提供担保,并经申请执行人同意的,人民法院可以决定暂缓执行及暂缓执行的期限。被执行人逾期仍不履行的,人民法院有权执行被执行人的担保财产或者担保人的财产。"本题中,批准执行担保后,应当是决定暂缓执行,而非终结执行。故A项错误。《执行担保规定》第11条第1款规定:"暂缓执行期限届满后被执行人仍不履行义务,或者暂缓执行期间担保人有转移、隐藏、变卖、毁损担保财产等行为的,人民法院可以依申请执行人的申请恢复执行,并直接裁定执行担保财产或者保证人的财产,不得将担保人变更、追加为被执行人。"担保期满后郭某仍无力偿债,法院可依职权恢复执行,也可依申请执行人申请恢复执行。故B项错误。恢复执行后,法院可以直接执行作为担保财产的字画,当然也可以执行郭某的其他财产。故C、D项正确。

(3)**案外人执行异议**[AC]

[解析]《民事诉讼法》第238条规定:"执行过程中,案外人对执行标的提出书面异议的,人民法院应当自收到书面异议之日起十五日内审查,理由成立的,裁定中止对该标的的执行;理由不成立的,裁定驳回。案外人、当事人对裁定不服,认为原判决、裁定错误的,依照审判监督程序办理;与原判决、裁定无关的,可以自裁定送达之日起十五日内向人民法院提起诉讼。"因此,案外人异议应当以书面形式提出。故A项正确。朱某的异议内容与原裁决无关,因此,其对驳回其异议裁定不服的,可以提出执行异议之诉,而不是案外人申请再审。故C项正确,D项错误。

《民诉解释》第313条第1款规定:"案外人执行异议之诉审理期间,人民法院不得对执行标的进行处分。申请执行人请求人民法院继续执行并提供相应担保的,人民法院可以准许。"据此,在审查异议期间,不停止执行活动,只有异议成立,才能产生中止执行的法律效果。此时,法院依然可以对字画采取保全措施,但不允许采取处分措施。因为此时字画的所有权归属还没有确定,法院不可以草率处分,否则容易引发错误,将来还得执行回转。故B项错误。

296. 参与分配[B]

[解析]《民诉解释》第506条规定:"被执行人为公民或者其他组织,在执行程序开始后,被执行人的其他已经取得执行依据的债权人发现被执行人的财产不能清偿所有债权的,可以向人民法院申请参与分配。对人民法院查封、扣押、冻结的财产有优先权、担保物权的债权人,可以直接申请参与分配,主张优先

---

① 现为第238条,编者注。

受偿权。"因此,"被执行人的财产无法清偿所有的债权"与"有多个申请人对同一被申请人享有债权"是参与分配的条件,故A、C项不当选。参与分配的被执行人为公民或者其他组织,对法人不能参与分配,因为对法人适用破产制度,故B项当选。

参与分配的债权只能是金钱债权,故D项不当选。

297. 执行行为的异议;案外人执行标的异议[D]

[解析] 对执行行为的异议是指当事人、利害关系人对人民法院违反法定程序的执行行为提出质疑,从而要求人民法院变更或停止执行行为的请求。案外人对执行标的的异议指在执行过程中,案外人对被执行的财产的全部或部分主张实体权利并要求负责执行的人民法院停止并变更执行的书面请求。执行行为异议、案外人对执行标的异议都是在执行过程中提出来的,都向执行法院提出。对执行行为异议,由当事人或利害关系人提出,而利害关系人可能是案外人。对执行标的的异议,是由案外人提出的,也可能是案件的利害关系人,由此可见,执行行为异议与案外人对执行标的异议,申请异议当事人有部分相同。故A、B、C项正确,不当选。

《民事诉讼法》第236条规定:"当事人、利害关系人认为执行行为违反法律规定的,可以向负责执行的人民法院提出书面异议。当事人、利害关系人提出书面异议的,人民法院应当自收到书面异议之日起十五日内审查,理由成立的,裁定撤销或者改正;理由不成立的,裁定驳回。当事人、利害关系人对裁定不服的,可以自裁定送达之日起十日内向上一级人民法院申请复议。"《民事诉讼法》第238条规定:"执行过程中,案外人对执行标的提出书面异议的,人民法院应当自收到书面异议之日起十五日内审查,理由成立的,裁定中止对该标的的执行;理由不成立的,裁定驳回。案外人、当事人对裁定不服,认为原判决、裁定错误的,依照审判监督程序办理;与原判决、裁定无关的,可以自裁定送达之日起十五日内向人民法院提起诉讼。"因此,申请异议人对法院针对异议所作裁定不服,可采取的救济手段不同。故D项错误,当选。

298. 执行和解[C]

[解析]《民事诉讼法》第241条第1款规定:"在执行中,双方当事人自行和解达成协议的,执行员应当将协议内容记入笔录,由双方当事人签名或者盖章。"由于执行中允许双方当事人和解,在内容上也就允许与原判决不同。故A项错误。执行和解协议达成,执行程序被中止了,而不是终结,因此不得视为申请人撤销执行申请。故B项错误。执行和解协议允许采用口头方式,但执行员应当将协议内容记入笔录,由双方当事人签名或者盖章。故C项正确。执行

程序不适用调解。故D项错误。

299. 案外人执行异议[D]

[解析] 案外人对执行标的的异议,是案外人对执行标的物主张某种权利。本案中,甲公司申请强制执行乙公司的房产时,丙银行向法院主张该房产自己享有抵押权。这就构成了案外人对执行标的的异议。

案外人对执行标的提出异议后,法院的处理分为两种:异议成立与异议不成立。如果法院认为案外人对执行标的的异议成立,申请执行人会寻求救济;如果法院认为案外人对执行标的的异议不成立,案外人会寻求救济。无论是申请执行人,还是案外人寻求救济的方式,都分为两类:再审和起诉。

起诉时当事人的确定方式,分为两种:(1)案外人提起诉讼,对执行标的的主张实体权利,并请求对标的的停止执行的,应当以申请执行人为被告;被执行人反对案外人对执行标的所主张的实体权利的,应当以申请执行人和被执行人为共同被告。(2)申请执行人提起诉讼,应当以案外人为被告;被执行人反对申请执行人请求的,应当以案外人和被执行人为共同被告。

本题中,甲公司为申请执行人,乙公司为被执行人,丙银行为案外人。在案外人丙银行对执行标的的物房产主张抵押权时,被执行人乙公司否认将房产抵押给案外人丙银行,因此丙银行必须同时起诉甲公司和乙公司,而不是只能以甲公司或乙公司为被告起诉,或者选择以甲或乙公司为被告起诉。故A、B、C项错误,D项正确。

300. 执行程序中的异议[AB]

[解析]《执行程序解释》第3条规定:"人民法院受理执行申请后,当事人对管辖权有异议的,应自收到执行通知书之日起十日内提出。……"因此,对法院的执行管辖权,当事人可以提出异议。故A项正确。

《民事诉讼法》第236条规定:"当事人、利害关系人认为执行行为违反法律规定的,可以向负责执行的人民法院提出书面异议……"因此,对于执行法院的执行行为的合法性,当事人也可以提出异议。故B项正确。

《民事诉讼法》第238条规定:"执行过程中,案外人对执行标的提出书面异议的,人民法院应当自收到书面异议之日起十五日内审查,理由成立的,裁定中止对该标的的执行;理由不成立的,裁定驳回……"此处需要注意的是,执行标的的所有权归属的异议,异议主体不是当事人,是案外人。故C项错误。

《民事诉讼法》第269条规定,中止和终结执行的裁定,送达当事人后立即生效。法律并未赋予当事人对于执行法院作出的执行中止裁定提出异议的权利。

故 D 项错误。

301. 执行担保[D]

[解析]《执行担保规定》第 11 条第 1 款规定："暂缓执行期限届满后被执行人仍不履行义务，或者暂缓执行期间担保人有转移、隐藏、变卖、毁损担保财产等行为的，人民法院可以依申请执行人的申请恢复执行，并直接裁定执行担保财产或者保证人的财产，不得将担保人变更、追加为被执行人。"本题中，暂缓执行期限届满后朱某仍不履行义务的，刘某应当通过执行而不是起诉来维护自己的权益。故 A、B 项错误。被执行人的财产是否能清偿债权人的财产不是执行担保人财产的前提，只要暂缓执行期间届满没有履行，即可恢复执行。故 C 项错误，D 项正确。

302. 审判与执行的关系[BCD]

[解析] 民事审判程序是确认民事权利义务的程序，民事执行程序是实现民事权利义务关系的程序。执行程序与审判程序既有联系又有区别，两者的联系表现为：依审判程序作出的具有给付内容并需予以执行的法律文书适用执行程序予以执行。两者的区别表现为：审判程序是确认民事权利义务关系的程序，执行程序是实现民事权利义务关系的程序，执行程序是保证审判程序的任务得以实现的有力手段。故 A 项正确。

《民诉解释》第 394 条规定："人民法院对已经发生法律效力的判决、裁定、调解书依法决定再审，依照民事诉讼法第二百一十三条①规定，需要中止执行的，应当在再审裁定中同时写明中止原判决、裁定、调解书的执行；……"再审程序启动后，原判决的执行程序中止，而不是终结，只有在经过重新审理作出新判决撤销了原判决后才裁定执行终结（此时终结执行的原因是作为执行依据的法律文书被撤销）。故 B 项错误。

执行程序具有相对的独立性：首先，经审判程序处理的民事案件并不必然经过执行程序。因为有些案件的判决并不具有可执行的内容，如维护婚姻关系的判决书；另外，有些案件的判决虽有可供执行的内容，但义务人自觉履行债务或者权利人放弃权利后也不需要进入执行程序，所以执行并不一定是审判的继续。其次，执行程序所适用的案件不只限于审判程序处理的案件范围。例如，公证机关制作的赋予强制执行效力的债权文书，仲裁机构作出的生效裁决书，需要执行的，也由人民法院适用执行程序进行执行。因此，执行程序既不绝对地依赖于审判程序而存在，也不必然地是审判程序的继续。故 C、D 项错误。

303. 被执行财产范围的法律规定[ABCD]

[解析]《最高人民法院关于人民法院民事执行中查封、扣押、冻结财产的规定》第 3 条规定："人民法院对被执行人下列的财产不得查封、扣押、冻结：……（三）被执行人及其所扶养家属完成义务教育所必需的物品；（四）未公开的发明或者未发表的著作；……"故 A、B 项正确。

《最高人民法院关于人民法院执行工作若干问题的规定（试行）》第 34 条规定："被执行人为金融机构的，对其交存在人民银行的存款准备金和备付金不得冻结和扣划，但对其在本机构、其他金融机构的存款，及其在人民银行的其他存款可以冻结、划拨，并可对被执行人的其他财产采取执行措施，但不得查封其营业场所。"故 C、D 项正确。

专题二十二　涉外民事诉讼程序

考点 52 涉外民事诉讼程序

304. 涉外民事诉讼程序的特别规定[BD]

[解析]《民事诉讼法》第 287 条规定，人民法院审理涉外民事案件的期间，不受《民事诉讼法》第 152 条、第 183 条规定的一般审理期间的限制。故 A 项错误。

《民事诉讼法》第 283 条规定，涉外民事诉讼中的特殊送达方式适用于在中国领域内没有住所的当事人。琼斯与李虹结婚后住在甲市 B 区，不属于在中国领域内没有住所的当事人，所以不适用第 283 条的规定，采取的送达方式应和李虹的相同。故 B 项正确。

《民事诉讼法》第 171 条第 1 款规定："当事人不服地方人民法院第一审判决的，有权在判决书送达之日起十五日内向上一级人民法院提起上诉。"根据《民事诉讼法》第 286 条的规定，在中华人民共和国领域内没有住所的当事人，不服第一审人民法院判决、裁定的，有权在判决书、裁定书送达之日起 30 日内提起上诉。同上，因琼斯不属于在中国领域内没有住所的当事人，不适用第 286 条涉外民事诉讼中关于上诉期的规定。故 C 项错误。

《民诉解释》第 526 条规定："涉外民事诉讼中的外籍当事人，可以委托本国人为诉讼代理人，也可以委托本国律师以非律师身份担任诉讼代理人；外国驻华使领馆官员，受本国公民的委托，可以个人名义担任诉讼代理人，但在诉讼中不享有外交或者领事特权和豁免。"故 D 项正确。

【总结提示】(1)关于审限问题，所有涉外民事诉讼，均不受一审、二审审限的限制；(2)关于送达方式、上诉期、答辩期、被上诉人的答辩期的特殊规定，仅仅适用于在中国境内没有住所的当事人，并不是外国人，即只看住所不看国籍。

---

① 现为第 217 条，编者注。

305. 涉外民事诉讼的管辖[A]

[解析]《民事诉讼法》第276条规定:"因涉外民事纠纷,对在中华人民共和国领域内没有住所的被告提起除身份关系以外的诉讼,如果合同签订地、合同履行地、诉讼标的物所在地、可供扣押财产所在地、侵权行为地、代表机构住所地位于中华人民共和国领域内的,可以由合同签订地、合同履行地、诉讼标的物所在地、可供扣押财产所在地、侵权行为地、代表机构住所地人民法院管辖。除前款规定外,涉外民事纠纷与中华人民共和国存在其他适当联系的,可以由人民法院管辖。"因此,凡是涉外诉讼与我国法院所在地存在一定实际联系的,我国法院都有管辖权,体现了实际联系原则。故A项正确。

《民事诉讼法》第35条规定:"合同或者其他财产权益纠纷的当事人可以书面协议选择被告住所地、合同履行地、合同签订地、原告住所地、标的物所在地等与争议有实际联系的地点的人民法院管辖,但不得违反本法对级别管辖和专属管辖的规定。"由此可知,当事人在不违反级别管辖和专属管辖的前提下,可以选择与争议有实际联系地点的法院管辖,体现了尊重当事人原则,但协议管辖只针对合同纠纷或者其他财产权益纠纷,并非各类涉外民事案件均可由当事人约定管辖。故B项错误。

《民事诉讼法》第279条规定:"下列民事案件,由人民法院专属管辖:……(三)因在中华人民共和国领域内履行中外合资经营企业合同、中外合作经营企业合同、中外合作勘探开发自然资源合同发生纠纷提起的诉讼。"据此,只有针对履行中外合资经营企业合同的纠纷,且发生在我国领域内的,才适用专属管辖,中外合资经营企业与其他民事主体的合同纠纷不符合上述情形,故C项错误。

级别管辖确定的标准是案件性质、繁简程度和案件影响的大小,不是为了便于当事人诉讼原则。因此,法律规定中级以上级别的法院管辖重大的涉外案件,主要是从保障公正审理的角度考虑。故D项错误。

306. 涉外管辖;涉外送达;涉外案件期间[ABCD]

[解析]《民事诉讼法》第276条第1款规定:"因涉外民事纠纷,对在中华人民共和国领域内没有住所的被告提起除身份关系以外的诉讼,如果合同签订地、合同履行地、诉讼标的物所在地、可供扣押财产所在地、侵权行为地、代表机构住所地位于中华人民共和国领域内的,可以由合同签订地、合同履行地、诉讼标的物所在地、可供扣押财产所在地、侵权行为地、代表机构住所地人民法院管辖。"本题考查的是因密切联系使原本没有管辖权的地域获得管辖权的规定,M市N区属于合同签订地,C市D区属于代表机构所在地,二地法院均有管辖权。故A、B项正确。有不少考生对此有异议,认为这是涉外案件,基层法院没有管辖权。这部分考生没有注意到只有重大涉外案件才由中级以上法院一审,对于一般的涉外案件,基层法院有管辖权。

《民事诉讼法》第283条规定:"人民法院对在中华人民共和国领域内没有住所的当事人送达诉讼文书,可以采用下列方式:……(五)向受送达人在中华人民共和国领域内设立的独资企业、代表机构、分支机构或者有权接受送达的业务代办人送达;……"因此,法院向乙公司送达时,可向乙公司设在C市D区的代表处送达。故C项正确。

《民事诉讼法》第286条规定:"在中华人民共和国领域内没有住所的当事人,不服第一审人民法院判决、裁定的,有权在判决书、裁定书送达之日起三十日内提起上诉……"一方面,涉外案件期间有特殊规定;另一方面,虽然涉外期间与国内期间不同,但适用的主体也不同。区分的标准不是看当事人的国籍,而是看当事人在不在我国。题目给定的条件是甲公司住所位于我国A市B区,因此对一审判决的上诉期只有15日。故D项正确。

307. 我国法院判决的域外承认和执行[AB]

[解析]《民事诉讼法》第297条第1款规定:"人民法院作出的发生法律效力的判决、裁定,如果被执行人或者其财产不在中华人民共和国领域内,当事人请求执行的,可以由当事人直接向有管辖权的外国法院申请承认和执行,也可以由人民法院依照中华人民共和国缔结或者参加的国际条约的规定,或者按照互惠原则,请求外国法院承认和执行。"由此可见,我国法院判决在域外承认和执行有两种方式:一是由当事人直接向有管辖权的外国法院申请承认和执行;二是当事人向中国法院申请,由中国法院根据条约或者互惠关系请求外国法院承认和执行。故A、B项正确,C、D项错误。

308. 涉外财产保全;对外国仲裁裁决的承认与执行;对外国法院裁判的承认与执行[AB(原答案为B)]

[解析] 关于诉讼中的财产保全,《民事诉讼法》第103条规定:"人民法院对于可能因当事人一方的行为或者其他原因,使判决难以执行或者造成当事人其他损害的案件,根据对方当事人的申请,可以裁定对其财产进行保全、责令其作出一定行为或者禁止其作出一定行为;当事人没有提出申请的,人民法院在必要时也可以裁定采取保全措施。人民法院采取保全措施,可以责令申请人提供担保……"关于诉前财产保全,《民事诉讼法》第104条规定:"利害关系人因情况紧急,不立即申请保全将会使其合法权益受到难以弥补的损害的,可以在提起诉讼或者申请仲裁前向

被保全财产所在地、被申请人住所地或者对案件有管辖权的人民法院申请采取保全措施。申请人应当提供担保,不提供担保的,裁定驳回申请……"按照上述规定,诉讼中的财产保全,法院能依职权进行,故 A 项说法过于绝对,错误。诉前财产保全,申请人必须提供担保,故 B 项错误。【旧题新解】2012年《民事诉讼法》修正时,删除了涉外民事诉讼中关于"财产保全"的特殊规定,统一适用民事诉讼财产保全的一般规定。根据旧法,原本 A 项是正确的,根据新法则是错误的。

《民事诉讼法》第297条规定:"人民法院作出的发生法律效力的判决、裁定,如果被执行人或者其财产不在中华人民共和国领域内,当事人请求执行的,可以由当事人直接向有管辖权的外国法院申请承认和执行,也可以由人民法院依照中华人民共和国缔结或者参加的国际条约的规定,或者按照互惠原则,请求外国法院承认和执行。在中华人民共和国领域内依法作出的发生法律效力的仲裁裁决,当事人请求执行的,如果被执行人或者其财产不在中华人民共和国领域内,当事人可以直接向有管辖权的外国法院申请承认和执行。"故 C、D 项正确。

309. 司法协助 [ABCD]

[解析]《民事诉讼法》第293条规定:"根据中华人民共和国缔结或者参加的国际条约,或者按照互惠原则,人民法院和外国法院可以相互请求,代为送达文书、调查取证以及进行其他诉讼行为。外国法院请求协助的事项有损于中华人民共和国的主权、安全或者社会公共利益的,人民法院不予执行。"故 A、C 项正确。

《民事诉讼法》第296条规定:"人民法院提供司法协助,依照中华人民共和国法律规定的程序进行。外国法院请求采用特殊方式的,也可以按照其请求的特殊方式进行,但请求采用的特殊方式不得违反中华人民共和国法律。"因此,人民法院进行司法协助要适用中国法律规定,也即其案件属于我国法院职权范围。故 B 项正确。

《民事诉讼法》第295条第1款规定:"外国法院请求人民法院提供司法协助的请求书及其所附文件,应当附有中文译本或者国际条约规定的其他文字文本。"故 D 项正确。

专题二十三　仲裁与仲裁法概述

考点53 仲裁与仲裁法概述

310. 仲裁法的基本原则 [C]

[解析] 仲裁调解书无撤销一说,若当事人达成调解协议后反悔,可以拒绝签收调解书,此时仲裁庭应审理并作出裁决。故 A 项错误。

约定两个仲裁委员会的仲裁协议并非当然无效。本案属于人身侵权纠纷,不属于仲裁的范围,所以仲裁协议是当然无效的。故 B 项错误,C 项正确。

若双方当事人之间存在有效的仲裁协议,当事人在首次开庭前向法院提交仲裁协议的,法院确实应当驳回起诉。但是本案中,成县仲裁委员会根本就不存在。因为地级市以上才可以设立仲裁委员会。所以,法院应继续审理。故 D 项错误。

311. 民事诉讼与仲裁制度 [AB]

[解析]《民事诉讼法》第67条第2款规定:"当事人及其诉讼代理人因客观原因不能自行收集的证据,或者人民法院认为审理案件需要的证据,人民法院应当调查收集。"《仲裁法》第43条第2款规定:"仲裁庭认为有必要收集的证据,可以自行收集。"故 A 项正确。

《民事诉讼法》第79条第1款规定:"当事人可以就查明事实的专门性问题向人民法院申请鉴定。当事人申请鉴定的,由双方当事人协商确定具备资格的鉴定人;协商不成的,由人民法院指定。"《仲裁法》第44条第1款规定:"仲裁庭对专门性问题认为需要鉴定的,可以交由当事人约定的鉴定部门鉴定,也可以由仲裁庭指定的鉴定部门鉴定。"故 B 项正确。

《民诉解释》第148条第1款规定:"当事人自行和解或者调解达成协议后,请求人民法院按照和解协议或者调解协议的内容制作判决书的,人民法院不予准许。"《仲裁法》第49条规定:"当事人申请仲裁后,可以自行和解。达成和解协议的,可以请求仲裁庭根据和解协议作出裁决书,也可以撤回仲裁申请。"因此,诉讼中,当事人不能请求制作判决书。但仲裁中,当事人可以请求制作裁决书。故 C 项错误。

虽然《仲裁法》第54条规定,当事人协议不愿写明争议事实和裁决理由的,可以不写;但是,《民事诉讼法》第155条规定,判决书应当写明案由、诉讼请求、争议的事实和理由。即使根据《民诉解释》第270条规定,当事人对简化裁判文书达成一致时,也只是简化事实认定和判决理由部分,并非不予写明。故 D 项错误。

312. 民事仲裁和民事诉讼 [D]

[解析]《民事诉讼法》第235条规定:"发生法律效力的民事判决、裁定,以及刑事判决、裁定中的财产部分,由第一审人民法院或者与第一审人民法院同级的被执行的财产所在地人民法院执行。法律规定由人民法院执行的其他法律文书,由被执行人住所地或者被执行财产所在地人民法院执行。"由人民法院执行的其他法律文书,包括仲裁裁决书、公证债权文书。因此,"具有给付内容的生效判决书都具有执行

力"这个说法是对的,但"具有给付内容的生效裁决书没有执行力"这个说法不对。故 A 项错误。

《民事诉讼法》第 103 条第 1 款规定:"人民法院对于可能因当事人一方的行为或者其他原因,使判决难以执行或者造成当事人其他损害的案件,根据对方当事人的申请,可以裁定对其财产进行保全、责令其作出一定行为或者禁止其作出一定行为;当事人没有提出申请,人民法院在必要时也可以裁定采取保全措施。"因此,"诉讼中当事人可以申请财产保全"这个说法是对的。《仲裁法》第 28 条规定:"一方当事人因另一方当事人的行为或者其他原因,可能使裁决不能执行或者难以执行的,可以申请财产保全。当事人申请财产保全的,仲裁委员会应当将当事人的申请依照民事诉讼法的有关规定提交人民法院。申请有错误的,申请人应当赔偿被申请人因财产保全所遭受的损失。"因此,"在仲裁中不可以申请财产保全"这个说法是不对的。故 B 项错误。

《仲裁法》第 39 条规定:"仲裁应当开庭进行。当事人协议不开庭的,仲裁庭可以根据仲裁申请书、答辩书以及其他材料作出裁决。"因此,"仲裁不需对案件进行开庭审理"这个说法是不对的。在民事诉讼中,一审案件都必须开庭审理,二审案件通常要开庭审理,只有一种情况可以不开庭审理,即二审当事人没有提出新的事实、证据或者理由时,法院才可以不开庭审理。因此,"诉讼原则上要对案件进行开庭审理"这个说法是对的。故 C 项错误。

《仲裁法》第 15 条规定:"中国仲裁协会是社会团体法人。仲裁委员会是中国仲裁协会的会员。中国仲裁协会的章程由全国会员大会制定。中国仲裁协会是仲裁委员会的自律性组织,根据章程对仲裁委员会及其组成人员、仲裁员的违纪行为进行监督。中国仲裁协会依照本法和民事诉讼法的有关规定制定仲裁规则。"《人民法院组织法》第 2 条第 1 款规定:"人民法院是国家的审判机关。"因此,仲裁机构是民间组织,法院是国家的审判机关。故 D 项正确。

专题二十四 仲裁协议

考点54 仲裁协议

313. 仲裁协议的效力及确认程序[CD]

[解析]《仲裁法解释》第 5 条规定:"仲裁协议约定两个以上仲裁机构的,当事人可以协议选择其中的一个仲裁机构申请仲裁;当事人不能就仲裁机构选择达成一致的,仲裁协议无效。"本题中,甲公司申请仲裁,乙公司请求确认仲裁协议无效,双方没有就仲裁机构选择达成一致,因此仲裁协议无效,双方不能向仲裁机构申请仲裁。故 A、B 项错误。

《仲裁法》第 20 条第 1 款规定:"当事人对仲裁协议的效力有异议的,可以请求仲裁委员会作出决定或者请求人民法院作出裁定。一方请求仲裁委员会作出决定,另一方请求人民法院作出裁定的,由人民法院裁定。"另根据《最高人民法院关于审理仲裁司法审查案件若干问题的规定》第 2 条第 1 款的规定,申请确认仲裁协议效力的案件,由仲裁协议约定的仲裁机构所在地、仲裁协议签订地、申请人住所地、被申请人住所地的中级人民法院或者专门人民法院管辖。据此,乙公司可以向仲裁协议约定的 A 仲裁委员会或 B 仲裁委员会申请确认仲裁协议效力,故 C 项正确。B 市作为申请人乙公司的住所地,B 市中级人民法院对申请确认仲裁协议效力案件享有管辖权,故 D 项正确。

314. 仲裁协议的效力;专属管辖[D]

[解析]《仲裁法》第 18 条规定:"仲裁协议对仲裁事项或者仲裁委员会没有约定或者约定不明确的,当事人可以补充协议;达不成补充协议的,仲裁协议无效。"本题中,旭日公司与世新公司仲裁协议仅约定仲裁规则,没有约定仲裁机构且无法达成补充协议,则仲裁协议无效。因此北京仲裁委、中国国际经济贸易仲裁委员会对该案均不享有管辖权。故 A、B 项错误。

《民诉解释》第 28 条第 2 款规定:"农村土地承包经营合同纠纷、房屋租赁合同纠纷、建设工程施工合同纠纷、政策性房屋买卖合同纠纷,按照不动产纠纷确定管辖。"《民事诉讼法》第 34 条规定,因不动产纠纷提起的诉讼,由不动产所在地人民法院管辖。本案属于建设工程施工合同纠纷,由不动产所在地 M 省丙县法院管辖。故 C 项错误,D 项正确。

315. 仲裁协议[D]

[解析]《仲裁法解释》第 6 条规定,仲裁协议约定由某地的仲裁机构仲裁,但该地有两个以上仲裁机构的,当事人可以协议选择其中的一个仲裁机构申请仲裁,当事人不能就仲裁机构选择达成一致的,仲裁协议无效。该法第 12 条第 1 款规定:"当事人向人民法院申请确认仲裁协议效力的案件,由仲裁协议约定的仲裁机构所在地的中级人民法院管辖;仲裁协议约定的仲裁机构不明确的,由仲裁协议签订地或者被申请人住所地的中级人民法院管辖。"本案中,当事人约定的 W 市有两个仲裁机构,双方并未就仲裁机构达成合意,属于仲裁协议约定的仲裁机构不明确的情形。在两江公司向其中一个仲裁委员会申请仲裁并被受理后,百向公司向法院申请确认仲裁协议效力,可以由仲裁协议签订地 H 市中院或被申请人住所地 A 市中院管辖。故 A、B、C 项错误,D 项正确。

316. 仲裁协议的效力[BC]

[解析]《仲裁法解释》第 7 条规定:"当事人约

定争议可以向仲裁机构申请仲裁也可以向人民法院起诉的,仲裁协议无效。但一方向仲裁机构申请仲裁,另一方未在仲裁法第二十条第二款规定期间内提出异议的除外。"本案中,双方当事人约定合同履行发生争议由仲裁委员会仲裁或向法院起诉的条款无效。故 A 项错误。

《仲裁法》第 20 条第 1 款规定:"当事人对仲裁协议的效力有异议的,可以请求仲裁委员会作出决定或者请求人民法院作出裁定。一方请求仲裁委员会作出决定,另一方请求人民法院作出裁定的,由人民法院裁定。"因此,有权认定仲裁协议效力的主体为仲裁委员会或法院,未经仲裁委员会授权,仲裁庭无权对案件的管辖权作出决定。故 B 项正确。

《仲裁法》第 20 条第 2 款规定:"当事人对仲裁协议的效力有异议,应当在仲裁庭首次开庭前提出。"本案中,乙公司在仲裁庭主持首次开庭的答辩阶段才对仲裁协议的效力提出异议,已经超过法定期限,仲裁庭应当驳回申请,继续审理案件。故 C 项正确。

《仲裁法解释》第 13 条第 2 款规定:"仲裁机构对仲裁协议的效力作出决定后,当事人向人民法院申请确认仲裁协议效力或申请撤销仲裁机构的决定的,人民法院不予受理。"本案仲裁庭已对仲裁协议的效力作了相关意思表示,之后乙公司又向法院提出对仲裁协议的效力予以认定的申请,此时法院应不予受理。故 D 项错误。

317. 仲裁协议的效力[ABC]

[解析]《仲裁法》第 20 条第 1 款规定:"当事人对仲裁协议的效力有异议的,可以请求仲裁委员会作出决定或者请求人民法院作出裁定……"所以,仲裁协议效力确定的机关是具有选择性的,由当事人决定具体选择由仲裁机构还是由法院进行认定。因此,乙公司可以请求位于 B 市的两个仲裁机构,即丙仲裁委员会和丁仲裁委员会确认仲裁协议的效力。《仲裁法解释》第 12 条第 1 款规定:"当事人向人民法院申请确认仲裁协议效力的案件,由仲裁协议约定的仲裁机构所在地的中级人民法院管辖;仲裁协议约定的仲裁机构不明确的,由仲裁协议签订地或者被申请人住所地的中级人民法院管辖。"因此,乙公司也可以请求 B 市中级法院作出裁定。故 D 项错误,A、B、C 项正确。

318. 仲裁协议[BD]

[解析]《仲裁法》第 20 条规定:"当事人对仲裁协议的效力有异议的,可以请求仲裁委员会作出决定或者请求人民法院作出裁定。一方请求仲裁委员会作出决定,另一方请求人民法院作出裁定的,由人民法院裁定。当事人对仲裁协议的效力有异议的,应当在仲裁庭首次开庭前提出。"《仲裁法解释》第 13 条第 2 款规定:"仲裁机构对仲裁协议的效力作出决定后,当

事人向人民法院申请确认仲裁协议效力或者申请撤销仲裁机构的决定的,人民法院不予受理。"根据上述规定,无论当事人申请法院认定或者申请仲裁委员会认定仲裁协议效力,一旦法院或者仲裁委员会作出确认裁定,当事人均不能再次申请认定仲裁协议效力。故 A、C 项错误,B、D 项正确。

319. 仲裁协议效力的确认;仲裁协议的独立性[C]

[解析]《仲裁法》第 20 条第 1 款规定:"当事人对仲裁协议的效力有异议的,可以请求仲裁委员会作出决定或者请求人民法院作出裁定。一方请求仲裁委员会作出决定,另一方请求人民法院作出裁定的,由人民法院裁定。"因此,A、D 项是不正确的,C 项是正确的。

《仲裁法》第 19 条第 1 款规定:"仲裁协议独立存在,合同的变更、解除、终止或者无效,不影响仲裁协议的效力。"因此,B 项是不正确的。

320. 仲裁庭的组成[ABCD]

[解析] 本案完全可以由 3 名仲裁员组成仲裁庭。《仲裁法》第 30 条规定:"仲裁庭可以由三名仲裁员或者一名仲裁员组成。由三名仲裁员组成的,设首席仲裁员。"

京发公司选定仲裁员李某作为本案仲裁庭的仲裁员,是完全合法的。《仲裁法》第 31 条规定:"当事人约定由三名仲裁员组成仲裁庭的,应当各自选定或者各自委托仲裁委员会主任指定一名仲裁员,第三名仲裁员由当事人共同选定或者共同委托仲裁委员会主任指定。第三名仲裁员是首席仲裁员。当事人约定由一名仲裁员成立仲裁庭的,应当由当事人共同选定或者共同委托仲裁委员会主任指定仲裁员。"故 A 项正确。

蓟门公司未选定仲裁员,双方当事人也未共同选定第 3 名仲裁员时,应当由仲裁委员会主任指定产生这 2 名仲裁员。《仲裁法》第 32 条规定:"当事人没有在仲裁规则规定的期限内约定仲裁庭的组成方式或者选定仲裁员的,由仲裁委员会主任指定。"故 B、C 项正确。

本案仲裁庭的组成合法,故 D 项正确。

321. (1) 仲裁协议;仲裁规则[A]

[解析]《仲裁法》第 19 条第 1 款规定:"仲裁协议独立存在,合同的变更、解除、终止或者无效,不影响仲裁协议的效力。"因此,买卖合同虽已解除,但仲裁条款具有独立性,兴源公司可以据此申请仲裁。故 A 项正确。兴源公司请求返还货款,是因为郭某违约导致合同解除,兴源公司可以依据仲裁协议申请仲裁。故 B 项错误。

仲裁庭适用简易程序独任仲裁还是适用普通程序合议仲裁应当由当事人约定,当事人在指定期间内

没有约定的,由仲裁委主任指定,不需要在仲裁协议中约定。另《中国国际经济贸易仲裁委员会仲裁规则》(2015版)第56条规定:"简易程序的适用:(一)除非当事人另有约定,凡争议金额不超过人民币500万元,或争议金额超过人民币500万元但经一方当事人书面申请并征得另一方当事人书面同意的,或双方当事人约定适用简易程序的,适用简易程序。(二)没有争议金额或争议金额不明确的,由仲裁委员会根据案件的复杂程度、涉及利益的大小以及其他有关因素综合考虑决定是否适用简易程序。"本案当事人对于是否适用简易程序没有特别约定,仲裁庭适用简易程序符合第1项情形。故C项错误。

仲裁委员会对案件的管辖权来源于当事人仲裁协议的约定,与仲裁委员会是否涉外、仲裁事项是否涉外无关。此外,《中国国际经济贸易仲裁委员会仲裁规则》(2015版)第3条规定:"受案范围:(一)仲裁委员会根据当事人的约定受理契约性或非契约性的经济贸易等争议案件。(二)前款所述案件包括:1.国际或涉外争议案件;2.涉及香港特别行政区、澳门特别行政区及台湾地区的争议案件;3.国内争议案件。"因此,中国国际经济贸易仲裁委员会可审理的案件范围不仅包括国内案件,也包括涉外案件。故D项错误。

(2)对仲裁协议效力的异议[D]

[解析]《仲裁法》第20条第2款规定:"当事人对仲裁协议的效力有异议,应当在仲裁庭首次开庭前提出。"《仲裁法解释》第13条规定,依照《仲裁法》第20条第2款的规定,当事人在仲裁庭首次开庭前没有对仲裁协议的效力提出异议,而后向人民法院申请确认仲裁协议无效的,人民法院不予受理。本题中,郭某若认为本案并非合同纠纷,不属于仲裁协议约定的纠纷范围,应当在首次开庭时提出异议,而不能在执行中提出异议。故D项正确,A、B、C项错误。

322. 仲裁协议[C]

[解析]《仲裁法解释》第5条规定:"当事人约定两个以上仲裁机构的,当事人可以协议选择其中的一个仲裁机构申请仲裁;当事人不能就仲裁机构选择达成一致的,仲裁协议无效。"也就是说,当事人约定两个仲裁机构的,仲裁协议并不是当然无效,而是有条件的:不能通过补充协议从中选择一个时才无效。故A项错误。

《仲裁法》第19条第1款规定:"仲裁协议独立存在,合同的变更、解除、终止或者无效,不影响仲裁协议的效力。"合同协议与仲裁协议效力,独立判断,洪湖公司承办人员超越权限签订合同导致合同无效,仲裁协议并不当然无效。故B项错误。

C项和D项意思正好相反,只能选择其一。有考生会问:从A项和B项的考点来看,仲裁协议并不是当然无效的,为什么法院必须受理?尽管签订仲裁协议时,仲裁协议并不当然无效,可以补充完善。但到起诉时题中都没有提到补充协议,只能认为到起诉时为止,双方当事人都未能达成解决这一问题的补充协议,此时仲裁协议无效,法院应当受理。故C项正确,D项错误。

323. 仲裁范围;仲裁协议[D]

[解析]《仲裁法》第3条规定:"下列纠纷不能仲裁:(一)婚姻、收养、监护、扶养、继承纠纷;(二)依法应当由行政机关处理的行政争议。"《仲裁法》第17条规定:"有下列情形之一的,仲裁协议无效:(一)约定的仲裁事项超出法律规定的仲裁范围的;……"因此,本题中双方当事人签订的由某仲裁委员会仲裁的协议是无效的。《仲裁法》第26条规定:"当事人达成仲裁协议,一方向人民法院起诉未声明有仲裁协议,人民法院受理后,另一方在首次开庭前提交仲裁协议的,人民法院应当驳回起诉,但仲裁协议无效的除外;另一方在首次开庭前未对人民法院受理该案提出异议的,视为放弃仲裁协议,人民法院应当继续审理。"

本题中,虽然因遗产继承纠纷不属于仲裁的范围,导致甲、乙所签订的仲裁协议无效,但是,在诉讼中,既然乙向法院声明存在仲裁协议,法院还是应当对仲裁协议作出认定,即法院裁定仲裁协议无效后,可以对案件继续审理。故D项正确,A、B、C项错误。

324. 仲裁协议;管辖协议的效力[ABC]

[解析]《仲裁法解释》第7条规定:"当事人约定争议可以向仲裁机构申请仲裁也可以向人民法院起诉的,仲裁协议无效。但一方向仲裁机构申请仲裁,另一方未在仲裁法第二十条第二款规定期间内提出异议的除外。"换言之,一方向仲裁机构申请仲裁,另一方未在法定期间内提出异议的,仲裁机构应继续进行仲裁。故A、C项正确。

《民事诉讼法》第35条规定,合同或者其他财产权益纠纷的当事人可以书面协议选择被告住所地、合同履行地、合同签订地、原告住所地、标的物所在地等与争议有实际联系的地点的人民法院管辖,但不得违反本法对级别管辖和专属管辖的规定。合同诉讼中双方当事人可以协议选择合同履行地法院管辖。故B项正确。

《仲裁法》第26条规定,当事人达成仲裁协议,一方向人民法院起诉未声明有仲裁协议,人民法院受理后,另一方在首次开庭前提交仲裁协议的,人民法院应当驳回起诉,但仲裁协议无效的除外。因此,乙公司在首次开庭时才对法院管辖提出异议,法院应该继续进行审理。此外,该仲裁协议本身无效,法院也不应当驳回甲公司的起诉。故D项错误。

专题二十五 仲裁程序

考点 55 仲裁的申请、受理与审理程序

325. 仲裁回避[D]

[解析]《仲裁法》第36条规定:"仲裁员是否回避,由仲裁委员会主任决定;仲裁委员会主任担任仲裁员时,由仲裁委员会集体决定。"本题中并未说明苏某是否为仲裁委员会主任,遂对于苏某的回避,可能是由仲裁委员会主任决定,也可能是由仲裁委员会集体决定。故A项错误。

《仲裁法》第37条第1款规定:"仲裁员因回避或者其他原因不能履行职责的,应当依照本法规定重新选定或者指定仲裁员。"因此,苏某回避后,应重新选定或者指定仲裁员,而不是重新组成合议庭。故B项错误。

《仲裁法》第37条第2款规定:"因回避而重新选定或者指定仲裁员后,当事人可以请求已进行的仲裁程序重新进行,是否准许,由仲裁庭决定;仲裁庭也可以自行决定已进行的仲裁程序是否重新进行。"故C项错误,D项正确。

326. 仲裁证据保全[AC]

[解析] A项考查仲裁前保全,适用诉前证据保全的规定。《民事诉讼法》第84条第2款规定:"因情况紧急,在证据可能灭失或者以后难以取得的情况下,利害关系人可以在提起诉讼或者申请仲裁前向证据所在地、被申请人住所地或者对案件有管辖权的人民法院申请保全证据。"仲裁前保全直接由利害关系人向法院提出,所以亿龙公司在申请仲裁前可以向乙县法院("交货后"可知亿龙公司所在地乙县即为证据所在地)或者甲县法院(被申请人佳华公司所在地)申请证据保全。A项正确。

B项考查仲裁中保全,应适用仲裁法的规定。仲裁中保全必须仲裁委转手递交,即当事人应向仲裁委员会递交书面的保全申请,通过仲裁委员会转交法院。即《仲裁法》第46条规定:"在证据可能灭失或者以后难以取得的情况下,当事人可以申请证据保全。当事人申请证据保全的,仲裁委员会应当将当事人的申请提交证据所在地的基层人民法院。"故B项错误;转交的管辖法院为基层法院,故D项错误。

法院采取证据保全措施可以要求申请人提供担保。故C项正确。

327. 仲裁员回避[D]

[解析]《仲裁法》第37条规定:"仲裁员因回避或者其他原因不能履行职责的,应当依照本法规定重新选定或者指定仲裁员。因回避而重新选定或者指定仲裁员后,当事人可以请求已进行的仲裁程序重新进行,是否准许,由仲裁庭决定;仲裁庭也可以自行决定已进行的仲裁程序是否重新进行。"因此,因回避而更换仲裁员的,仲裁程序是可以而不是必须重新进行。故D项正确,A、B、C项错误。

328. 仲裁的司法监督[D]

[解析]《仲裁法》第28条第2款规定,当事人申请财产保全的,仲裁委员会应当将当事人的申请依照民事诉讼法的有关规定提交人民法院。故A项正确。

《仲裁法解释》第26条规定,当事人向人民法院申请撤销仲裁裁决被驳回后,又在执行程序中以相同理由提出不予执行抗辩的,人民法院不予支持。故B项正确。

《仲裁法解释》第27条第1款规定,当事人在仲裁程序中未对仲裁协议的效力提出异议,在仲裁裁决作出后以仲裁协议无效为由主张撤销仲裁裁决或者提出不予执行抗辩的,人民法院不予支持。故C项正确。

《仲裁法》第61条规定,人民法院受理撤销裁决的申请后,认为可以由仲裁庭重新仲裁的,通知仲裁庭在一定期限内重新仲裁,并裁定中止撤销程序。仲裁庭拒绝重新仲裁的,人民法院应当裁定恢复撤销程序。只有在申请撤销仲裁裁决的程序中,法院才可以通知仲裁机构在一定期限内重新仲裁;而在申请不予执行仲裁裁决的程序中法院不可以通知仲裁庭重新仲裁。故D项错误。

329. 民事诉讼与民商事仲裁的区别[ABC]

[解析]《民事诉讼法》第3条规定:"人民法院受理公民之间、法人之间、其他组织之间以及他们相互之间因财产关系和人身关系提起的民事诉讼,适用本法的规定。"《仲裁法》第3条规定:"下列纠纷不能仲裁:(一)婚姻、收养、监护、扶养、继承纠纷;(二)依法应当由行政机关处理的行政争议。"故A项正确。

《民事诉讼法》第10条规定:"人民法院审理民事案件,依照法律规定实行合议、回避、公开审判和两审终审制度。"《仲裁法》第9条第1款规定:"仲裁实行一裁终局的制度。裁决作出后,当事人就同一纠纷再申请仲裁或者向人民法院起诉的,仲裁委员会或者人民法院不予受理。"故B项正确。

民事诉讼合议庭成员对判决持不同意见的,应当在合议笔录中注明,但是判决书应当由全体合议庭成员署名;而在仲裁中,对裁决持不同意见的仲裁员的意见可以记入笔录,同时,该仲裁员还可以拒绝在裁决书中签名。《民事诉讼法》第155条规定:"……判决书由审判人员、书记员署名,加盖人民法院印章。"《仲裁法》第54条规定:"……对裁决持不同意见的仲裁员,可以签名,也可以不签名。"故C项正确。

《仲裁法》第28条第2款规定:"当事人申请财产

保全的,仲裁委员会应当将当事人的申请依照民事诉讼法的有关规定提交人民法院。"可见,当事人在仲裁中申请保全的,应当向仲裁委员会申请,仲裁委员会根据《民事诉讼法》的规定,将该申请交给有管辖权的法院作出裁定。因此,虽然仲裁委员会无权作出保全裁定,但当事人依然可以向仲裁委员会提出申请,不能说仲裁机构不介入保全的任何活动,故 D 项错误。

考点56 仲裁调解、和解与裁决

330. 仲裁和解与调解[ABCD]

[解析]《仲裁法解释》第 29 条规定,当事人申请执行仲裁裁决案件,由被执行人住所地或者被执行的财产所在地的中级人民法院管辖。据此,申某不履行依据调解协议制作的仲裁裁决书或仲裁调解书,应向岳某所在地或者被执行的财产所在地法院提出申请。A 项错误。

《仲裁法》第 51 条第 2 款规定,调解达成协议的,仲裁庭应当制作调解书或者根据协议的结果制作裁决书。调解书与裁决书具有同等法律效力。据此,仲裁调解达成协议,必须制作调解书或裁决书,故 B 项错误。调解后既可制作仲裁调解书,又可制作仲裁裁决书,故 C、D 项错误。

331. 仲裁调解[AD]

[解析]《仲裁法》第 51 条规定:"仲裁庭在作出裁决前,可以先行调解。当事人自愿调解的,仲裁庭应当调解。调解不成的,应当及时作出裁决。调解达成协议的,仲裁庭应当制作调解书或者根据协议的结果制作裁决书。调解书与裁决书具有同等法律效力。"故 A、D 项正确。仲裁庭的处理方式有两种,不是只有依据调解协议制作裁决书这一种,故 B 项错误。仲裁庭不能以调解协议的方式结案。故 C 项错误。

332. 仲裁裁决的作出及效力[AD]

[解析]《仲裁法》第 53 条规定:"裁决应当按照多数仲裁员的意见作出,少数仲裁员的不同意见可以记入笔录。仲裁庭不能形成多数意见时,裁决应当按照首席仲裁员的意见作出。"本案中,仲裁员李某和张某均认为蓟门公司存在严重违约行为,合同应解除,因此,裁决书应根据仲裁庭中的多数意见作出,即支持京发公司的请求。故 A 项是正确的,B 项是不正确的。

《仲裁法》第 54 条规定,裁决书应当由仲裁员签名,加盖仲裁委员会印章。对裁决持不同意见的仲裁员,可以签名,也可以不签名。故 C 项是不正确的。

《仲裁法》第 57 条规定:"裁决书自作出之日起发生法律效力。"故 D 项是正确的。

333. 仲裁裁决书的补正[A]

[解析]《仲裁法》第 56 条规定:"对裁决书中的文字、计算错误或者仲裁庭已经裁决但在裁决书中遗漏的事项,仲裁庭应当补正;当事人自收到裁决书之日起三十内,可以请求仲裁庭补正。"故 B、C、D 项不当选,A 项当选。

334. 仲裁调解[AD]

[解析]《仲裁法》第 51 条第 2 款规定:"调解达成协议的,仲裁庭应当制作调解书或者根据协议的结果制作裁决书。调解书与裁决书具有同等法律效力。"故 A 项正确。仲裁调解达成协议的,不能通过调解协议结案,必须制作调解书或者裁决书,因此"仲裁调解协议经当事人、仲裁员在协议上签字后即发生效力"的说法不对。故 C 项错误。

《仲裁法》第 51 条第 1 款规定:"仲裁庭在作出裁决前,可以先行调解。当事人自愿调解的,仲裁庭应当调解。调解不成的,应当及时作出裁决。"这表明先行调解适用于作出裁决前。故 D 项正确。仲裁庭在作出裁决前可以先行调解,并不需要以案件的事实清楚为前提。案件的事实不清楚,也可以由仲裁庭依职权进行调解。故 B 项错误。

335. 仲裁和解后反悔的处理[A]

[解析] 仲裁中,当事人达成和解协议后有两种结案方式,可以申请仲裁庭根据和解协议制作裁决书,也可以撤回申请。《仲裁法》第 50 条规定:"当事人达成和解协议,撤回仲裁申请后反悔的,可以根据仲裁协议申请仲裁。"据此,南沙公司撤回申请后,北极公司拒不履行和解协议的,南沙公司可以根据原仲裁协议重新申请仲裁,故 A 项正确。

如果从理论上分析,因为撤回仲裁申请,该纠纷没有经过实体处理,原仲裁协议有效,既然存在有效仲裁协议,则南沙公司可以依据原仲裁协议申请重新仲裁,而不必重新达成仲裁协议才申请仲裁,故 B 项错误。同时因为存在有效仲裁协议,当事人不能向法院起诉,故 C 项错误。仲裁中从来就没有过恢复仲裁程序的规定,故 D 项错误。

专题二十六 申请撤销仲裁裁决

考点57 申请撤销仲裁裁决

336. 仲裁裁决的撤销[A]

[解析]《仲裁法》第 58 条第 1 款规定:"当事人提出证据证明裁决有下列情形之一的,可以向仲裁委员会所在地的中级人民法院申请撤销裁决:(一)没有仲裁协议的;(二)裁决的事项不属于仲裁协议的范围或者仲裁委员会无权仲裁的;(三)仲裁庭的组成或者仲裁的程序违反法定程序的;(四)裁决所根据的证据是伪造的;(五)对方当事人隐瞒了足以影响公正裁决的证据的;(六)仲裁员在仲裁该案时有索贿受贿,徇

私舞弊,枉法裁决行为的。"因此,蓟门公司应向S仲裁委所在地中院提出申请,A项是正确的。C项法律适用错误不属于第58条第1款规定的申请撤销仲裁裁决的法定情形,故C项是不正确的。

《仲裁法》第61条规定,人民法院受理撤销裁决的申请后,应适用撤销程序审查,而非普通程序。除了第61条明确规定适用撤销程序之外,《仲裁法》第60条的规定"人民法院应当在受理撤销裁决申请之日起两个月内作出撤销裁决或者驳回申请的裁定"也可佐证。如果是普通程序,适用的是6个月的审理期限,而非2个月。因此,申请撤销仲裁裁决适用的是独立的撤销程序,而非诉讼上的简易或普通程序,故B项是不正确的。

《仲裁法》第42条第2款规定,被申请人经仲裁庭书面通知后,无正当理由不到庭或者未经仲裁庭许可中途退庭的,仲裁庭可以缺席裁决。因此,本题中的缺席裁决并未违反《仲裁法》的规定,故D项是不正确的。

337. 仲裁中的超裁[AD]

[解析] 仲裁超裁是指对于当事人没有在仲裁协议或者仲裁条款中约定仲裁的事项,仲裁庭主动进行了仲裁并作出了仲裁裁决。本题中,申请仲裁时,当事人要求解除的是合同,而仲裁委员会经审理裁决解除双方合同,还裁决乙公司赔偿甲公司损失6万元。乙公司赔偿甲公司损失6万元,是没有约定仲裁的内容,属于超裁。

《仲裁法解释》第19条规定:"当事人以仲裁事项超出仲裁协议范围为由申请撤销仲裁裁决,经审查属实的,人民法院应当撤销仲裁裁决中的超裁部分。但超裁部分与其他裁决事项不可分的,人民法院应当撤销仲裁裁决。"因此,救济方式之一为撤销超裁部分。故A项正确。《民诉解释》第475条规定:"仲裁机构裁决的事项,部分有民事诉讼法第二百四十四条①第二款、第三款规定情形的,人民法院应当裁定对该部分不予执行。应当不予执行部分与其他部分不可分的,人民法院应当裁定不予执行仲裁裁决。"因此,救济方式之二为不予执行超裁部分。故D项正确。

《仲裁法》第9条规定:"仲裁实行一裁终局的制度。裁决作出后,当事人就同一纠纷再申请仲裁或者向人民法院起诉的,仲裁委员会或者人民法院不予受理。裁决被人民法院依法裁定撤销或者不予执行的,当事人就该纠纷可以根据双方重新达成的仲裁协议申请仲裁,也可以向人民法院起诉。"也就是说,即使对超裁部分也实行一裁终局,只能通过法院依法裁定撤销或者不予执行的方式救济,而不能起诉或者再审。故B、C项错误。

338. 申请撤销仲裁裁决[D]

[解析] 仲裁裁决一经作出即产生法律上的约束力,非经法定程序不能随意撤销或者变更。因此,仲裁委员会非经法定程序不可以直接变更已生效的裁决,重新作出新的裁决。故A项错误。

此外,由于仲裁委员会作出的仲裁裁决已经对双方当事人发生法律效力,甲公司或乙公司不可以再请求该仲裁委员会重新作出仲裁裁决。故B项错误。

《仲裁法》第58条规定:"当事人提出证据证明裁决有下列情形之一的,可以向仲裁委员会所在地的中级人民法院申请撤销裁决:……(二)裁决的事项不属于仲裁协议的范围或者仲裁委员会无权仲裁的;……"可知,仲裁裁决的事项不属于仲裁协议的范围,即仲裁裁决存在超裁情形的,当事人可以向仲裁委员会所在地的中级人民法院申请撤销此仲裁裁决。因此,甲公司或乙公司都可以请求法院撤销此仲裁裁决,而不是仲裁委员会申请法院撤销此仲裁裁决。故C项错误,D项正确。

专题二十七 仲裁裁决的执行与不予执行

考点58 仲裁裁决的执行与不予执行

339. 裁定不予执行仲裁裁决[A]

[解析]《民事诉讼法》第248条规定:"对依法设立的仲裁机构的裁决,一方当事人不履行的,对方当事人可以向有管辖权的人民法院申请执行。受申请的人民法院应当执行。被申请人提出证据证明仲裁裁决有下列情形之一的,经人民法院组成合议庭审查核实,裁定不予执行:(一)当事人在合同中没有订有仲裁条款或者事后没有达成书面仲裁协议的;(二)裁决的事项不属于仲裁协议的范围或者仲裁机构无权仲裁的;(三)仲裁庭的组成或者仲裁的程序违反法定程序的;(四)裁决所根据的证据是伪造的;(五)对方当事人向仲裁机构隐瞒了足以影响公正裁决的证据的;(六)仲裁员在仲裁该案时有贪污受贿,徇私舞弊,枉法裁决行为的。人民法院认定执行该裁决违背社会公共利益的,裁定不予执行。裁定书应当送达双方当事人和仲裁机构。仲裁裁决被人民法院裁定不予执行的,当事人可以根据双方达成的书面仲裁协议重新申请仲裁,也可以向人民法院起诉。"《仲裁法解释》第28条规定:"当事人请求不予执行仲裁调解书或者根据当事人之间的和解协议作出的仲裁裁决书的,人民法院不予支持。"故A项正确,B、C、D项错误。

---

① 现为第248条,编者注。

340. 仲裁裁决的中止执行[D]

[解析]《仲裁法》第64条规定:"一方当事人申请执行裁决,另一方当事人申请撤销裁决的,人民法院应当裁定中止执行。人民法院裁定撤销裁决的,应当裁定终结执行。撤销裁决的申请被裁定驳回的,人民法院应当裁定恢复执行。"根据这一规定,法院对撤销仲裁裁决申请的审查,会导致执行程序中止,故A项错误。法院正在审查但尚未撤销仲裁裁决前,可受理执行申请,故B项错误。不予执行由当事人提出申请,不需要法院告知,故C项错误,D项正确。

341. 仲裁裁决的不予执行[D]

[解析] 在我国,仲裁裁决的不予执行,分为国内仲裁裁决的不予执行与涉外仲裁裁决的不予执行两类。对于国内仲裁裁决的不予执行,《民事诉讼法》第248条规定:"对依法设立的仲裁机构的裁决,一方当事人不履行的,对方当事人可以向有管辖权的人民法院申请执行。受申请的人民法院应当执行。被申请人提出证据证明仲裁裁决有下列情形之一的,经人民法院组成合议庭审查核实,裁定不予执行:(一)当事人在合同中没有订有仲裁条款或者事后没有达成书面仲裁协议的;(二)裁决的事项不属于仲裁协议的范围或者仲裁机构无权仲裁的;(三)仲裁庭的组成或者仲裁的程序违反法定程序的;(四)裁决所根据的证据是伪造的;(五)对方当事人向仲裁机构隐瞒了足以影响公正裁决的证据的;(六)仲裁员在仲裁该案时有贪污受贿,徇私舞弊,枉法裁决行为的。人民法院认定执行该裁决违背社会公共利益的,裁定不予执行。裁定书应当送达双方当事人和仲裁机构。仲裁裁决被人民法院裁定不予执行的,当事人可以根据双方达成的书面仲裁协议重新申请仲裁,也可以向人民法院起诉。"

对于涉外仲裁裁决的不予执行,《民事诉讼法》第291条规定:"对中华人民共和国涉外仲裁机构作出的裁决,被申请人提出证据证明仲裁裁决有下列情形之一的,经人民法院组成合议庭审查核实,裁定不予执行:(一)当事人在合同中没有订有仲裁条款或者事后没有达成书面仲裁协议的;(二)被申请人没有得到指定仲裁员或者进行仲裁程序的通知,或者由于其他不属于被申请人负责的原因未能陈述意见的;(三)仲裁庭的组成或者仲裁的程序与仲裁规则不符的;(四)裁决的事项不属于仲裁协议的范围或者仲裁机构无权仲裁的。人民法院认定执行该裁决违背社会公共利益的,裁定不予执行。"

本题中,没有指明是国内仲裁裁决的不予执行还是涉外仲裁裁决的不予执行,因此只能从两方面分别判断,A、B、C项在国内仲裁裁决的不予执行与涉外仲裁裁决的不予执行中都属于法定事由。故A、B、C项不当选。只有"仲裁裁决没有根据经当事人质证的证据认定事实"属于法院可裁定驳回甲的申请的事由。故D项当选。

目 录

专题一　行政法概述 ··· (1)
  考点 1　行政法的基本原则　／1
专题二　行政主体 ·· (4)
  考点 2　国务院行政机构的设置与编制管理　／4
  考点 3　地方行政机构的设置与编制管理　／5
专题三　公务员 ··· (6)
  考点 4　公务员处分制度　／6
  考点 5　公务员的其他制度　／7
专题四　抽象行政行为 ··· (10)
  考点 6　行政法规　／10
  考点 7　行政规章　／12
专题五　具体行政行为概述 ·· (13)
  考点 8　具体行政行为的概念与判断　／13
  考点 9　具体行政行为的基本理论　／15
专题六　行政许可 ·· (17)
  考点 10　行政许可的设定　／17
  考点 11　行政许可的实施机关与实施程序　／18
  考点 12　行政许可的撤销、撤回、注销与吊销　／20
  考点 13　行政许可和行政处罚的比较　／21
专题七　行政处罚 ·· (22)
  考点 14　行政处罚的种类　／22
  考点 15　行政处罚的设定　／23
  考点 16　行政处罚决定程序与执行程序　／23
  考点 17　治安管理处罚　／25
专题八　行政强制 ·· (29)
  考点 18　行政强制行为的判定　／29
  考点 19　行政强制措施　／30
  考点 20　行政强制执行　／32
专题九　其他行政行为 ··· (34)
  考点 21　行政协议及诉讼　／34
  考点 22　行政给付　／36
专题十　政府信息公开 ··· (36)
  考点 23　政府信息公开　／36
专题十一　行政复议 ·· (39)
  考点 24　行政复议参加人与行政复议机关　／39
  考点 25　行政复议的申请与受理　／42

考点 26　行政复议与行政诉讼的关系　/42

考点 27　行政复议的审理　/43

考点 28　行政复议决定与执行　/44

专题十二　行政诉讼概述··（45）

考点 29　行政诉讼与民事诉讼的关系　/45

考点 30　行政附带民事诉讼　/46

考点 31　行政诉讼与刑事诉讼的关系　/46

专题十三　行政诉讼的受案范围··（47）

考点 32　行政诉讼受案范围　/47

专题十四　行政诉讼的管辖··（50）

考点 33　级别管辖　/50

考点 34　地域管辖　/51

专题十五　行政诉讼参加人··（52）

考点 35　行政诉讼的原告　/52

考点 36　行政诉讼的被告　/53

考点 37　行政诉讼第三人　/55

专题十六　行政诉讼程序···（57）

考点 38　行政诉讼的提起　/57

考点 39　行政诉讼的受理　/58

考点 40　第一审普通程序　/58

考点 41　行政诉讼简易程序　/59

专题十七　行政诉讼证据···（60）

考点 42　举证责任　/60

考点 43　证据的种类及提供证据的要求　/61

考点 44　证据的保全　/62

考点 45　质证及证据的审核认定　/62

专题十八　行政诉讼的法律适用··（63）

考点 46　行政诉讼的法律适用　/63

专题十九　行政案件审理中的特殊制度····································（64）

考点 47　规范性文件的附带审查　/64

考点 48　先予执行　/64

考点 49　被告改变被诉行政行为的处理与撤诉制度　/65

考点 50　行政机关负责人出庭应诉　/65

考点 51　行政公益诉讼　/65

专题二十　行政诉讼的裁判与执行···（66）

考点 52　行政诉讼第一审判决　/66

考点 53　行政诉讼第二审判决　/68

考点 54　行政诉讼裁判的执行　/69

专题二十一　国家赔偿概述··（70）

考点 55　国家赔偿概述　/70

专题二十二　行政赔偿··（70）

考点 56　行政赔偿义务机关及赔偿程序　/70

专题二十三　司法赔偿··（71）

考点 57　司法赔偿义务机关　/71

考点58　司法赔偿范围　／72

考点59　司法赔偿程序　／72

考点60　民事、行政司法赔偿　／75

专题二十四　国家赔偿方式、标准和费用 …………………………………………………（75）

考点61　国家赔偿方式与标准　／75

法律文件简称对照表

全称	简称
行政诉讼证据规定	最高人民法院关于行政诉讼证据若干问题的规定
行政协议案件规定	最高人民法院关于审理行政协议案件若干问题的规定
政府信息公开案件规定	最高人民法院关于审理政府信息公开行政案件若干问题的规定
行政许可案件规定	最高人民法院关于审理行政许可案件若干问题的规定
行政诉讼法解释	最高人民法院关于适用《中华人民共和国行政诉讼法》的解释
行政诉讼撤诉规定	最高人民法院关于行政诉讼撤诉若干问题的规定

行政法与行政诉讼法 [答案详解]

专题一 行政法概述

考点1 行政法的基本原则

1. 合理行政原则[B]

[解析] 比例原则有三方面要求:(1)合目的性,行政机关选择的手段须能够实现行政目的。(2)必要性,有多种手段能够实现行政目的时,行政机关应选择对相对人造成损害最小的手段。(3)均衡性,行政机关选择的手段给相对人造成的损害不能明显超过行政目的所体现的价值,在手段与目的之间保持均衡关系。本题提出的在不使用行政强制措施也能实现行政管理目的的情况下,即不必要动用该行政强制措施,体现了比例原则中的必要性要求,故B项当选。

2. 信赖保护原则;具体行政行为的性质;行政诉讼受案范围;个税免缴[CD]

[解析] 相对于具体行政行为,抽象行政行为的特征表现为适用对象的不特定性以及可反复适用性。不特定性是指行为作出时,该行为想要约束的对象范围不能够明确固定下来。本题中,《招商引资意见》在作出之时,有多少人会介绍企业来当地投资,这个范围不能够明确固定下来,而且《招商引资意见》在有效期内可以反复适用,不管是谁引介投资都可按照这个标准来支付奖励金。可见,《招商引资意见》是抽象行政行为,不是具体行政行为,故A项错误。

根据《个人所得税法》第4条第1款第1项规定,省级人民政府、国务院部委和中国人民解放军军以上单位,以及外国组织、国际组织颁发的科学、教育、技术、文化、卫生、体育、环境保护等方面的奖金,免征个人所得税。本题中,李某获得的是由县政府支付的奖金,不是省级政府颁发的奖金,不能免征个人所得税。故B项错误。

根据诚实守信原则之信赖保护的要求,非因法定事由并经法定程序,行政机关不得撤销、变更已经生效的行政决定。如果确因国家利益、公共利益的需要而必须更改时,除了必须有充分的法律依据并遵循法定程序之外,还应当给予权益受损人补偿。本题中,县政府发布通知承诺给予招商引资介绍人奖励金,但是对于符合奖励条件的李某却不按照允诺标准全额支付奖励金,相当于更改了之前的决定,拒绝履行行政允诺所设定的义务,这种做法违背了信赖保护原则。故C项正确。

甲公司与县招商局签订的投资协议属于行政协议。因行政协议的订立、履行、变更、终止产生的争议,属于行政诉讼受案范围。故D项正确。

3. 行政法基本原则[C]

[解析] 诚实守信原则中的信赖利益保护原则要求,非因法定事由并经法定程序,行政机关不得撤销、变更已经生效的行政决定;因国家利益、公共利益或者其他法定事由需要撤回或者变更行政决定的,应当依照法定权限和程序进行,并对行政管理相对人因此而受到的财产损失依法予以补偿。本题中,市政府颁发房屋所有权证后,又因公共利益(修建高铁)需要将房屋所有权证撤回,对小区实施拆迁,马某的利益因此受到损失,市政府及时对马某予以补偿,这体现的是信赖利益保护原则,故C项最符合题意,当选。

程序正当原则强调的是作出行政决定要遵守法定程序,市政府进行拆迁补偿必须要遵守法定程序,但本题中没有突出强调程序相关内容,所以B项不符合题意。本题题干虽然表明市政府"及时"支付了补偿金,但这一点并非本题所强调的核心意思,故A项不符合题意。权责一致原则要求行政机关违法或者不当行使职权时,应当依法承担法律责任,实现权力和责任的统一。本题中,因修建高铁而对小区拆迁是合法行为而非违法行为,所以体现的并不是权责一致原则,故D项不符合题意。

4. 合法行政原则;行政许可的监督检查;许可听证费用的承担;强制措施权的委托[BC]

[解析] 合法行政原则是指行政机关行使行政职权、管理公共事务,必须有法律的授权,并依据法律的规定进行,不得与法律相抵触。

《行政许可法》第16条第3款规定,规章可以在上位法设定的行政许可事项范围内,对实施该行政许可作出具体规定。《行政许可法》第63条规定:"行政机关实施监督检查,不得妨碍被许可人正常的生产经营活动,不得索取或者收受被许可人的财物,不得谋取其他利益。"因此,A项中某规章规定行政机关对行政许可事项进行监督时,不得妨碍被许可人正常的生产经营活动,符合合法行政要求。

《行政处罚法》第63条第2款规定,当事人不承担行政机关组织听证的费用。因此,B项中行政机关要求行政处罚听证申请人承担组织听证的费用,不符合合法行政要求,为应选项。

《行政强制法》第17条第1款规定:"行政强制措

施由法律、法规规定的行政机关在法定职权范围内实施。行政强制措施权不得委托。"因此,C项中行政机关将行政强制措施权委托给另一行政机关行使的内容违反了这一规定,不符合合法行政要求,为应选项。

《行政许可法》第68条第2款规定:"行政机关在监督检查时,发现直接关系公共安全、人身健康、生命财产安全的重要设备、设施存在安全隐患的,应当责令停止建造、安装和使用,并责令设计、建造、安装和使用单位立即改正。"因此,D项的内容与此相符,符合合法行政要求。

法条变更	《中华人民共和国行政处罚法》
	2021年1月22日第十三届全国人民代表大会常务委员会第二十五次会议修订,自2021年7月15日起施行

5. 合理行政原则[BC]

[解析] 合理行政原则是指所有的行政活动,尤其是行政机关有裁量权的活动,都必须符合理性。具体而言包括:第一,公平公正原则。要平等对待所有行政相对人,不偏私、不歧视。相同情况,相同对待;不同情况,差别对待。第二,考虑相关因素原则。作出行政决定和进行行政裁量,只能考虑符合立法授权目的的各种因素,不得考虑不相关因素。第三,比例原则。具体又包括三项原则:其一,目的性原则,即行政机关的活动要符合法律的目的。其二,必要性原则,即行政机关采取的措施和手段应当必要、适当。其三,相称性原则,即行政机关实行行政管理有多种手段可选择时,应当避免采用损害行政相对人权益的方式。如果为达致行政目的必须对相对人的权益形成不利影响,那么这种不利影响应当被限制在尽可能小的范围和限度内,并且两者应当处于适当的比例之中。

本题中,B项是公平公正原则的体现,C项是比例原则的体现。而A项中行政机关在作出重要决定时充分听取公众的意见是程序正当原则的体现,D项中非因法定事由并经法定程序,行政机关不得撤销已生效的行政决定是诚实守信原则的体现。故B、C项正确。

6. 合法行政原则;行政指导;治安管理处罚;行政许可[ACD]

[解析] 合法行政原则要求行政机关采取行政措施必须有法律的明确授权,没有立法性规定的授权,行政机关不得采取影响公民、法人和其他组织权利义务的行政措施。A项中某镇政府要求村民拔掉麦子改种蔬菜,这实质上是用行政命令干预村民的农业生产自由,侵犯了村民对麦子享有的合法的财产权,违反了合法行政原则中"行政机关应当依照法律授权活

动"的要求。故A项当选。

B项中,某市政府发布《促进残疾人就业指导意见》,对录用残疾人达一定数量的企业予以奖励,这属于没有强制性的行政指导,用奖励驱动的方式引导相对人的行为,符合合法行政原则的要求,对于解决残疾人就业难的问题具有积极意义。故B项不当选。

《行政处罚法》第32条规定:"当事人有下列情形之一的,应当从轻或者减轻行政处罚:……(二)受他人胁迫或者诱骗实施违法行为的;……"而《治安管理处罚法》第19条规定:"违反治安管理有下列情形之一的,减轻处罚或者不予处罚:(一)情节特别轻微的;……(三)出于他人胁迫或者诱骗的;……"由此可知,同样是受他人胁迫而从事违法行为,治安管理处罚案件与其他一般行政处罚案件的处罚适用规则是不同的。因为《行政处罚法》是一般法,而《治安管理处罚法》是特别法,对于同一情形两者都作出具体规定的,应适用特别法《治安管理处罚法》的规定。因此,孙某受他人胁迫而殴打他人,且情节特别轻微,公安局应当对其减轻处罚或不予处罚,而不是从轻处罚。C项违反了治安管理处罚的适用规则。故C项当选。

《行政许可法》第14、15条规定,只有法律、法规、省级政府规章有行政许可设定权,其他规范性文件一律不得设定行政许可。此外,该文件所"设定"的行政许可的内容也是不合法的,根据《行政许可法》第15条第2款规定,设定的行政许可,不得限制其他地区的个人或者企业到本地区从事生产经营和提供服务,不得限制其他地区的商品进入本地区市场。D项中某市政府实际上是通过非法设定行政许可,达到限制外地物流公司到本地运输货物的目的,这是一种基于地方保护主义的限制竞争行为,是违反法律规定的。故D项当选。

7. 行政法的基本原则[ABCD]

[解析] 诚实信用是行政法中一个非常重要的原则。其中,诚实要求行政机关发布的所有信息必须是全面、准确和真实的。而信用的要求主要体现在以下三个方面:一是非因法定事由并经法定程序,行政机关不得撤销、变更已经生效的行政决定。二是因国家利益、公共利益或者其他法定事由需要撤回或者变更行政决定的,应当依照法定权限和程序进行,并对行政相对人因此受到的信赖利益损失依法予以补偿。三是行政机关违反法定程序或非因法定事由违法撤销已经生效的行政决定,对行政相对人因此受到的财产损失应依法予以赔偿。

本案中,县政府作出决定要对招商引资有成绩的单位和个人进行奖励,该决定已经生效并具备了法律效力,非因法定事由并经法定程序不得随意撤销、变更。张某正是基于对县政府奖励承诺的信赖,引荐了

500万元的投资,县政府应当恪守承诺向张某兑现奖励规定。但县政府最终拒绝奖励的行为严重违背了诚实信用原则中的信赖保护要求,侵害了张某的信赖利益。故A、B、C、D项错误。

8. 行政许可;执法为民[BCD]

[解析]《行政许可法》第58条第2款的规定:"行政机关提供行政许可申请书格式文本,不得收费。"故A项错误。

B项中的主动提供咨询是行政许可机关的法定义务,C项中的缩短工作期限体现了高效便民基本原则的要求,D项则反映了行政许可中的集中办理、联合办理程序,这三项直接体现了执法为民理念。故B、C、D项正确。

9. 程序正当原则[AD]

[解析]程序正当原则是指行政机关进行行政行为,应当遵循正当的程序。具体包括以下三个方面的内容:第一,行政公开原则。行政机关实施行政管理,除涉及国家秘密和依法受到保护的商业秘密、个人隐私外,应当公开。第二,公众参与原则。行政机关在行政管理过程中,应当听取公民、法人和其他组织的意见。特别是对行政管理相对人作出不利的规定或者决定时,更要严格遵循法定程序,依法保障行政管理相对人的参与权。第三,回避原则。行政机关工作人员履行职责,与行政管理相对人存在利害关系时,应当回避。

A项体现了程序正当原则中公众参与的要求,D项体现了程序正当原则中回避原则的要求。B项中对因违法行政给当事人造成的损失主动进行赔偿是权责统一原则的体现,C项中严格在法律授权的范围内实施行政管理活动是合法行政原则中法律保留要求的体现。故A、D项正确。

10. 高效便民原则[AC]

[解析]高效便民原则是指行政机关能够依法高效率、高效益地行使职权,最大限度地方便人民群众。其包括行政效率原则和便利当事人原则。A项中简化行政机关内部办理行政许可流程,有利于提高行政许可的办理效率,减少不合理延迟的情况,符合行政效率原则。C项中对办理行政许可的当事人提出的问题给予及时、耐心的答复,是在积极履行自己的行政职责,而且也是为相对人提供便利,帮助其解决问题,符合行政效率原则和便利当事人原则。故A、C项当选。

B项中非因法定事由并经法定程序,行政机关不得撤回和变更已生效的行政许可,是对相对人信赖利益的保护,因而体现的是信赖利益保护原则。D项中对违法实施行政许可给当事人造成侵害的执法人员予以责任追究,强调行政主体对自己作出的行政

为负责,当其违法或者不当行使职权时就应当承担相应的法律责任,体现的是权责统一原则。故B、D项不当选。

11. 行政法基本原则[BC]

[解析]本题考查了合理行政中的比例原则。比例原则要求行政行为要具有适当性,是指行政机关所选择的具体措施和手段应当为法律所必需,结果和手段之间存在着正当性。同时还要求损害最小,是指行政机关在可以采用多种方式实现某一行政目的的情况下,应当采用对当事人权益损害最小的方式。本案中,廖某所建小棚未占用主干道,其违法行为没有严重到既需要拆除又需要实施顶格处罚的程度,而县建设局下发限期拆除通知后强制拆除,并对廖某作出罚款2万元的处罚,可见,县建设局的行为既不适当,也不是对当事人损害最小,明显违反了合理行政原则和比例原则的要求。故B、C项正确。

12. 程序正当原则[AD]

[解析]程序正当原则是指行政主体作出的行政行为应当遵守法律规定的程序要求,包括事前告知相对人及事后提供救济等内容。具体而言包括三个方面:(1)行政公开原则,即除涉及国家秘密和依法受到保护的商业秘密、个人隐私外,行政机关实施行政管理应当公开;(2)公众参与原则,即行政机关作出重要的规定或决定时,应听取公众意见,尤其应当听取直接相对人与其他利害关系人的陈述或申辩;(3)回避原则,即行政机关的工作人员履行职责时,如与相对人存在利害关系的应当回避。

《行政处罚法》第64条对听证程序的回避制度已作了明确规定,听证程序的主持人不得为本案调查人员。因而由本案调查人员担任听证主持人的行为违反了程序正当原则中的回避要求。故A项当选。

《土地管理法》第46条规定,征收永久基本农田应由国务院批准,即国务院享有最终决定权。B项中,县政府自行决定征收基本农田(2019年《土地管理法》修订后称"永久基本农田")35公顷的行为属于越权行为,违反了行政法的实体性基本原则,而非作为程序性基本原则之一的程序正当原则。故B项不当选。

《治安管理处罚法》第98条规定,公安机关作出吊销许可证以及处2000元以上罚款的治安管理处罚决定前,应当告知违反治安管理行为人有权要求举行听证。可见,行政拘留并非属于必须告知听证的事项。但因为听证对被处罚人有利,公安机关自愿告知被处罚人举行听证的,并不违法。故C项不当选。

《治安管理处罚法》第91条规定,公安派出所有权作出500元以下罚款的处罚决定。该法第100条规定,违反治安管理行为事实清楚,证据确凿,处警告或

行政法与行政诉讼法 [答案详解] 3

者200元以下罚款的,可以当场作出治安管理处罚决定。据此,当场作出处罚决定属于治安管理处罚的简易程序,而D项中公安派出所虽然有权作出罚款500元的处罚决定,但是由于高于200元的限额,因此不能适用简易程序,而应当遵循普通程序,其行为违反了程序正当原则。故D项当选。

专题二 行政主体

考点2 国务院行政机构的设置与编制管理

13. 国务院行政机构的设置[C]

[解析]《国务院行政机构设置和编制管理条例》第20条规定:"国务院议事协调机构不单独确定编制,所需要的编制由承担具体工作的国务院行政机构解决。"故A项错误。

《国务院行政机构设置和编制管理条例》第6条第7项规定,国务院议事协调机构承担跨国务院行政机构的重要业务工作的组织协调任务。该条第6项规定,国务院组成部门管理的国家行政机构由国务院组成部门管理,主管特定业务,行使行政管理职能。可见,B项所述内容属于国务院组成部门管理的国家行政机构的职能,议事协调机构负责在国务院的各部门之间"牵线搭桥",一般不对外承担管理职能,故B项错误。

《国务院行政机构设置和编制管理条例》第8条规定:"国务院直属机构、国务院办事机构和国务院组成部门管理的国家行政机构的设立、撤销或者合并由国务院机构编制管理机关提出方案,报国务院决定。"故C项正确。【总结提示】国务院行政机构设置(设立、撤销、合并)的决定(批准)机关:去掉一高一低,其他都由国务院。即国务院组成部门(一高)的设置由全国人大或者全国人大常委会决定,处级内设机构(一低)的设置由本行政机构自己决定,其他国务院行政机构的设置均由国务院决定。

根据《立法法》第91条第1款规定,国务院直属机构主管国务院的某项专门业务,具有独立的行政管理职能,有权制定规章。故D项错误。

法条变更	《中华人民共和国立法法》
	根据2023年3月13日第十四届全国人民代表大会第一次会议《关于修改〈中华人民共和国立法法〉的决定》第二次修正

14. 行政机构设置与编制[C]

[解析]《立法法》第91条第1款规定:"国务院各部、委员会、中国人民银行、审计署和具有行政管理职能的直属机构以及法律规定的机构,可以根据法律和国务院的行政法规、决定、命令,在本部门的权限范围内,制定规章。"因此,国务院组成部门管理的国家能源局并没有规章的制定权。故A项错误。

根据《国务院行政机构设置和编制管理条例》第6条第4、6款规定,国务院直属机构主管国务院的某项"专门业务",具有"独立的"行政管理职能。而国务院组成部门管理的国家行政机构由国务院组成部门管理,主管"特定业务",行使行政管理职能。因此,国家能源局的职权是主管特定业务,行使行政管理职能。故B项错误。

《国务院行政机构设置和编制管理条例》第8条规定:"国务院直属机构、国务院办事机构和国务院组成部门管理的国家行政机构的设立、撤销或者合并由国务院机构编制管理机关提出方案,报国务院决定。"因此,国家能源局作为国务院组成部门管理的国家行政机构,其设立应由国务院编制管理机关提出方案,报国务院决定。故C项正确。

《国务院行政机构设置和编制管理条例》第14条第1款规定:"国务院行政机构的司级内设机构的增设、撤销或者合并,经国务院机构编制管理机关审核方案,报国务院批准。"故D项错误。

15. 国务院议事协调机构的撤销、职权与内设机构[C]

[解析]《国务院行政机构设置和编制管理条例》第11条规定:"国务院议事协调机构的设立、撤销或者合并,由国务院机构编制管理机关提出方案,报国务院决定。"据此,国务院议事协调机构的撤销由国务院决定,国务院机构编制管理机关仅提出方案,不具有决定权。故A项错误。

《国务院行政机构设置和编制管理条例》第6条第7款规定:"国务院议事协调机构承担跨国务院行政机构的重要业务工作的组织协调任务。国务院议事协调机构议定的事项,经国务院同意,由有关的行政机构按照各自的职责负责办理。在特殊或者紧急的情况下,经国务院同意,国务院议事协调机构可以规定临时性的行政管理措施。"据此,国务院议事协调机构一般没有独立的行政职能,即有权议事无权实施,经其议定的事项,经国务院同意,由有关的行政机构按照各自的职责负责办理。因此,国务院议事协调机构原则上没有规定行政措施的权力;只有在特殊或者紧急的情况下,经国务院同意,享有规定临时性管理措施的权限。故B项错误,C项正确。

《国务院行政机构设置和编制管理条例》第13条规定:"国务院办公厅、国务院组成部门、国务院直属机构、国务院办事机构在职能分解的基础上设立司、处两级内设机构;国务院组成部门管理的国家行政机构根据工作需要可以设立司、处两级内设机构,也可以只设立处级内设机构。"据此可知,行政法规并未规定国务院议事协调机构享有设立司、处两级内设机构的权限,法理上,对于行政法领域中行政主体的权限,"法无授权即禁止"。故D项错误。

16. 国务院行政机构的内设机构的合并[A]

[解析]《国务院行政机构设置和编制管理条例》第14条第2款规定:"国务院行政机构的处级内设机构的设立、撤销或者合并,由国务院行政机构根据国家有关规定决定,按年度报国务院机构编制管理机关备案。"因此,对于国务院某部的处级内设机构的合并,应由该部作出决定,并报国务院机构编制管理机关备案。故A项正确,B、C、D项错误。

17. 国务院直属机构的设置与编制[B]

[解析]《国务院行政机构设置和编制管理条例》第8条规定,国务院直属机构的设立、撤销或者合并由国务院机构编制管理机关提出方案,报国务院决定。故A项错误,B项正确。

《国务院行政机构设置和编制管理条例》第19条规定,国务院行政机构增加或者减少编制,由国务院机构编制管理机关审核方案,报国务院批准。因此,编制的增加应经国务院批准,国务院有最终决定权。故C项错误。

《国务院行政机构设置和编制管理条例》第6条第3、4款规定,国务院组成部门依法分别履行国务院基本的行政管理职能。国务院直属机构主管国务院的某项专门业务,具有独立的行政管理职能。故D项错误,应是国务院组成部门依法履行国务院基本的行政管理职能,而不是国务院直属机构。

18. 国务院行政机构的设置和编制管理[D]

[解析]《国务院行政机构设置与编制管理条例》第11条规定:"国务院议事协调机构的设立、撤销或者合并,由国务院机构编制管理机关提出方案,报国务院决定。"据此,由国务院机构编制管理机关提出议事协调机构撤销的方案,交由国务院决定。故A项错误。

《国务院行政机构设置与编制管理条例》第14条第1款规定:"国务院行政机构的司级内设机构的增设、撤销或者合并,经国务院机构编制管理机关审核方案,报国务院批准。"据此,是经国务院机构编制管理机关"审核方案",而非"提出方案";是报国务院"批准",而非"决定"。故B项错误。

《国务院行政机构设置与编制管理条例》第20条规定:"国务院议事协调机构不单独确定编制,所需要的编制由承担具体工作的国务院行政机构解决。"故C项错误。

《国务院行政机构设置与编制管理条例》第18条第1款规定:"国务院行政机构的编制在国务院行政机构设立时确定。"故D项正确。

考点3 地方行政机构的设置与编制管理

19. 地方行政机构设置的管理权限[B]

[解析]《地方各级人民政府机构设置和编制管理条例》第9条规定:"地方各级人民政府行政机构的设立、撤销、合并或者变更规格、名称,由本级人民政府提出方案,经上一级人民政府机构编制管理机关审核后,报上一级人民政府批准;其中,县级以上地方各级人民政府行政机构的设立、撤销或者合并,还应当依法报本级人民代表大会常务委员会备案。"乙市政府的上一级政府为甲省政府,故B项正确。

20. 地方各级人民政府机构设置和编制执行情况的评估[A]

[解析]《地方各级人民政府机构设置和编制管理条例》第24条规定:"县级以上各级人民政府机构编制管理机关应当定期评估机构和编制的执行情况,并将评估结果作为调整机构编制的参考依据。评估的具体办法,由国务院机构编制管理机关制定。"据此,评估应当定期进行。故A项正确。评估的具体办法由国务院机构编制管理机关制定而非由国务院制定。故B项错误。评估结果是调整机构编制的参考依据而非直接依据。故C项错误。国务院行政机构和编制执行情况的监督检查才适用《国务院行政机构设置和编制管理条例》,中央与地方的要求有所不同。故D项错误。

21. 行政组织、地方机构编制管理机关[B]

[解析]《地方各级人民政府机构设置和编制管理条例》第29条规定:"地方的事业单位机构和编制管理办法,由省、自治区、直辖市人民政府机构编制管理机关拟定,报国务院机构编制管理机关审核后,由省、自治区、直辖市人民政府发布。事业编制的全国性标准由国务院机构编制管理机关会同国务院财政部门和其他有关部门制定。"故B项正确,A、C、D项错误。

22. 地方人民政府机构设置和编制管理[AD]

[解析]《地方各级人民政府机构设置和编制管理条例》第8条第2款规定:"地方各级人民政府行政机构应当根据履行职责的需要,适时调整。但是,在一届政府任期内,地方各级人民政府的工作部门应当保持相对稳定。"故A项正确。

该条例第5条规定:"县级以上各级人民政府机构编制管理机关应当按照管理权限履行管理职责,并对下级机构编制工作进行业务指导和监督。"可见,上下两级机构编制管理机关不是领导与被领导的关系,而是指导与被指导、监督与被监督的关系。故B项错误。

该条例第16条规定:"地方各级人民政府的行政

编制总额,由省、自治区、直辖市人民政府提出,经国务院机构编制管理机关审核后,报国务院批准。"可见,甲市政府的行政编制总额,应当由乙省政府提出,报国务院批准。故C项错误。

该条例第18条规定:"地方各级人民政府根据调整职责的需要,可以在行政编制总额内调整本级人民政府有关部门的行政编制。但是,在同一个行政区域不同层级之间调配使用行政编制的,应当由省、自治区、直辖市人民政府机构编制管理机关报国务院机构编制管理机关审批。"据此,甲市政府根据调整职责的需要,可以在行政编制总额内调整市政府有关部门的行政编制。故D项正确。

23. 地方政府机构设置和编制管理[B]

[解析]《地方各级人民政府机构设置和编制管理条例》第4条规定:"地方各级人民政府的机构编制工作,实行中央统一领导、地方分级管理的体制。"可知地方各级人民政府的机构编制工作是由中央统一领导、地方分级管理,而不是实行垂直领导。故A项错误,不选。

《地方各级人民政府机构设置和编制管理条例》第6条第2款规定:"县级以上各级人民政府应当建立机构编制、人员工资与财政预算相互约束的机制,在设置机构、核定编制时,应当充分考虑财政的供养能力……"故B项正确,当选。

《地方各级人民政府机构设置和编制管理条例》第7条规定:"县级以上各级人民政府行政机构不得干预下级人民政府行政机构的设置和编制管理工作,不得要求下级人民政府设立与其业务对口的行政机构。"故C项错误,不选。

《地方各级人民政府机构设置和编制管理条例》第29条规定:"地方的事业单位机构和编制管理办法,由省、自治区、直辖市人民政府机构编制管理机关拟定,报国务院机构编制管理机关审核后,由省、自治区、直辖市人民政府发布……"可知地方的事业单位机构和编制管理办法由国务院机构编制管理机关审核,发布主体应为省人民政府。故D项错误,不选。

24. 行政机构职能设置[C]

[解析]《地方各级人民政府机构设置和编制管理条例》第10条规定:"地方各级人民政府行政机构职责相同或者相近的,原则上由一个行政机构承担。行政机构之间对职责划分有异议的,应当主动协商解决。协商一致的,报本级人民政府机构编制管理机关备案;协商不一致的,应当提请本级人民政府机构编制管理机关提出协调意见,由机构编制管理机关报本级人民政府决定。"本案情形属于上条规定的调整对象,C项即解决这类冲突的唯一合法途径,A、B项均不符合该条规定。故A、B项错误,C项正确。

《地方各级政府机构设置和编制管理条例》第9条规定:"地方各级人民政府行政机构的设立、撤销、合并或者变更规格、名称,由本级人民政府提出方案,经上一级人民政府机构编制管理机关审核后,报上一级人民政府批准;其中,县级以上地方各级人民政府行政机构的设立、撤销或者合并,还应当依法报本级人民代表大会常务委员会备案。"可见,只有在地方政府行政机构的设立、撤销、合并或者变更规格、名称时,才需要由本级政府提出方案,经上一级政府机构编制管理机关审核后,报上一级政府决定。本案属于两个行政机构之间的职责划分争议问题,不适用该规定。故D项错误。

专题三 公务员

考点4 公务员处分制度

25. 公务员处分的适用及处分的权限[ABCD(原答案为D)]

[解析]《行政机关公务员处分条例》第16条规定:"行政机关经人民法院、监察机关、行政复议机关或者上级行政机关依法认定有行政违法行为或者其他违法违纪行为,需要追究纪律责任的,对负有责任的领导人员和直接责任人员给予处分。"据此可知:(1)需要追究纪律责任的,才给予处分;(2)处分的对象是负有责任的领导人员和直接责任人员,而非一定是机关的负责人。A项并没有交代追究张某的纪律责任,且对责任承担人认定错误。故A项错误。

《行政机关公务员处分条例》第14条第1款规定:"行政机关公务员主动交代违法违纪行为,并主动采取措施有效避免或者挽回损失的,应当减轻处分。"B项中李某除主动交代自己的违法行为外,还需主动采取措施有效避免或挽回损失的,才能给予减轻处分。故B项错误。

《行政机关公务员处分条例》第38条规定:"行政机关公务员违法违纪,已经被立案调查,不宜继续履行职责的,任免机关可以决定暂停其履行职务。被调查的公务员在违法违纪案件立案调查期间,不得交流、出境、辞去公职或者办理退休手续。"可知,对于已经被立案调查的王某,只有在不宜继续履行职责时,任免机关可以决定暂停其履行职务,故C项错误。被调查的田某在违法违纪案件立案调查期间,不得交流。但根据《公务员法》第69条第3款规定,交流方式包括调任、转任。挂职不属于交流制度,所以,根据新法,立案调查期间挂职锻炼并没有违反《行政机关公务员处分条例》第38条规定,故D项错误。【旧题新解】本题原为单选题,选择正确的一项。根据旧《公务员法》,挂职锻炼也属于公务员交流方式,故原本D项是正确的。而2018年《公务员法》修订后,挂职锻炼不再属于交流方式,故根据新法,D项错误,导致本题无答案。所以,本题根据新法改编为多选题。

26. 公务员的处分[D]

[解析]《公务员法》第64条规定:"公务员在受处分期间不得晋升职务、职级和级别,其中受记过、记大过、降级、撤职处分的,不得晋升工资档次。受处分的期间为:警告,6个月;记过,12个月;记大过,18个月;降级、撤职,24个月。"由此可见,A项中张某受记过处分,不得晋升工资档次。故A项错误。C项中童某受记大过处分,处分期间应为18个月。故C项错误。

《公务员法》第65条规定:"公务员受开除以外的处分,在受处分期间有悔改表现,并且没有再发生违纪违法行为的,处分期满后自动解除。解除处分后,晋升工资档次、级别和职务、职级不再受原处分的影响。但是,解除降级、撤职处分的,不视为恢复原级别、原职务、原职级。"据此,B项中孙某被解除撤职处分后,不视为恢复原级别、原职务、原职级。故B项错误。

《行政机关公务员处分条例》第14条规定:"行政机关公务员主动交代违法违纪行为,并主动采取措施有效避免或者挽回损失的,应当减轻处分。行政机关公务员违纪行为情节轻微,经过批评教育后改正的,可以免予处分。"据此,D项中田某主动交代违纪行为并主动采取措施有效避免损失,依法应减轻处分。故D项正确。

27. 公务员处分的适用[AB]

[解析]《行政机关公务员处分条例》第10条第1款规定:"行政机关公务员同时有两种以上需要给予处分的行为的,应当分别确定其处分。应当给予的处分种类不同的,执行其中最重的处分;应当给予撤职以下多个相同种类处分的,执行该处分,并在一个处分期以上、多个处分期之和以下,决定处分期。"本题中,孙某因同时违反财经纪律和玩忽职守被分别给予撤职和记过处分,依据上述法条规定,应执行其中最重的处分,即撤职处分。故A项正确。

《行政机关公务员处分条例》第8条规定:"行政机关公务员在受处分期间不得晋升职务和级别,其中,受记过、记大过、降级的,不得晋升工资档次;受撤职的,应当按照规定降低级别。"本题中,孙某是受撤职处分的,应当按照规定降低级别。故B项正确。

《行政机关公务员处分条例》第7条规定:"行政机关公务员受处分的期间为:(一)警告,6个月;(二)记过,12个月;(三)记大过,18个月;(四)降级、撤职,24个月。"本题中,因为应对孙某给予撤职处分,孙某的处分期为24个月。故C项错误。

《行政机关公务员处分条例》第9条第2款规定:"……解除处分后,晋升工资档次、级别和职务不再受原处分的影响。但是,解除降级、撤职的,不视为恢复原级别、原职务。"本题中,孙某是受撤职处分,解除其撤职处分,不视为恢复其原职务。故D项错误。

28. 警告[B]

[解析]《公务员法》第63条第3款规定:"处分决定机关认为对公务员应当给予处分的,应当在规定的期限内,按照管理权限和规定的程序作出处分决定。处分决定应当以书面形式通知公务员本人。"处分决定只能以书面形式,不能以口头方式通知。故A项错误。

《行政机关公务员处分条例》第46条规定:"处分决定、解除处分决定自作出之日起生效。"针对类似题目,考生需要记住以下规则:对内部公务员处分决定自作出之日起生效,而对外部普通公民行政处罚是自送达之日起生效。另外注意,《公务员法》修改后对处分的解除方式作出调整,根据该法第65条,在受处分期间有悔改表现,并且没有再发生违纪违法行为的,处分期满后自动解除。故B项正确。

《行政机关公务员处分条例》第7条规定:"行政机关公务员受处分的期间为:(一)警告,6个月;(二)记过,12个月;(三)记大过,18个月;(四)降级、撤职,24个月。"警告的处分期限为6个月。故C项错误。

《行政机关公务员处分条例》第8条规定:"行政机关公务员在受处分期间不得晋升职务和级别,其中,受记过、记大过、降级的,不得晋升工资档次;受撤职的,应当按照规定降低级别。"受记过、记大过、降级、撤职的,禁止晋升工资档次,但受警告处分的无此限制。故D项错误。

考点5 公务员的其他制度

29. 公务员管理制度[A]

[解析]《公务员法》第57条规定:"机关应当对公务员的思想政治、履行职责、作风表现、遵纪守法等情况进行监督,开展勤政廉政教育,建立日常管理监督制度。对公务员监督发现问题的,应当区分不同情况,予以谈话提醒、批评教育、责令检查、诫勉、组织调整、处分。对公务员涉嫌职务违法和职务犯罪的,应当依法移送监察机关处理。"据此规定可知,诫勉是机关对公务员的监督措施之一。不同于公务员的处分,诫勉不具有惩戒性,主要采用谈话规诫并跟踪考核的方式。故A项正确。

根据《公职人员政务处分法》和《行政机关公务员处分条例》的规定,公职人员涉嫌违法,在立案调查期间不得交流。被诫勉不属于此种情形,交流不受影响。故B项错误。

《公务员法》第64条第1款规定:"公务员在受处分期间不得晋升职务、职级和级别,其中受记过、记大过、降级、撤职处分的,不得晋升工资档次。"据此,公务员只有在受处分期间不得晋升职务,受到诫勉处理则不受影响。故C项错误。

《公务员法》第95条列举了公务员可以提出申诉的事项,包括:(1)处分;(2)辞退或者取消录用;(3)降职;(4)定期考核定为不称职;(5)免职;(6)申请辞职、提前退休未予批准;(7)不按照规定确定或者扣减工资、福利、保险待遇;(8)法律、法规规定可以申诉的其他情形。可见,对公务员的诫勉不在申诉范围之内。故D项错误。

30. 公务员管理制度[AD]

[解析] 根据《公务员法》第19条规定,公务员职级在厅局级以下设置。综合管理类公务员职级序列分为:一级巡视员、二级巡视员、一级调研员、二级调研员、三级调研员、四级调研员、一级主任科员、二级主任科员、三级主任科员、四级主任科员、一级科员、二级科员。故A项正确。

《公务员法》第49条规定:"公务员职级应当逐级晋升,根据个人德才表现、工作实绩和任职资历,参考民主推荐或者民主测评结果确定人选,经公示后,按照管理权限审批。"据此,任职资历仅是公务员晋升的考察指标之一,故B项错误。

根据《公务员法》第95条规定,公务员的申诉事项包括:(1)处分;(2)辞退或者取消录用;(3)降职;(4)定期考核定为不称职;(5)免职;(6)申请辞职、提前退休未予批准;(7)不按照规定确定或者扣减工资、福利、保险待遇;(8)法律、法规规定可以申诉的其他情形。可知,提出申诉的事项都是直接侵犯公务员个人权益的事项,是否应当晋升职务并非公务员当然享有的权利,陈某无权因为未晋升而提出申诉。故C项错误。

根据《公务员法》第37条规定,非领导成员公务员的定期考核采取年度考核的方式。可知,年度考核是定期考核的一种方式,故D项正确。

31. 职位聘任[A]

[解析]《公务员法》第103条第3款规定:"聘任制公务员实行协议工资制,具体办法由中央公务员主管部门规定。"故A项当选。【易混易错】根据《公务员法》第100条第1款规定,对专业性较强的职位和辅助性职位实行聘任制,需经省级以上公务员主管部门批准。

32. 公务员职级[D]

[解析]《公务员法》第17条规定:"国家实行公务员职务与职级并行制度,根据公务员职位类别和职责设置公务员领导职务、职级序列。"故A项正确。

《公务员法》第21条第4款规定:"公务员的领导职务、职级与级别是确定公务员工资以及其他待遇的依据。"故B项正确。

《公务员法》第40条第1款规定:"公务员领导职务实行选任制、委任制和聘任制。公务员职级实行委任制和聘任制。"故C项正确。

《公务员法》第19条第1款规定:"公务员职级在厅局级以下设置。"故D项错误。

33. 引咎辞职[C]

[解析]《公务员法》第87条第3款规定:"领导成员因工作严重失误、失职造成重大损失或者恶劣社会影响的,或者对重大事故负有领导责任的,应当引咎辞去领导职务。"据此,引咎辞职辞去的是领导职务,当事人依然具有公务员身份,故A项错误。

引咎辞职是对公务员的一种内部管理行为,属于行政问责,而不是行政处分。公务员处分的类型只包括警告、记过、记大过、降级、撤职、开除六种。故B项错误,C项正确。

引咎辞职与处分制度是两种不同的公务员管理制度,二者并行不悖,引咎辞职不是行政处分的必经程序,故D项错误。

34. 公务员的录用制度[C]

[解析]《公务员法》第33条规定:"录用特殊职位的公务员,经省级以上公务员主管部门批准,可以简化程序或者采用其他测评办法。"据此,录用特殊职位公务员的程序是可以简化的,但是必须经过"省级以上公务员主管部门"批准,而A项中的批准机关市公安局不是省级以上公务员主管部门,故A项错误。

《公务员法》第26条规定:"下列人员不得录用为公务员:(一)因犯罪受过刑事处罚的;(二)被开除中国共产党党籍的;(三)被开除公职的;(四)被依法列为失信联合惩戒对象的;(五)有法律规定不得录用为公务员的其他情形的。"据此,只要曾被开除过公职,即使业务和能力优秀也不能被录用为公务员,故B项错误。

《公务员法》第34条规定:"新录用的公务员试用期为1年。试用期满合格的,予以任职;不合格的,取消录用。"据此,李某试用期满不合格,市环保局决定对其取消录用的做法符合本条规定,故C项正确。

《公务员法》第31条规定:"招录机关根据考试成绩确定考察人选,并进行报考资格复审、考察和体检。体检的项目和标准根据职位要求确定。具体办法由中央公务员主管部门会同国务院卫生健康行政部门规定。"由此可知,体检的项目和标准的具体办法应当由中央公务员主管部门会同国务院卫生健康行政部门规定,国务院卫生健康行政部门无权自己规定,更不存在报中央公务员主管部门备案的问题,故D项错误。

35. 聘任制公务员的招录及工资制度;聘任合同的期限以及备案程序[B]

[解析]《公务员法》第100条规定:"机关根据工作需要,经省级以上公务员主管部门批准,可以对专业性较强的职位和辅助性职位实行聘任制。前款所列职位涉及国家秘密的,不实行聘任制。"据此,保密局不能聘任负责保密工作的计算机程序员。故A项错误。

《公务员法》第103条第3款规定:"聘任制公务员实行协议工资制,具体办法由中央公务员主管部门规定。"故B项正确。

《公务员法》第103条第2款规定:"聘任合同期限为1年至5年。聘任合同可以约定试用期,试用期为1个月至12个月。"故C项错误。

《公务员法》第102条第2款规定:"聘任合同的签订、变更或者解除,应当报同级公务员主管部门备案。"由此可知,聘任合同应当备案,但无需经上级机关批准。故D项错误。

36. 公务员交流制度[BD(原答案为B)]

[解析] 根据《公务员法》第69条规定,公务员交流的方式包括调任、转任。国有企业事业单位、人民团体和群众团体中从事公务的人员可以调入机关担任领导职务或者副调研员以上及其他相当职务层次的非领导职务。调任是"从外到内",A项是从外(事业单位)到内(国务院某部),C项是从外(国有企业)到内(国有资产管理委员会),符合公务员的调任情形。故A、C项不当选。

《公务员法》第100条规定:"机关根据工作需要,经省级以上公务员主管部门批准,可以对专业性较强的职位和辅助性职位实行聘任制。前款所列职位涉及国家秘密的,不实行聘任制。"据此,B项的情形属于职务聘任,而不是职务交流。故B项当选。

《公务员法》第72条规定:"根据工作需要,机关可以采取挂职方式选派公务员承担重大工程、重大项目、重点任务或者其他专项工作。公务员在挂职期间,不改变与原机关的人事关系。"D项情形属于公务员的挂职。2018年《公务员法》修订后,挂职不再被视为公务员交流方式。另外需要掌握的是,挂职需要满足"承担重大工程、重大项目、重点任务或者其他专项工作"的限制条件。故D项当选。

37. 公务员管理[BC]

[解析]《公务员法》第44条规定:"公务员因工作需要在机关外兼职,应当经有关机关批准,并不得领取兼职报酬。"故A、D项错误,B、C项正确。

38. 聘任制公务员的管理[BCD]

[解析]《公务员法》第101条第1款规定:"机关聘任公务员可以参照公务员考试录用的程序进行公开招聘,也可以从符合条件的人员中直接选聘。"据此,本案中对孙某的聘任是可以按照公务员考试录用程序进行公开招聘,而非必须。故A项错误。

《公务员法》第104条规定:"机关依据本法和聘任合同对所聘公务员进行管理。"因此,该机关应按照《公务员法》和聘任合同对孙某进行管理。故B项正确。

《公务员法》第103条第3款规定,聘任制公务员按照国家规定实行协议工资制,具体办法由中央公务员主管部门规定。因此,对孙某的工资可以按照国家规定实行协议工资。故C项正确。

《公务员法》第105条第1款规定,聘任制公务员与所在机关之间因履行聘任合同发生争议的,可以自争议发生之日起60日内申请仲裁。据此,如果孙某与该机关因履行聘任合同发生争议,可以向人事争议仲裁委员会申请仲裁。D项正确。

39. 公务员录用[C]

[解析]《公务员法》第34条规定:"新录用的公务员试用期为1年。试用期满合格的,予以任职;不合格的,取消录用。"因此,王某的试用期限是1年,县财政局无自由裁量的权力。故A项错误。

取消录用不属于对公务员的辞退,不适用于辞退公务员的规定。《公务员法》第88条规定:"公务员有下列情形之一的,予以辞退:(一)在年度考核中,连续两年被确定为不称职的;(二)不胜任现职工作,又不接受其他安排的;(三)因所在机关调整、撤销、合并或者缩减编制员额需要调整工作,本人拒绝合理安排的;(四)不履行公务员义务,不遵守法律和公务员纪律,经教育仍无转变,不适合继续在机关工作,又不宜给予开除处分的;(五)旷工或者因公外出、请假期满无正当理由逾期不归连续超过15天,或者1年内累计超过30天的。"故B项错误。

对行政机关工作人员的奖惩、任免等决定属于内部行政行为,不属于行政诉讼受案范围。故C项正确。

不予录用与取消录用是公务员管理中两种性质不同的管理活动,前者适用于对参加公务员考试而未通过考试的人,后者适用于已通过考试被录用但试用期不合格的人。故D项错误。

40. 公务员的辞职和辞退[CD]

[解析]《公务员法》第86条第3项规定,公务员有重要公务尚未处理完毕,且须由本人继续处理的,不得辞去公职。对重要公务尚未处理完毕的公务员,且须由本人继续处理的,才不得辞去公职。所以A项错误。

《公务员法》第87条第3款规定,领导成员因工作严重失误、失职造成重大损失或者恶劣社会影响的,或者对重大事故负有领导责任的,应当引咎辞去领导职务。公职不等于领导职务。所以B项错误。

《公务员法》第89条第2项规定,对患病或者负伤,在规定的医疗期内的公务员,不得辞退。所以C项正确。

《公务员法》第90条第2款规定,被辞退的公务员,可以领取辞退费或者根据国家有关规定享受失业保险。所以D项正确。

41. 聘任制公务员范围[BC]

[解析]《公务员法》第100条规定:"机关根据工作需要,经省级以上公务员主管部门批准,可以对专业性较强的职位和辅助性职位实行聘任制。前款所列职位涉及国家秘密的,不实行聘任制。"由此可见,可以实行聘任制的岗位有两种:一个是专业性较强的岗位,另一个是辅助性职位。故B、C项当选。A项是涉密职位,不当选;D项的急需的职位,不一定是专业性较强的岗位或辅助性岗位,也不当选。

42. 公务员的回避[ABC]

[解析]《公务员法》第75条规定,公务员担任乡级机关、县级机关和设区的市级机关及其有关部门主要领导职务的,应当实行地域回避。法律另有规定的除外。A项违反了地域回避的规定,故A项应选。

《公务员法》第74条第1款规定,公务员之间有夫妻关系、直系血亲关系、三代以内旁系血亲关系以及近姻亲关系的,不得在同一机关担任双方直接隶属于同一领导人员的职务或者有直接上下级领导关系的职务,也不得在其中一方担任领导职务的机关从事组织、人事、纪检、监察、审计和财务工作。B项中,刘某担任领导职务,他的侄子从事人事工作,违反了任职回避的要求,故B项应选。D项中,公安局局长和户籍警察之间并不是直接隶属关系,警察之上还有派出所所长,所长上面才是公安局局长,D项只是间接隶属,并非直接隶属,并不违反回避的规定,所以D项不选。

《公务员法》第76条第2项规定,公务员执行公务时,涉及与本人亲属关系人员的利害关系的,应当回避。本题中,王某的妻之弟任某企业的总经理助理,王某应当回避,故C项应选。

【关联记忆】除以上内容外,2018年《公务员法》增加了新的回避规定,公务员不得在其配偶、子女及其配偶经营的企业、营利性组织的行业监管或者主管部门担任领导成员。

专题四 抽象行政行为

考点6 行政法规

43. 行政法规制定程序[D]

[解析]《行政法规制定程序条例》第35条规定:

"国务院可以根据全面深化改革、经济社会发展需要,就行政管理等领域的特定事项,决定在一定期限内在部分地方暂时调整或者暂时停止适用行政法规的部分规定。"因此,D项当选。【思路拓展】如果考生没有掌握上述法条规定,本题也可以从法理上分析作答:行政法规由国务院制定,该行政法规要在某一个行政区域调整适用或者暂停适用,当然需要制定机关(国务院)批准。类似的如《行政许可法》第21条:省、自治区、直辖市人民政府对行政法规设定的有关经济事务的行政许可,根据本行政区域经济和社会发展情况,认为通过本法第13条所列方式能够解决的,报国务院批准后,可以在本行政区域内停止实施该行政许可。

44. 行政法规制定程序[D(原答案为C)]

[解析]《行政法规制定程序条例》第2条规定:"行政法规的立项、起草、审查、决定、公布、解释,适用本条例。"可知,行政法规制定程序中包括立项,解决的是国务院是否应当就特定行政管理事务制定行政法规的问题,是行政法规制定程序的第一个环节。故A项错误。

《行政法规制定程序条例》第16条第2款规定:"起草行政法规,涉及几个部门共同职责需要共同起草的,应当共同起草,达成一致意见后联合报送行政法规送审稿。几个部门共同起草的行政法规送审稿,应当由该几个部门主要负责人共同签署。"可知,并不是由牵头部门主要负责人签署,而是应当由几个部门主要负责人共同签署。故B项错误。

《行政法规制定程序条例》第20条第2款规定:"国务院法制机构可以将行政法规送审稿或者修改稿及其说明等向社会公布,征求意见。向社会公布征求意见的期限一般不少于30日。"报送国务院的行政法规送审稿,由国务院法制机构负责审查。根据新法规定,在审查中,国务院法制机构有权自主将行政法规送审稿或者修改稿及其说明等向社会公布,征求意见,无须再报经国务院同意。故C项错误。【旧题新解】根据旧法原本C项正确,但2017年《行政法规制定程序条例》修订后,行政法规送审稿是否向社会公布,由国务院法制机构直接决定,无需报请国务院同意,故C项错误。

《行政法规制定程序条例》第30条规定:"行政法规在公布后的30日内由国务院办公厅报全国人民代表大会常务委员会备案。"故D项正确。【易错易混】报送备案是由国务院办公厅负责,而不是国务院法制机构。

45. 行政法规的解释和制定程序[ACD]

[解析]《行政法规制定程序条例》第31条规定:"行政法规有下列情形之一的,由国务院解释:(一)行

政法规的规定需要进一步明确具体含义的;(二)行政法规制定后出现新的情况,需要明确适用行政法规依据的。国务院法制机构研究拟订行政法规解释草案,报国务院同意后,由国务院公布或者由国务院授权国务院有关部门公布。行政法规的解释与行政法规具有同等效力。"故A、C、D项正确。解释行政法规适用该条例第六章的单独程序,与制定程序不同。故B项错误。

46. 行政法规送审稿存在问题的处理[AC]

[解析]《行政法规制定程序条例》第19条规定:"行政法规送审稿有下列情形之一的,国务院法制机构可以缓办或者退回起草部门:……(二)有关部门对送审稿规定的主要制度存在较大争议,起草部门未征得机构编制、财政、税务等相关部门同意的;……"故A、C项正确。

47. 行政法规的审议通过、修改与备案[B]

[解析]《行政法规制定程序条例》第26条第1款规定:"行政法规草案由国务院常务会议审议,或者由国务院审批。"可知,行政法规可由国务院常务会议审议通过,也可由国务院审批通过。故A项错误。同时,该条第2款规定:"国务院常务会议审议行政法规草案时,由国务院法制机构或者起草部门作说明。"可知,在审议行政法规草案时作出说明的机关可以是国务院法制机构,也可以是起草部门。故B项正确。

《行政法规制定程序条例》第27条第1款规定:"国务院法制机构应当根据国务院对行政法规草案的审议意见,对行政法规草案进行修改,形成草案修改稿,报请总理签署国务院令公布施行。"据此,国务院法制机构应当根据审议意见对行政法规草案进行修改,而非"不得再作修改"。故C项错误。

《行政法规制定程序条例》第30条规定:"行政法规在公布后的30日内由国务院办公厅报全国人民代表大会常务委员会备案。"因此,行政法规公布后应由国务院办公厅报全国人大常委会备案。故D项错误。

48. 抽象行政行为的区分[A]

[解析]《关于审理行政案件适用法律规范问题的座谈会纪要》规定,现行有效的行政法规有以下三种类型:一是国务院制定并公布的行政法规;二是立法法施行以前,按照当时有效的行政法规制定程序,经国务院批准、由国务院部门公布的行政法规。但在立法法施行以后,经国务院批准、由国务院部门公布的规范性文件,不再属于行政法规;三是在清理行政法规时由国务院确认的其他行政法规。题干中所涉及的《计算机信息网络国际联网安全保护管理办法》是1997年经国务院批准,由公安部令发布的,符合第二种情况,故属于行政法规,故A项正确。

49. 行政法规的立项[C]

[解析]《行政法规制定程序条例》第8条第1款规定:"国务院有关部门认为需要制定行政法规的,应当于国务院编制年度立法工作计划前,向国务院报请立项。"有权报请立项的是国务院有关部门。故A项错误。

《行政法规制定程序条例》第9条第1款规定:"国务院法制机构应当根据国家总体工作部署,对行政法规立项申请和公开征集的行政法规制定项目建议进行评估论证,突出重点,统筹兼顾,拟订国务院年度立法工作计划,报党中央、国务院批准后向社会公布。"其一,应根据国家总体工作部署进行评估论证,而非根据有关部门报送的立项申请汇总研究;其二,国务院法制机构仅拟订(非确定)国务院年度立法工作计划,尚须党中央、国务院批准。故B项错误。

《行政法规制定程序条例》第9条第2款规定:"列入国务院年度立法工作计划的行政法规项目应当符合下列要求:(一)贯彻落实党的路线方针政策和决策部署,适应改革、发展、稳定的需要;……"故C项正确。

《行政法规制定程序条例》第10条第3款规定:"国务院年度立法工作计划在执行中可以根据实际情况予以调整。"国务院的年度立法工作计划在执行中是可以进行调整的,并非不得调整。故D项错误。

50. 行政法规的权限;新旧法规的冲突解决[C]

[解析]《行政处罚法》第10条规定,法律可以设定各种行政处罚。限制人身自由的行政处罚,只能由法律设定。这就意味着,其他的规范性法律文件(包括行政法规)均不得创设限制人身自由的行政处罚。故A项错误。

《行政许可法》第16条第4款规定,法规、规章对实施上位法设定的行政许可作出的具体规定,不得增设行政许可;对行政许可条件作出的具体规定,不得增设违反上位法的其他条件。故B项错误。

《立法法》第76条规定,行政法规的决定程序依照《国务院组织法》的有关规定办理。行政法规的性质属于抽象行政行为,也属于行政行为的一种,在该行政行为作出时既需要遵照《立法法》和《行政法规制定程序条例》,也需要遵照《国务院组织法》的决定程序。故C项正确。

国务院法制机构是国务院负责法制问题的机构,可以出谋划策,也可以负责具体事务的执行,但对外的决策权在国务院手中。《立法法》第105条第2款规定,行政法规之间对同一事项的新的一般规定与旧的特别规定不一致,不能确定如何适用时,由国务院裁决。因此,由国务院法制机构裁决的说法是不正确的,D项错误。

考点 7 行政规章

51. 规章的制定、解释与监督；具体行政行为的判断[C]

[解析] 根据《规章制定程序条例》第9条第1款规定，涉及国务院两个以上部门职权范围的事项，制定行政法规条件尚不成熟，需要制定规章的，国务院有关部门应当联合制定规章。国务院部门没有制定行政法规的权力，本题属于国务院部门联合制定规章的行为，因此该规定属于部门规章。故A项错误。

《规章制定程序条例》第33条第1款规定，规章解释权属于规章制定机关。《机动车排放召回管理规定》由国家市场监督管理总局和生态环境部联合制定，故该规章的解释主体是国家市场监督管理总局和生态环境部。故B项错误。

《规章制定程序条例》第35条第1款规定，国家机关、社会团体、企业事业组织、公民认为规章同法律、行政法规相抵触的，可以向国务院书面提出审查的建议，由国务院法制机构研究并提出处理意见，按照规定程序处理。故C项正确。【思路拓展】本题亦可从法理上来分析：国务院是国家市场监督管理总局和生态环境部的上级机关；对于国务院部门制定的规章，国务院有权改变或者撤销。因此，若认为该规章同上位法抵触，应当向国务院提出。

责令召回的目的在于让生产者自我纠错，防止发生危害，核心在于恢复正常状态，性质更倾向于教育和纠正功能，欠缺处罚的惩戒性，因此不是行政处罚，而是行政强制措施。也有观点认为责令召回属于行政命令，但从以往试题来看，命题人倾向于认为属于行政强制措施，本书中均按照行政强制措施的观点作答。故D项错误。

52. 规章的制定权限、公布与备案[ABD]

[解析] 根据《立法法》第93条第3款规定，设区的市、自治州的人民政府制定地方政府规章，限于城乡建设与管理、生态文明建设、历史文化保护、基层治理等方面的事项。本题中所涉及的垃圾分类属于"生态文明建设"事项，符合地方政府规章立法事项范围，故A项正确。

《立法法》第97条第2款规定："地方政府规章签署公布后，及时在本级人民政府公报和中国政府法制信息网以及在本行政区域范围内发行的报纸上刊载。"故B项正确。

《立法法》第109条第4项规定，部门规章和地方政府规章报国务院备案；地方政府规章应当同时报本级人民代表大会常务委员会备案；设区的市、自治州的人民政府制定的规章应当同时报省、自治区的人民代表大会常务委员会和人民政府备案。据此，设区的市政府制定的规章要同时报四个机关备案，故C项错误。

《行政处罚法》第14条第2款规定："尚未制定法律、法规的，地方政府规章对违反行政管理秩序的行为，可以设定警告、通报批评或者一定数额罚款的行政处罚。罚款的限额由省、自治区、直辖市人民代表大会常务委员会规定。"据此，地方政府规章的罚款限额应由其所在的省级人大常委会规定，故D项正确。

53. 规章审查[AC]

[解析]《规章制定程序条例》第35条规定："国家机关、社会团体、企业事业组织、公民认为规章同法律、行政法规相抵触的，可以向国务院书面提出审查的建议，由国务院法制机构研究并提出处理意见，按照规定程序处理。国家机关、社会团体、企业事业组织、公民认为设区的市、自治州的人民政府规章同法律、行政法规相抵触或者违反其他上位法的规定的，也可以向本省、自治区人民政府书面提出审查的建议，由省、自治区人民政府法制机构研究并提出处理意见，按照规定程序处理。"甲省政府所在地的市属于设区的市，该企业可以向国务院和甲省政府提出书面审查建议。故A、C项正确，B、D项错误。

54. 规章制定程序[BCD]

[解析]《规章制定程序条例》第13条第3款规定："年度规章制定工作计划在执行中，可以根据实际情况予以调整，对拟增加的规章项目应当进行补充论证。"该规章的制定确有必要，可以调整年度规章制定工作计划将其列入。故A项错误。

《规章制定程序条例》第15条第1款规定："起草规章，应当深入调查研究，总结实践经验，广泛听取有关机关、组织和公民的意见。听取意见可以采取书面征求意见、座谈会、论证会、听证会等多种形式。"故B项正确。

《规章制定程序条例》第18条第3款规定："规章送审稿的说明应当对制定规章的必要性、规定的主要措施、有关方面的意见及其协调处理情况等作出说明。"故C项正确。

《规章制定程序条例》第20条规定："规章送审稿有下列情形之一的，法制机构可以缓办或者退回起草单位：（一）制定规章的基本条件尚不成熟或者发生重大变化的……"故D项正确。

55. 规章的决定和公布[C]

[解析]《规章制定程序条例》第28条规定，审议规章草案时，由法制机构作说明，也可以由起草单位作说明。据此，审议规章草案时并非必须由起草单位作说明。故A项错误。

《规章制定程序条例》第27条规定："部门规章应当经部务会议或者委员会会议决定。地方政府规章应当经政府常务会议或者全体会议决定。"据此，地方政府规章还可以经政府常务会议决定。故B项错误。

《规章制定程序条例》第30条第2款规定："部门联合规章由联合制定的部门首长共同署名公布,使用主办机关的命令序号。"故C项正确。

《规章制定程序条例》第31条第1、2款规定："部门规章签署公布后,及时在国务院公报或者部门公报和中国政府法制信息网以及在全国范围内发行的报纸上刊载。地方政府规章签署公布后,及时在本级人民政府公报和中国政府法制信息网以及在本行政区域范围内发行的报纸上刊载。"据此,只有部门规章公布后才需要在全国范围内发行的有关报纸上刊载,而地方政府规章则应在本行政区域范围内发行的报纸刊载。因此,并非所有的规章公布后都需要在全国范围内发行的有关报纸上刊载。故D项错误。

56. 规章的制定、名称、内容及备案程序[D]

[解析]《规章制定程序条例》第7条规定："规章的名称一般称'规定'、'办法',但不得称'条例'。"本题A项中某省政府所在地的市政府有权制定规章,但将其制定的规章定名为"条例"是错误的,故A项错误。

《规章制定程序条例》第34条规定："规章应当自公布之日起30日内,由法制机构依照立法法和《法规规章备案条例》的规定向有关机关备案。"本题B项中某省政府应在规章公布后30日内向省人大常委会备案,而不是60日,故B项错误。

《规章制定程序条例》第9条规定："涉及国务院两个以上部门职权范围的事项,制定行政法规条件尚不成熟,需要制定规章的,国务院有关部门应当联合制定规章。有前款规定情形的,国务院有关部门单独制定的规章无效。"由此可知,对涉及国务院甲乙两部委职权范围的事项,须由这些部门联合制定规章,而非由一个部门单独制定规章,故C项错误。

《规章制定程序条例》第5条第2款规定："制定规章,应当体现行政机关的职权与责任相统一的原则,在赋予有关行政机关必要的职权的同时,应当规定其行使职权的条件、程序和应承担的责任。"由此可知,规定行政机关职权的同时明确其应承担的责任,这是规章制定的基本原则,故D项正确。此外,本题也可直接依据"责任政府"的原理判定D项正确。

57. 规章制定程序[BC]

[解析]《规章制定程序条例》第15条第3款规定:"起草专业性较强的规章,可以吸收相关领域的专家参与起草工作,或者委托有关专家、教学科研单位、社会组织起草。"故A项错误。

《规章制定程序条例》第16条第2款第3项规定,起草单位举行听证会的,听证会应当制作笔录,如实记录发言人的主要观点和理由。故B项正确。

《规章制定程序条例》第15条第1款规定:"起草规章,应当深入调查研究,总结实践经验,广泛听取有关机关、组织和公民的意见。听取意见可以采取书面征求意见、座谈会、论证会、听证会等多种形式。"故C项正确。

《规章制定程序条例》第20条规定:"规章送审稿有下列情形之一的,法制机构可以缓办或者退回起草单位:(一)制定规章的基本条件尚不成熟或者发生重大变化的……"法制机构"可以"缓办或者退回起草单位,而非"应当";不是只能退回起草单位,还可以缓办。故D项错误。

专题五 具体行政行为概述

考点8 具体行政行为的概念与判断

58. 具体行政行为的判断[CD]

[解析] 具体行政行为的判断标准包括:行政性、处分性、特定性、外部性、单方性。

具体行政行为具有处分性,即按照行政主体主观上的意思表示对行政相对人法律上的权利义务客观上进行安排。市场监督管理局发文要求某电商平台合法合规经营,只是对于企业遵纪守法义务的一种强调,并没有在企业应尽义务之外对其权利义务产生新的影响,不具有处分性,因此不属于具体行政行为,应归属于事实行为。如果该电商平台违法经营,市场监督管理局对其予以行政处罚,则是具体行政行为。故A项错误。

防汛指挥部发布大雨蓝色预警,请市民出行注意安全,此行为属于柔性的劝告、建议、倡议,不会对市民的权利义务产生强制性影响,因此没有处分性,属于行政指导,不是具体行政行为。故B项错误。

对某公司负责人采取终身禁入证券市场措施,属于对特定人的权利采取的限制性措施,符合具体行政行为的特征,其目的在于惩戒违法行为人,性质是行政处罚,具体来说是行为罚中的"限制从业"。故C项正确。

某省证监局向某证券公司出具警示函,指出其执业过程中存在的问题,这属于行政处罚中的"警告";责令采取整改措施即责令改正,不属于行政处罚,其目的在于制止违法行为(也有观点认为属于行政命令,本书中均按行政强制措施的观点作答),这两个都是典型的具体行政行为,故D项正确。

59. 行政许可行为的判定;诉讼第三人;信赖利益保护[BCD]

[解析]《行政许可法》第12条规定:"下列事项可以设定行政许可:……(二)有限自然资源开发利用、公共资源配置以及直接关系公共利益的特定行业

的市场准入等,需要赋予特定权利的事项;……"市政建设管理部门授予甲公司城市管道燃气独占专营权是行政机关为公共利益行使管理权的表现,属于行政许可,并不是民事行为。故A项错误,B项正确。

本题中,某市政建设管理部门先授予了甲公司城市管道燃气独占专营权,后又经过招标授予乙公司城市管道燃气项目,明显侵犯了甲公司的独占经营权,甲公司有权提起诉讼。乙公司与本案有直接利害关系,可以作为本案的第三人。故C项正确。

根据信赖利益保护原则,非因法定事由并经法定程序,行政机关不得撤销、变更已经生效的行政决定。市政建设管理部门先授予甲公司独占专营权,后又作出改变,属于朝令夕改,违反了信赖利益保护原则。故D项正确。

60. 具体行政行为的判定[C]

[解析] 行政协议,又称为行政合同,是行政机关为了实现行政管理或者公共服务目标,与公民、法人或者其他组织协商订立的具有行政法上权利义务内容的协议。行政协议和具体行政行为的最大区别在于,具体行政行为具有单方性,而行政协议具有双方性。本题明显是区政府单方作出的具体行政行为,属于行政命令,故A项错误,C项正确。

行政指导是不影响当事人权利义务的事实行为,而本题中,区政府要求居民90日内搬离,为公民设定了义务,所以不属于行政指导。故B项错误。

本公告属于行政命令,是行政主体依法要求相对人进行一定的作为或不作为的意思表示,而不属于行政强制。行政强制包括行政强制措施和行政强制执行。行政强制措施具有控制与预防性,目的是制止违法行为、防止证据损毁、避免危害发生、控制危险扩大等情形。本公告显然不具备该特点。行政强制执行是指行政机关自行或者申请法院,对不履行行政决定的公民、法人或者其他组织依法强制履行义务的行为。而本题还未达这一步,尚处于给当事人设定义务的阶段,只有在当事人不按公告要求搬离的情况下,才有可能实施强制执行。故D项错误。

61. 具体行政行为与行政事实行为[B]

[解析] 行政强制执行与行政强制措施的最显著区别在于前者必须有行政法上的前置性义务,且当事人逾期没有履行该义务。扣押之前,行政机关并没有作出基础决定,所以扣押是为了调取证据而采取的调查性的行政强制措施,而不属于强制执行。故A项错误。

国家机关工作人员实施的与职务相关的个人恣意行为属于行政事实行为。这种行为由行政机关工作人员在执行职务时作出,属于职务行为,如果给相对人造成损害,应当由行政机关承担赔偿责任。故D

项错误。但这种行为与行政机关实施行政行为的主观目的不一致,是工作人员的个人意志,而非行政机关的整体意志,欠缺了行政法律行为的主观性,因此该行为只能被归类为事实行为。故B项正确。

对于违法违规经营的小摊贩,城管局在法律法规规定范围内对相关物品进行扣押,属于合法行为。扣押物品行为和打人的行为是两个不同的行为,前者属于行政强制措施,后者是事实行为。因此,打人违法并不能推导出扣押行为违法。故C项错误。

62. 行政许可的撤销[C]

[解析] 行政行为的撤销属于一种独立的具体行政行为,是指已经发生法律效力的行政行为,如发现其违法或不当,由有权机关予以撤销,使相应行政行为失去法律效力。本题中,甲公司报送的企业法人营业执照已经超过有效期,因此不具备建设工程规划许可证的申请资格,其取得的规划许可证存在违法行为,因此予以撤销。故C项正确。

行政处罚区别于其他的负担性行政行为的主要标志是具有惩戒性。撤销并不是处罚,是因为该许可证违法,本就不应该颁发给当事人,所以并没有给当事人增加任何新的负担。故A项错误。【特别提醒】与此相反的是,吊销许可证的性质属于行政处罚。吊销是行政机关拿走了一个本来合法属于当事人的许可证,为当事人增加了新的负担。

行政强制措施是一种暂时控制的措施。撤销规划许可证是一种已经确定下来的权利义务安排,具有终局性,故不属于行政强制措施。故B项错误。

行政检查是行政执法的一种形式,是行政主体对行政相对人是否遵守和执行法律法规进行的影响相对人程序性权利的了解检查行为,往往只是引起撤销行为的前置程序。故D项错误。

63. 具体行政行为的判定[B]

[解析] 具体行政行为和抽象行政行为是一对常见、常考的易混淆概念。它们的根本区别在于抽象行政行为是"制订规则,反复适用",而具体行政行为则是"对象特定,不可反复"。本题所涉及的行为,虽然形式为"通告",但我们判断一个行政行为的性质时,不要看它的形式,而要根据它的内容来确定。由题可知,该通告是针对所列名单中的特定企业,针对的事项特定即淘汰落后产能、强制企业关闭,是针对特定对象和特定事项作出的一次性行政行为,符合具体行政行为的判断标准,所以B项正确。而A项的行政规范性文件属于抽象行政行为的一部分,C项的行政给付是行政机关给付行政相对人最低生活保障金、残疾金等费用,D项的行政强制只是该通告中的部分内容,不能作为通告的整体定性,所以A、C、D项错误。

64. 具体行政行为的判定[C]

[解析] 具体行政行为具有特定性、处分性、外部性、行政性四大构成要素，通过这四大构成要素，我们可以将具体行政行为与行政事实行为、抽象行政行为、内部行为、刑事司法行为等非具体行政行为区别开来。

A项，公安交管局的行为属于行政指导，是行政机关以倡导、示范、建议、咨询等方式，引导公民自愿配合而达到行政管理目的的行为。行政指导的最大特点为"柔性"，当事人可以接受，也可以不接受，并不产生相应的法律责任，所以不属于具体行政行为。故A项不当选。

B项，属于刑事司法行为，不是行使行政职权的行为，不具有行政性，故不属于具体行政行为。故B项不当选。

C项，属于行政征收，属于典型的具体行政行为。故C项当选。

D项，属于行政调解，公安派出所的调解行为对打架斗殴双方的权利义务不产生实际影响，真正对双方的权利义务产生实际影响的是调解协议，故公安派出所的调解行为不具有法律性，不属于具体行政行为。故D项不当选。

考点9 具体行政行为的基本理论

65. 具体行政行为的效力[BD]

[解析] 具体行政行为无效并不一定引起国家赔偿责任，需要根据该行为是否造成相对人人身权、财产权的实际损失确定，无损害则无赔偿。故A项错误。

生效的具体行政行为具有拘束力，若其无效，对行政机关及其相对人均不产生拘束力。故B项正确。

《行政诉讼法》第75条规定："行政行为有实施主体不具有行政主体资格或者没有依据等重大且明显违法情形，原告申请确认行政行为无效的，人民法院判决确认无效。"可见，具体行政行为的无效情形已经由法律明确规定。故C项错误。

具体行政行为一经生效即具有拘束力，在其被依法撤销之前，当事人应受其拘束。故D项正确。

66. 具体行政行为的特征、分类与效力[BC]

[解析] 确定力指具体行政行为在形式上最终被确定下来，从而不再更改的效力。确定力所限制的对象主要是法院或复议机关等救济主体。而具体行政行为一经生效，行政机关和相对人必须遵守是拘束力的表现。故A项错误。

2014年《行政诉讼法》修改之后，具体行政行为的概念在法条中不再出现，故B项正确。**【特别提醒】**之所以法条中取消了具体行政行为的表述，是因为2014年修正后的《行政诉讼法》扩大了行政诉讼的受案范围，把"行政行为"作为行政诉讼受案的基本范围，除了具体行政行为之外，行政合同（行政协议）也可以受案，还有部分抽象行政行为也可以附带性地受案，所以在法条中再使用具体行政行为的概念会使法条表述显得不够精确。这一变化在一定程度上弱化了具体行政行为与抽象行政行为区分的意义，不过具体行政行为在行政法学理论和制度上仍具有重要意义，因具体行政行为引起的行政案件仍是行政诉讼受案范围中的主要案件类别。

个别性是具体行政行为区别于抽象行政行为的主要标志。具体行政行为的对象特定，且只具有一次性效力，不可反复适用。相比较而言，抽象行政行为是针对不特定人和不特定事项的可以反复适用的普遍性规则。故C项正确。

根据立法对行政行为约束的严格程度，行政行为可以被划分为羁束行政行为和裁量行政行为，"羁束"与"裁量"是相对应的。根据行政行为与当事人之间的权益关系，行政行为可以被划分为授益行政行为和负担行政行为，"授益"与"负担"是相对应的。故D项错误。

67. 具体行政行为的认定与分类[D]

[解析] 海关总署发布的公告是行政指导，属于事实行为，不具有强制力，没有给当事人增加确定性的负担，故A、C项错误，D项正确。

海关总署属于国务院直属机构，而非事业单位。事业单位不属于行政机关。故B项错误。

68. 具体行政行为的合法、生效、无效、废止以及效力的存续[AB]

[解析] 具体行政行为的合法性要件包括行政主体合法、行为权限合法、行为内容合法、行为程序合法和行为形式合法。因此，遵守法定程序是具体行政行为合法的必要条件。故A项正确。

无效行政行为是具有重大明显违法瑕疵的行政行为，这种行为表现形式多样，无法完全列举。故B项正确。

具体行政行为被废止并非因为其违法或者明显不当，它针对的是合法的具体行政行为由于客观条件的变化，没有继续保持其效力的必要。在行政法中，合法行政行为导致当事人损害发生，应给予补偿；违法的具体行政行为侵权造成损失的，应给予赔偿。因此，对废止行政行为造成的损失应当给予补偿，而非赔偿。故C项错误。

行政行为只有经法定程序撤销或确认违法、无效（如复议机关经过审理后作出撤销决定）才丧失拘束力，申请行政复议并不直接导致行政行为失去拘束力。故D项错误。

69. 具体行政行为的效力[AC]

[解析] 具体行政行为的撤销，是指对违法或不

当但已生效的具体行政行为依法使其失去法律效力，恢复具体行政行为作出前的状态。一般情况下，具体行政行为一经撤销，自始无效；特殊情况下，自撤销或确认违法之日起失效。但具体行政行为一经生效，即具备拘束力，在其被撤销之前，当事人应受其约束。故A项正确。

具体行政行为的废止，是指由于行政行为所依据的法律、法规、规章修改或废止以及客观条件发生重大变化，导致其不能再继续存在。被废止的具体行政行为自废止之日起无效。原则上，具体行政行为废止之前给予当事人的利益不再收回，当事人也不能对已履行的义务要求补偿。只有在废止使当事人的合法权益受到严重损失，或者带来严重的社会不公正时，行政机关才应当对受到损失的当事人给予必要的补偿。故B项错误。

专属权益的行政行为的效力具有专属性，特定人死亡后其效力自然也应该终止。故C项正确。

具体行政行为无效的法律后果在程序上表现为：合法权益受到损害的公民、法人或者其他组织，可以在任何时候主张该具体行政行为无效，有权国家机关可在任何时候宣布该具体行政行为无效。因此，可以向法院起诉主张具体行政行为无效的只能是合法权益受到损害的公民、法人或者其他组织，而不是任何人都可主张。故D项错误。

70. 具体行政行为的生效、执行、效力、废止[ACD]

[解析] 一般来说，具体行政行为一经成立就可以立即生效。但是行政机关也可以安排某一事件发生后或经过一段时间后才能发生效力，这经常出现在附生效条件或附生效时间的具体行政行为中，A项表述过于绝对。故A项当选。

具体行政行为具有执行力，负有义务的当事人应当积极履行该行为为其设定的义务，但并非所有当事人都会自觉履行，必须设置相应的制度加以保障，行政强制执行使用强制措施使当事人履行行政义务，是实现具体行政行为执行力的制度保障。故B项不当选。

具体行政行为首先应成立，然后才能产生法律效力。送达是具体行政行为成立的必要条件，未经送达的具体行政行为不成立，当然也不会对相对人产生法律约束力。故C项当选。

具体行政行为的废止，是指由于客观情况发生了变化，面向将来使其失去效力。废止针对的是合法的行为。按照法律原理，合法行为造成的损失，国家应当补偿；违法行为造成的损失，国家应当赔偿。故D项应适用补偿，而非赔偿。故D项当选。

71. 具体行政行为的效力和合法性[CD]

[解析] 具体行政行为的生效时间一般为告知之时或附款规定之时。告知之时是指告知人即相对人知悉、知道之时；附款规定之时，即为具体行政行为附款（附期限或附条件）中所定法律事实发生之时。通常具体行政行为通知行政相对人时即成立并生效。但存在例外，即当具体行政行为有附款时，具体行政行为成立并不立即生效，而是要当附款规定的法律事实成就时具体行政行为才生效。故A项错误。

具体行政行为效力终止的情形包括两种：有违法因素的终止和没有违法因素的终止。有违法因素的终止是指具体行政行为因违法而无效或被撤销。没有违法因素的终止则包括：权利人或义务人死亡；权利人放弃权利；法人或其他组织不复存在；已经履行完毕或有关客观事实已经消失；被新的立法废止等情形。因此，具体行政行为违法只是其效力终止的其中一种原因，而非唯一原因。故B项错误。

行政组织法是关于行政组织的设置权、编制权、行政权限、国家公务员录用权和管理权的规则。行政机关的职权主要由行政组织法加以规定，如《地方各级人民代表大会和地方各级人民政府组织法》。除少量的行政组织法外，行政机关的职权更多地来源于授权法的规定。授权法是指将行政职权授予行政主体的具体法律规范。如《治安管理处罚法》不仅规定了治安管理方面的问题，更是授予了公安机关大量的具体行政处罚权。实践中，行政机关多数实体性权力都来源于授权法的规定。据此，行政机关的职权主要源自行政组织法和授权法。故C项正确。

导致具体行政行为违法的原因很多，如主要证据和事实不清；依据的法律规范错误；程序违法；超越职权；滥用职权；明显不当等。上述的每一个理由都可以直接地、独立地导致具体行政行为违法。可见，滥用职权是具体行政行为构成违法的一个独立理由。故D项正确。

72. 行政行为性质[A]

[解析] 本题行为属于行政指导。行政指导行为是行政机关以倡导、示范、建议、咨询等方式，引导公民自愿配合而达到行政管理目的的行为，属于非权力行政方式。其特点是自愿性、灵活性、简便性和经济性。"告知居民保持警惕以免上当受骗"完全体现了行政指导的特点。

行政指导是为了实现行政管理目的而采取的一种非强制行为，属于履行行政职务的一种新类型的行为。故A项正确。

行政指导无强制性、不减损权利、不增加义务。既不是负担性行为，也不是授益性行为。"告知居民保持警惕以免上当受骗"并不产生确定性的权利义务的影响。故B项错误。

准备性、部分性行政行为，是为最终作出权利义务安排进行的程序性、阶段性工作行为。本题中的行政指导是一项完整的行政行为,而非程序性、阶段性工作行为。故 C 项错误。

行政指导不具有强制性,公民是否遵从行政指导,完全取决于自己的意愿。故 D 项错误。

73. 具体行政行为的效力[C]

[解析] 拘束力是指具体行政行为一经生效,行政机关和对方当事人都必须遵守,其他国家机关和社会成员必须予以尊重的效力。它包括对当事人、对行政机关自己和对其他国家机关三个方面的拘束力,具体包括:第一,对于已经生效的具体行政行为,当事人应当接受并履行义务。第二,作出具体行政行为的行政机关不得随意更改,此乃信赖利益保护原则的根源。第三,其他国家机关也不得以相同的事实和理由再次受理和处理该同一案件,其他社会成员也不得对同一案件进行随意的干预。行政机关之间彼此有各自事项上的管辖范围,应该各司其职、各守其位。因此,②③属于具体行政行为拘束力。①属于确定力的含义,在争议期限过后,行政行为被确定下来,不可更改;④属于具体行政行为执行力的表现。综上,本题 C 项当选。【特别提醒】不要误认为"②行政主体非经法定程序不得任意改变或撤销具体行政行为"属于确定力的内容。②的不可更改,和确定力的不可更改义务主体不同,发生阶段不同。②的不可更改讲的是行政机关自己不能随便朝令夕改,自己要受到自己行为的拘束;而确定力的不可更改指的是当行政行为过了救济期限,行为就确定下来,当事人不可再通过诉讼、复议等争讼的救济途径,申请法院或复议机关将行政行为予以更改、撤销。

专题六 行政许可

考点10 行政许可的设定

74. 部门规章的行政处罚设定权、规定权[D]

[解析] 水利部制定的《水行政处罚实施办法》符合规章的命名方式(规章的名称一般称"规定""办法"),且以部门令的形式公布,属于部门规章。《行政处罚法》第 23 条规定:"行政处罚由县级以上地方人民政府具有行政处罚权的行政机关管辖。法律、行政法规另有规定的,从其规定。"可知,行政处罚的级别管辖只能由法律、行政法规规定,规章无权规定,故 A 项错误。【特别提醒】根据《行政处罚法》第 22 条,法律、行政法规、部门规章可以规定行政处罚的地域管辖。

根据《行政处罚法》第 11 条和第 12 条,只有法规和地方性法规有行政处罚的补充设定权,《行政处罚法》第 13 条规定:"国务院部门规章可以在法律、行政法规规定的给予行政处罚的行为、种类和幅度的范围内作出具体规定。尚未制定法律、行政法规的,国务院部门规章对违反行政管理秩序的行为,可以设定警告、通报批评或者一定数额罚款的行政处罚。罚款的限额由国务院规定。"可知,部门规章只有行政处罚的具体规定权和警告、通报批评、一定数额罚款的设定权,没有补充设定权,故 B 项错误。

行政处罚的简易程序即当场作出行政处罚。《行政处罚法》第 51 条规定:"违法事实确凿并有法定依据,对公民处以二百元以下、对法人或者其他组织处以三千元以下罚款或者警告的行政处罚的,可以当场作出行政处罚决定。法律另有规定的,从其规定。"据此,只有法律才能对简易程序适用的特殊条件作出规定,故 C 项错误。

《行政处罚法》第 60 条规定:"行政机关应当自行政处罚案件立案之日起九十日内作出行政处罚决定。法律、法规、规章另有规定的,从其规定。"据此,部门规章可以对处罚决定的期限作出规定,故 D 项正确。

75. 行政许可的设定[ABC]

[解析]《行政许可法》第 15 条第 2 款规定:"地方性法规和省、自治区、直辖市人民政府规章,不得设定应当由国家统一确定的公民、法人或者其他组织的资格、资质的行政许可;不得设定企业或者其他组织的设立登记及其前置性行政许可。其设定的行政许可,不得限制其他地区的个人或者企业到本地区从事生产经营和提供服务,不得限制其他地区的商品进入本地区市场。"故 A、B 项错误,当选。

《行政许可法》第 14 条第 2 款规定,国务院可以采用发布决定的方式设定临时性行政许可,而国务院部门无此职权。故 C 项错误,当选。

《行政许可法》第 21 条规定:"省、自治区、直辖市人民政府对行政法规设定的有关经济事务的行政许可,根据本行政区域经济社会发展情况,认为通过本法第 13 条所列方式能够解决的,报国务院批准后,可以在本行政区域内停止实施该行政许可。"故 D 项正确,不当选。

76. 行政许可的设定、费用与实施[ABCD]

[解析]《行政许可法》第 16 条第 4 款规定:"法规、规章对实施上位法设定的行政许可作出的具体规定,不得增设行政许可;对行政许可条件作出的具体规定,不得增设违反上位法的其他条件。"到餐饮行业协会办理认证手续并不是办理餐饮服务许可证的必要程序,地方性法规将其规定为必经手续,明显属于增设违反上位法的其他条件的情形(违法设置前置性许可)。故 A 项违反了《行政许可法》,当选。

《行政许可法》第 59 条规定:"行政机关实施行政许可,依照法律、行政法规收取费用的,应当按照公布的法定项目和标准收费;所收取的费用必须全部上缴国库,任何机关或者个人不得以任何形式截留、挪用、私分或者变相私分。财政部门不得以任何形式向行政机关返还或者变相返还实施行政许可所收取的费用。"可知,行政许可收取的费用,财政部门不得以任何形式返还给行政机关。故B项违反了《行政许可法》,当选。

《行政许可法》第58条第1款规定:"行政机关实施行政许可和对行政许可事项进行监督检查,不得收取任何费用。但是,法律、行政法规另有规定的,依照其规定。"可见,一般情况下行政许可不得收取任何费用,即使要收费也只能由法律、行政法规规定,地方性法规无权规定。故C项违反了《行政许可法》,当选。

《行政许可法》第27条第1款规定:"行政机关实施行政许可,不得向申请人提出购买指定商品、接受有偿服务等不正当要求。"故D项建设主管部门要求安装其指定的节能设施违反了《行政许可法》,当选。

考点11 行政许可的实施机关与实施程序

77. 行政许可的种类与实施程序;行政诉讼判决[D]

[解析]《行政许可法》第12条第2项规定,特许事项是指有限自然资源开发利用、公共资源配置以及直接关系公共利益的特定行业的市场准入等,需要赋予特定权利的事项,如采矿许可、国有土地使用许可、无线电频率使用许可、电信业务经营许可等,一般采用招标、拍卖等形式决定是否许可。网约车经营许可属于一般行政许可,不属于特许。故A项错误。

《行政许可法》第29条第3款规定:"行政许可申请可以通过信函、电报、电传、传真、电子数据交换和电子邮件等方式提出。"故B项错误。

《行政许可法》第42条第1款规定:"除可以当场作出行政许可决定的外,行政机关应当自受理行政许可申请之日起二十日内作出行政许可决定。二十日内不能作出决定的,经本行政机关负责人批准,可以延长十日,并应当将延长期限的理由告知申请人。但是,法律、法规另有规定的,依照其规定。"据此,原则上应在20日内作出许可决定,故C项错误。

《行政诉讼法解释》第81条第3款规定:"被告改变原违法行政行为,原告仍要求确认原行政行为违法的,人民法院应当依法作出确认判决。"乙区交通运输管理局先前拒绝了齐某的申请,在诉讼期间又为齐某发放了营运许可,属于改变了原违法行政行为,若齐某不撤诉,法院应当对原行政行为作出判决,确认乙区交通运输管理局拒绝发证行为违法。故D项正确。

78. 行政许可[CD]

[解析]《行政许可法》第12条规定:"下列事项可以设定行政许可:……(三)提供公众服务并且直接关系公共利益的职业、行业,需要确定具备特殊信誉、特殊条件或者特殊技能等资格、资质的事项;(四)直接关系公共安全、人身健康、生命财产安全的重要设备、设施、产品、物品,需要按照技术标准、技术规范,通过检验、检测、检疫等方式进行审定的事项;……"第3项规定的是认可,是对职业、行业资质、资格的规定,执业医师资格属于此种类别。而第4项规定的是核准,适用于"设备、设施、产品、物品",执业医师资格显然无法归入此类。故A项错误。

《行政许可法》第16条第3款规定:"规章可以在上位法设定的行政许可事项范围内,对实施该行政许可作出具体规定。"故B项错误。

《行政许可法》第54条规定:"实施本法第12条第(三)项所列事项的行政许可,赋予公民特定资格,依法应当举行国家考试的,行政机关根据考试成绩和其他法定条件作出行政许可决定;赋予法人或者其他组织特定的资格、资质的,行政机关根据申请人的专业人员构成、技术条件、经营业绩和管理水平等的考核结果作出行政许可决定。但是,法律、行政法规另有规定的,依照其规定。公民特定资格的考试依法由行政机关或者行业组织实施,公开举行。行政机关或者行业组织应当事先公布资格考试的报名条件、报考办法、考试科目以及考试大纲。但是,不得组织强制性的资格考试的考前培训,不得指定教材或者其他助考材料。"故C、D项正确。

79. 申请行政许可的形式;行政许可的受理;听证的费用承担;行政许可决定[B]

[解析] 根据《行政许可法》第29条规定:"公民、法人或者其他组织从事特定活动,依法需要取得行政许可的,应当向行政机关提出申请。申请书需要采用格式文本的,行政机关应当向申请人提供行政许可申请书格式文本……行政许可申请可以通过信函、电报、电传、传真、电子数据交换和电子邮件等方式提出。"可知,行政许可需要提交书面申请,不能以口头形式提出。故A项错误。

《行政许可法》第38条规定:"申请人的申请符合法定条件、标准的,行政机关应当依法作出准予行政许可的书面决定。行政机关依法作出不予行政许可的书面决定的,应当说明理由,并告知申请人享有依法申请行政复议或者提起行政诉讼的权利。"可见,无论是否准予行政许可都应作出书面决定,不能口头告知。故D项错误。【特别提醒】关于A、D项注意:《行政许可法》中无口头方式,在申请和决定环节中,均要以书面的方式进行。

《行政许可法》第32条第2款规定:"行政机关受理或者不予受理行政许可申请,应当出具加盖本行政机关专用印章和注明日期的书面凭证。"据此,卫生局受理刘某申请后,应当向其出具加盖本机关专用印章和注明日期的书面凭证。故 B 项正确。

《行政许可法》第 47 条第 2 款规定:"申请人、利害关系人不承担行政机关组织听证的费用。"据此,陈某不应承担听证费用。故 C 项错误。

80. 行政许可的延续[C]

[解析]《行政许可法》第 50 条第 1 款规定:"被许可人需要延续依法取得的行政许可的有效期的,应当在该行政许可有效期届满 30 日前向作出行政许可决定的行政机关提出申请。但是,法律、法规、规章另有规定的,依照其规定。"由此可知,规章可以另行规定行政许可延续的申请期限,因此,《办法》作为部门规章,其所规定的延续许可证申请期限有效。故 A 项错误。

《行政许可法》第 50 条第 1 款规定,法律、法规、规章可以规定不同于 30 日的行政许可延续的申请期限。因此,尽管《办法》在《行政许可法》制定前颁布,但是《办法》对于行政许可延续的申请期限的例外规定是有效的,不论规章规定时间的早晚。故 B 项错误。

《行政许可法》第 50 条第 2 款规定:"行政机关应当根据被许可人的申请,在该行政许可有效期届满前作出是否准予延续的决定;逾期未作决定,视为准予延续。"据此,如甲公司依法提出申请,某省通信管理局应在甲公司许可证有效期届满前作出是否准予延续的决定。故 C 项正确。

根据《办法》规定可知,甲公司应提前 90 日申请延续许可证。D 项中甲公司依法提出申请,而省通信管理局在 60 日内未予答复,此时甲公司的经营许可证尚未到期,省通信管理局完全可以在剩余 30 日内(行政许可有效期届满前)予以答复;即使 90 日期满后未予答复,也应视为准予延续,而非拒绝延续。故 D 项错误。

81. 行政许可的实施程序[A]

[解析]《行政许可法》第 58 条第 1 款规定:"行政机关实施行政许可和对行政许可事项进行监督检查,不得收取任何费用。但是,法律、行政法规另有规定的,依照其规定。"因此,规划局发放许可证不得收费。故 A 项正确。

《行政诉讼法》第 25 条第 1 款规定,行政行为的相对人以及其他与行政行为有利害关系的公民、法人或者其他组织,有权提起诉讼。《行政诉讼法解释》第 12 条规定:"有下列情形之一的,属于行政诉讼法第 25 条第 1 款规定的'与行政行为有利害关系':(一)被诉的行政行为涉及其相邻权或者公平竞争权的……"本题中行政机关是规划局,发放许可证的相对人是某公司,该许可虽然不是直接针对刘某作出的,但是,因为该许可行为将直接导致刘某的相邻权遭到损害,所以,刘某与该行为之间存在着法律上直接的利害关系,是本案的相关人。如果刘某对该许可行为不服,具有原告资格,有权提起行政诉讼。故 C 项错误。

《行政许可法》第 36 条规定:"行政机关对行政许可申请进行审查时,发现行政许可事项直接关系他人重大利益的,应当告知该利害关系人。申请人、利害关系人有权进行陈述和申辩。行政机关应当听取申请人、利害关系人的意见。"根据上述分析,该规划许可证的实施将直接影响刘某房屋的采光,侵犯其相邻权,所以规划局应当听取其意见。故 B 项错误。

《行政诉讼法》第 2 条规定:"公民、法人或者其他组织认为行政机关和行政机关工作人员的行政行为侵犯其合法权益,有权依照本法向人民法院提起诉讼。前款所称行政行为,包括法律、法规、规章授权的组织作出的行政行为。"行政诉讼是针对行政行为提出的,且不以合法权益已经被现实侵害为前提。本案中,规划局已经向公司发放了建设用地规划许可证,从而使得某公司的工程建设合法进行,其实施结果必然导致刘某房屋的采光权受到侵害,所以刘某有权针对该行政行为提起行政诉讼。如果工程已经建成,实际侵犯了刘某的相邻权,则本案中又将增加某公司与刘某之间的民事侵权法律关系,不属于行政诉讼的受案范围。故 D 项错误。

82. 行政许可的听证程序[ACD]

[解析]《行政许可法》第 48 条规定:"听证按照下列程序进行:(一)行政机关应当于举行听证的 7 日前将举行听证的时间、地点通知申请人、利害关系人,必要时予以公告;(二)听证应当公开举行;(三)行政机关应当指定审查该行政许可申请的工作人员以外的人员为听证主持人,申请人、利害关系人认为主持人与该行政许可事项有直接利害关系的,有权申请回避;(四)举行听证时,审查该行政许可申请的工作人员应当提供审查意见的证据、理由,申请人、利害关系人可以提出证据,并进行申辩和质证;(五)听证应当制作笔录,听证笔录应当交听证参加人确认无误后签字或者盖章。行政机关应当根据听证笔录,作出行政许可决定。"

A、C、D 项分别符合上述第 1、3、5 项规定,当选;B 项违反第 2 项规定,听证应当公开举行,行政机关并没有视情况决定是否公开举行听证的权利。故 B 项错误,不当选。

83. 行政许可的公告[AC]

[解析]《行政许可法》第 46 条规定:"法律、法规、规章规定实施行政许可应当听证的事项,或者行政机关认为需要听证的其他涉及公共利益的重大行

政许可事项,行政机关应当向社会公告,并举行听证。"故 A 项正确,当选。

行政许可听证无需公告,《行政许可法》没有相关规定。故 B 项错误,不当选。

《行政许可法》第 24 条第 1 款规定:"行政机关在其法定职权范围内,依照法律、法规、规章的规定,可以委托其他行政机关实施行政许可。委托机关应当将受委托行政机关和受委托实施行政许可的内容予以公告。"故 C 项正确,当选。

《行政许可法》第 69 条第 2 款规定:"被许可人以欺骗、贿赂等不正当手段取得行政许可的,应当予以撤销。"据此,依法撤销行政许可不属于公告的事项,法律法规没有规定撤销行政许可应予公告。故 D 项错误,不当选。

84. 行政许可的申请[B]

[解析]《行政许可法》第 29 条第 2 款规定:"申请人可以委托代理人提出行政许可申请。但是,依法应当由申请人到行政机关办公场所提出行政许可申请的除外。"本题中的许可不具有人身属性,不属于应当由申请人到办公场所办理的情形,是可以委托办理的。故 A 项错误。

《行政许可法》第 31 条第 1 款规定,申请人申请行政许可,应当如实向行政机关提交有关材料和反映真实情况,并对其申请材料实质内容的真实性负责。所以公司应对申请材料的真实性负责。故 B 项正确。

《行政许可法》第 32 条第 1 款规定:"行政机关对申请人提出的行政许可申请,应当根据下列情况分别作出处理:……(四)申请材料不齐全或者不符合法定形式,应当当场或者在 5 日内一次告知申请人需要补正的全部内容,逾期不告知的,自收到申请材料之日起即为受理;……"因此,当公司的申请材料不齐全时,行政机关是有告知补正的义务的,而非直接作出不受理的决定。故 C 项错误。

《行政许可法》第 58 条第 2 款规定:"行政机关提供行政许可申请书格式文本,不得收费。"故 D 项错误。

法条变更	《中华人民共和国行政许可法》
	2019 年 4 月 23 日第十三届全国人民代表大会常务委员会第十次会议《关于修改〈中华人民共和国建筑法〉等八部法律的决定》修正

考点 12 行政许可的撤销、撤回、注销与吊销

85. 行政许可的撤销与注销[B]

[解析] 撤销与注销均是独立的具体行政行为类型,不具有惩戒性,不属于行政处罚,故 A 项错误。

撤销与注销均是对当事人权利义务产生影响的独立的具体行政行为,具有可诉性。《行政许可案件规定》第 1 条规定:"公民、法人或者其他组织认为行政机关作出的行政许可决定以及相应的不作为,或者行政机关就行政许可的变更、延续、撤回、注销、撤销等事项作出的有关具体行政行为及其相应的不作为侵犯其合法权益,提起行政诉讼的,人民法院应当依法受理。"故 B 项正确。

行政许可的撤销与注销,既可以依申请,也可以依职权。根据《行政许可法》第 69 条规定,作出行政许可决定的行政机关或者其上级行政机关,根据利害关系人的请求或者依职权,可以撤销行政许可。注销的道理类同。故 C 项错误。

从《行政许可法》的规定可知,当出现法定撤销和注销情形时,行政机关必须履行撤销和注销手续,并无裁量权力,属于羁束行政行为,而非可裁量行政行为。故 D 项错误。

86. 行政许可的实施;行政许可的撤销与救济[ABD]

[解析]《行政许可法》第 58 条第 1 款规定:"行政机关实施行政许可和对行政许可事项进行监督检查,不得收取任何费用。但是,法律、行政法规另有规定的,依照其规定。"据此,行政许可原则上不得收取任何费用,除非法律、行政法规另有规定。本题中涉及的行政许可是建设工程规划许可,《城乡规划法》没有对规划许可证收费作出特别规定,因此应当遵照《行政许可法》的一般规定,即不收取费用。故 A 项正确。

《行政许可法》第 40 条规定:"行政机关作出的准予行政许可决定,应当予以公开,公众有权查阅。"可见,对于准予许可的决定应当公开,以便公众查阅。某区规划局批准大地房地产开发公司的土地开发申请,属于准予行政许可决定,应当予以公开,故 B 项正确。【特别提醒】不予许可的决定不需要公开。

行政行为的撤销,是指对于已经发生法律效力的行政行为,如果发现其违法或不当,由有权机关按照法定程序,使相应行政行为失去法律效力的行为。行政行为的撤销是具体行政行为中单独的一种类型,不属于行政处罚。行政行为被撤销之后,自始即没有法律效力。故 C 项错误。

根据《行政复议法》第 24 条第 1 款规定:"县级以上地方各级人民政府管辖下列行政复议案件:(一)对本级人民政府工作部门作出的行政行为不服的;……"本题中,区规划局属于区政府的工作部门,若大地房地产开发公司对区规划局的处罚决定不服申请行政复议,应当向区政府申请,故 D 项正确。【旧题新解】2023 年修订的《行政复议法》取消了地方政府工作部门的行政复议职权,除特殊情形外,原则上由县级以上人民政府统一行使行政复议职权。因此,本题只能向区政府申请复议,市规划局不再享有复议职权,不能向其申请复议。

| 法条变更 | 《中华人民共和国行政复议法》2023年9月1日第十四届全国人民代表大会常务委员会第五次会议修订 |

87. 行政许可的撤销、撤回、吊销、注销[B]

[解析]《行政许可法》第69条第2款规定:"被许可人以欺骗、贿赂等不正当手段取得行政许可的,应当予以撤销。"本题中,某市安监局向甲公司发放《烟花爆竹生产企业安全生产许可证》后,发现甲公司所提交的申请材料系伪造,甲公司属于违法取得行政许可,因此应当对该许可证予以撤销。故B项正确。

88. 行政许可的注销[ABD]

[解析]《行政许可法》第70条规定:"有下列情形之一的,行政机关应当依法办理有关行政许可的注销手续:(一)行政许可有效期届满未延续的;(二)赋予公民特定资格的行政许可,该公民死亡或者丧失行为能力的;(三)法人或者其他组织依法终止的;(四)行政许可依法被撤销、撤回,或者行政许可证件依法被吊销的;(五)因不可抗力导致行政许可事项无法实施的;(六)法律、法规规定的应当注销行政许可的其他情形。"可知,A项中张某取得律师执业证书后,发生交通事故成为植物人,其已丧失行为能力,符合上述第2项的规定,因此司法行政主管部门应当依法注销其律师执业资格。故A项正确,当选。B项中田某因违法经营网吧被吊销许可证的,符合上述第4项规定。故B项正确,当选。D项中刘某的行政许可证被依法撤销的,符合上述第4项规定,行政机关应当办理注销手续。故D项正确,当选。

《行政许可法》第50条第2款规定:"行政机关应当根据被许可人的申请,在该行政许可有效期届满前作出是否准予延续的决定;逾期未作决定,视为准予延续。"C项中李某依法向国土资源管理部门申请延续采矿许可,而国土资源管理部门在规定期限内未予答复,因此视为对李某的行政许可准予延缓,不应注销。故C项错误,不选。

89. 行政许可的撤销[B]

[解析]《行政许可法》第69条规定:"……被许可人以欺骗、贿赂等不正当手段取得行政许可的,应当予以撤销。……依照本条第2款的规定撤销行政许可的,被许可人基于行政许可取得的利益不受保护。"本题符合上述情形,应予撤销。故B项正确,A、C、D项错误。

90. 行政许可的注销[ABCD]

[解析]《行政许可法》第70条规定:"有下列情形之一的,行政机关应当依法办理有关行政许可的注销手续:(一)行政许可有效期届满未延续的;(二)赋予公民特定资格的行政许可,该公民死亡或者丧失行为能力的;(三)法人或者其他组织依法终止的;(四)行政许可依法被撤销、撤回,或者行政许可证件依法被吊销的;(五)因不可抗力导致行政许可事项无法实施的;(六)法律、法规规定的应当注销行政许可的其他情形。"

A项,属于上述第1项情形,有效期满未延续,应当注销。故A项当选。

B、C项,属于上述第4项情形,行政许可依法被撤销或者行政许可证件依法被吊销的,应当注销。故B、C项当选。

D项,属于上述第2项情形,赋予公民特定资格的行政许可,该公民死亡,应当注销。故D项当选。

91. 行政许可的撤销[ACD]

[解析] 根据《行政许可法》第69条以及《行政诉讼法》等相关法律规定,有权撤销行政许可的机关包括:许可决定机关;许可决定机关的上级行政机关;法院;被越权机关。市卫生局作为作出许可决定的机关、市政府作为其上级机关均有权撤销,故A、C项正确。

考生应区别撤销与吊销,吊销的行为性质属于处罚,按照《行政处罚法》,许可证吊销应当告知被处罚人有申请听证的权利,但撤销许可证并不属于行政处罚,没有法律规定撤销应当听证,故B项错误。

根据《行政许可法》第70条规定,行政许可被撤销后,当事人实体权利灭失,许可无法继续其效力,应当予以注销,故D项正确。

考点13 行政许可和行政处罚的比较

92. 行政许可;行政处罚[B(原答案为ABC)]

[解析] 对行政许可和行政处罚的相对集中,《行政许可法》和《行政处罚法》有较为相似的规定,但存在区别。《行政许可法》第25条规定:"经国务院批准,省、自治区、直辖市人民政府根据精简、统一、效能的原则,可以决定一个行政机关行使有关行政机关的行政许可权。"故B项正确。《行政处罚法》第18条第2款规定:"国务院或者省、自治区、直辖市人民政府可以决定一个行政机关行使有关行政机关的行政处罚权。"据此,国务院和省级政府可以决定行政处罚的相对集中行使,省级政府行使此权力并不需要国务院的授权。故A项错误。【旧题新解】此处旧法原来的规定是"国务院或经国务院授权的省级政府可以决定",2021年修订的《行政处罚法》删掉了"国务院授权的",意味着省政府可以直接决定,故根据新法A项不再是正确的。

限制人身自由的行政处罚权不可以被集中实施。对此,《行政处罚法》第18条第3款规定:"限制人身自由的行政处罚权只能由公安机关和法律规定的其他机关行使。"C项忽略了法律规定的其他机关(比如国家安全机关)行使的可能性,故错误。【旧题新解】对于限制人身自由的行政处罚权,旧法规定只能由公安机关行使,2021年的新法增加了"法律规定的其他机关",故根据新法C项不再是正确的。

《行政许可法》并未规定公安机关行使的行政许可不得交由其他行政机关行使,符合上述第25条的规定,均可相对集中行使。故D项错误。

93. 规章的权限[A]

[解析]《立法法》规定了设区的市的人民政府有权制定规章。较大的市均属于设区的市,有权制定规章。《行政许可法》第16条第3款规定:"规章可以在上位法设定的行政许可事项范围内,对实施该行政许可作出具体规定。"故A项正确。

《行政许可法》第58条第1款规定:"行政机关实施行政许可和对行政许可事项进行监督检查,不得收取任何费用。但是,法律、行政法规另有规定的,依照其规定。"可见,行政机关实施行政许可原则上不收费,例外情况只能由法律、行政法规规定,规章不能对此加以规定。故B项错误。

《行政处罚法》第19条规定:"法律、法规授权的具有管理公共事务职能的组织可以在法定授权范围内实施行政处罚。"据此,只有法律、法规可以授权具有管理公共事务职能的组织实施行政处罚,规章无权作出规定。故C项错误。

《行政处罚法》第36条第1款规定:"违法行为在2年内未被发现的,不再给予行政处罚;涉及公民生命健康安全、金融安全且有危害后果的,上述期限延长至5年。法律另有规定的除外。"因此,只有法律才能对处罚时效作出例外规定,规章无此权限。故D项错误。

94. 听证的范围[BC]

[解析] 税务局扣押不缴纳税款的某企业价值200万元的商品,虽然涉案金额特别巨大,但是因为扣押属于行政强制措施,而不是行政处罚,基于行政强制措施的紧迫性,《行政强制法》并未规定听证制度。故扣押不需要也不可能告知当事人有权要求听证。所以A项不当选。

根据《行政处罚法》第63条第1款规定,行政机关拟作出下列行政处罚决定,应当告知当事人有要求听证的权利,当事人要求听证的,行政机关应当组织听证:(1)较大数额罚款;(2)没收较大数额违法所得、没收较大价值非法财物;(3)降低资质等级、吊销许可证件;(4)责令停产停业、责令关闭、限制从业;(5)其他较重的行政处罚;(6)法律、法规、规章规定的其他情形。交通局吊销某运输公司的道路运营许可证属于上述第(3)项应告知听证的情形。所以B项应选。

《行政许可法》第47条第1款规定,行政许可直接涉及申请人与他人之间重大利益关系的,行政机关在作出行政许可决定前,应当告知申请人、利害关系人享有要求听证的权利;申请人、利害关系人在被告知听证权利之日起5日内提出听证申请的,行政机关应当在20日内组织听证。所以C项应选。

《治安管理处罚法》第98条规定:"公安机关作出吊销许可证以及处2000元以上罚款的治安管理处罚决定前,应当告知违反治安管理行为人有权要求举行听证;违反治安管理行为人要求听证的,公安机关应当及时依法举行听证。"可见,治安管理处罚中应当听证的情形包括吊销许可证和2000元以上的罚款,但不包括行政拘留。所以D项不当选。

专题七 行政处罚

考点14 行政处罚的种类

95. 行政处罚[A]

[解析] 行政处罚,是国家行政机关对构成行政违法行为的公民、法人或者其他组织实施的行政法上的制裁。行政处罚是行政违法行为引起的法律后果,其目的在于对行政违法的相对人进行惩罚。一般可以根据两个条件认定行政处罚:第一,行为人的行为违反行政管理秩序;第二,对此种违法行为需要给予法定的行政处罚。《行政处罚法》第9条规定:"行政处罚的种类:(一)警告、通报批评;(二)罚款、没收违法所得、没收非法财物;(三)暂扣许可证件、降低资质等级、吊销许可证件;(四)限制开展生产经营活动、责令停产停业、责令关闭、限制从业;(五)行政拘留;(六)法律、行政法规规定的其他行政处罚。"

A项中,张某违章驾车属于行政违法行为,而被暂扣驾驶执照是违法行为造成的法律后果,是公安交管局对其的一种惩罚,属于行政处罚。故A项当选。

B项中的注销营业执照,是消灭行政许可法律关系的一种法定程序,并不以相对人的行政违法行为为前提,不具有惩罚性,不属于行政处罚。故B项不当选。

卫生局对流行性传染病患者强制隔离,是出于公共安全的考虑,为了控制病源的扩散,依法对公民的人身自由实施的暂时性限制,属于行政强制措施而非行政处罚。故C项不当选。

责令召回本身只是让生产者自我纠错,防止发生危害,其行为性质属于行政强制措施,核心在于恢复正常状态,性质更偏于教育和纠正功能,而没有惩罚的惩戒性,因此不是行政处罚。故D项错误。【特别提醒】命题人认为责令召回、责令改正、责令产品下架之类的行为属于行政强制措施。对此,《行政处罚法》第28条第1款规定:"行政机关实施行政处罚时,应当责令当事人改正或者限期改正违法行为。"从法条中我们也可以看出,责令改正本身并不是一种行政处罚。

96. 行政处罚[ABD]

[解析] A选项中的先行登记保存是在证据可能灭失或以后难以取得的情况下,由行政机关作出的保全类行政强制措施,无惩戒性,A项当选。

责令类行政行为中,命题人观点认为责令停产停业、责令关闭、责令外国人限期离境、责令限期拆除属于行政处罚,其他类型的责令,如责令下架、责令改正等一般属于行政强制措施。判断的一般规律是:属于处罚的行为会给当事人增加新的负担,具有惩戒性,而非处罚类行政行为更多强调复原当事人对于社会秩序的侵害,没有增加新的负担。B选项不符合药品安全标准本就不具备在市场中销售的资格,行政机关责其召回,并未给其增加新的负担,所以属于行政强制措施,不是行政处罚,B项当选。C项中责令停产停业是《行政处罚法》第9条明确规定的行政处罚类型,当事人本来具有正常的合法生产、经营资格,因为其违法行为,行政机关剥夺了其本具有的生产营业能力,因此具有惩戒性。故C项不当选。**【特别提醒】**对于责令改正、责令限期拆除的性质,不同观点间存在争议。责令改正,有属于行政强制措施和行政命令两种观点,命题人观点为行政强制措施;责令限期拆除,有属于行政处罚和行政命令两种观点,命题人观点为行政处罚。在客观题中本书均按照命题人观点作答,在主观题中两种观点均可,只要言之成理。

工商局针对企业和消费者之间的消费纠纷作出的是行政裁决,而不是工商局对丁企业的惩罚,因此不是行政处罚。故D项当选。

考点15 行政处罚的设定

97. 规章的权限;行政处罚的设定[C]

[解析] 关于A项和D项,《行政处罚法》第13条规定:"国务院部门规章可以在法律、行政法规规定的给予行政处罚的行为、种类和幅度的范围内作出具体规定。尚未制定法律、行政法规的,国务院部门规章对违反行政管理秩序的行为,可以设定警告、通报批评或者一定数额罚款的行政处罚。罚款的限额由国务院规定。"可见,部门规章只能设定警告、通报批评和一定数额罚款的行政处罚,不得设定暂扣行政许可证这类处罚,更不得将其设定权限扩大到"除限制人身自由以外的行政处罚"(这是行政法规的设定权限)。故A、D项错误。

《行政强制法》第10条第4款规定:"法律、法规以外的其他规范性文件不得设定行政强制措施。"据此,只有法律、行政法规和地方性法规才可以设定行政强制措施,部门规章并无此项权力。故B项错误。

《行政许可法》第16条第3款规定:"规章可以在上位法设定的行政许可事项范围内,对实施该行政许可作出具体规定。"而部门规章作为规章的一种,也可以在上位法设定的行政许可事项范围内,对实施该许可作出具体规定。故C项正确。

考点16 行政处罚决定程序与执行程序

98. 具体行政行为的界定;行政处罚实施程序;诉讼参加人;行政处罚证据[BCD]

[解析] 区分具体行政行为与抽象行政行为关键从两个方面考量:第一,行为的对象是否明确具体;第二,行为是否具有反复适用的效力。本题中,甲市政府发布的交通限行通告针对的是不特定对象,且在限行期限内可以反复适用,符合抽象行政行为特征,不属于具体行政行为,A项说法错误。

行政处罚简易程序即当场作出行政处罚,对此根据《行政处罚法》第51条规定,违法事实确凿并有法定依据,对公民处以200元以下、对法人或者其他组织处以3000元以下罚款或者警告的行政处罚的,可以当场作出行政处罚决定。本题中,乙区公安分局交警大队对李某作出200元的罚款决定,可以适用简易程序。B项说法正确。

根据《行政诉讼法》第26条规定,经复议的案件,复议机关决定维持原行政行为的,作出原行政行为的行政机关和复议机关是共同被告。本题中,被告应当是乙区公安分局交警大队和区政府,C项说法正确。

《行政处罚法》第41条第1、2款规定:"行政机关依照法律、行政法规规定利用电子技术监控设备收集、固定违法事实的,应当经过法制和技术审核,确保电子技术监控设备符合标准、设置合理、标志明显,设置地点应当向社会公布。电子技术监控设备记录违法事实应当真实、清晰、完整、准确。行政机关应当审核记录内容是否符合要求;未经审核或者经审核不符合要求的,不得作为行政处罚的证据。"据此可知,乙区公安分局交警大队对李某的监控记录应当经过审核,未经审核不得作为处罚的证据。D项说法正确。

99. 行政处罚的听证与执行;行政强制执行程序[AC]

[解析]《行政处罚法》第72条规定:"当事人逾期不履行行政处罚决定的,作出行政处罚决定的行政机关可以采取下列措施:(一)到期不缴纳罚款的,每日按罚款数额的3%加处罚款,加处罚款的数额不得超出罚款的数额;……"所以A项正确。

《行政强制法》第46条第3款规定:"没有行政强制执行权的行政机关应当申请人民法院强制执行。但是,当事人在法定期限内不申请行政复议或者提起行政诉讼,经催告仍不履行的,在实施行政管理过程中已经采取查封、扣押措施的行政机关,可以将查封、扣押的财物依法拍卖抵缴罚款。"可见,拍卖扣押财物抵缴罚款是有前提条件的,而本题中没有交代该超市"不申请行政复议或者提起行政诉讼,经催告仍不履行",并不满足拍卖的构成要件,所以 B 项错误。

《行政强制法》第 42 条第 1 款规定:"实施行政强制执行,行政机关可以在不损害公共利益和他人合法权益的情况下,与当事人达成执行协议。执行协议可以约定分阶段履行;当事人采取补救措施的,可以减免加处的罚款或者滞纳金。"所以 C 项正确。

根据《行政处罚法》第 63 条第 1 款,行政机关拟作出下列行政处罚决定,应当告知当事人有要求听证的权利,当事人要求听证的,行政机关应当组织听证:(1)较大数额罚款;(2)没收较大数额违法所得、没收较大价值非法财物;(3)降低资质等级、吊销许可证件;(4)责令停产停业、责令关闭、限制从业;(5)其他较重的行政处罚;(6)法律、法规、规章规定的其他情形。D 项错在,一是应在作出处罚决定前通知,而非作出决定时通知;二是罚款 1 万元属于较大数额的罚款,是应当告知当事人听证权利,而非可以告知。所以 D 项错误。

100. 行政处罚的调查取证程序[C]

[解析]《行政处罚法》第 56 条规定:"行政机关在收集证据时,可以采取抽样取证的方法;在证据可能灭失或者以后难以取得的情况下,经行政机关负责人批准,可以先行登记保存,并应当在 7 日内及时作出处理决定,在此期间,当事人或者有关人员不得销毁或者转移证据。"

A 项错误,证据先行登记保存行为已经实质影响了王某的权利义务,限制了王某对饼干的使用与处理。

B 项错误,证据先行登记保存必须经行政机关负责人批准,不得直接作出。

C 项正确,证据先行登记保存的前提条件是"证据可能灭失或以后难以取得"。

D 项错误,证据先行登记保存的期间为 7 天,而非 1 个月。

101. 行政处罚决定程序与行政强制执行[D]

[解析]《行政处罚法》第 59 条规定:"行政机关依照本法第五十七条的规定给予行政处罚,应当制作行政处罚决定书。行政处罚决定书应当载明下列事项:……(五)申请行政复议、提起行政诉讼的途径和期限;……"据此,国土资源局的决定书应载明不服该决定申请行政复议或提起行政诉讼的途径和期限。故 A 项说法正确,不当选。

根据具体行政行为与当事人之间的权益关系,可以将具体行政行为分为授益性行政行为和负担性行政行为:为当事人授予权利、利益或者免除负担义务的,是授益性行政行为,如行政许可;为当事人设定义务或者剥夺其权益的,是负担性行政行为,如行政处罚。国土资源局的决定使陈某负担了拆除房屋并恢复土地原状的义务,当属负担性行政行为,具体来说属于行政处罚。故 B 项说法正确,不当选。

《行政诉讼法》第 46 条第 1 款规定:"公民、法人或者其他组织直接向人民法院提起诉讼的,应当自知道或者应当知道作出行政行为之日起 6 个月内提出。法律另有规定的除外。"若《土地管理法》对起诉期限有特别规定,应适用《土地管理法》的特殊期限。故 C 项说法正确,不当选。

《行政强制法》第 13 条规定:"行政强制执行由法律设定。法律没有规定行政机关强制执行的,作出行政决定的行政机关应当申请人民法院强制执行。"法律没有规定国土资源局有强拆房屋的执行权,国土资源局须申请法院强制执行。对此,《土地管理法》第 83 条的规定,建设单位或者个人对责令限期拆除的行政处罚决定不服的,可以在接到责令限期拆除决定之日起 15 日内,向人民法院起诉;期满不起诉又不自行拆除的,由作出处罚决定的机关依法申请人民法院强制执行,费用由违法者承担。因此,国土资源局没有自己执行的权力,只能申请人民法院强制执行。故 D 项说法错误,当选。

102. 诉讼合并审理;行政处罚的简易程序、听证程序;一事不再罚原则[AB]

[解析]《行政诉讼法》第 27 条规定:"当事人一方或者双方为二人以上,因同一行政行为发生的行政案件,或者因同类行政行为发生的行政案件,人民法院认为可以合并审理并经当事人同意的,为共同诉讼。"《行政诉讼法解释》第 73 条规定:"根据行政诉讼法第 27 条的规定,有下列情形之一的,人民法院可以决定合并审理:(一)两个以上行政机关分别对同一事实作出行政行为,公民、法人或者其他组织不服向同一人民法院起诉的;……"本题中,某省建设厅暂扣甲公司安全生产许可证 3 个月、市安全生产监督管理局对甲公司罚款,即属于"两个以上行政机关分别依据不同的法律、法规对同一事实作出具体行政行为",如果甲公司向同一法院起诉并经过当事人同意,法院可以合并审理。故 A 项正确。**【特别提醒】**根据上述《行政诉讼法》第 27 条规定,对于因同类行政行为发生的行政案件,人民法院决定合并审理,应经当事人同意。所以,对于"同类"案件,虽然法院认为可以合并审理,但最终是否合并审理需要征得当事人同意。

《行政处罚法》第 51 条规定:"违法事实确凿并有法定依据,对公民处以 200 元以下、对法人或者其他组织处以3000元以下罚款或者警告的行政处罚的,可以当场作出行政处罚决定。法律另有规定的,从其规定。"可知,简易程序只适用于对公民处200元以下、对法人或其他组织处3000元以下罚款或者警告的行政处罚,市安全监督管理局不能适用简易程序作出罚款3万元的决定。故B项正确,当选。

根据《行政处罚法》第63条规定,行政机关应当组织听证的情况包括:(1)较大数额罚款;(2)没收较大数额违法所得、没收较大价值非法财物;(3)降低资质等级、吊销许可证件;(4)责令停产停业、责令关闭、限制从业;(5)其他较重的行政处罚;(6)法律、法规、规章规定的其他情形。因此,某省建设厅作出暂扣安全生产许可证的决定,不属于行政机关应当为相对人组织听证的范围。故C项错误,不选。

根据《行政处罚法》第29条规定,对当事人的同一个违法行为,不得给予两次以上罚款的行政处罚。可知,一事不再罚是指对当事人的同一个违法行为,不得给予两次以上罚款的行政处罚。只要是当事人的一个违法行为,不管是触犯了一个法律规范,还是触犯了多个法律规范;不管是同一个行政机关,还是多个行政机关,罚款只能罚一次。本题中,只有一个罚款,而另一个处罚是暂扣许可证,并没有违反一事不再罚。故D项错误。

103.听证程序[BCD]

[解析] 行政强制中不涉及听证程序问题,A项中的扣押属于行政强制措施,不可以申请听证。故A项不当选。

《治安管理处罚法》第98条规定:"公安机关作出吊销许可证以及处2000元以上罚款的治安管理处罚决定前,应当告知违反治安管理行为人有权要求举行听证;违反治安管理行为人要求听证的,公安机关应当及时依法举行听证。"因此,B项县公安局对陈某作出3000元的罚款决定,当事人有权申请听证。故B项当选。D项吊销驾驶证属于吊销许可证的范畴,当事人有权申请听证。故D项当选。

根据《行政处罚法》第63条规定,行政机关应当组织听证的情况包括:较大数额罚款;没收较大数额违法所得、没收较大价值非法财物;降低资质等级、吊销许可证件;责令停产停业、责令关闭、限制从业;其他较重的行政处罚;法律、法规、规章规定的其他情形。C项责令停业整顿属于责令停产停业的范畴,当事人有权申请听证。故C项当选。

考点17 治安管理处罚

104.治安管理处罚听证;拘留的暂缓执行;合并审理;变更判决[ACD]

[解析] 根据《治安管理处罚法》第98条规定,公安机关作出吊销许可证以及处2000元以上罚款的治安管理处罚决定前,应当告知违反治安管理行为人有权要求举行听证;违反治安管理行为人要求听证的,公安机关应当及时依法举行听证。此为公安机关法定告知听证的情形。除此之外,公安机关为了使自己的处罚决定更加合理公正,可以主动组织听证,也即对于法定听证范围以外的处罚决定是否组织听证,公安机关自己有行政裁量权。本题中的"行政拘留7日并处罚款300元",虽然不符合法定告知听证的情形,但是公安机关也可以根据办案需要组织听证。故A项正确。

根据《治安管理处罚法》第107条,行政拘留处罚暂缓执行需要符合以下四个条件:(1)被处罚人不服拘留处罚决定,申请复议或提起诉讼;(2)提出暂缓执行拘留的申请;(3)公安机关认为暂缓执行拘留不致发生社会危险;(4)按每日拘留200元的标准交纳保证金,或由被处罚人或某近亲属提出担保人。本题中,赵某只提起了行政诉讼,仅满足上述第一个条件,不符合暂缓执行的条件。故B项错误。

《行政诉讼法》第27条规定:"当事人一方或者双方为二人以上,因同一行政行为发生的行政案件,或者因同类行政行为发生的行政案件、人民法院认为可以合并审理并经当事人同意的,为共同诉讼。"该条中前半句所述为必要共同诉讼,后半句所述为普通共同诉讼。必要共同诉讼,是指当事人一方或者双方为两人以上,因同一行政行为发生行政争议,人民法院必须合并审理的诉讼。普通共同诉讼,是指诉讼标的是同类行政行为,法院认为可以合并审理,且经当事人同意合并审理的诉讼。本题中,赵某和孙某针对同一行政行为(行政拘留7日并处罚款300元)提起诉讼,显然属于必要共同诉讼,法院应当合并审理。故C项正确。

《行政诉讼法》第77条规定:"行政处罚明显不当,或者其他行政行为涉及对款额的确定、认定确有错误的,人民法院可以判决变更。人民法院判决变更,不得加重原告的义务或者减损原告的权益。但利害关系人同为原告,且诉讼请求相反的除外。"本题中,若仅有赵某向法院起诉的,法院不得作出对赵某加重处罚的变更判决。但是,受害人孙某也向法院提起行政诉讼,且与赵某诉讼请求相反,法院经过审查认为处罚过轻的,可以变更判决对赵某作出更重的处罚。故D项正确。

105.治安管理处罚的听证;行政拘留的暂缓执行;复议机关[CD]

[解析] 损坏国家保护的文物,并不会对公共安全产生影响,故A项错误。

《治安管理处罚法》第98条规定:"公安机关作出

吊销许可证以及处 2000 元以上罚款的治安管理处罚决定前,应当告知违反治安管理行为人有权要求举行听证;违反治安管理行为人要求听证的,公安机关应当及时依法举行听证。"本题中的行政拘留并不在此范围之内,不是应当告知的法定听证范围,故 B 项错误。

根据《行政复议法》第 24 条第 1 款规定:"县级以上地方各级人民政府管辖下列行政复议案件:(一)对本级人民政府工作部门作出的行政行为不服的;……"本题中,区公安分局属于区政府的工作部门,若张三对区公安分局的处罚决定不服申请行政复议,应当向区政府申请,故 C 项正确。

《治安管理处罚法》第 107 条规定:"被处罚人不服行政拘留处罚决定,申请行政复议、提起行政诉讼的,可以向公安机关提出暂缓执行行政拘留的申请。公安机关认为暂缓执行行政拘留不致发生社会危险的,由被处罚人或者其近亲属提出符合本法第 108 条规定条件的担保人,或者按每日行政拘留 200 元的标准交纳保证金,行政拘留的处罚决定暂缓执行。"本题中,张三已经提起了行政诉讼,符合提出暂缓执行行政拘留的要求,故 D 项正确。

106. 治安管理处罚与行政复议机关的确定[A]

[解析]《治安管理处罚法》第 82 条第 2 款规定:"公安机关应当将传唤的原因和依据告知被传唤人。"据此,传唤孙某时,某区公安分局应当将传唤的原因和依据告知孙某,故 A 项正确。

《治安管理处罚法》第 83 条第 1 款规定:"对违反治安管理行为人,公安机关传唤后应当及时询问查证,询问查证的时间不得超过 8 小时;情况复杂,依照本法规定可能适用行政拘留处罚的,询问查证的时间不得超过 24 小时。"据此,传唤后对孙某的询问查证时间不得超过 24 小时,故 B 项错误。

根据《行政复议法》第 24 条第 1 款规定:"县级以上地方各级人民政府管辖下列行政复议案件:(一)对本级人民政府工作部门作出的行政行为不服的;……"本题中,区公安分局属于区政府的工作部门,若孙某对区公安分局的处罚决定不服申请行政复议,应当向区政府申请,故 C 项错误。【特别提醒】根据新《行政复议法》,政府工作部门(海关、金融、税务、国安、外汇管理、司法行政部门除外)不能作为复议机关。

根据《治安管理处罚法》第 107 条规定,暂缓拘留需要同时满足以下条件:(1)当事人已申请行政复议或提起行政诉讼;(2)当事人主动申请;(3)公安机关认为暂缓执行不致发生社会危险;(4)被处罚人或其近亲属提出符合条件的担保人,或按每日拘留 200 元的标准交纳保证金。D 选项只满足第(1)个条件,不应暂缓,故 D 项错误。

107. 治安管理处罚程序[ABD]

[解析]《治安管理处罚法》第 94 条第 1 款规定:"公安机关作出治安管理处罚决定前,应当告知违反治安管理行为人作出治安管理处罚的事实、理由及依据,并告知违反治安管理行为人依法享有的权利。"因此,该分局在作出决定前,应告知沈某处罚的事实、理由和依据的说法正确。故 A 项正确。

《行政复议法》第 20 条第 1 款规定,公民、法人或者其他组织认为行政行为侵犯其合法权益的,可以自知道或者应当知道该行政行为之日起 60 日内提出行政复议申请;但是法律规定的申请期限超过 60 日的除外。据此,沈某申请复议的期限为 60 日。故 B 项正确。

《治安管理处罚法》第 98 条规定:"公安机关作出吊销许可证以及处 2000 元以上罚款的治安管理处罚决定前,应当告知违反治安管理行为人有权要求举行听证;违反治安管理行为人要求听证的,公安机关应当及时依法举行听证。"本案中,虽然罚款数额没有达到 2000 元,但是公安机关在作出行政处罚决定前,已经向沈某告知了听证的权利和期限,那么基于信赖保护原则,在沈某提出听证要求时,公安机关应当组织听证。故 C 项错误。

公安机关已经告知当事人有要求举行听证的权利,在当事人提出听证请求后,公安机关依法应当组织听证,而某县公安分局却没有理会当事人的听证要求,未经听证直接作出了处罚决定,存在严重的程序违法,因此其作出的罚款决定违法。故 D 项正确。

108. 治安处罚[C]

[解析]《治安管理处罚法》第 91 条规定:"治安管理处罚由县级以上人民政府公安机关决定;其中警告、500 元以下的罚款可以由公安派出所决定。"本题属于行政拘留,公安派出所无权作出。故 A 项错误。

《治安管理处罚法》第 100 条规定:"违反治安管理行为事实清楚,证据确凿,处警告或者 200 元以下罚款的,可以当场作出治安管理处罚决定。"本题中的处罚为行政拘留,不能适用当场处罚程序。故 B 项错误。

《治安管理处罚法》第 97 条第 1 款规定:"公安机关应当向被处罚人宣告治安管理处罚决定书,并当场交付被处罚人;无法当场向被处罚人宣告的,应当在 2 日内送达被处罚人。决定给予行政拘留处罚的,应当及时通知被处罚人的家属。"故 C 项正确。

行政处罚任何情况下都不得以口头方式作出,即使是当场处罚程序也要出具行政处罚决定书并送达当事人,并且行政拘留作为最严厉的行政处罚措施,必须经过传唤、询问、取证、决定、执行等程序。故 D 项错误。

109. 治安管理处罚;复议机关的确定[D]

[解析] 根据《治安管理处罚法》第63条规定,"关某以刻划方式损坏国家保护的文物"属于"妨害社会管理的行为",而并非"妨害公共安全的行为",因此A项错误。

《治安管理处罚法》第98条规定:"公安机关作出吊销许可证以及处2000元以上罚款的治安管理处罚决定前,应当告知违反治安管理行为人有权要求举行听证;违反治安管理行为人要求听证的,公安机关应当及时依法举行听证。"本案中公安局对关某的处罚决定是拘留10日,罚款500元,不符合应当告知听证的要求,因此B项错误。

《行政复议法》第24条第1款规定:"县级以上地方各级人民政府管辖下列行政复议案件:(一)对本级人民政府工作部门作出的行政行为不服的;……"据此,对公安分局的处罚决定不服,只能向本级人民政府申请复议,不能向上一级公安机关申请,故C项错误。

《治安管理处罚法》第111条规定:"行政拘留的处罚决定被撤销,或者行政拘留处罚开始执行的,公安机关收取的保证金应当及时退还交纳人。"因此,复议机关若撤销对关某的处罚,公安分局应当及时将收取的保证金退还关某,因此D项正确。

110. 行政诉讼审查范围及判决类型;治安管理处罚[C]

[解析]《治安管理处罚法》第82条第1款规定:"需要传唤违反治安管理行为人接受调查的,经公安机关办案部门负责人批准,使用传唤证传唤。对现场发现的违反治安管理行为人,人民警察经出示工作证件,可以口头传唤,但应当在询问笔录中注明。"因此,对于牛某在施工现场进行阻挠的违法行为,市公安局警察可以出示工作证件后口头传唤。故A项错误。

《治安管理处罚法》第84条第2款规定:"被询问人要求就被询问事项自行提供书面材料的,应当准许;必要时,人民警察也可以要求被询问人自行书写。"据此,牛某在接受询问时要求就被询问事项自行提供书面材料的,应予准许。故B项错误。

牛某不服市公安局的行政拘留决定而提起行政诉讼,法院审理的对象是行政拘留行为的合法性,而非市政府征收土地决定的合法性问题。故C项正确。

《行政诉讼法》第77条规定:"行政处罚明显不当,或者其他行政行为涉及对款额的确定、认定确有错误的,人民法院可以判决变更。人民法院判决变更,不得加重原告的义务或者减损原告的权益。但利害关系人同为原告,且诉讼请求相反的除外。"行政拘留属于最为严厉的行政处罚,如果人民法院经过审理后认为市公安局对牛某的行政拘留决定明显不当,则可以作出变更判决。故D项错误。

111. 治安管理处罚决定书的内容;治安管理处罚听证的适用条件;治安管理处罚决定的作出;行政诉讼的管辖[ABCD(原答案为ABC)]

[解析]《治安管理处罚法》第96条第1款规定:"公安机关作出治安管理处罚决定的,应当制作治安管理处罚决定书。决定书应当载明下列内容:……(四)处罚的执行方式和期限;……"故A项正确。

《治安管理处罚法》第98条规定:"公安机关作出吊销许可证以及处2000元以上罚款的治安管理处罚决定前,应当告知违反治安管理行为人有权要求举行听证;违反治安管理行为人要求听证的,公安机关应当及时依法举行听证。"本题中,公安局对朱某拘留15日并处罚款5000元,对于拘留决定,朱某不能申请听证,但对于罚款5000元的处罚,如朱某要求听证,公安局应当及时依法举行听证。故B项正确。

《治安管理处罚法》第94条第2款规定:"违反治安管理行为人有权陈述和申辩。公安机关必须充分听取违反治安管理行为人的意见,对违反治安管理行为人提出的事实、理由和证据,应当进行复核;违反治安管理行为人提出的事实、理由或者证据成立的,公安机关应当采纳。"故C项正确。

修改后的《行政诉讼法》及其司法解释对"限制人身自由案件"的地域管辖规则采用了狭义理解,限制人身自由仅仅包括强制传唤、强制隔离等行政强制措施,拘留等行政处罚不包括在内。《行政诉讼法解释》第8条第2款规定:"对行政机关基于同一事实,既采取限制公民人身自由的行政强制措施,又采取其他行政强制措施或者行政处罚不服的,由被告所在地或者原告所在地的人民法院管辖。"特别注意,必须包括限制人身自由的行政强制措施,才能适用该条规定,由原告所在地或被告所在地法院管辖,拘留类的行政处罚(不管是单纯的拘留,还是拘留加罚款、扣押等财产类行为)只能由被告所在地法院管辖。本案中的拘留为行政处罚,不能适用新司法解释的规定,只能由被告所在地即公安局所在地法院管辖。故D项正确。

112. 治安管理处罚的行政检查要求;现场笔录及其证据效力[ABC]

[解析]《治安管理处罚法》第77条规定:"公安机关对报案、控告、举报或者违反治安管理行为人主动投案,以及其他行政主管部门、司法机关移送的违反治安管理案件,应当及时受理,并进行登记。"可知某县公安局应当对电话举报进行登记。故A项正确。

《治安管理处罚法》第87条规定:"公安机关对与违反治安管理行为有关的场所、物品、人身可以进行检查。检查时,人民警察不得少于2人,并应当出示工作证件和县级以上人民政府公安机关开具的检查证明文件。对确有必要立即进行检查的,人民警察经出示工作证件,可以当场检查,但检查公民住所应当出示县级以上人民政府公安机关开具的检查证明文件。检查妇女的身体,应当由女性工作人员进行。"故B、C项正确。

《治安管理处罚法》第88条规定:"检查的情况应当制作检查笔录,由检查人、被检查人和见证人签名或者盖章;被检查人拒绝签名的,人民警察应当在笔录上注明。"《行政诉讼证据规定》第15条规定:"根据行政诉讼法第31条第1款第(七)项[现为第33条第1款第(八)项]①的规定,被告向人民法院提供的现场笔录,应当载明时间、地点和事件等内容,并由执法人员和当事人签名。当事人拒绝签名或者不能签名的,应当注明原因。有其他人在现场的,可由其他人签名。法律、法规和规章对现场笔录的制作形式另有规定的,从其规定。"可知,当事人拒绝签名或者不能签名的,该笔录在行政诉讼中并不因此而失去证据效力。故D项错误。

113. 行政处罚[AC(原答案为ACD)]

[解析]《治安管理处罚法》第83条第1款规定,对违反治安管理行为人,公安机关传唤后应当及时询问查证,询问查证的时间不得超过8小时;情况复杂,依照本法规定可能适用行政拘留处罚的,询问查证的时间不得超过24小时。本题中刘某引诱他人吸食毒品被处以行政拘留,其属于可能适用行政拘留处罚的特殊情形,对其询问查证的时间不得超过24小时。故A项正确。

《治安管理处罚法》第98条规定,公安机关作出吊销许可证以及处2000元以上罚款的治安管理处罚决定前,应当告知违反治安管理行为人有权要求举行听证;违反治安管理行为人要求听证的,公安机关应当及时依法举行听证。行政拘留虽然不是应当举行听证的处罚类型,但是本案中刘某被并处3000元罚款属于听证事由,因此,刘某有权仅就罚款的数额、事项提出听证请求。故B项错误。

《治安管理处罚法》第10条第2款规定,对违反治安管理的外国人,可以附加适用限期出境或者驱逐出境。因此,对刘某可以附加适用限期出境。故C项正确。

《行政诉讼法》第46条第1款规定:"公民、法人或者其他组织直接向人民法院提起诉讼的,应当自知道或者应当知道作出行政行为之日起6个月内提出。法律另有规定的除外。"而《治安管理处罚法》对起诉期限并没有另作规定,则应当适用《行政诉讼法》的一般规定,即6个月的起诉期限。故D项错误。

114. 治安管理处罚[B]

[解析]《治安管理处罚法》第49条规定:"盗窃、诈骗、哄抢、抢夺、敲诈勒索或者故意损毁公私财物的,处5日以上10日以下拘留,可以并处500元以下罚款;情节较重的,处10日以上15日以下拘留,可以并处1000元以下罚款。"田某等人哄抢财物的行为属于侵犯财产权利的行为,而不属于扰乱公共秩序的行为。可知A项错误。

依据《治安管理处罚法》第89条第1款规定,公安机关办理治安案件,对与案件有关的需要作为证据的物品,可以扣押;对被侵害人或者善意第三人合法占有的财产,不得扣押,应当予以登记。对与案件无关的物品,不得扣押。本案中被哄抢的财物属于被侵害人的财产,不得扣押,应予登记。可知B项正确。

《治安管理处罚法》第83条规定:"对违反治安管理行为人,公安机关传唤后应当及时询问查证,询问查证的时间不得超过8小时;情况复杂、依照本法规定可能适用行政拘留处罚的,询问查证的时间不得超过24小时。公安机关应当及时将传唤的原因和处所通知被传唤人家属。"可知C项错误。

根据《行政复议法》第20条规定,田某申请复议的期限为60日,而直接提起行政诉讼的期限是6个月,D项将二者混淆。可知D项错误。

115. 派出所的处罚权;行政诉讼被告的确定[AC]

[解析]《治安管理处罚法》第91条规定:"治安管理处罚由县级以上人民政府公安机关决定;其中警告、500元以下的罚款可以由公安派出所决定。"派出所属于经过授权的派出机构,其被授权的权限范围是警告和500元以下罚款。本题中派出所对李某作出的处罚为500元罚款,可以自己的名义作出。故A项正确。

《治安管理处罚法》第100条规定:"违反治安管理行为事实清楚,证据确凿,处警告或者200元以下罚款的,可以当场作出治安管理处罚决定。"当场处罚为治安管理处罚中的简易程序,适用于对公民处警告或者200元以下罚款的情形。因此,本题对李某罚款500元,不属于当场处罚的适用范围。故B项错误。

《治安管理处罚法》第97条第2款规定:"有被侵害人的,公安机关应当将决定书副本抄送被侵害人。"张某是本案中的被侵害人,应当将处罚决定书副本抄送张某。故C项正确。

《行政诉讼法解释》第20条第2款规定:"法律、法规或者规章授权行使行政职权的行政机关内设机构、派出机构或者其他组织,超出法定授权范围实施行政行为,当事人不服提起诉讼的,应当以实施该行为的机构或者组织为被告。"本题中派出所是在授权

---

① 编者注,下同。

范围内作出行政行为,自己具有行政主体资格,自己做被告。故D项错误。

专题八 行政强制

考点18 行政强制行为的判定

116. 复议期限;行政处罚和行政强制执行的判断;共同被告[ACD]

[解析] 复议申请期限为自知道或应当知道行政行为之日起60日,法律规定超过60日的除外。故A项正确。

该公司本不符合获得出口退税的条件,却通过欺骗手段获取出口退税500万元,也就是说,这500万元税款是公司本应缴纳的,但其却通过非法手段从税务机关获得了退税,意味着该公司少缴纳了税款,税务局对其予以追缴,实际上是一种恢复征税的行政行为,不具有惩戒性,因此不属于行政处罚。如果在追缴税款的同时,对公司作出罚款,则罚款属于行政处罚。故B项错误。

经复议的案件,复议机关决定维持原行政行为的,作出原行政行为的行政机关和复议机关是共同被告;复议机关改变原行政行为的,复议机关是被告。本题属于复议维持案件,甲市税务局和乙区税务局为共同被告,故C项正确。

行政强制执行的本质是国家运用强制手段实现另一行政行为(一般称为基础决定或先在行为)所确定的权利义务,适用于当事人对基础决定所确定的义务不予履行的情况。本题中,税务局作出基础决定《税务行政处理决定书》,决定追缴出口退税500万元,而某公司拒绝履行义务,税务局从该公司银行账户强制扣缴500万元,这一扣缴行为是为了实现基础决定所确定的义务安排,属于行政强制执行。故D项正确。

117. 行政强制措施的判定[BCD]

[解析] 行政强制措施,是指行政机关在行政管理过程中,为制止违法行为、防止证据损毁、避免危害发生、控制危险扩大等情形,依法对公民的人身自由实施暂时性限制,或者对公民、法人或者其他组织的财物实施暂时性控制的行为。本题中,B项约束行为的目的在于防止醉酒的乙对自身或者他人造成危险而对其人身自由实施暂时性限制;C项是为了防止未经检验检疫的猪肉流入市场影响民众的身体健康而对其未售出的猪肉采取的暂时性控制措施;D项扣押是典型的行政强制措施,其目的在于防止当事人转移财物而对其财物实施暂时性控制。故B、C、D项均属于行政强制措施。

根据《行政处罚法》第9条,暂扣许可证件属于典型的行政处罚,是确定当事人违法后对当事人的一种制裁。故A项属于行政处罚,不当选。【特别提醒】行政处罚有明确的处罚日期,而行政强制措施在作出时往往不会告知行为期限,只要目的实现了,强制措施自然会解除。从这一点上,也可以判定A项不属于行政强制措施。

118. 行政强制措施[B]

[解析]《行政强制法》第2条第2款规定:"行政强制措施,是指行政机关在行政管理过程中,为制止违法行为、防止证据损毁、避免危害发生、控制危险扩大等情形,依法对公民的人身自由实施暂时性限制,或者对公民、法人或者其他组织的财物实施暂时性控制的行为。"第9条规定:"行政强制措施的种类:(一)限制公民人身自由;(二)查封场所、设施或者财物;(三)扣押财物;(四)冻结存款、汇款;(五)其他行政强制措施。"本题中,公安局将李某送至强制隔离戒毒所进行强制隔离戒毒,并非出于惩戒目的,而是为了制止违法行为,控制危险扩大而依法对公民的人身自由实施暂时性限制的行为,属于行政强制措施。故B项当选。

119. 行政强制措施与行政强制执行的区别[ABD]

[解析] 本题考查行政强制措施和强制执行的区分,可从以下角度分析:

第一,行政法中的行为顺序往往是行政强制措施→行政处罚→行政强制执行,按照出现的位置,也有助于区分行为性质。具体到本题,先扣留(强制措施),再罚款(处罚),最后拍卖(强制执行)。

第二,从目的上来看:(1)扣留驾驶证防止无证驾驶导致的危险,符合强制措施的特点。同时,题目中的扣留并没有规定明确的期限,属于暂时性的强制措施,和行政处罚中的暂扣许可证件不同,后者是在认定违法之后,在一个明确期限内剥夺当事人的资格。(2)拍卖车载货物的目的是为实现罚款,属于行政强制执行。

综上所述,ABD项正确,C项错误。

120. 行政处罚、行政强制措施以及行政强制执行的区别[B]

[解析] 行政处罚是行政机关针对相对人违反行政管理法律规范但尚未构成犯罪的行为进行惩戒,其目的是惩戒。行政强制措施的目的是制止违法行为、防止证据损毁、避免危害发生、控制危险扩大,而对相对人的人身或财产采取暂时性限制与控制的行为手段。行政强制执行的目的是迫使相对人履行行政法上的义务或达到与履行义务相同的状态。行政征收是为了强制无偿地取得相对人的财物。本案中,孙某通过毁林的方式进行违法开采,县林业局、矿产资源

管理局与安监局责令其停止违法开采,是为了制止违法行为、避免危害发生而采取的对孙某行动自由的暂时性限制,因此其性质属于行政强制措施,B项正确。

121. 行政处罚与行政强制执行催告通知[AC]

[解析] 本案中,政府有两项行为,发出《拆除所建房屋通知》和《关于限期拆除所建房屋的通知》。第一,《拆除所建房屋通知》的内容是要求公司在15日内拆除房屋,属于责令限期拆除。按照命题人的观点,责令限期拆除,属于行政处罚。第二,《关于限期拆除所建房屋的通知》的内容为"要求公司在10日内自动拆除,否则将依法强制执行",说明它是在强制执行前,为催促当事人自行履行义务的催告行为,属于行政强制执行中的过程性行为。故A项正确,B项错误。既然《拆除所建房屋通知》属于行政处罚,是典型的具体行政行为,当事人当然可以对其提起行政诉讼。故C项正确。【特别提醒】责令限期拆除的性质,在客观题中按照行政处罚处理;在主观题中按照行政处罚、行政命令回答均可,只要言之成理。

《行政处罚法》第51条对简易程序作出了规定:"违法事实确凿并有法定依据,对公民处以200元以下、对法人或者其他组织处以3000元以下罚款或者警告的行政处罚的,可以当场作出行政处罚决定。……"本案的行政处罚不是罚款或警告,不适用简易程序。故D项错误。

122. 行政强制措施[B]

[解析] 行政强制措施,是指行政机关在行政管理过程中,为制止违法行为、防止证据损毁、避免危害发生、控制危险扩大等情形,依法对公民的人身自由实施暂时性限制,或者对公民、法人或者其他组织的财物实施暂时性控制的行为。A项中的封存是为了后续审计的顺利进行,属于行政强制措施。B项暂扣驾驶证是公安交警对违法驾车的驾驶员的制裁,属于行政处罚。C项扣押纳税人价值相当于应纳税款的商品,目的是保证后续行政决定的执行,属于行政强制措施。D项约束至酒醒是为了避免或防止醉酒的人发生危害,属于行政强制措施。故B项当选,A、C、D项不当选。

123. 行政行为类型辨析;行政强制措施[C]

[解析] A项是对行政行为性质的考查。以是否针对特定的对象和是否可以重复适用为标准,可以将行政行为分为具体行政行为和抽象行政行为。具体行政行为针对特定人与特定事项,即当行政行为作出时,受到该行为约束的人已经是确定的。抽象行政行为针对的是"不特定"的对象,包括:(1)空间上的不特定,即针对不特定人或不特定事;(2)时间上的不特定,即抽象行政行为在时间上具备后及性,可重复适用于以后类似的情形。本题中,县公安局发布的通知是对该县具有普遍约束力的行政文件,该通知针对的是不特定的人,因而其属于抽象行政行为。故A项错误。

行政指导是指行政机关在其职责范围内为实现一定行政目的而采取的符合法律精神、原则、规则或政策的指导、劝告、建议等行为,不具有强制性,而此处的"要求",具有命令性、强制性。故B项错误。

暂扣行驶证、驾驶证属于《行政处罚法》规定的处罚种类,即"暂扣许可证件"。故C项正确。

行政强制措施和行政强制执行具有以下区别:第一,目的的因素,行政强制措施的特征主要在于其具有预防性。本案中违法结果已经发生,即已经非法改装机动车,从目的来看不属于行政强制措施。第二,行政强制措施没有基础决定,行政强制执行有基础决定。行政强制执行是当事人不履行行政机关为其设定义务的行政行为(基础决定),然后才来动用强力,而行政强制措施是直接动用强力。本题中,"出具自行恢复原貌的书面保证,不自行恢复的予以强制恢复",可见,强制恢复是以书面保证为基础决定,是在实现书面保证所设定的义务,所以,行为性质是强制执行。故D项错误。

考点19 行政强制措施

124. 查封的程序及救济方式;行政诉讼证据;行政强制措施的设定[BCD]

[解析] 查封属于行政强制措施,行政强制措施不适用听证程序。故A项错误。【知识拓展】行政强制措施不适用听证程序的原因:第一,行政强制措施的实施在时间上具有紧迫性,而听证周期较长,会造成时间上的延误;第二,行政强制措施是对当事人的人身或者财物进行的暂时性限制,不是终局性的处理,而听证一般针对对当事人影响比较大的终局性的处理。

消防救援机构归应急管理部门管理,也接受地方政府的领导,属于地方政府工作部门。根据《行政复议法》第24条规定,对县级以上人民政府工作部门作出的行政行为不服的,向本级人民政府申请复议。因此,对甲市乙区消防救援大队作出的行政行为不服,应当向乙区政府申请复议。故B项正确。

《行政诉讼法解释》第41条规定:"有下列情形之一,原告或者第三人要求相关行政执法人员出庭说明的,人民法院可以准许:(一)对现场笔录的合法性或者真实性有异议;(二)对扣押财产的品种或者数量有异议;(三)对检验的物品取样或者保管有异议;(四)对行政执法人员身份的合法性有异议;(五)需要出庭说明的其他情形。"根据上述第3项,C项正确。

根据《行政强制法》第10条第3款规定,尚未制定法律、行政法规,且属于地方性事务的,地方性法规可以设定查封、扣押的行政强制措施。故 D 项正确。

125. 行政强制;行政处罚[D]

[解析]《行政强制法》第 18 条规定:"行政机关实施行政强制措施应当遵守下列规定:……(七)制作现场笔录;……"可见,制作现场笔录是行政机关实施查封、扣押等行政强制措施时应当遵循的程序要求,故 A 项正确。

《行政处罚法》第 51 条规定,违法事实确凿并有法定依据,对公民处以 200 元以下、对法人或者其他组织处以 3000 元以下罚款或者警告的行政处罚的,可以当场作出行政处罚决定。本案中罚款数额为 10 万元,不符合简易程序的适用条件,故 B 项正确。

《行政处罚法》第 72 条规定:"当事人逾期不履行行政处罚决定的,作出行政处罚决定的行政机关可以采取下列措施:(一)到期不缴纳罚款的,每日按罚款数额的 3%加处罚款,加处罚款的数额不得超出罚款的数额;……"本案中,当事人逾期不缴纳罚款,质监局可以每日按罚款数额的 3%加处罚款,故 C 项正确。

《行政强制法》第 13 条规定:"行政强制执行由法律设定。法律没有规定行政机关强制执行的,作出行政决定的行政机关应当申请人民法院强制执行。"对于直接强制执行,必须法律明确授权的机关才可以实施。考生需要明确记住法律授权有直接强制执行权的机关只有 5 个:公安、国安、税务、海关和县以上政府。本案中质监局并没有法律的明确授权,不能自行强制执行,只能申请法院执行,故 D 项错误。

126. 行政强制措施的委托;扣押的期限;扣押后行政机关的保管与检测[ABD]

[解析]《行政强制法》第 17 条第 1 款规定:"行政强制措施由法律、法规规定的行政机关在法定职权范围内实施。行政强制措施权不得委托。"扣押属于行政强制措施,不得委托,因此工商局不能委托城管执法局实施扣押。故 A 项错误。

《行政强制法》第 25 条规定:"查封、扣押的期限不得超过 30 日;情况复杂的,经行政机关负责人批准,可以延长,但是延长期限不得超过 30 日。法律、行政法规另有规定的除外。延长查封、扣押的决定应当及时书面告知当事人,并说明理由。……"据此,查封、扣押的最长期限是 60 日,B 项中 90 日的期限不符合法律规定。D 项中对扣押车辆进行检测的费用,应当由工商局承担。故 B、D 项错误。

《行政强制法》第 26 条规定:"……对查封、扣押的场所、设施或者财物,行政机关可以委托第三人保管,第三人不得损毁或者擅自转移、处置。因第三人的原因造成损失的,行政机关先行赔付后,有权向第三人追偿。因查封、扣押发生的保管费用由行政机关承担。"据此,对扣押车辆,工商局可以委托第三人保管。故 C 项正确。

127. 行政强制措施;行政诉讼受案范围[AC]

[解析]《行政强制法》第 24 条第 1 款规定:"行政机关决定实施查封、扣押的,应当履行本法第 18 条规定的程序,制作并当场交付查封、扣押决定书和清单。"故 A 项正确。

行政强制行为具有鲜明的强制性、突出的即时性等特点,在实践中做不到采取听证的方式听取当事人意见。故 B 项错误。

《行政强制法》第 26 条第 1 款规定:"对查封、扣押的场所、设施或者财物,行政机关应当妥善保管,不得使用或者损毁;造成损失的,应当承担赔偿责任。"故 C 项正确。

《行政诉讼法》第 12 条第 1 款第 2 项规定,对限制人身自由或者对财产的查封、扣押、冻结等行政强制措施和行政强制执行不服的,属于行政诉讼的受案范围。故 D 项错误。

128. 扣押程序[ABD]

[解析]《行政强制法》第 18 条规定,行政机关实施行政强制措施,应当通知当事人到场。因扣押属于行政强制措施,所以某工商分局在扣押时应当通知肖某到场。故 A 项正确。

《行政强制法》第 24 条规定,行政机关决定实施查封、扣押的,查封、扣押清单一式二份,由当事人和行政机关分别保存。故 B 项扣押清单一式二份,由肖某和该工商分局分别保存的说法正确。

《行政强制法》第 26 条规定,对查封、扣押的场所、设施或者财物,行政机关应当妥善保管,不得使用或者损毁。因查封、扣押发生的保管费用由行政机关承担。因此,该工商分局应当妥善保管扣押的物品,并承担因扣押物品发生的合理保管费用。故 D 项正确,C 项错误。

129. 扣押程序[A]

[解析]《行政强制法》第 19 条规定,情况紧急,需要当场实施行政强制措施的,行政执法人员应当在 24 小时内向行政机关负责人报告,并补办批准手续。A 项中"立即"的表述不正确。故 A 项错误。

《行政强制法》第 18 条规定:"行政机关实施行政强制措施应当遵守下列规定:……(七)制作现场笔录;……"据此,实施任何行政强制均应制作现场笔录。故 B 项正确。

《行政强制法》第 24 条第 1 款规定,行政机关决定实施查封、扣押的,应当履行本法第 18 条规定的程序,制作并当场交付查封、扣押决定书和清单。故 C 项正确。

《行政强制法》第 17 条第 3 款规定:"行政强制措

施应当由行政机关具备资格的行政执法人员实施,其他人员不得实施。"据此,扣押应当由某区公安分局具备资格的行政执法人员实施。故 D 项正确。

130. 扣押程序[ABC]

[解析]《行政强制法》第18条规定:"行政机关实施行政强制措施应当遵守下列规定:……(二)由两名以上行政执法人员实施;……(五)当场告知当事人采取行政强制措施的理由、依据以及当事人依法享有的权利、救济途径;……"故 A、B 项正确。

《行政强制法》第24条第1款规定:"行政机关决定实施查封、扣押的,应当履行本法第18条规定的程序,制作并当场交付查封、扣押决定书和清单。"故选项 C 正确。

《行政强制法》第23条规定:"查封、扣押限于涉案的场所、设施或者财物,不得查封、扣押与违法行为无关的场所、设施或者财物;不得查封、扣押公民个人及其所扶养家属的生活必需品。当事人的场所、设施或者财物已被其他国家机关依法查封的,不得重复查封。"本案中,某公安交管局交通大队民警发现王某驾驶的电动三轮车未悬挂号牌,遂作出扣押的强制措施。可见,扣押的对象应是违法未悬挂号牌的电动三轮车,而不包括三轮车上的物品,因为物品与违法行为无关,不得扣押。故 D 项错误。

131. 扣押[A]

[解析]《行政强制法》第26条第3款规定:"因查封、扣押发生的保管费用由行政机关承担。"所以因扣押发生的保管费用不由王某承担。故 A 项错误,当选。

《行政强制法》第18条第7项规定,行政机关实施行政强制措施应当制作现场笔录。故 B 项正确,不当选。

《行政强制法》第24条第1款规定:"行政机关决定实施查封、扣押的,应当履行本法第18条规定的程序,制作并当场交付查封、扣押决定书和清单。"故 C 项正确,不当选。

《行政强制法》第23条第1款规定:"查封、扣押限于涉案的场所、设施或者财物,不得查封、扣押与违法行为无关的场所、设施或者财物;不得查封、扣押公民个人及其所扶养家属的生活必需品。"故 D 项正确,不当选。

考点20 行政强制执行

132. 行政强制与行政许可的收费[C]

[解析]《行政强制法》第51条第2款规定:"代履行的费用按照成本合理确定,由当事人承担。但是,法律另有规定的除外。"据此,A 项存在例外,故错误。

《行政强制法》第26条第3款规定:"因查封、扣

押发生的保管费用由行政机关承担。"故 B 项错误。

《行政强制法》第60条第1款规定:"行政机关申请人民法院强制执行,不缴纳申请费。强制执行的费用由被执行人承担。"故 C 项正确。

根据《行政许可法》第58条第1款规定,行政机关实施行政许可和对行政许可事项进行监督检查,不得收取任何费用。但是,法律、行政法规另有规定的,依照其规定。因此,只有法律、行政法规才能对行政许可收费作出规定,规章无权规定。故 D 项错误。

133. 申请法院强制执行[BCD]

[解析] 河务局没有强制执行权,需要申请法院强制执行。根据《行政强制法》第54条规定,行政机关申请人民法院强制执行前,应当催告当事人履行义务。故 A 项正确。

《行政诉讼法解释》第160条第1款规定:"人民法院受理行政机关申请执行其行政行为的案件后,应当在七日内由行政审判庭对行政行为的合法性进行审查,并作出是否准予执行的裁定。"据此,由法院执行庭对罚款决定的合法性进行审查是错误的,应当由行政审判庭进行,故 B 项错误。【思路拓展】法院"审执分离"是基本原则,行政机关申请法院强制执行的,行政审判庭负责合法性审查,执行庭负责执行。

《行政诉讼法解释》第157条第1款规定:"行政机关申请人民法院强制执行其行政行为的,由申请人所在地的基层人民法院受理;执行对象为不动产的,由不动产所在地的基层人民法院受理。"本题执行对象是罚款,应当由申请河务局所在地的基层法院受理,而非该公司所在地的基层法院,故 C 项错误。

法院对是否准予执行,应适用裁定而非判决,如果符合执行条件的,应当裁定准予执行。故 D 项错误。

134. 具体行政行为的性质;强制拆除;复议前置 [AB]

[解析]《拆除违章建筑通知》的内容是要求马某在30日内拆除房屋,这将直接影响马某的财产权益,属于具体行政行为,性质为行政处罚,具有可诉性,故 A 项正确。行政指导是指行政机关以倡导、示范、建议、咨询等方式,引导公民自愿配合而达到行政管理目的的行为,行政指导为"柔性"行为,而本题显然不是"柔性"的行政指导,故 C 项错误。

区规划局强制拆除的行为违法。原因有三点:(1)区规划局没有行政强制执行权,强制拆除的有权机关为县级以上政府。(2)强制拆除前没有履行催告程序并听取马某陈述申辩。根据《行政强制法》第35至37条规定,行政机关在作出强制执行决定前,应当事先催告当事人履行义务。当事人收到催告书后有权进行陈述和申辩。经催告,当事人逾期仍不履行行

决定,且无正当理由的,行政机关可以作出强制执行决定。(3)根据《行政强制法》第44条规定:"对违法的建筑物、构筑物、设施等需要强制拆除的,应当由行政机关予以公告,限期当事人自行拆除。当事人在法定期限内不申请行政复议或者提起行政诉讼,又不拆除的,行政机关可以依法强制拆除。"区规划局既未公告,也没有等马某起诉期和复议期期满就实施了强拆行为,违反了上述规定。综上,B项正确。

区规划局组织人员将违建房屋强制拆除的行为属于行政强制执行,对此不服可直接起诉,不适用复议前置。故D项错误。

135. 强制拆除;行政处罚[C]

[解析] 根据《行政强制法》第44条规定:"对违法的建筑物、构筑物、设施等需要强制拆除的,应当由行政机关予以公告,限期当事人自行拆除。当事人在法定期限内不申请行政复议或者提起行政诉讼,又不拆除的,行政机关可以依法强制拆除。"可见,应当先责令当事人限期拆除,只有在当事人在法定期限内不申请行政复议或者提起行政诉讼,又不拆除的,行政机关才可以实施强制拆除。故A项错误。至于罚款处罚,可以根据电信公司的违法程度并处罚款,以示惩戒,故C项正确。对此,《城乡规划法》第66条具体规定:"建设单位或者个人有下列行为之一的,由所在地城市、县人民政府城乡规划主管部门责令限期拆除,可以并处临时建设工程造价一倍以下的罚款:(一)未经批准进行临时建设的;(二)未按照批准内容进行临时建设的;(三)临时建筑物、构筑物超过批准期限不拆除的。"

B、D项明显错误,对违法行为应予处罚,而不是提供条件使"违法"变"合法"。

136. 非诉行政案件的强制执行[ABC(原答案为C)]

[解析]《行政强制法》第13条第1款规定:"行政强制执行由法律设定。"可见,法律之外的规范性文件包括法规(行政法规、地方性法规)是无权赋予行政机关强制执行权的。所以A项中所言"若法律、法规赋予"是错误的。故A项错误。

《行政强制法》第54条规定:"行政机关申请人民法院强制执行前,应当催告当事人履行义务。催告书送达10日后当事人仍未履行义务的,行政机关可以向所在地有管辖权的人民法院申请强制执行;执行对象是不动产的,向不动产所在地有管辖权的人民法院申请强制执行。"本题中,某市建设委员会以某公司的房屋作为拆除对象,房屋是不动产,因此其应当向不动产所在地的法院申请强制执行。故B项错误。

《行政诉讼法解释》第160条规定:"人民法院受理行政机关申请执行其行政行为的案件后,应当在7日内由行政审判庭对行政行为的合法性进行审查,并作出是否准予执行的裁定。人民法院在作出裁定前发现行政行为明显违法并损害被执行人合法权益的,应当听取被执行人和行政机关的意见,并自受理之日起30日内作出是否准予执行的裁定。需要采取强制执行措施的,由本院负责强制执行非诉行政行为的机构执行。"可知,一般情形7日内作出裁定,特殊情形30日内作出裁定。故C项错误。【旧题新解】原本C项是正确答案,而新法将法院非诉执行的裁定区分了7日和30日两种情形,故根据新法本题无答案,所以改编为多选题。

根据《行政强制法》第53条规定,没有行政强制执行权的行政机关申请人民法院强制执行的前提条件是,当事人在法定期限内没有申请行政复议或者提起行政诉讼。因此,如果某公司已对限期拆除决定提起诉讼,则某市建设委员会就不能向法院申请强制执行,法院也不能主动执行拆除决定。故D项正确。

137. 行政强制执行的恢复执行[B]

[解析]《行政强制法》第42条规定:"实施行政强制执行,行政机关可以在不损害公共利益和他人合法权益的情况下,与当事人达成执行协议。执行协议可以约定分阶段履行;当事人采取补救措施的,可以减免加处的罚款或者滞纳金。执行协议应当履行。当事人不履行执行协议的,行政机关应当恢复强制执行。"据此,B项正确,其他均为干扰项。A项申请法院强制执行的应当是一个行政决定,不能是一个行政强制执行过程中的和解协议。C项以甲为被告提起民事诉讼,明显错误,在行政法制度中对行政行为不可能通过民事诉讼予以解决。行政诉讼只能"民告官",不能"官告民",D项甲为被告提起行政诉讼显然错误。故B项正确,A、C、D项错误。

138. 行政强制执行的设定权[BCD]

[解析]《行政强制法》第13条规定:"行政强制执行由法律设定。法律没有规定行政机关强制执行的,作出行政决定的行政机关应当申请人民法院强制执行。"因此,行政强制执行措施只能由法律设定,其他规范性文件不得设定。故B、C、D项当选,A项不当选。

139. 代履行程序;执行协议[AC]

[解析]《行政强制法》第52条规定:"需要立即清除道路、河道、航道或者公共场所的遗洒物、障碍物或者污染物,当事人不能清除的,行政机关可以决定立即实施代履行;当事人不在场的,行政机关应当在事后立即通知当事人,并依法作出处理。"立即实施代履行是在紧急情况下,行政机关可以不按照严格的代履行程序,决定实施代履行。适用的对象限于清除道路、河道、航道或者公共场所的遗洒物、障碍物或者污

染物的作为义务。立即实施代履行中没有催告程序，符合条件可以直接决定实施。本题中违法建筑物修筑在河道上，并且处于紧急防汛期，符合情况紧急的条件，同时也符合立即实施代履行的适用情形。故A项正确。

《行政诉讼法》第56条第1款规定："诉讼期间，不停止行政行为的执行。但有下列情形之一的，裁定停止执行：(一)被告认为需要停止执行的；(二)原告或者利害关系人申请停止执行，人民法院认为该行政行为的执行会造成难以弥补的损失，并且停止执行不损害国家利益、社会公共利益的；(三)人民法院认为该行政行为的执行会给国家利益、社会公共利益造成重大损害的；(四)法律、法规规定停止执行的。"可知，提起行政诉讼原则上不影响行政行为的执行，除非有上述条文规定四种特殊情况。本题中，防汛指挥机构在紧急防汛期立即实施代履行，清除河道中的违法建筑物，是为了保护社会公共利益，不属于任何一种停止执行的情形；相反，若停止执行该行政行为，可能会给国家、社会公共利益造成重大损害。因此，即使林某提起行政诉讼，该行政行为也不停止执行。故B项错误。

《行政强制法》第43条第1款规定："行政机关不得在夜间或者法定节假日实施行政强制执行。但是，情况紧急的除外。"本题属于清除紧急防汛期的河道，满足情况紧急的条件，可以强制拆除。故C项正确。

《行政强制法》第42条第1款规定："实施行政强制执行，行政机关可以在不损害公共利益和他人合法权益的情况下，与当事人达成执行协议。执行协议可以约定分阶段履行；当事人采取补救措施的，可以减免加处的罚款或者滞纳金。"本题中的河道如果不尽快清除，很有可能造成洪涝灾害，损害公共利益，因此不可以协议约定分阶段清除。故D项错误。

专题九　其他行政行为

考点21 行政协议及诉讼

140. 行政协议诉讼[AB]

[解析]《行政协议案件规定》第25条规定："公民、法人或者其他组织对行政机关不依法履行、未按照约定履行行政协议提起诉讼的，诉讼时效参照民事法律规范确定；对行政机关变更、解除行政协议等行政行为提起诉讼的，起诉期限依照行政诉讼法及其司法解释确定。"本题中，县政府不履行行政协议，诉讼时效应参照民事法律规范确定。故A项正确。

《行政协议案件规定》第27条第2款规定："人民法院审理行政协议案件，可以参照民事法律规范关于民事合同的相关规定。"故B项正确。

《行政协议案件规定》第10条第3款规定："对行政协议是否履行发生争议的，由负有履行义务的当事人承担举证责任。"本题属于行政协议履行争议，应当由负有履行义务的县政府承担举证责任。故C项错误。

行政协议案件适用违约金制度。根据《行政协议案件规定》第19条第2款规定："原告要求按照约定的违约金条款或者定金条款予以赔偿的，人民法院应予支持。"故D项错误。

141. 行政协议案件的审理[B]

[解析]《行政协议案件规定》第7条规定："当事人书面协议约定选择被告所在地、原告所在地、协议履行地、协议订立地、标的物所在地等与争议有实际联系地点的人民法院管辖的，人民法院从其约定，但违反级别管辖和专属管辖的除外。"可知，当事人之间可以协议选择管辖法院，但不能违反法定管辖制度。本案中的被告为区政府，属于应由中级人民法院管辖的案件，而双方协议中约定由区法院管辖，违反了级别管辖规定，因此约定无效。故A项正确。

根据《行政协议案件规定》第12条规定，行政协议无效的原因在一审法庭辩论终结前消除的，人民法院可以确认行政协议有效。B项中说"驳回原告起诉"是错误的。【特别提醒】驳回起诉适用程序法，本题不存在程序上的诉权问题，应作出实体法上的判决，而非裁定驳回起诉，据此也可判断B项错误。

行政诉讼的审查对象就是行政行为的合法性。《行政协议规定》第11条第1款规定："人民法院审理行政协议案件，应当对被告订立、履行、变更、解除行政协议的行为是否具有法定职权、是否滥用职权、适用法律法规是否正确、是否遵守法定程序、是否明显不当、是否履行相应法定职责进行合法性审查。"故C项正确。

行政协议争议案件属于行政诉讼受案范围，不能通过民事诉讼程序解决，故D项正确。

142. 行政协议及诉讼[BCD]

[解析]《行政协议案件规定》第25条规定："公民、法人或者其他组织对行政机关不依法履行、未按照约定履行行政协议提起诉讼的，诉讼时效参照民事法律规范确定；对行政机关变更、解除行政协议等行政行为提起诉讼的，起诉期限依照行政诉讼法及其司法解释确定。"本题区政府将协议约定的拆迁补偿款单方变更为150万元，属于行政机关单方变更协议，应当适用行政诉讼法及其司法解释关于起诉期限的规定。故A项正确。【总结提示】行政协议案件的起诉期限总结：(1)诉行政机关变更、解除行政协议，适用行政诉讼起诉期限（6个月）；(2)诉行政机关变更、解除行政协议之外的行为，适用民事诉讼时效（3

年);(3)诉行政协议无效的,不受起诉期限限制。

《行政协议案件规定》第 16 条第 1 款规定:"在履行行政协议过程中,可能出现严重损害国家利益、社会公共利益的情形,被告作出变更、解除协议的行政行为后,原告请求撤销该行为,人民法院经审理认为该行为合法,判决驳回原告诉讼请求;给原告造成损失的,判决被告予以补偿。"本题中,由于房屋补偿面积认定存在重大偏差,区政府基于公共利益和为公平公正执行拆迁补偿安置政策的需要,变更了拆迁补偿的数额,符合法律规定,并无不当,故 B 项错误。

违法变更行政协议案件不属于复议前置的案件,李某可以直接提起行政诉讼。故 C 项错误。

行政诉讼是"民告官"的诉讼,没有"官告民"的行政诉讼。《行政协议案件规定》第 6 条规定:"人民法院受理行政协议案件后,被告就该协议的订立、履行、变更、终止等提起反诉,人民法院不予准许。"故 D 项错误。

143. 行政协议案件的审理[B]

[解析]《行政协议案件规定》第 26 条规定:"行政协议约定仲裁条款的,人民法院应当确认该条款无效,但法律、行政法规或者我国缔结、参加的国际条约另有规定的除外。"据此可知,行政协议中约定有仲裁条款的,仲裁条款无效;仲裁条款无效,并不导致行政协议无效,当事人可以就行政协议纠纷向法院提起诉讼。故 A、D 项错误。【思路拓展】仲裁机制主要用于解决平等主体之间发生的合同纠纷和其他财产权益纠纷,因此不能适用于行政协议纠纷。

《行政协议案件规定》第 10 条规定:"被告对于自己具有法定职权、履行法定程序、履行相应法定职责以及订立、履行、变更、解除行政协议等行为的合法性承担举证责任。原告主张撤销、解除行政协议的,对撤销、解除行政协议的事由承担举证责任。对协议是否履行发生争议的,由负有履行义务的当事人承担举证责任。"据此,甲请求解除涉案协议,其应当对解除协议的事由承担举证责任。故 B 项正确。【总结提示】在行政协议案件中,涉及行政权力的合法性运用,由行政机关承担举证责任。除此之外的事实,一般遵循"谁主张,谁举证"的规则。

《行政协议案件规定》第 23 条第 1 款规定:"人民法院审理行政协议案件,可以依法进行调解。"据此,C 项错误。【总结提示】四类可以适用调解的行政案件:(1)行政赔偿案件;(2)行政补偿案件;(3)行政协议案件;(4)行政机关行使法律、法规规定的自由裁量权的案件。

144. (1)行政协议案件的法律适用;行政诉讼的受案范围[AC]

[解析] 根据《行政诉讼法》第 12 条规定,公民、法人和其他组织认为行政机关不依法履行、未按照约定履行或者违法变更、解除政府特许经营协议、土地房屋征收补偿协议等协议的,属于行政诉讼的受案范围。同时,在 A 项中,宝昌公司的竞争对手乙公司作为行政合同的利害关系人,自然具有原告资格,有权提起行政诉讼。故 A 项正确。

《行政协议案件规定》第 2 条规定:"公民、法人或者其他组织就下列行政协议提起行政诉讼的,人民法院应当依法受理:(一)政府特许经营协议;……"特许经营协议属于行政合同(协议)而非民事合同,对于甲市政府单方提前解除协议的行为,宝昌公司可以提起行政诉讼,而非民事诉讼。故 B 项错误。

《行政协议案件规定》第 25 条规定:"公民、法人或者其他组织对行政机关不依法履行、未按照约定履行行政协议提起诉讼的,诉讼时效参照民事法律规范确定;对行政机关变更、解除协议等行政行为提起诉讼的,起诉期限依照行政诉讼法及其司法解释确定。"本案件是甲市政府单方解除行政协议,所以应依照行政诉讼法确定起诉期限,故 C 项正确。

本案为行政诉讼案件,应按照行政诉讼的规定缴纳诉讼费用,故 D 项错误。

法条变更	《最高人民法院关于审理行政协议案件若干问题的规定》
	2019 年 11 月 12 日最高人民法院审判委员会第 1781 次会议通过,自 2020 年 1 月 1 日起施行(法释[2019]17 号)

(2)行政协议案件的管辖、法律适用与判决[ABC]

[解析]《行政协议案件规定》第 7 条规定:"当事人书面协议约定选择被告所在地、原告所在地、协议履行地、协议订立地、标的物所在地等与争议有实际联系地点的人民法院管辖的,人民法院从其约定,但违反级别管辖和专属管辖的除外。"故 A 项正确。

《行政协议案件规定》第 27 条规定:"人民法院审理行政协议案件,应当适用行政诉讼法的规定;行政诉讼法没有规定的,参照适用民事诉讼法的规定。人民法院审理行政协议案件,可以参照适用民事法律规范关于民事合同的相关规定。"故 B 项正确。

《行政协议案件规定》第 16 条第 3 款规定:"被告变更、解除行政协议的行政行为违法,人民法院可以依据行政诉讼法第 78 条的规定判决被告继续履行协议、采取补救措施;给原告造成损失的,判决被告予以赔偿。"因此,C 项正确;D 项应当是判决被告予以赔偿,而非补偿,故错误。

考点 22 行政给付

145. 行政给付;先予执行[BCD]

[解析]《行政诉讼法》第 57 条规定:"人民法院对起诉行政机关没有依法支付抚恤金、最低生活保障金和工伤、医疗社会保险金的案件,权利义务关系明确、不先予执行将严重影响原告生活的,可以根据原告的申请,裁定先予执行。当事人对先予执行裁定不服的,可以申请复议一次。复议期间不停止裁定的执行。"李某提出先予执行的申请属于行政诉讼法规定的先予执行范围。同时,法律没有规定申请人需提供担保。故 A 项错误。

原告申请被告依法履行支付抚恤金、最低生活保障待遇或者社会保险等给付义务的理由成立,被告依法负有给付义务而拒绝或者拖延履行的,法院可以判决被告在一定期限内履行相应的给付义务。故 B 项正确。

《行政诉讼法解释》第 93 条第 1 款规定:"原告请求被告履行法定职责或者依法履行支付抚恤金、最低生活保障待遇或者社会保险等给付义务,原告未先向行政机关提出申请的,人民法院裁定驳回起诉。"行政给付是依申请的行为,原告须先向行政机关提出申请,行政机关不作为的,法院才能予以受理。故 C 项正确。

《行政诉讼法解释》第 93 条第 2 款规定:"人民法院经审理认为原告所请求履行的法定职责或者给付义务明显不属于行政机关权限范围的,可以裁定驳回起诉。"故 D 项正确。

专题十　政府信息公开

考点 23 政府信息公开

146. 政府信息公开[BCD]

[解析]《政府信息公开条例》第 32 条规定:"依申请公开的政府信息公开会损害第三方合法权益的,行政机关应当书面征求第三方的意见。第三方应当自收到征求意见书之日起 15 个工作日内提出意见。第三方逾期未提出意见的,由行政机关依照本条例的规定决定是否公开。第三方不同意公开且有合理理由的,行政机关不予公开。行政机关认为不公开可能对公共利益造成重大影响的,可以决定予以公开,并将决定公开的政府信息内容和理由书面告知第三方。"据此,若第三方逾期未提出意见的,不视为同意,而应由行政机关依法决定是否公开,故 A 项错误。

《政府信息公开条例》第 15 条规定:"涉及商业秘密、个人隐私等公开会对第三方合法权益造成损害的政府信息,行政机关不得公开。但是第三方同意公开或者行政机关认为不公开会对公共利益造成重大影响的,予以公开。"据此,涉及商业秘密的信息并非绝对不能公开,若涉及公共利益,即便第三方不同意公开,行政机关也可以决定公开。本题中,造纸厂超标排污影响当地居民饮水安全,行政机关并未判断是否存在涉及公共利益的情况,只根据造纸厂的意思表示即拒绝公开,不符合法律规定。故 B 项正确。

根据《行政复议法》第 23 条规定,申请政府信息公开而行政机关不予公开的案件适用复议前置,本题符合此种情形,故 C 项正确。

根据《政府信息公开条例》第 29 条第 2 款规定,政府信息公开申请应当包括申请人的姓名或者名称、身份证明、联系方式。故 D 项正确。

法条变更	《中华人民共和国政府信息公开条例》 2019 年 4 月 3 日中华人民共和国国务院令第 711 号修订

147. 申请信息公开的要求;重复申请的处理;政府信息公开费用[AD]

[解析]《政府信息公开条例》第 42 条第 1 款规定:"行政机关依申请提供政府信息,不收取费用。但是,申请人申请公开政府信息的数量、频次明显超过合理范围的,行政机关可以收取信息处理费。"陈某在一个月内连续十次向县政府申请公开防汛信息,数量、频次明显超过合理范围,可以向其收取信息处理费。故 A 项正确。

2019 年修订的《政府信息公开条例》取消了申请人所申请的信息应当与"自身生产、生活、科研等特殊需要"相关的要求,申请人也无需说明申请信息之用途,即不再要求申请人与所申请的政府信息有直接利害关系,只要出于合法、正当目的即可提出申请。因此,陈某具有申请相关信息的权利和资格,故 B 项错误。

《政府信息公开条例》第 35 条规定:"申请人申请公开政府信息的数量、频次明显超过合理范围,行政机关可以要求申请人说明理由。行政机关认为申请理由不合理的,告知申请人不予处理;行政机关认为申请理由合理,但是无法在本条例第三十三条规定的期限内答复申请人的,可以确定延迟答复的合理期限并告知申请人。"可见,对于数量、频次明显超过合理范围的信息公开申请,行政机关有权要求申请人说明理由,故 D 项正确;但是,对其申请不予处理,应以申请理由不合理为要件,而不能以多次重复申请为由不予处理,故 C 项错误。

148. 政府信息公开[A]

[解析]《政府信息公开条例》第 36 条规定:"对政府信息公开申请,行政机关根据下列情况分别作出答复:……(三)行政机关依据本条例的规定决定不予公开的,告知申请人不予公开并说明理由;……"故 A

项正确。

《行政诉讼法》第46条第1款规定:"公民、法人或者其他组织直接向人民法院提起诉讼的,应当自知道或者应当知道作出行政行为之日起6个月内提出。法律另有规定的除外。"因此,刘某向法院起诉的期限应为6个月。故B项错误。

《行政诉讼法》第15条规定:"中级人民法院管辖下列第一审行政案件:(一)对国务院部门或者县级以上地方人民政府所作的行政行为提起诉讼的案件;……"本案的被告为区政府,所以应由市中级人民法院管辖。故C项错误。

2019年修订的《政府信息公开条例》对申请公开政府信息,不再要求申请人与所申请的政府信息有直接利害关系。另外,本题中刘某作为工厂职工明显与所申请公开的政府信息有利害关系。因此,区政府以此为由拒绝公开是违法的,故D项错误。

149. 主动公开的政府信息[AC(原答案为A)]

[解析]《政府信息公开条例》第20条规定:"行政机关应当依照本条例第19条的规定,主动公开本行政机关的下列政府信息:……(九)政府集中采购项目的目录、标准及实施情况;……"第21条规定:"除本条例第20条规定的政府信息外,设区的市级、县级人民政府及其部门还应当根据本地方的具体情况,主动公开涉及市政建设、公共服务、公益事业、土地征收、房屋征收、治安管理、社会救助等方面的政府信息;乡(镇)人民政府还应当根据本地方的具体情况,主动公开贯彻落实农业农村政策、农田水利工程建设运营、农村土地承包经营权流转、宅基地使用情况审核、土地征收、房屋征收、筹资筹劳、社会救助等方面的政府信息。"故A、C项正确,B、D项错误。

150. 政府信息公开[D]

[解析] 2019年修订后的《政府信息公开条例》取消了申请公开政府信息需"根据自身生产、生活、科研等特殊需要"的限制,进一步放宽了申请权利。因此,在本案中田某具有申请人资格,工商局以其"不具有申请人资格而拒绝公开"并不合法,故A项错误。

《政府信息公开条例》第20条规定:"行政机关应当依照本条例第19条的规定,主动公开本行政机关的下列政府信息:……(六)实施行政处罚、行政强制的依据、条件、程序以及本行政机关认为具有一定社会影响的行政处罚决定;……"根据该条第6项的规定,具有一定社会影响的行政处罚决定才属于应当主动公开(重点公开)的政府信息,田某要求公开2012年度所有的行政处罚决定书,这些决定书并非都属于主动公开的范围,故B项理由不成立,B项错误。

《政府信息公开条例》第51条规定:"公民、法人或者其他组织认为行政机关在政府信息公开工作中侵犯其合法权益的,可以向上一级行政机关或者政府信息公开工作主管部门投诉、举报,也可以依法申请行政复议或者提起行政诉讼。"政府信息公开侵权案件不属于行政复议前置情形,当事人既可以先复议再起诉,也可以不经复议直接起诉,故C项错误。【**特别提醒**】申请政府信息公开,行政机关不予公开的,应当复议前置。

《行政诉讼法》第46条规定:"公民、法人或者其他组织直接向人民法院提起诉讼的,应当自知道或者应当知道作出行政行为之日起6个月内提出。法律另有规定的除外。因不动产提起诉讼的案件自行政行为作出之日起超过20年,其他案件自行政行为作出之日起超过5年提起诉讼的,人民法院不予受理。"据此,行政诉讼的一般起诉期限为6个月,故D项正确。

151. 政府信息公开[BD(原答案为ABD)]

[解析]《政府信息公开条例》第21条规定:"除本条例第20条规定的政府信息外,设区的市级、县级人民政府及其部门还应当根据本地方的具体情况,主动公开涉及市政建设、公共服务、公益事业、土地征收、房屋征收、治安管理、社会救助等方面的政府信息;乡(镇)人民政府还应当根据本地方的具体情况,主动公开贯彻落实农业农村政策、农田水利工程建设运营、农村土地承包经营权流转、宅基地使用情况审核、土地征收、房屋征收、筹资筹劳、社会救助等方面的政府信息。"新修订的《政府信息公开条例》删除了乡政府需要重点公开计划生育信息的规定,这也与我国生育政策的变化有关。故A项错误。

《政府信息公开条例》第25条规定:"各级人民政府应当在国家档案馆、公共图书馆、政务服务场所设置政府信息查阅场所,并配备相应的设施、设备,为公民、法人和其他组织获取政府信息提供便利。行政机关可以根据需要设立公共查阅室、资料索取点、信息公告栏、电子信息屏等场所、设施,公开政府信息。行政机关应当及时向国家档案馆、公共图书馆提供主动公开的政府信息。"故B、D项正确。

《政府信息公开条例》第26条规定:"属于主动公开范围的政府信息,应当自该政府信息形成或者变更之日起20个工作日内及时公开。法律、法规对政府信息公开的期限另有规定的,从其规定。"可见,C项有两点错误:一是只有法律、法规能对政府信息公开的期限作另行规定,规章无权规定;二是应在"20个工作日"内公开,而非3个月内。故C项错误。

152. 申请公开政府信息的身份证明;行政机关拒绝公开的适法理由;行政机关的答复期限[AC(原答案为C)]

[解析]《政府信息公开条例》第29条第2款规定:"政府信息公开申请应当包括下列内容:(一)申请

人的姓名或者名称、身份证明、联系方式;……"可知,提出申请应当提供申请人的身份证明。故 A 项正确。

【旧题新解】申请人申请政府信息公开,需出示身份证明,这是 2019 年修法新增加的内容,旧法中无此要求。

申请政府信息公开不要求申请人与公开的信息有利害关系,2019 年《政府信息公开条例》修订后,删除了"根据自身生产、生活、科研等特殊需要申请公开政府信息"的要求。故 B 项错误。另外从题干分析,王某是被拆迁人,他申请的信息是该公司办理拆迁许可证时所提交的建设用地规划许可证,王某与该信息具有利害关系,B 项说无利害关系也是错误的。

根据《政府信息公开条例》第 10 条规定,确认信息公开主体奉行的规则是"谁制作,谁公开;谁保存,谁公开",即:(1)行政机关制作的政府信息,由制作该政府信息的行政机关负责公开;(2)行政机关从相对人获取的政府信息,由保存该政府信息的行政机关负责公开;(3)行政机关从其他行政机关获取的政府信息,由制作或最初获取该政府信息的行政机关负责公开。本题中,建设用地规划许可证是城市规划行政主管部门制作,并颁发给建设单位的法定许可凭证,该信息既不是区房管局制作、保存,也不由区房管局最初获取。据此可知,该信息不属于区房管局公开的信息,而应由制作机关规划部门负责公开。故 C 项正确。

《政府信息公开条例》第 33 条规定:"行政机关收到政府信息公开申请,能够当场答复的,应当当场予以答复。行政机关不能当场答复的,应当自收到申请之日起 20 个工作日内予以答复;需要延长答复期限的,应当经政府信息公开工作机构负责人同意并告知申请人,延长的期限最长不得超过 20 个工作日。行政机关征求第三方和其他机关意见所需时间不计算在前款规定的期限内。"可知,能当场答复的应当当场答复;不能当场答复的 20 个工作日内答复。故 D 项错误。

153. 政府信息公开的申请及收费;政府信息的范围;《政府信息公开条例》的适用[A(原答案为 AD)]

[解析]《政府信息公开条例》第 29 条第 1 款规定:"公民、法人或者其他组织申请获取政府信息的,应当向行政机关的政府信息公开工作机构提出,并采用包括信件、数据电文在内的书面形式;采用书面形式确有困难的,申请人可以口头提出,由受理该申请的政府信息公开工作机构代为填写政府信息公开申请。"本题中,甲村一村民向某县政府申请查阅会议纪要,在采用书面形式确有困难的情况下可以口头提出申请。故 A 项正确。

《政府信息公开条例》第 2 条规定:"本条例所称政府信息,是指行政机关在履行行政管理职能过程中制作或者获取的,以一定形式记录、保存的信息。"本题中,会议纪要是在县政府召开协调会,处理甲乙两村用地争议的过程中作出的,这属于行政机关在履行职责的过程中制作的信息,属于政府信息,应受《政府信息公开条例》规制,并且我国《政府信息公开条例》并未对政府信息生成的时间作限制,因此只要属于政府信息,无论是在《政府信息公开条例》生效前制作,还是之后制作,均受该条例约束。故 B、C 项错误。

《政府信息公开条例》第 42 条规定:"行政机关依申请提供政府信息,不收取费用。但是,申请人申请公开政府信息的数量、频次明显超过合理范围的,行政机关可以收取信息处理费……"故 D 项错误。【旧题新解】根据旧法,政府信息公开可以收取检索、复制、邮寄等成本费用;但是,根据新法,政府信息公开一律免费。

154. 政府信息公开及证据[AD(原答案为 D)]

[解析]《政府信息公开条例》第 29 条第 2 款规定:"政府信息公开申请应当包括下列内容:(一)申请人的姓名或者名称、身份证明、联系方式;(二)申请公开的政府信息的名称、文号或者便于行政机关查询的其他特征性描述;(三)申请公开的政府信息的形式要求,包括获取信息的方式、途径。"根据上述第 1 项,方某申请时应当出示有效身份证明或者证明文件。故 A 项正确。

该企业逾期未偿还方某借给的资金,而乡政府的文件处分了企业的财产,与方某利益有密切的关联性,方某有权申请公开乡政府的相关文件。退一步讲,即使该信息与方某的生产、生活、科研等特殊需要无关,行政机关依然无权以此为理由拒绝公开该信息。因为 2019 年修订的《政府信息公开条例》取消了申请人"三需要"的要求,不再要求申请人与所申请事项存在直接利害关系。故 B 项错误。

《政府信息公开条例》第 32 条规定:"依申请公开的政府信息公开会损害第三方合法权益的,行政机关应当书面征求第三方的意见。……第三方不同意公开且有合理理由的,行政机关不予公开。行政机关认为不公开可能对公共利益造成重大影响的,可以决定予以公开,并将决定公开的政府信息内容和理由书面告知第三方。"本案中,乡政府以口头方式征询第三方意见,存在程序违法。故 C 项错误。

《政府信息公开案件规定》第 5 条第 5 款规定:"被告主张政府信息不存在,原告能够提供该政府信息系由被告制作或者保存的相关线索的,可以申请人民法院调取证据。"故 D 项正确。

155. 政府信息公开的范围、方式[AB(原答案为 B)]

[解析]《政府信息公开条例》第 29 条第 2 款规定:"政府信息公开申请应当包括下列内容:(一)申

人的姓名或者名称、身份证明、联系方式;……"故 A 项正确。

环保公益组织的业务活动就是保护环境,而公益诉讼是保护环境的有效途径,所以,该组织因公益诉讼需要申请公开该信息,与其自身生产、生活、科研等特殊需要有密切关系。另外,需要特别注意的是,2019修订的《政府信息公开条例》取消了"根据自身生产、生活、科研等特殊需要申请公开政府信息"的要求,即便政府信息与生产、生活、科研等特殊需要无关,也可以申请公开。故 B 项正确。

由于该公益组织提起环境公益诉讼维护的是普遍的公共利益,而不是某片单独区域的利益,既然统一提出申请,那么,该企业的若干个基地的环境影响评价报告、排污许可证均应当公开,因此该申请的内容是明确的。此外,《政府信息公开条例》第30条规定:"政府信息公开申请内容不明确的,行政机关应当给予指导和释明,并自收到申请之日起7个工作日内一次性告知申请人作出补正,说明需要补正的事项和合理的补正期限。答复期限自行政机关收到补正的申请之日起计算。申请人无正当理由逾期不补正的,视为放弃申请,行政机关不再处理该政府信息公开申请。"可知,即使申请内容不明确的,行政机关应当给予指导和释明,并自收到申请之日起7个工作日内一次性告知申请人作出补正,而不是直接拒绝公开。故 C 项错误。

《政府信息公开条例》第20条:"行政机关应当依照本条例第19条的规定,主动公开本行政机关的下列政府信息:……(十三)环境保护、公共卫生、安全生产、食品药品、产品质量的监督检查情况;……"本题中,该组织申请的内容属于政府主动公开的信息。故 D 项错误。

156. 政府信息公开的程序[BC]

[解析]《政府信息公开条例》第32条规定:"依申请公开的政府信息公开会损害第三方合法权益的,行政机关应当书面征求第三方的意见。……第三方不同意公开且有合理理由的,行政机关不予公开。行政机关认为不公开可能对公共利益造成重大影响的,可以决定予以公开,并将决定公开的政府信息内容和理由书面告知第三方。"可知,应当书面征求意见,故 A 项错误。涉及个人隐私的政府信息,并非绝对不公开,如果权利人同意公开或不公开会对公共利益造成影响的,可以予以公开。住建委未经征求权利人意见,就作出拒绝公开的答复,是错误的。另外,根据《政府信息公开条例》第37条规定:"申请公开的信息中含有不应当公开或者不属于政府信息的内容,但是能够作区分处理的,行政机关应当向申请人提供可以公开的政府信息内容,并对不予公开的内容说明理

由。"本题中,沈某申请公开的政府信息为一企业向该委提交的某危改项目纳入危改范围的意见和申报材料,即使该信息包含有企业联系人联系电话和地址等个人隐私的内容,根据可分割要求,其他内容也可以公开。故 D 项错误。

《行政诉讼法》第46条第1款规定:"公民、法人或者其他组织直接向人民法院提起诉讼的,应当自知道或者应当知道作出行政行为之日起6个月内提出。法律另有规定的除外。"故 B 项正确。

《政府信息公开案件规定》第5条第1款规定:"被告拒绝向原告提供政府信息的,应当对拒绝的根据以及履行法定告知和说明理由义务的情况举证。"故 C 项正确。

157. 政府信息公开[ACD(原答案为AD)]

[解析]《政府信息公开条例》第29条第1款规定:"公民、法人或其他组织申请获取政府信息的,应当向行政机关的政府信息公开工作机构提出,并采用包括信件、数据电文在内的书面形式;采用书面形式确有困难的,申请人可以口头提出,由受理该申请的政府信息公开工作机构代为填写政府信息公开申请。"政府信息公开的申请方式,原则上采取书面形式,其中包括数据电文形式。故 A 项正确。

2019修订的《政府信息公开条例》删去了申请获取相关政府信息需"根据自身生产、生活、科研等特殊需要"的规定,申请人获取政府信息,无需再证明该信息与自身生产、生活、科研等特殊需要相关,不需要说明具体的申请理由,只要出于合法、正当目的,遵守法定程序,即可以提出政府信息公开申请。本案中,环保联合会基于诉讼需要,具有提出政府信息公开申请的资格。故 B 项错误。

《政府信息公开条例》第29条第2款规定:"政府信息公开申请应当包括下列内容:(一)申请人的姓名或者名称、身份证明、联系方式;……"据此,县环保局有权要求环保联合会提供身份证明材料。故 C 项正确。

《政府信息公开条例》第30条规定:"政府信息公开申请内容不明确的,行政机关应当给予指导和释明,并自收到申请之日起7个工作日内一次性告知申请人作出补正,说明需要补正的事项和合理的补正期限。……"县环保局认为申请内容不明确的,应告知环保联合会作出更改、补充。故 D 项正确。

专题十一 行政复议

考点24 行政复议参加人与行政复议机关

158. 具体行政行为的认定;复议申请人与代理人;复议意见书与建议书[CD]

[解析]行政确认是行政机关依法对公民、法人

或者其他组织的法律地位、法律关系或有关法律事实进行甄别和给予确定、认定、证明，予以宣告的行政行为，如颁发结婚证、颁发房屋产权证书和工伤认定。行政裁决指行政机关居间对特定的民事争议作出有约束力处理的行为。行政裁决涉及三方主体，行政机关是作为第三方中立的主体身份出现的；而行政确认是行政机关和行政相对人之间的双方法律关系，行政机关是以管理者的身份出现的。工伤认定是典型的行政确认，故 A 项错误。

根据《行政复议法》第 14 条第 2 款，有权申请行政复议的公民死亡的，其近亲属可以申请行政复议。本案中张某是被害人，工伤认定与其有直接利害关系，张某在车祸中死亡，他的妻子可以继受张某的复议申请人资格，且张某的妻子可以自己的名义提起行政复议。故 B 项错误。

根据《行政复议法》第 17 条第 1 款，申请人、第三人可以委托 1 至 2 名律师、基层法律服务工作者或者其他代理人代为参加行政复议。故 C 项正确。【特别提醒】被申请人不可以委托代理人参加行政复议。

《行政复议法》第 76 条规定："行政复议机关在办理行政复议案件过程中，发现被申请人或者其他下级行政机关的有关行政行为违法或者不当的，可以向其制发行政复议意见书……"据此，如果市政府发现劳动局决定违法，可以向其制发行政复议意见书，D 项正确。

159. 行政复议第三人[D]

[解析]《行政复议法》第 17 条第 1 款规定："申请人、第三人可以委托一至二名律师、基层法律服务工作者或者其他代理人代为参加行政复议。"故 A 项正确。【特别提醒】只有申请人和第三人可以委托代理人参加行政复议，被申请人无权委托。

《行政复议法》第 16 条第 2 款规定："第三人不参加行政复议，不影响行政复议案件的审理。"故 B 项正确。

《行政复议法实施条例》第 35 条规定："行政复议机关应当为申请人、第三人查阅有关材料提供必要条件。"故 C 项正确。

《行政复议法》第 78 条规定："申请人、第三人逾期不起诉又不履行行政复议决定书、调解书的，或不履行最终裁决的行政复议决定的，按照下列规定分别处理……"可知第三人与申请人逾期不起诉又不履行复议决定的强制执行制度相同，均适用《行政复议法》第 78 条的规定。故 D 项错误。

160. 行政复议中一并提出对抽象行政行为审查的处理；行政复议被申请人；行政诉讼被告[ABC]

[解析] 行政许可和行政处罚权，只有法律、法规才可以授权。县政府的文件并非法律、法规，不能合法授权生猪办使其成为行政主体，获得被告、复

议被申请人资格。此时，被告和复议被申请人应当是设立它的机关，即县政府。故 C 项错误，当选；D 项正确，不选。

对于行政复议中抽象行政行为的附带审查，根据《行政复议法》第 56 条规定，行政复议机关对该行政规定有权处理的，30 日内依法处理；无权处理的，应当在 7 日内按照法定程序转送有权处理的行政机关依法处理。本题中，既然复议被申请人是县政府，则行政复议机关为市政府，市政府有权处理其下级机关县政府的行政规定，无须转送。故 A 项错误，当选。

本题中，某县政府以文件形式规定"凡本县所有猪类屠宰单位和个人，须在规定期限内到生猪管理办公室申请办理生猪屠宰证"，属于对生猪屠宰设定行政许可；又规定"违者予以警告或罚款"，属于设定行政处罚。根据《行政许可法》和《行政处罚法》，只有规章以上的规范性文件才有权设定行政许可和行政处罚，县政府的文件属于其他规范性文件，无权设定行政许可和行政处罚，因此，属于 B 项所说"违法设定许可和处罚"。但是，《行政处罚法》和《行政许可法》并没有明确规定在违法设定许可和处罚的情形下，对相关责任人给予行政处分。处分的法律依据应当是《行政机关公务员处分条例》，该条例第 21 条规定："有下列行为之一的，给予警告或者记过处分；情节较重的，给予记大过或者降级处分；情节严重的，给予撤职处分：（一）在行政许可工作中违反法定权限、条件和程序设定或者实施行政许可的；……（三）违法设定或者实施行政处罚的；……"故 B 项错误，当选。

161. 复议机关的确定[B(原答案为AB)]

[解析]《治安管理处罚法》第 91 条规定："治安管理处罚由县级以上人民政府公安机关决定；其中警告、500 元以下的罚款可以由公安派出所决定"。因此，派出所有权实施 500 元以下罚款，李某对该罚款决定不服申请复议，应以派出所为被申请人。

根据《行政复议法》第 24 条第 4 款规定，对县级以上地方各级人民政府工作部门依法设立的派出机构依照法律、法规、规章规定，以派出机构的名义作出的行政行为不服的行政复议案件，由本级人民政府管辖。据此，派出所作为被申请人，复议机关应为本级人民政府（乙区政府），故 B 项当选。【旧题新解】对于派出机构作为复议被申请人时复议机关的确定，旧法规定可由设立该派出机构的部门或者该部门的本级人民政府管辖，原本 A、B 项均正确；而新法取消了地方人民政府工作部门的行政复议职责，因此只能由本级人民政府管辖。

162. 行政复议管辖及复议期限；行政诉讼被告的确定；法院的审理范围[AD(原答案为ABCD)]

[解析]《行政复议法》第 27 条规定："对海关、金

融、外汇管理等实行垂直领导的行政机关、税务和国家安全机关的行政行为不服的,向上一级主管部门申请行政复议。"故A项正确。

根据《行政复议法》第62条规定,适用普通程序审理的行政复议案件,行政复议机关应当自受理申请之日起60日内作出行政复议决定;但是法律规定的行政复议期限少于60日的除外。在立法上,2个月不等于60日。故B项错误。

《行政诉讼法》第26条第2款规定:"经复议的案件,复议机关决定维持原行政行为的,作出原行政行为的行政机关和复议机关是共同被告;复议机关改变原行政行为的,复议机关是被告。"本题中,复议机关维持县税务局作出的决定,因此县税务局和市税务局或县人民政府为本案共同被告。故C项错误。

D项中所引条文源自《税收征收管理法》第51条,该规定:"纳税人超过应纳税额缴纳的税款,税务机关发现后应当立即退还;纳税人自结算缴纳税款之日起3年内发现的,可以向税务机关要求退还多缴的税款并加算银行同期存款利息,税务机关及时查实后应当立即退还;涉及从国库中退库的,依照法律、行政法规有关国库管理的规定退还。"本案中,纳税人王某发现多缴纳2万元税款从而要求县税务局退还,其是否自结算缴纳税款之日起3年内发现这件事情,直接关系到县税务局是否应当退还其多缴纳的税款,也即关系到县税务局不退还税款的具体行政行为是否合法。《行政诉讼法》第6条规定:"人民法院审理行政案件,对行政行为是否合法进行审查。"可知,本案的审查对象恰恰是县税务局不予退还税款的具体行政行为的合法性,因此县税务局作出不予退税决定是否有法律依据就是案件审理的焦点之一。故D项正确。

163. 行政复议;起诉期限;直接起诉[CD]

[解析] 根据《行政复议法》第24条规定,对县级以上人民政府工作部门作出的行政行为不服的,向本级人民政府申请复议。因此,对县工商局的行政行为不服,复议机关应当是县政府。故A项错误。

《行政复议法》第20条规定,行政复议的申请期限为60日,法律规定长于60日的除外。即特别法规定的复议申请期限长于60日的,适用特别法规定;少于60的,应当适用《行政复议法》规定的60日。本题中《反不正当竞争法》规定的复议申请期限为15日,少于60日,应当适用《行政复议法》的规定,申请复议期限为60日。故B项错误。**【特别提醒】**修订后的《反不正当竞争法》已经删除了有关复议期限的规定,题干为旧法,但不影响本题的作答,考生应着眼于本题所考查的知识点。

《行政诉讼法》第45条规定,公民、法人或者其他组织不服复议决定的,可以在收到复议决定书之日起15日内向人民法院提起诉讼。复议机关逾期不作决定的,申请人可以在复议期满之日起15日内向人民法院提起诉讼。法律另有规定的除外。故C项正确。

根据《行政复议法》第23条规定,对当场作出的行政处罚决定不服,适用复议前置。《行政处罚法》第51条规定,对法人或者其他组织处以3000元以下罚款或者警告的行政处罚的,可以当场作出行政处罚决定。本题中对某企业的罚款数额为10万元,不能当场作出,因此不适用复议前置,可以直接提起行政诉讼。故D项正确。

164. 行政复议;行政诉讼的地域管辖[AC(原答案为C)]

[解析] 根据《行政复议法》第24条规定,对县级以上人民政府工作部门作出的行政行为不服的,向本级人民政府申请复议。本题中,水电站对某区环保局的罚款决定不服申请复议,应当向某区环保局的本级人民政府即区政府申请复议,故A项正确。**【旧题新解】**新法改变了复议案件的管辖规则,对于政府工作部门作为复议被申请人的案件,原则上只由本级人民政府管辖,上级主管部门(市环保局)不再享有管辖权。

《行政复议法》第39条规定:"行政复议期间有下列情形之一的,行政复议中止:……(七)行政复议案件涉及的法律适用问题需要有权机关作出解释或者确认;……"据此,复议期间案件涉及法律适用问题,需要有权机关作出解释时,行政复议应当中止而非终止。故B项错误。

《行政复议法》第75条第2款规定:"行政复议决定书一经送达,即发生法律效力。"故C项正确。

《行政诉讼法》第18条第1款规定:"行政案件由最初作出行政行为的行政机关所在地人民法院管辖。经复议的案件,也可以由复议机关所在地人民法院管辖。"本题中,复议机关作出维持处罚的决定,水电站对复议决定不服向法院起诉,既可以由原机关所在地法院管辖,也可以由复议机关所在地法院管辖。故D项错误。

165. 复议前置[BC(原答案为ABC)]

[解析] 根据《行政复议法》第24条规定,对县级以上人民政府工作部门作出的行政行为不服的,向本级人民政府申请复议。本题中,县食药局属于县级政府的工作部门,对其作出的行政行为不服,只能向县政府申请复议,不能向上级主管部门市食药局申请复议,故A项错误。

《行政复议法》第17条第1款规定:"申请人、第三人可以委托一至二名律师、基层法律服务工作者或者其他代理人代为参加行政复议。"据此,公司作为申请人可以委托 1 至 2 名代理人参加行政复议。故 B 项正确。

《行政复议法实施条例》第 22 条规定："申请人提出行政复议申请时错列被申请人的，行政复议机构应当告知申请人变更被申请人。"故 C 项正确。

根据《行政复议法》第 23 条规定，对当场作出的行政处罚决定不服，才适用复议前置。根据《行政处罚法》第 51 条规定，当场作出的行政处罚只适用于罚款和警告，且对企业的罚款数额限于 3000 元以下。本题中作出的处罚决定是没收违法生产的食品和违法所得，并处 5 万元罚款，因此不能当场作出处罚，不适用复议前置的规定。故 D 项错误。

考点25　行政复议的申请与受理

166. 行政复议的申请期限；行政诉讼的起诉期限；当事人逾期不履行金钱义务的执行[A]

[解析]《行政复议法》第 20 条第 1 款规定："公民、法人或者其他组织认为行政行为侵犯其合法权益的，可以自知道或者应当知道该行政行为之日起六十日内提出行政复议申请；但是法律规定的申请期限超过六十日的除外。"可知，行政复议的申请期限为 60 日，若其他法律规定的申请期限超过 60 日则依照其他法律规定，若少于 60 日则依照《行政复议法》规定。此处，《环境保护法》规定的复议期限为 15 日（此处系 1989 年《环境保护法》的规定，该法已于 2014 年修订），所以应当适用《行政复议法》中规定的 60 日行政复议期限。故 A 项正确。

《行政诉讼法》第 46 条规定："公民、法人或者其他组织直接向人民法院提起诉讼的，应当自知道或者应当知道作出行政行为之日起 6 个月内提出。法律另有规定的除外……"可知，行政诉讼的起诉期限通常情况下为 6 个月，如法律有特殊规定则遵从特殊规定。本题中，《环境保护法》规定的起诉期限为 15 日，如该企业直接起诉，则提起诉讼的期限应为 15 日。故 B 项错误。

划拨款和拍卖扣押财产都属于行政强制执行措施，根据《行政强制法》第 13 条规定："行政强制执行由法律设定。法律没有规定行政机关强制执行的，作出行政决定的行政机关应当申请人民法院强制执行。"由于《环境保护法》没有赋予环保机关直接强制执行的权力，因此县环保局只能申请人民法院强制执行。故 C、D 项错误。

167. 行政复议申请期限、申请方式、审理和撤回[A]

[解析] 行政复议的申请期限为 60 日，但是法律规定的申请期限超过 60 日的除外。《食品安全法》未对申请行政复议的期限作出特别规定，故申请复议期限为 60 日，A 项正确。

根据《行政复议法》第 22 条第 2 款规定，书面申请行政复议的，可以通过邮寄或者行政复议机关指定的互联网渠道等方式提交行政复议申请书，也可以当面提交行政复议申请书。故 B 项错误。

《行政复议法》第 5 条规定："行政复议机关办理行政复议案件，可以进行调解。调解应当遵循合法、自愿的原则，不得损害国家利益、社会公共利益和他人合法权益，不得违反法律、法规的强制性规定。"故 C 项错误。

《行政复议法》第 41 条规定："行政复议期间有下列情形之一的，行政复议机关决定终止行政复议：（一）申请人撤回行政复议申请，行政复议机构准予撤回；……"行政复议撤回产生的法律后果是行政复议终止，而非中止。故 D 项错误。

考点26　行政复议与行政诉讼的关系

168. 行政复议与行政诉讼的关系[CD]

[解析]《行政复议法》第 12 条规定："下列事项不属于行政复议范围：……（四）行政机关对民事纠纷作出的调解。"《行政诉讼法解释》第 1 条第 2 款规定："下列行为不属于人民法院行政诉讼的受案范围：……（二）调解行为以及法律规定的仲裁行为……"据此，当事人不服行政机关对民事纠纷的调解，不能申请复议，也不能提起行政诉讼，故 A 项不选。【特别提醒】行政调解不具有强制执行效力，不属于具体行政行为，因此不属于行政复议和行政诉讼受案范围。对调解不服的，可以申请仲裁或提起民事诉讼。

《出境入境管理法》第 64 条第 1 款规定："外国人对依照本法规定对其实施的继续盘问、拘留审查、限制活动范围、遣送出境措施不服的，可以依法申请行政复议，该行政复议决定为最终决定。"据此，当事人对出入境边防检查机关采取的遣送出境措施不服，只能申请复议且复议终局，不能提起行政诉讼，故 B 项不选。

《反倾销条例》第 53 条规定："对依照本条例第 25 条作出的终裁决定不服，对依照本条例第四章作出的是否征收反倾销税的决定以及追溯征收、退税、对新出口经营者征税的决定不服的，或者对依照本条例第五章作出的复审决定不服的，可以依法申请行政复议，也可以依法向人民法院提起行政诉讼。"据此，对是否征收反倾销税的决定不服，既可以申请行政复议，也可以提起行政诉讼，故 C 项应选。

《税收征收管理法》第 88 条第 2 款规定："当事人对税务机关的处罚决定、强制执行措施或者税收保全措施不服的，可以依法申请行政复议，也可以依法向人民法院起诉。"据此，对税务机关作出的处罚决定（当场处罚除外）不服，既可以申请行政复议，也可以提起行政诉讼，故 D 项应选。【特别提醒】只有在纳税上发生争议时,才适用复议前置规则,税收相关的处罚、强制措施等不属于纳税争议。

169. 行政复议与行政诉讼的关系;行政复议机关;复议申请期限;行政诉讼被告与第三人[BC]

[解析] 根据《行政复议法》第23条规定,自然资源确权案件适用复议前置有一个前提条件,即已经依法取得自然资源的所有权或使用权。本案属于对宅基地审批面积不服而提起的诉讼,县政府作出审批行为前,肖某尚未取得宅基地使用权,不符合上述前提条件,因此不适用复议前置的规定。故A项错误。

《行政复议法实施条例》第13条规定:"下级行政机关依照法律、法规、规章规定,经上级行政机关批准作出具体行政行为的,批准机关为被申请人。"本案中的农村宅基地用地申请在乡政府审核后报县政府审批,因此县政府为复议被申请人。又根据《行政复议法》第24条规定,对地方人民政府作出的行政行为不服的,向上一级地方人民政府申请行政复议。据此,肖某收到县政府的审批文件后不服,应向县政府的上一级政府申请行政复议。故B项正确。

根据《行政复议法》第20条规定,行政复议的申请期限为60日。又根据《行政复议法实施条例》第15条第1款第2项规定,载明具体行政行为的法律文书直接送达的,自受送达人签收之日起计算行政复议申请期限。故C项正确。

《行政诉讼法》第29条第1款规定:"公民、法人或者其他组织同被诉行政行为有利害关系但没有提起诉讼,或者同案件处理结果有利害关系的,可以作为第三人申请参加诉讼,或者由人民法院通知参加诉讼。"又依据《行政诉讼法解释》第19条规定:"当事人不服经上级行政机关批准的行政行为的,向人民法院提起诉讼的,以在对外发生法律效力的文书上署名的机关为被告。"据此,D项错误有二:其一,本题中,批件虽然是由县政府批准的,但批准机关并不一定是被告,只有署名机关才是被告,本题中并未交代署名机关是县政府还是乡政府,因此认为县政府是被告是错误的。其二,乡政府虽然是审核机关,但是与该县政府的批准行为并没有利害关系,也没有对乡政府的权益造成影响,因此乡政府不能作为第三人参加诉讼。故D项错误。

170. 行政复议与行政诉讼关系[CD]

[解析] 涉税案件一般需要复议前置,但当事人对税务机关的处罚决定、强制执行措施或税收保全措施不服的除外。本题中,要求缴纳滞纳金的决定属于行政强制执行,不适用复议前置,故C项当选;对于罚款决定,除当场作出的罚款决定适用复议前置外,其余情形均可直接提起行政诉讼,本题情形不属于当场作出决定,故D项符合题意。A项由定额缴税

变更为自行申报的决定、B项要求缴纳税款的决定都属于纳税问题本身的争议(纳税争议),均应当复议前置,故A、B项不选。

171. 复议前置;行政诉讼受案范围;许可的撤销[A]

[解析] 本案中,行政机关的行为性质是行政征用。对于行政征收、征用,可以直接起诉,不适用复议前置。故A项错误。【陷阱点拨】本题要与确认既得自然资源权利案件的复议前置相区分。确认既得自然资源权利案件的复议前置,要满足以下三个条件:第一,针对自然资源所有权或使用权;第二,所有权或使用权已经取得;第三,将所有权或使用权确认给了别人(广义确认)。本题中并不存在自然资源权属纠纷,甲省人民政府的征用土地批复也没有将土地确认给别人,而是收归国有,不属于确认既得自然资源权利案件。

乙市人民政府征用补偿决定、乙市规划建设局授予丁公司拆迁许可证的行为都属于具体行政行为,直接影响了住户的土地权益,住户与这两项行为有法律上的利害关系,可以起诉,故B、C项正确。

有权撤销的机关根据利害关系人的请求或者依据职权,可以撤销行政许可。有撤销权的机关包括:许可决定机关;许可决定机关的上级行政机关;法院;被越权机关。而甲省人民政府是乙市规划建设局的上级机关,因此D项正确。

考点27 行政复议的审理

172. 行政复议[D]

[解析] 行政复议中,因为行政复议机关与被申请人之间是上下级领导关系,属于行政权审查行政权,所以行政复议机关可以对具体行政行为的合法性以及适当性进行审查,故A项错误。

《行政复议法实施条例》第10条规定:"……公民在特殊情况下无法书面委托的,可以口头委托。口头委托的,行政复议机构应当核实并记录在卷。申请人、第三人解除或者变更委托的,应当书面报告行政复议机构。"因此,只有公民才可以在特殊情况下口头委托,而本案的当事人是企业,不存在口头委托的可能,故B项错误。

《行政复议法实施条例》第38条第2款规定:"申请人撤回行政复议申请的,不得以同一事实和理由提出行政复议申请。但是,申请人能够证明撤回行政复议申请违背其真实意思表示的除外。"可见,如果申请人能够证明撤回行政复议申请违背其真实意思表示的,则可以再次申请复议,故C项错误。

根据《行政复议法》第26条规定,对国务院部门或者省、自治区、直辖市人民政府的行政行为不服的,向作出该行政行为的国务院部门或者省、自治区、直

辖市人民政府申请行政复议。对行政复议决定不服的,可以向人民法院提起行政诉讼;也可以向国务院申请裁决,国务院依照本法的规定作出最终裁决。本题中,对于国务院部门的复议决定,国务院作出的裁决具有终局性,法院不予受理,故 D 项正确。

173. 行政复议[A]

[解析] 行政复议申请期限为 60 日,而非 30 日,A 项错误。

《行政复议法实施条例》第 8 条规定:"同一行政复议案件申请人超过 5 人的,推选 1 至 5 名代表参加行政复议。"本案中,50 户村民应推选 1 至 5 名代表参加复议。故 B 项正确。

对地方各级人民政府的行政行为不服的,向上一级地方人民政府申请行政复议。据此,对甲市乙区政府的征收决定不服而申请行政复议,复议机关是其上一级甲市政府。故 C 项正确。

根据《行政复议法》第 31 条第 1 款规定,行政复议申请材料不齐全或者表述不清楚的,行政复议机构可以自收到该行政复议申请之日起 5 日内书面通知申请人补正。故 D 项正确。

174. 行政复议程序[ABCD(原答案为ACD)]

[解析]《行政复议法实施条例》第 37 条规定:"行政复议期间涉及专门事项需要鉴定的,当事人可以自行委托鉴定机构进行鉴定,也可以申请行政复议机构委托鉴定机构进行鉴定。鉴定费用由当事人承担。鉴定所用时间不计入行政复议审理期限。"故 A 项正确。

《行政复议法》第 50 条第 1 款规定:"审理重大、疑难、复杂的行政复议案件,行政复议机构应当组织听证。"重大、疑难、复杂案件属于行政机关应当主动听证的范围,即使当事人没有提出申请,也应当举行听证。故 B 项正确。【旧题新解】对于行政复议听证,旧法只规定重大、复杂案件"可以"听证,B 项说"应采取听证方式"是不准确的。2023 年修订的《行政复议法》完善了听证制度,规定:重大、疑难、复杂案件"应当"听证;复议机构认为有必要的或申请人请求听证的,"可以"听证。因此,B 项按新法是正确的。

《行政复议法实施条例》第 38 条第 1 款规定:"申请人在行政复议决定作出前自愿撤回行政复议申请的,经行政复议机构同意,可以撤回。"故 C 项正确。

《行政复议法》第 45 条第 2 款规定:"调查取证时,行政复议人员不得少于两人,并应当出示行政复议工作证件。"故 D 项正确。

考点 28 行政复议决定与执行

175. 行政复议的中止与终止;行政复议期限;行政复议中的鉴定[BD]

[解析]《行政复议法》第 39 条规定:"行政复议期间有下列情形之一的,行政复议中止:(一)作为申请人的公民死亡,其近亲属尚未确定是否参加行政复议;(二)作为申请人的公民丧失参加行政复议的行为能力,尚未确定法定代理人参加行政复议;……(四)作为申请人的法人或者其他组织终止,尚未确定权利义务承受人;(五)申请人、被申请人因不可抗力或者其他正当理由,不能参加行政复议;……"该法第 41 条规定:"行政复议期间有下列情形之一的,行政复议机关决定终止行政复议:……(五)依照本法第三十九条第一款第一项、第二项、第四项的规定中止行政复议满六十日,行政复议中止的原因仍未消除。"由此可见,申请人因不可抗力不能参加行政复议致复议中止满 60 日不属于导致复议终止的三种情形,不可抗力仅引起复议"中止"而非"终止"。故 A 项错误。

《行政复议法实施条例》第 34 条第 3 款规定:"需要现场勘验的,现场勘验所用时间不计入行政复议审理期限。"故 B 项正确。

《行政复议法》第 41 条规定:"行政复议期间有下列情形之一的,行政复议机关决定终止行政复议:……(四)申请人对行政拘留或者限制人身自由的行政强制措施不服申请行政复议后,因同一违法行为涉嫌犯罪,被采取刑事强制措施;……"C 项应为"终止"而非"中止",故 C 项错误。

根据《行政复议法实施条例》第 37 条规定:"行政复议期间涉及专门事项需要鉴定的,当事人可以自行委托鉴定机构进行鉴定,也可以申请行政复议机构委托鉴定机构进行鉴定……"故 D 项正确。

176. 行政复议决定的执行[D]

[解析] 本题中,某县公安局的行为经复议认定违法并撤销,行政纠纷已经通过行政复议得以解决,因此不需要再次申请行政复议或提起行政诉讼,故 B、C 项错误。本题涉及的是行政复议决定的执行问题。行政机关(被申请人)不履行行政复议决定的,不可以申请法院强制执行,故 A 项错误。对此,《行政复议法》第 77 条第 2 款规定:"被申请人不履行或者无正当理由拖延履行行政复议决定书、调解书、意见书的,行政复议机关或者有关上级行政机关应当责令其限期履行,并可以约谈被申请人的有关负责人或者予以通报批评。"据此,本案中田某是复议申请人,县公安局是复议被申请人,县政府是复议机关,县公安局不履行县政府作出的复议决定,田某可以请求县政府或者县公安局的上级行政机关(市公安局)责令其限期履行,故 D 项正确。

177. (1)行政复议当事人;复议决定[ABC]

[解析] 根据《行政复议法》第 17 条第 2 款规定,申请人、第三人委托代理人的,应当向行政复议机关提交授权委托书、委托人及被委托人的身份证明文

件。豪美公司作为申请人,委托代理人应提交授权委托书。故A项正确。

《行政复议法实施条例》第32条规定:"行政复议机构审理行政复议案件,应当由2名以上行政复议人员参加。"故B项正确。

《行政复议法实施条例》第35条规定:"行政复议机关应当为申请人、第三人查阅有关材料提供必要条件。"故C项正确。

《行政复议法》第63条第1款规定:"行政行为有下列情形之一的,行政复议机关决定变更该行政行为:……(三)事实不清、证据不足,经行政复议机关查清事实和证据。"据此,如果处罚决定认定事实不清、证据不足,复议机关在查清事实和证据的基础上,可以作出变更决定。故D项错误。【特别提醒】根据《行政复议法》第64条,主要事实不清、证据不足的,也可以决定撤销。

(2)行政复议 [ABCD]

[解析]《行政复议法》第35条规定:"公民、法人或者其他组织依法提出行政复议申请,行政复议机关无正当理由不予受理、驳回申请或者受理后超过行政复议期限不作答复的,申请人有权向上级行政机关反映,上级行政机关应当责令其纠正;必要时,上级行政复议机关可以直接受理。"可见,有监督权的机关有权督促复议机关改正错误,予以受理案件,A项正确。

《行政复议法》第80条规定:"行政复议机关不依照本法规定履行行政复议职责,对负有责任的领导人员和直接责任人员依法给予警告、记过、记大过的处分;经有权监督的机关督促仍不改正或造成严重后果的,依法给予降级、撤职、开除的处分。"故B项正确。

《行政诉讼法》第26条第3款规定:"复议机关在法定期限内未作出复议决定,公民、法人或者其他组织起诉原行政行为的,作出原行政行为的行政机关是被告;起诉复议机关不作为的,复议机关是被告。"可知,豪美公司可以针对复议机关不作为起诉,也可以针对原行政行为起诉,故C、D项正确。

178. 行政复议参加人;证据收集;行政复议审理和决定[ABC(原答案为AB)]

[解析]《行政复议法》第17条第1款规定:"申请人、第三人可以委托一至二名律师、基层法律服务工作者或者其他代理人代为参加行政复议。"公司作为复议申请人,可以委托代理人,故A项正确。

《行政复议法》第46条第1款规定:"行政复议期间,被申请人不得自行向申请人和其他有关单位或个人收集证据;自行收集的证据不作为认定行政行为合法性、适当性的依据。"故B项正确。

《行政复议法》第49条规定:"适用普通程序审理的行政复议案件,行政复议机构应当当面或者通过互联网、电话等方式听取当事人的意见,并将听取的意见记录在案。因当事人原因不能听取意见的,可以书面审理。"据此,行政复议的审理方式以灵活听取当事人意见的方式为原则,以书面审理为例外,故C项"区政府应采取听取当事人意见的方式审理此案"的说法正确。【旧题新解】2023年《行政复议法》修订的亮点之一即是对行政复议审理方式作出了重大调整,将审理原则由书面审理,修改为以通过灵活方式听取当事人意见为原则,以书面审理为例外。本题答案随之发生变化。

《行政复议法》第63条规定:"行政行为有下列情形之一的,行政复议机关决定变更该行政行为:(一)事实清楚,证据确凿,适用依据正确,程序合法,但是内容不适当;……"据此,对于行政行为明显不当的,如果满足事实清楚、证据确凿、适用依据正确、程序合法的条件,复议机关可以适用变更决定。故D项表述过于绝对,是错误的。

179. 逾期举证的后果;复议决定[ABCD(原答案为C)]

[解析] 根据《行政复议法》第48条、第54条规定,被申请人应当自收到行政复议申请书副本或者行政复议申请笔录复印件后的法定期限内,提出书面答复,并提交作出行政行为的证据、依据。《行政复议法》第70条规定:"被申请人不按照本法第四十八条、第五十四条的规定提出书面答复、提交作出行政行为的证据、依据和其他有关材料的,视为该行政行为没有证据、依据,行政复议机关决定撤销、部分撤销该行政行为,确认该行政行为违法、无效或者决定被申请人在一定期限内履行,但是行政行为涉及第三人合法权益,第三人提供证据的除外。"据此,市政府在法定期限内提交了书面答复,但没有提交有关证据、依据,应当视为没有证据、依据,行政复议机关可以视情形决定撤销、确认违法、无效或者决定被申请人在一定期限内履行。因此本题A、B、C、D项均错误,当选。

专题十二 行政诉讼概述

考点29 行政诉讼与民事诉讼的关系

180. 行政诉讼中对民事诉讼规则的适用[BCD]

[解析]《行政诉讼法》第101条规定,人民法院审理行政案件,关于期间、送达、财产保全、开庭审理、调解、中止诉讼、终结诉讼、简易程序、执行等,以及人民检察院对行政案件受理、审理、裁判、执行的监督,本法没有规定的,适用《民事诉讼法》的相关规定。故B、C、D项当选。受案范围和管辖是行政诉讼自身完

行政法与行政诉讼法[答案详解]

全独立的特点,难以准用民事诉讼的制度。故A项不当选。

181. 行政诉讼与民事诉讼的衔接;行政诉讼的判决种类[A]

[解析]《行政诉讼法》第61条第2款规定:"在行政诉讼中,人民法院认为行政案件的审理需以民事诉讼的裁判为依据的,可以裁定中止行政诉讼。"《行政诉讼法解释》第87条第1款规定:"在诉讼过程中,有下列情形之一的,中止诉讼:……(六)案件的审判须以相关民事、刑事或者其他行政案件的审理结果为依据,而相关案件尚未审结的;……"该解释第138条第3款规定:"人民法院在审理行政案件中发现民事争议为解决行政争议的基础,当事人没有请求人民法院一并审理相关民事争议的,人民法院应当告知当事人依法申请一并解决民事争议。当事人就民事争议另行提起民事诉讼并已立案的,人民法院应当中止行政诉讼的审理。民事争议处理期间不计算在行政诉讼审理期限内。"可见,司法解释将《行政诉讼法》第61条第2款中的"可以"限缩为"应当"。本案中,房屋买卖合同的效力直接决定了转让登记行为作出的依据是否存在、法院是否应撤销登记行为,而民事诉讼的审理结果将确定买卖合同的效力,因此该行政诉讼案件的审理必须以民事案件的裁判结果为依据,又因民事诉讼尚未审结,因此应中止行政诉讼,等待民事诉讼的判决结果。故A项正确。

行政诉讼中民事案件与行政案件合并审理有两种情形:一是《行政诉讼法》第61条第1款的规定:"在涉及行政许可、登记、征收、征用和行政机关对民事争议所作的裁决的行政诉讼中,当事人申请一并解决相关民事争议的,人民法院可以一并审理。"二是《行政许可案件规定》第13条第2款的规定:"在行政许可案件中,当事人请求一并解决有关民事赔偿问题的,人民法院可以合并审理。"可见,行政附带民事诉讼需要同时具备两个条件,一是该行政行为是许可、登记、征收、征用、裁决;二是当事人在行政诉讼中主动申请一并解决相关民事争议。本题中,虽然房屋买卖转让登记行为属于上述情形,但是当事人并没有在行政诉讼中主动申请法院一并审理民事争议,而是向法院另行提起了民事诉讼,因此法院不可以决定合并审理。故B项错误。

《行政诉讼法》第70条规定:"行政行为有下列情形之一的,人民法院判决撤销或者部分撤销,并可以判决被告重新作出行政行为:(一)主要证据不足的;……"本案中,如法院判决房屋买卖合同无效,则行政机关的转让登记所依据的主要证据不存在,则行政行为违法,法院应判决撤销登记行为。故C项错误。

《行政诉讼法》第69条规定:"行政行为证据确凿,适用法律、法规正确,符合法定程序的,或者原告申请被告履行法定职责或者给付义务理由不成立的,人民法院判决驳回原告的诉讼请求。"如果法院判决房屋买卖合同有效,则转让登记合法,法院不应当判决维持,也不应当判决确认合法,而是应当作出驳回原告诉讼请求的判决。故D项错误。

考点30 行政附带民事诉讼

182. 行政附带民事诉讼[AB]

[解析]《行政诉讼法解释》第137条规定:"公民、法人或者其他组织请求一并审理行政诉讼法第61条规定的相关民事争议,应当在第一审开庭审理前提出;有正当理由的,也可以在法庭调查中提出。"故A项正确。

《行政诉讼法解释》第139条规定:"有下列情形之一的,人民法院应当作出不予准许一并审理民事争议的决定,并告知当事人可以依法通过其他渠道主张权利:(一)法律规定应当由行政机关先行处理的;(二)违反民事诉讼法专属管辖规定或者协议管辖约定的;(三)约定仲裁或者已经提起民事诉讼的;(四)其他不宜一并审理民事争议的情形。对不予准许的决定可以申请复议一次。"故B项正确。

《行政诉讼法解释》第140条规定:"人民法院在行政诉讼中一并审理相关民事争议的,民事争议应当单独立案,由同一审判组织审理。人民法院审理行政机关对民事争议所作裁决的案件,一并审理民事争议的,不另行立案。"根据该规定,法院审理民事争议,由同一审判组织审理,故D项错误。同时,本案属于行政裁决解决民事争议引发的行政诉讼案件,一并审理的民事争议不另行立案,故C项错误。

考点31 行政诉讼与刑事诉讼的关系

183. 行政诉讼与刑事诉讼的关系[D]

[解析]法院在行政诉讼过程中,认为受行政行为处理的原告或第三人的行为已构成犯罪,应将有关犯罪材料移送公安、检察机关按刑事诉讼程序处理。法院对于原行政案件有两种处理方式:(1)犯罪行为与行政机关之前认定的行政违法行为具有相关性,那么法院应中止行政诉讼,等刑事案件审结确认是否犯罪后,再恢复行政诉讼程序。(2)犯罪行为与行政机关之前认定的行政违法行为没有相关性,是两项独立的行政行为,法院应当继续审理原来的行政诉讼,而无需等待刑事案件的审判结果。对于本案,虚假宣传与受贿犯罪是两种独立的违法行为,刑事责任与行政审判没有关系,法院应当将涉嫌受贿犯罪的有关材料移送有管辖权的司法机关处理,对基于涉嫌虚假宣传而扣押的合法性继续审理。故D项当选。

专题十三 行政诉讼的受案范围

考点32 行政诉讼受案范围

184．具体行政行为的判断；行政诉讼受案范围；诉讼参加人[BCD]

[解析] 行政确认是行政机关依法对公民、法人或者其他组织的法律地位、法律关系或有关法律事实进行甄别和给予确定、认定、证明，予以宣告的行政行为，如颁发结婚证、颁发房屋产权证书、工伤认定、道路交通事故责任认定。行政裁决指行政机关居间对特定的民事争议作出有约束力处理的行为。行政裁决涉及三方主体，行政机关是作为第三方中立的主体身份出现的；而行政确认是行政机关和行政相对人之间的双方法律关系，行政机关是以管理者的身份出现的。《道路交通事故证明》的性质为行政确认，故A项错误。

本题中，因为交通事故原因客观上无法查清，交警大队出具了《道路交通事故证明》，社会保障局据此作出了《工伤认定中止书》。由此推断，因为交通事故原因客观上已经无法查清，则该《工伤认定中止书》将一直保持工伤认定为"中止"状态，事实上导致原告的合法权益长期乃至永久得不到依法救济，它实际上扮演了拒绝工伤认定的角色，直接影响了原告的合法权益，并且原告也无法通过对相关实体性行政行为提起诉讼以获得救济。因此，《工伤认定中止书》属于可诉行政行为，法院应当依法受理，故B项正确。【特别提醒】一般来说，"中止决定"是暂时的，属于过程性行为，待阻却事由消失后，行政行为会继续进行下去，因此过程性行为一般不具有可诉性。但是，如果该过程性行为具有终局性，导致行政行为事实上终止，对相对人权利义务产生实质影响，并且无法通过提起针对相关的实体性行政行为的诉讼获得救济的，则属于可诉的行政行为。

《行政诉讼法》第25条第2款规定："有权提起诉讼的公民死亡，其近亲属可以提起诉讼。"注意，这里近亲属可以自己的名义起诉，是事实上的原告。本题中，在秦某死亡后，其妻子作为近亲属可以自己名义提起行政诉讼，作为原告，其应当提交身份证明。《行政诉讼法解释》第54条规定："依照行政诉讼法第四十九条的规定，公民、法人或者其他组织提起诉讼时应当提交以下起诉材料：（一）原告的身份证明材料以及有效联系方式；……"故C项正确。

玉竹公司作为工伤认定的申请人，是被告出具《工伤认定中止书》行为的相对人，自然与《工伤认定中止书》有法律上的利害关系，有资格作为第三人。故D项正确。

185．行政诉讼受案范围；行政处罚的听证；先予执行[C]

[解析]《限期整改通知》属于责令改正行为，具有强制性，而行政指导行为没有强制性，显然不属于行政指导。具体来说，《限期整改通知》的核心在于恢复正常状态，性质更偏于教育和纠正功能，不具有处罚性，因此也不属于行政处罚，而属于行政强制措施，属于行政诉讼受案范围。故A项错误。

《水污染防治设施验收不合格认定书》属于行政确认，是行政机关对特定的法律事实、法律关系或者法律状态作出的具有法律效力的认定。行政确认属于具体行政行为，会对当事人的权利义务造成实质影响，属于行政诉讼受案范围。故B项错误。

根据《行政处罚法》第63条规定，行政机关拟作出下列行政处罚决定，应当告知当事人有要求听证的权利，当事人要求听证的，行政机关应当组织听证：（1）较大数额罚款；（2）没收较大数额违法所得、没收较大价值非法财物；（3）降低资质等级、吊销许可证件；（4）责令停产停业、责令关闭、限制从业；（5）其他较重的行政处罚；（6）法律、法规、规章规定的其他情形。本题中的停业整顿实际上就是停产停业，所以区环保局应当告知甲公司有申请听证的权利，故C项正确。

《行政诉讼法》第57条第1款规定："人民法院对起诉行政机关没有依法支付抚恤金、最低生活保障金和工伤、医疗社会保险金的案件，权利义务关系明确、不先予执行将严重影响原告生活的，可以根据原告的申请，裁定先予执行。"本题申请对象为责令停业整顿，不属于先予执行的范围，故D项错误。

186．行政诉讼受案范围；抽象行政行为的附带审查[C]

[解析] 本题中甲的行为属于请求市场监督管理局履行市场监管职责，维护自身合法权益的行为，不是信访行为。根据《信访条例》规定，信访是指公民、法人或者其他组织采用书信、电子邮件、传真、电话、走访等形式，向各级人民政府、县级以上人民政府工作部门反映情况，提出建议、意见或者投诉请求，依法由有关行政机关处理的活动。根据《信访条例》第14条，信访针对的对象是有关国家机关、组织及其工作人员的职务行为。而本题中电信公司的行为属于公司作出的市场化行为，并不属于信访事项。市场监督管理局的行为也不属于对信访问题的处理，而是对甲的请求作出的行政处理决定。故A、B项错误。

市场监督管理局作出的行政答复直接认定了SIM卡定价50元/张是合法的，电信公司的行为不属于违法收费，这就意味着甲对电信公司进行查处和退换卡费的请求不能得到支持，因此该行政行为对甲的权利义务产生了实质影响,属于具体行政行为,甲不服可以对其提起行政诉讼。故 C 项正确。

《行政诉讼法》第 53 条规定:"公民、法人或者其他组织认为行政行为所依据的国务院部门和地方人民政府及其部门制定的规范性文件不合法,在对行政行为提起诉讼时,可以一并请求对该规范性文件进行审查。前款规定的规范性文件不含规章。"据此,对于规章以下的抽象行政行为,只能附带审查,不能对其直接提起行政诉讼。《关于电信全业务套餐资费优化方案的批复》明显属于规章以下的其他规范性文件,可以在对市场监督管理局的行为提起行政诉讼的同时一并请求对该批复进行审查,但不可直接对其提起行政诉讼。故 D 项错误。

187. 政府信息公开案件的受案范围[BCD]

[解析]《政府信息公开案件规定》第 2 条规定:"公民、法人或者其他组织对下列行为不服提起行政诉讼的,人民法院不予受理:……(二)要求行政机关提供政府公报、报纸、杂志、书籍等公开出版物,行政机关予以拒绝的;……" A 项中黄某要求市政府提供公开发行的 2010 年市政府公报被市政府拒绝,属于第 2 项规定的情形,故 A 项不当选。

《政府信息公开案件规定》第 1 条规定:"公民、法人或者其他组织认为下列政府信息公开工作中的具体行政行为侵犯其合法权益,依法提起行政诉讼的,人民法院应当受理:(一)向行政机关申请获取政府信息,行政机关拒绝提供或者逾期不予答复的;……(三)认为行政机关主动公开或者依他人申请公开政府信息侵犯其商业秘密、个人隐私的;……" B、C、D 三个选项中,无论是公开还是拒绝公开都侵犯了相关当事人的权利,属于影响当事人权利的具体行政行为,B 项侵害了当事人的隐私权,C、D 项侵害了当事人的知情权,都属于行政诉讼受案范围。

188. 行政诉讼受案范围[B]

[解析] A 项中环保局拒绝履行监督职责,属于行政不作为,属于行政诉讼受案范围。故 A 项不当选。

B 项,关键在于对"通知"性质的判断,即其属于具体行政行为还是抽象行政行为。根据选项提供的信息,"某市政府发出通知,要求非本地生产乳制品须经本市技术监督部门检验合格方可在本地销售,违者予以处罚",从中我们可以发现:首先,市政府的通知针对的对象是非本地的乳制品企业,这是一个集合性概念,不能确定究竟是哪一家或哪些乳制品企业,因此具有不特定性;其次,该通知不是一次性的,而是具有反复适用性;最后,该通知具有规范性,不能直接作用于相对人,需要行政机关具体实施才能实现其目标和作用。因此,该通知属于行政机关制定的具有普遍约束力的能够反复适用的命令,是一种抽象行政行为,不属于行政诉讼的受案范围。故 B 项当选。

C 项,依据《城市房地产管理法》第 45 条第 2 款规定:"商品房预售人应当按照国家有关规定将预售合同报县级以上人民政府房产管理部门和土地管理部门登记备案。"可知,房屋预售合同应当办理预售预购登记。房管局对商品房的预售合同进行预售预购登记,属于行政确认行为,其确认的对象是买卖双方的预售合同法律关系。所以,登记对买卖双方的权利义务关系进行了行政确认,属于房管局行使行政管理职权的行为。可见,房管局对预售合同进行备案登记的行为具有可诉性。故 C 项不当选。

D 项中,张某是对"名称预先核准决定"不服提起诉讼,解题的关键在于判断"名称预先核准"的性质。根据选项提供的信息:《公司登记管理条例》规定,设立公司应当先向工商登记管理机关申请名称预先核准",很容易判断出名称预先核准是设立公司的一种前置性许可事项,属于行政许可,当然可诉。故 D 项不当选。

189. 行政诉讼受案范围[BCD]

[解析] 天然气特许经营协议属于行政协议,行政机关不履行行政协议的行为,属于行政诉讼的受案范围。故 A 项不当选。

对公务员的考核决定属于内部行为,不属于具体行政行为。故 B 项的行为不可诉,当选。

国有土地上的房屋征收补偿安置协议属于行政协议,但行政诉讼是"民告官"的诉讼,没有"官告民"的诉讼。在李某不履行协议的情况下,行政机关可以申请法院强制执行,不需要通过行政诉讼解决该问题。故 C 项的行为不可诉,当选。

县政府发布的征地补偿安置标准文件是针对不特定的对象作出的,其行为性质属于抽象行政行为,当事人对抽象行政行为不服,不能够直接起诉,只能在对具体行政行为提起诉讼时,一并要求法院审查该抽象行政行为。故 D 项的行为不可诉,当选。

190. 行政诉讼受案范围[AD]

[解析]《行政诉讼法解释》第 1 条第 2 款规定:"下列行为不属于人民法院行政诉讼的受案范围:……(五)行政机关作出的不产生外部法律效力的行为……"市林业局向函县政府,此为行政机关之间的公文来往,如果没有针对第三人作出,就属于典型的内部行政行为,不可诉,故 A 项正确。同理,县政府的会议纪要是行政机关内部的职权调整和工作安排,属于内部行政行为,不具有外部性,不可诉,故 B 项错误。

具体行政行为是单方的,而行政合同是双方的。三部门的处理意见是行政机关对孙某权利义务的单

· 48 ·

方处分,不是和孙某双方协商的结果,因此不是行政合同。故C项错误。

孙某毁林采矿,三部门责令孙某立即停止违法开采,是对孙某行为的制止,防止损害扩大,属于行政强制措施;而责令对被破坏的生态进行整治,则是一种行政命令。可见,该通知对孙某的权利造成直接影响,属于典型的具体行政行为,可诉,故D项正确。

191. 行政许可案件的受案范围[ACD]

[解析]《行政许可案件规定》第1条规定:"公民、法人或者其他组织认为行政机关作出的行政许可决定以及相应的不作为,或者行政机关就行政许可的变更、延续、撤回、注销、撤销等事项作出的有关具体行政行为及其相应的不作为侵犯其合法权益,提起行政诉讼的,人民法院应当依法受理。"A项情形属于对行政许可决定不服,明显属于行政诉讼受案范围;D项情形属于对撤回行政许可的行为不服,也属于行政诉讼受案范围。故A、D项当选。**【特别提醒】**撤回、撤销、注销、变更、延续某一具体行政行为,必然对相对人的权利义务产生实质影响,因此构成一个新的独立的具体行政行为,属于行政诉讼受案范围。

《行政许可案件规定》第3条规定:"公民、法人或者其他组织仅就行政许可过程中的告知补正申请材料、听证等通知行为提起行政诉讼的,人民法院不予受理,但导致许可程序对上述主体事实上终止的除外。"B项情形属于对告知补正申请材料的通知不服,且没有"但书"的特殊情形,不属于行政诉讼受案范围。故B项不当选。

《行政许可案件规定》第2条规定:"公民、法人或者其他组织认为行政机关未公开行政许可决定或未提供行政许可监督检查记录侵犯其合法权益,提起行政诉讼的,人民法院应当依法受理。"C项情形属于对未提供行政许可监督检查记录不服,即对拒绝信息公开这一具体行政行为不服,可以提起政府信息公开之诉。故C项当选。

192. 行政诉讼受案范围[C]

[解析]行政行为、立法行为和司法行为有着明确的界限,方某在妻子失踪后向公安局报案要求立案侦查,遭拒绝后向法院起诉确认公安局的行为违法,不属于行政诉讼受案范围,因为刑事侦查行为属于刑事诉讼法明确授权的刑事司法行为,不是行政行为。故A项不当选。

2014年修订的《行政诉讼法》明确将行政合同(行政协议)纳入了受案范围,但行政诉讼案件只允许"民告官",不允许"官告民",因此行政机关不能向法院提起行政诉讼。故B项不当选。**【思路拓展】**对于B项情形,王某不履行房屋征收补偿协议的,区房管局可以根据《行政协议案件规定》第24条处理,该条

规定:"公民、法人或者其他组织未按照行政协议约定履行义务,经催告后不履行,行政机关可以作出要求其履行协议的书面决定。公民、法人或者其他组织收到书面决定后在法定期限内未申请行政复议或者提起行政诉讼,且仍不履行,协议内容具有可执行性的,行政机关可以向人民法院申请强制执行。法律、行政法规规定行政机关对行政协议享有监督协议履行的职权,公民、法人或者其他组织未按照约定履行义务,经催告后不履行,行政机关可以依法作出处理决定。公民、法人或者其他组织在收到该处理决定后在法定期限内未申请行政复议或者提起行政诉讼,且仍不履行,协议内容具有可执行性的,行政机关可以向人民法院申请强制执行。"

《行政诉讼法》第12条第1款规定:"人民法院受理公民、法人或者其他组织提起的下列诉讼:……(八)认为行政机关滥用行政权力排除或者限制竞争的;……"故C项属于行政诉讼受案范围,当选。

D项中,政府发布的征收土地补偿标准的约束对象不确定,并可以反复适用,故在行为性质上属于抽象行政行为。根据《行政诉讼法》,当事人在对具体行政行为提起诉讼时,可以一并请求对抽象行政行为进行审查。其中的"一并"就意味着当事人不能直接起诉抽象行政行为,而只能间接地对其提出审查要求。在本题中,黄某不服该抽象行政行为直接向法院起诉该标准是不属于受案范围的,故D项不当选。

193. 行政诉讼的受案范围[D]

[解析]《行政诉讼法解释》第1条第2款规定,调解行为以及法律规定的仲裁行为不属于行政诉讼的受案范围。劳动仲裁协议的内容是劳动者与用人单位之间的平等的民事关系,而不是与行政机关的行政管理关系,所以,张某对劳动争议仲裁裁决不服只能提起民事诉讼,不能提起行政诉讼。此外,劳动仲裁委员会不属于行政机关,而是准司法机关,因此不能针对其裁决提起行政诉讼。故A项不当选。

《出境入境管理法》第64条第1款规定:"外国人对依照本法规定对其实施的继续盘问、拘留审查、限制活动范围、遣送出境措施不服的,可以依法申请行政复议,该行政复议决定为最终决定。"外国人对遣送出境措施不服的,是复议终局,不能再提起行政诉讼。故B项不当选。

财政局工作人员李某对自己的人事处理决定不服,是行政机关内部人事处理行为,属于不产生外部法律效力的行为,不属于行政诉讼的受案范围。故C项不当选。

企业与政府解除特许经营协议,属于行政合同类案件,属于行政诉讼的受案范围。故D项当选。

专题十四 行政诉讼的管辖

考点33 级别管辖

194. 行政诉讼被告、管辖；行政处罚的种类；执行罚[D]

[解析]《行政诉讼法解释》第134条第2款规定："行政复议决定既有维持原行政行为内容，又有改变原行政行为内容或者不予受理申请内容的，作出原行政行为的行政机关和复议机关为共同被告。"本题中，区政府将没收违法所得改为1万元后，维持了其他处罚，属于既有维持又有改变，应当以区市场监督管理局和区政府为共同被告。故A项错误。

对于地域管辖，经过复议的案件，既可以由原机关所在地法院管辖，也可以由复议机关所在地法院管辖，所以区市场监督管理局所在地的法院有管辖权。对于级别管辖，《行政诉讼法解释》第134条第3款规定："复议机关作共同被告的案件，以作出原行政行为的行政机关确定案件的级别管辖。"据此，本案应当以原机关区市场监督管理局来确定级别管辖，而地方政府部门为被告的案件不属于中院管辖范围，应由基层人民法院管辖，故B项错误。

行政处罚的种类分为声誉罚（如警告、通报批评）、财产罚（如罚款、没收）、资格罚（如吊销许可证件）、行为罚（如责令停产停业）和人身罚（如拘留）等，没收违法所得属于财产罚，而非禁止或限制从事某项活动的行为罚，故C项错误。

《行政强制法》第45条规定："行政机关依法作出金钱给付义务的行政决定，当事人逾期不履行的，行政机关可以依法加处罚款或者滞纳金。加处罚款或者滞纳金的标准应当告知当事人。加处罚款或滞纳金的数额不得超出金钱给付义务的数额。"故D项正确。

195. 行政诉讼的被告、管辖及诉讼代表人；复议机关的确定[BC]

[解析]《行政诉讼法解释》第20条第1款规定："行政机关组建并赋予行政管理职能但不具有独立承担法律责任能力的机构，以自己的名义作出行政行为，当事人不服提起诉讼的，应当组建该机构的行政机关为被告。"根据题意，10户居民是对强制拆除决定不服提起的诉讼，而拆除决定是由甲县政府设立的临时机构基础设施建设指挥部作出的，乙镇政府只是执行机关，不是本案的被告。本案中的基础设施建设指挥部是甲县政府设立的临时机构，不具有独立承担法律责任的能力，且没有法律法规的授权，因此，10户居民以自己名义作出的决定不服提起诉讼的，应以组建该机构的行政机关——甲县政府为被告。故A项错误。

《行政诉讼法》第15条规定："中级人民法院管辖下列第一审行政案件：（一）对国务院部门或者县级以上地方人民政府所作的行政行为提起诉讼的案件；（二）海关处理的案件；（三）本辖区内重大、复杂的案件；（四）其他法律规定由中级人民法院管辖的案件。"由于本案的被告为甲县政府，所以应当由中级人民法院管辖。故B项正确。

《行政诉讼法解释》第29条规定："行政诉讼法第28条规定的'人数众多'，一般指10人以上。根据行政诉讼法第28条的规定，当事人一方人数众多的，由当事人推选代表人。当事人推选不出的，可以由人民法院在起诉的当事人中指定代表人。行政诉讼法第28条规定的代表人为2至5人。代表人可以委托1至2人作为诉讼代理人。"据此，如10户居民在指定期限内未选定诉讼代表人的，法院可以依职权指定。故C项正确。

《行政复议法实施条例》第14条规定："行政机关设立的派出机构、内设机构或者其他组织，未经法律、法规授权，对外以自己名义作出具体行政行为的，该行政机关为被申请人。"本案中，甲县政府设立临时机构——基础设施建设指挥部，未经法律、法规授权，因此，10户居民对该临时机构作出的行政决定申请复议，应当以设立该临时机构的行政机关——甲县政府为被申请人。对地方各级人民政府的行政行为不服的，应当向上一级地方人民政府申请行政复议。因此，本案的复议机关应当是甲县政府的上一级人民政府。故D项错误。

196. 行政诉讼的当事人、管辖和审理裁判对象[C]

[解析]《行政诉讼法解释》第134条第1款规定："复议机关决定维持原行政行为的，作出原行政行为的行政机关和复议机关是共同被告。原告只起诉作出原行政行为的行政机关或者复议机关的，人民法院应当告知原告追加被告。原告不同意追加的，人民法院应当将另一机关列为共同被告。"本题属于复议机关区政府维持原处罚决定的情况，区政府和区卫计局应为共同被告。如董某只起诉区卫计局，法院应告知董某追加区政府为共同被告。故A项错误。

《行政诉讼法解释》第134条第3款规定："复议机关作共同被告的案件，以作出原行政行为的行政机关确定案件的级别管辖。"因此，本案应以区卫计局确定案件的级别管辖。故B项错误。

《行政诉讼法》第18条第1款规定："行政案件由最初作出行政行为的行政机关所在地人民法院管辖。经复议的案件，也可以由复议机关所在地人民法院管辖。"区卫计局所在地的法院是最初作出行政行为的行政机关所在地人民法院,该地法院具有管辖权。故C项正确。

《行政诉讼法解释》第135条第1款规定:"复议机关决定维持原行政行为的,人民法院应当在审查原行政行为合法性的同时,一并审查复议决定的合法性。"该解释第136条第1款规定:"人民法院对原行政行为作出判决的同时,应当对复议决定一并作出相应判决。"法院既要对复议决定进行合法性审查,同时也要作出裁判。故D项错误。

考点34 地域管辖

197. 行政强制;行政诉讼的提起与管辖[BCD]

[解析] 强制隔离戒毒是为了防止吸毒损害扩大,对吸毒人员实施的暂时性的管控措施,属于限制人身自由的强制措施,而非强制执行,故A项错误。

【思路拓展】行政强制执行的作出需要一个"基础性决定"为依据和前提,本题中显然不存在"基础性决定",而是公安机关直接采取的措施,因此不属于行政强制执行。

根据《行政强制法》第10条规定,限制人身自由的行政强制措施只能由法律设定,故B项正确。

根据《行政诉讼法解释》第14条第2款规定,公民因被限制人身自由而不能提起诉讼的,其近亲属可以依其口头或者书面委托以该公民的名义提起诉讼。故C项正确。

《行政诉讼法》第19条规定:"对限制人身自由的行政强制措施不服提起的诉讼,由被告所在地或者原告所在地人民法院管辖。"因此,原告陈某所在地法院有管辖权。又根据《行政诉讼法解释》第8条规定,《行政诉讼法》第19条规定的"原告所在地",包括原告的户籍所在地、经常居住地和被限制人身自由地。因此,陈某经常居住地法院对本案有管辖权,D项正确。

198. 行政诉讼的管辖与第三人;行政强制措施[BC]

[解析] 对醉酒的人强制约束至酒醒是典型的行政强制措施,该行为的目的是防止醉酒的人在神志不清的情况下对自身、他人构成威胁而加以约束,侧重对于危险的预防,而不是对酒醉之人的惩戒。如果酒醉之人在醉酒过程中损害了他人财物,公安机关对他进行罚款、拘留等则是一种具有惩戒性的处罚手段,故A项错误。

《行政诉讼法》第19条规定:"对限制人身自由的行政强制措施不服提起的诉讼,由被告所在地或者原告所在地人民法院管辖。"本案中的扣留属于行政强制措施,B项中的甲县法院在原告所在地,C项中的乙县法院在被告所在地,甲、乙两县法院都有管辖权,故B、C项正确。

《行政诉讼法》第29条规定:"公民、法人或者其他组织同被诉行政行为有利害关系但没有提起诉讼,或者同案件处理结果有利害关系的,可以作为第三人申请参加诉讼,或者由人民法院通知参加诉讼。……"本案中,宋某的亲戚与宋某被扣留的行为之间并无法律上的利害关系,因此不能成为案件的第三人,故D项错误。

199. 治安管理处罚的程序;行政诉讼第三人以及地域管辖;行政拘留暂缓执行的条件[AD]

[解析]《治安管理处罚法》第97条规定:"公安机关应当将被处罚人宣告治安管理处罚决定书,并当场交付被处罚人;无法当场向被处罚人宣告的,应当在2日内送达被处罚人。决定给予行政拘留处罚的,应当及时通知被处罚人的家属。有被侵害人的,公安机关应当将决定书副本抄送被侵害人。"可知,某区公安分局在给予张某拘留处罚后,应及时通知其家属。故A项正确。

《行政诉讼法》第29条规定,要成为行政诉讼中的第三人,必须满足"与被诉的行政行为或者同案件处理结果有利害关系"这一条件。本案是受害人黄某不服公安机关对加害人张某所作的行政处罚而提起的行政诉讼,加害人张某可以作为本案的第三人,而张某之妻与被诉具体行政行为没有法律上的利害关系,不是本案的第三人。故B项错误。

《行政诉讼法》第19条规定:"对限制人身自由的行政强制措施不服提起的诉讼,由被告所在地或者原告所在地人民法院管辖。"注意本条适用的两个前提:(1)提起诉讼的原告是被限制人身自由人。本案中,黄某作为受害人,并非是被限制人身自由人,所以原告所在地法院没有管辖权,只能由被告所在地法院管辖。(2)必须针对限制人身自由的行政强制措施提出。本题当事人的诉讼请求为拘留5日,缺乏限制人身自由的行政强制措施的要素,所以只能由被告所在地法院管辖。故C项错误。

《治安管理处罚法》第107条规定:"被处罚人不服行政拘留处罚决定,申请行政复议、提起行政诉讼的,可以向公安机关提出暂缓执行行政拘留的申请。公安机关认为暂缓执行行政拘留不致发生社会危险的,由被处罚人或者其近亲属提出符合本法第108条规定条件的担保人,或者按每日行政拘留200元的标准交纳保证金,行政拘留的处罚决定暂缓执行。"由此可见,申请暂缓执行行政拘留必须同时满足以下两个条件:(1)被处罚人本人不服拘留决定而申请行政复议或提起行政诉讼;(2)由被处罚人本人向公安机关提出申请。本题中是受害人黄某向人民法院提起的行政诉讼,而不是被处罚人张某的诉讼,因此不符合申请暂缓执行行政拘留的条件。故D项正确。

200. 行政复议机关;行政诉讼管辖;行政复议与行政诉讼的关系;原告资格的确认[B(原答案为AB)]

[解析] 对县级以上地方各级人民政府工作部门的行政行为不服的,向该部门的本级人民政府申请行政复议。可知,李某对B市甲区公安分局的治安管理处罚行为不服的,应当向甲区人民政府申请复议。故A项错误。【旧题新解】根据新法,地方政府部门的上级主管部门不再享有复议管辖权,因此不能向B市公安局申请复议。

《行政诉讼法》第18条第1款规定:"行政案件由最初作出行政行为的行政机关所在地人民法院管辖。经复议的案件,也可以由复议机关所在地人民法院管辖。"本题中,扣留汽车的行为由甲区公安分局作出,且没有由中级以上人民法院管辖的特殊情况,因此甲区人民法院对扣留汽车提起的诉讼有管辖权。故B项正确。

《治安管理处罚法》第102条规定:"被处罚人对治安管理处罚决定不服,可以依法申请行政复议或者提起行政诉讼。"可知,治安管理处罚的救济途径为选择式,既可以申请行政复议,也可以向人民法院提起行政诉讼。故C项错误。

范某作为受害人,对行政机关的处罚决定不服,可以提起行政诉讼。本案中最初作出行政行为的机关为B市甲区公安分局,因此范某应向B市甲区法院起诉,而不能向乙区法院起诉。故D项错误。

201. 级别管辖;特殊地域管辖[B]

[解析] 本题正确的做题顺序是:

第一步,先确定本案的被告:由于属于复议改变,所以被告为省政府。接着确定管辖法院。先级别,后地域。

第二步,级别管辖:由于被告为省政府,所以管辖法院为中院。

第三步,地域管辖:由于是不动产案件,所以应由不动产所在地法院管辖。

综上,本案应该由不动产所在地的中级法院管辖,B项正确。

专题十五 行政诉讼参加人

考点35 行政诉讼的原告

202. 行政诉讼当事人与起诉条件[B]

[解析]《行政诉讼法》第25条第2款规定:"有权提起诉讼的公民死亡,其近亲属可以提起诉讼。"这里的近亲属包括"配偶、父母、子女、兄弟姐妹、祖父母、外祖父母、孙子女、外孙子女和其他具有扶养、赡养关系的亲属"。本案中李某死亡,即丧失了法律主体资格,李某的妻子可以作为原告提起诉讼,而不可能以李某代理人的身份起诉。故A项错误。

《行政诉讼法解释》第30条第1款规定:"行政机关的同一行政行为涉及两个以上利害关系人,其中一部分利害关系人对行政行为不服提起诉讼,人民法院应当通知没有起诉的其他利害关系人作为第三人参加诉讼。"本案中,李某之妻不服国家专利复审机构宣告李某专利无效的决定提起诉讼,而该宣告无效决定是依据王某的申请作出的,所以,王某是本案的利害关系人,法院应当通知其参加诉讼。且根据《专利法》第46条第2款规定:"对国务院专利行政部门宣告专利权无效或者维持专利权的决定不服,可以自收到通知之日起3个月内向人民法院起诉。人民法院应当通知无效宣告请求程序的对方当事人作为第三人参加诉讼。"故B项正确。

《行政诉讼法》第46条规定:"公民、法人或者其他组织直接向人民法院提起诉讼的,应当自知道或者应当知道作出行政行为之日起6个月内提出。法律另有规定的除外。……"本案属于专利案件,《专利法》第46条对起诉期限另有规定,为3个月,不是60日。故C项错误。

根据上述《专利法》第46条第2款规定,对宣告专利权无效的决定不服的,不属于复议前置的情形,可以直接提起诉讼,故D项错误。【特别提醒】《专利法》中的复议前置只有一种情形:对国务院专利部门驳回专利申请的决定不服,应当先向国务院专利行政部门请求复审,对复审不服的才可诉讼(《专利法》第41条)。

203. 行政诉讼原告资格[BCD]

[解析]《行政诉讼法解释》第16条第1款规定:"股份制企业的股东大会、股东会、董事会等认为行政机关作出的行政行为侵犯企业经营自主权的,可以企业名义提起诉讼。"根据这一规定,股份制企业中只有股东大会、股东代表大会和董事会可以企业的名义提起行政诉讼,股东是不能以企业的名义起诉的,故B、C、D项正确。

204. 行政诉讼原告资格的认定[B]

[解析]《行政诉讼法解释》第16条第2款规定:"联营企业、中外合资或者合作企业的联营、合资、合作各方,认为联营、合资、合作企业权益或者自己一方合法权益受行政行为侵害的,可以自己的名义提起诉讼。"本条规定了联营、合资、合作各方的单独起诉权,其既可以保护自己的权益为由提起诉讼,也可以保护企业的权益为由提起诉讼,并且可以自己的名义,而非必须以企业的名义提起诉讼。本题中,中外合资企业外方投资者认为工商局的处罚决定既损害了公司的利益也侵害自己的权益,可以自己的名义或者以

合资公司的名义提起行政诉讼。故 A、D 项错误,B 项正确。

《行政诉讼法解释》第 30 条第 1 款规定:"行政机关的同一行政行为涉及两个以上利害关系人,其中一部分利害关系人对行政行为不服提起诉讼,人民法院应当通知没有起诉的其他利害关系人作为第三人参加诉讼。"可知,法院应通知未起诉的中方投资者作为第三人参加诉讼,而不是共同原告。故 C 项错误。

205. 行政诉讼原告资格[ABCD]

[解析]《行政诉讼法》第 25 条第 1 款规定:"行政行为的相对人以及其他与行政行为有利害关系的公民、法人或者其他组织,有权提起诉讼。"《行政诉讼法解释》第 16 条第 3 款规定:"非国有企业被行政机关注销、撤销、合并、强令兼并、出售、分立或者改变企业隶属关系的,该企业或者其法定代表人可以提起诉讼。"本题中,甲厂被行政机关改变隶属关系,乙厂被行政机关强令合并,因此,甲厂、乙厂或者其法定代表人都可以对行政机关的行政行为提起诉讼。故 A、B、C、D 项正确。

206. 行政诉讼的原告资格、起诉期限以及审理对象;人民法院调取证据的情形[AD]

[解析]《行政诉讼法解释》第 16 条第 2 款规定:"联营企业、中外合资或者合作企业的联营、合资、合作各方,认为联营、合资、合作企业权益或者自己一方合法权益受行政行为侵害的,可以自己的名义提起诉讼。"本题中,甲公司作为中外合资企业的一方投资人,认为市国土局的派出机构办理土地权属变更登记侵犯了自己的合法权益,可以自己的名义起诉。故 A 项正确。

本题中,丙公司对办理土地权属变更登记不知情,属于"全不知"的情况,起诉期限从知道或者应当知道该行政行为内容之日起计算。2008 年 3 月 3 日是甲公司知道内容的期限,甲公司知晓行为内容,并不代表丙公司必然知道行为内容;另外,行政诉讼的起诉期是 6 个月,而非 3 个月。故 B 项错误。

《行政诉讼法》第 6 条规定:"人民法院审理行政案件,对行政行为是否合法进行审查。"本题中,丙公司与某典当签订的合同是民事合同,它们之间形成的是民事法律关系,不属于本案中人民法院的审理对象,本案审理对象应为该变更土地登记行为是否合法。故 C 项错误。

《行政诉讼证据规定》第 22 条规定:"根据行政诉讼法第 34 条(现为第 40 条)第 2 款的规定,有下列情形之一的,人民法院有权向有关行政机关以及其他组织、公民调取证据:(一)涉及国家利益、公共利益或者他人合法权益的事实认定的;(二)涉及依职权追加当事人、中止诉讼、终结诉讼、回避等程序性事项的。"本题中,对市国土局与派出机构之间的关系性质涉及行政诉讼的被告确认问题,属于该条第 2 项之情形,人民法院可以依法调取。故 D 项正确。

207. 行政诉讼参加人[BD]

[解析] 除了法律和司法解释明确规定的特殊情形外,当事人提起行政诉讼的,应当以自己的名义。本案中,乙区政府征用耕地的行为,侵害了 32 户村民的土地承包权利,作为物权关系人,32 户村民有权以自己的名义提起诉讼。从另一个角度而言,本次一共征用丙小组的 63 亩土地,但 32 户村民只有 32 亩土地,说明他们只是被征地的一部分村民,无权代表整个村民小组,自然不能以丙小组的名义起诉,只能以自己的名义起诉。因此,A 项错误,B 项正确。

本案属于经批准的行为,根据《行政诉讼法解释》第 19 条:"当事人不服经上级行政机关批准的行政行为,向人民法院提起诉讼的,以在对外发生法律效力的文书上署名的机关为被告。"乙区政府征用土地经过甲市政府批准,但是在对外发生法律效力的文书上署名的机关是哪个机关,题干并未透露,所以无法判断本案的被告。因此,C 项错误。

根据《行政诉讼法》第 70 条规定,行政行为违法,人民法院判决撤销或者部分撤销,并可以判决被告重新作出行政行为。因此,如果法院经审理发现征地批复违法,应当判决撤销,D 项正确。【特别提醒】撤销有部分撤销,也有全部撤销。具体到本案中,甲市政府批复同意本市乙区政府征用乙区某村丙小组非耕地 63 亩,其中的 32 亩为耕地,部分违法,法院可以适用部分撤销。

考点 36 行政诉讼的被告

208. 行政诉讼被告和管辖;行政处罚的种类[ABC]

[解析] 行政复议决定既有维持原行政行为内容,又有改变原行政行为内容的,应以作出原行政行为的行政机关和复议机关为共同被告。本题中,县政府将罚款改为 8 万元后,维持了其他处罚,既有维持又有改变,因此应以县市场监督管理局和县政府为共同被告,故 A 项错误。

复议机关作共同被告的案件,以作出原行政行为的行政机关确定案件的级别管辖。本案的原行为作出机关为县市场监督管理局,应由基层法院管辖,故 B 项错误。

法定处罚种类有精神罚、财产罚、资格罚、行为罚和自由罚等,没收是直接针对当事人财产作出的财产罚,而不属于限制或禁止当事人从事特定活动的行为罚,故 C 项错误。

在复议维持的情况下,原告只起诉作出原行政行为的行政机关或者复议机关的,法院应当告知原告追加被告。原告不同意追加的,法院应当将另一机关列为共同被告。故 D 项正确。

209. 行政诉讼被告;行政赔偿程序[B]

[解析] 解答本题首先要厘清案件的行政机关及其作出的行政行为。本案存在两个行政行为:一是甲县政府作出的责令限期拆除决定,属于行政处罚;二是乙镇政府自行作出的强制拆除行为,属于行政强制执行。广告公司的诉讼请求是:要求确认强制拆除行为违法。可见,广告公司起诉的对象是乙镇政府自行作出的强制拆除行为,因此应当以乙镇政府为被告。而广告公司将甲县政府诉至法院,属于被告错误,根据《行政诉讼法解释》第26条第1款规定:"原告所起诉的被告不适格,人民法院应当告知原告变更被告;原告不同意变更的,裁定驳回起诉。"据此,B 项正确,A、C 项错误。

《行政诉讼法解释》第95条规定:"人民法院经审理认为被诉行政行为违法或者无效,可能给原告造成损失,经释明,原告请求一并解决行政赔偿争议的,人民法院可以就赔偿事项进行调解;调解不成的,应当一并判决。人民法院也可以告知其就赔偿事项另行提起诉讼。"据此,广告公司一并提出赔偿请求的,法院"可以"进行调解,调解不成的,应当一并判决;或者法院也可以不经过调解,告知广告公司就赔偿事项另行起诉。故 D 项错误。

210. 行政诉讼审理对象;被告;第三人[ACD]

[解析] 本题中,区政府撤销了区公安局的行政处罚决定,改变了处罚结果,属于复议改变,被告应为复议机关区政府,故 C 项正确。既然复议机关作为被告,那么法院的审理对象应是复议决定的合法性,即"区政府撤销区公安局处罚决定"的合法性。而区政府撤销处罚决定的理由为甲的行为属于职务行为,是代表区城管局履行职务,应由区城管局承担责任;对于甲,应由区城管局作出内部行政处分。此时,对甲打人行为究竟属于职务行为还是个人行为的定性,会直接影响对撤销决定是否合法的判断,所以甲的行为是否属于职务行为自然会成为本案的争议焦点。故 A 项正确。

行政诉讼是"民告官"的制度,原告只能是行政相对人,被告只能是行政机关,所以在行政诉讼制度中被告不能反诉,故 B 项错误。

乙属于本案的受害人,与行政处罚之间具有法律上的利害关系,有资格成为本案第三人。故 D 项正确。

211. 经复议案件被告的确定和管辖[A(原答案为D)]

[解析]《行政诉讼法》第26条第2款规定,经复议的案件,复议机关决定维持原行政行为的,作出原行政行为的行政机关和复议机关是共同被告;复议机关改变原行政行为的,复议机关是被告。同时,《行政诉讼法解释》第22条规定:"行政诉讼法第26条第2款规定的'复议机关改变原行政行为',是指复议机关改变原行政行为的处理结果。复议机关改变原行政行为所认定的主要事实和证据、改变原行政行为所适用的规范依据,但未改变原行政行为处理结果的,视为复议机关维持原行政行为。复议机关确认原行政行为无效,属于改变原行政行为。复议机关确认原行政行为违法,属于改变原行政行为,但复议机关以违反法定程序为由确认原行政行为违法的除外。"该解释第133条规定:"行政诉讼法第26条第2款规定的'复议机关决定维持原行政行为',包括复议机关驳回复议申请或者复议请求的情形,但以复议申请不符合受理条件为由驳回的除外。"可见,只有复议机关改变了原行政行为处理结果的,才属于复议改变。本案中,乙县药监局决定没收药品并处罚款20万元,而县政府的复议决定并没有改变行为处理结果,只是改变了行为的法律依据,所以该种情形不属于复议改变,应当属于复议维持。本案的被告应为原机关县药监局和复议机关县政府。

关于管辖,从级别管辖的角度看,《行政诉讼法解释》第134条第3款规定:"复议机关作共同被告的案件,以作出原行政行为的行政机关确定案件的级别管辖。"据此,应当以原机关县药监局确定级别管辖,所以应当由县法院管辖。从地域管辖的角度看,行政案件由最初作出行政行为的行政机关所在地法院管辖。经复议的案件,也可以由复议机关所在地法院管辖。结合级别和地域管辖,本案最终的管辖法院应当确定为县法院。综上,本题 A 项正确,B、C、D 项错误。【旧题新解】根据旧的《行政诉讼法解释》,复议机关改变原行政行为所适用的规范依据的,也属于复议改变,由此得出复议机关县政府为被告,由市中级法院管辖,因此本题原本 D 项正确。但根据新的司法解释,改变规范依据但未改变原行政行为处理结果的,视为复议维持。因此,根据新法本题无答案,故对选项进行了改编。

212. 行政复议决定;行政诉讼被告及第三人 [BCD(原答案为BC)]

[解析]《土地管理法》第14条第1、2款规定:"土地所有权和使用权争议,由当事人协商解决;协商不成的,由人民政府处理。单位之间的争议,由县级以上人民政府处理;个人之间、个人与单位之间的争议,由乡级人民政府或者县级以上人民政府处理。"可见,本案中村民甲、乙因自留地使用权发生争议,乡政府有权作出处理决定。

根据《行政复议法》第64条规定,对于超越或滥用职权作出的行政行为,行政复议机关应当决定撤销或者部分撤销行政行为,可以一并责令被申请人在一定期限内重新作出行政行为。可见,法律并未要求复议机关在作出撤销决定的同时,对当事人之间的争议作出裁决。本题中,县政府以乡政府无权作出处理决定为由作出了撤销决定,A 项中"同时应当确定系争土地权属"的表述过于绝对,是错误的。

《行政诉讼法解释》第 31 条规定:"当事人委托诉讼代理人,应当向人民法院提交由委托人签名或者盖章的授权委托书。委托书应当载明委托事项和具体权限……"据此,甲的代理人的授权委托书应当载明委托事项和具体权限,B 项正确。

《行政诉讼法》第 26 条第 2 款规定:"经复议的案件,复议机关决定维持原行政行为的,作出原行政行为的行政机关和复议机关是共同被告;复议机关改变原行政行为的,复议机关是被告。"本案属于经过复议的案件,复议机关县政府撤销了被申请人乡政府的原行为,此为复议改变。故本案的被告为县政府,C 项正确。

本案乙是自留地使用权争议的一方当事人,作为物权关系人与县政府的撤销决定有法律上的利害关系,可以作为第三人。《行政诉讼法解释》第 89 条规定:"复议决定改变原行政行为错误,人民法院判决撤销复议决定时,可以一并责令复议机关重新作出复议决定或者判决恢复原行政行为的法律效力。"该条款增加了"判决恢复原行政行为的法律效力"的规定,导致原机关和复议机关在庭审中可能呈现对立关系。最高人民法院的观点认为,原告提起诉讼要求撤销复议决定的,作出原行政行为的行政机关与被诉行政复议决定有利害关系,是必须参加诉讼的第三人,人民法院应当通知其为第三人参加行政诉讼。可见,乡政府是有权作为第三人参加诉讼的。故 D 项正确。

213. 行政诉讼被告及管辖的确定;被告的举证期限;行政复议不利变更禁止原则[BC(原答案为 BCD)]

[解析]《行政诉讼法》第 26 条第 2 款规定:"经复议的案件,复议机关决定维持原行政行为的,作出原行政行为的行政机关和复议机关是共同被告;复议机关改变原行政行为的,复议机关是被告。"同时,在行政诉讼中,复议机关改变原行政行为是指复议机关改变原行政行为的处理结果。本案中,县政府在征收总额中补充列入遗漏的 3000 元未婚生育社会抚养费,属于对原行政行为的改变,此案应以复议机关县政府为被告。故 A 项错误。

《行政诉讼法》第 15 条规定:"中级人民法院管辖下列第一审行政案件:(一)对国务院部门或者县级以上地方人民政府所作的行政行为提起诉讼的案件;

(二)海关处理的案件;(三)本辖区内重大、复杂的案件;(四)其他法律规定由中级人民法院管辖的案件。"本案被告为县政府,故应由中级法院管辖。故 B 项正确。

《行政复议法》第 63 条第 2 款规定:"行政复议机关不得作出对申请人更为不利的变更决定,但是第三人提出相反请求的除外。"本案中,县政府在征收总额中补充列入遗漏的 3000 元未婚生育社会抚养费,作出了对申请人更为不利的行政复议决定,该复议决定违法。故 C 项正确。

《行政诉讼法》第 67 条第 1 款规定:"人民法院应当在立案之日起 5 日内,将起诉状副本发送被告。被告应当在收到起诉状副本之日起 15 日内向人民法院提交作出行政行为的证据和所依据的规范性文件,并提出答辩状。人民法院应当在收到答辩状之日起 5 日内,将答辩状副本发送原告。"故 D 项错误。

214. 被告错误的处理[C]

[解析] 依据《行政强制法》第 22 条规定:"查封、扣押应当由法律、法规规定的行政机关实施,其他任何行政机关或者组织不得实施。"而法律并未授予派出所查封的权力,因此派出所扣押高某的拖拉机属于越权行为。《行政诉讼法解释》第 20 条第 2、3 款规定:"法律、法规或者规章授权行使行政职权的行政机关内设机构、派出机构或者其他组织,超出法定授权范围实施行政行为,当事人不服提起诉讼的,应当以实施该行为的机构或者组织为被告。没有法律、法规或者规章规定,行政机关授权其内设机构、派出机构或者其他组织行使行政职权的,属于行政诉讼法第二十六条规定的委托。当事人不服提起诉讼的,应当以该行政机关为被告。"据此,对派出机构幅度越权的,以派出机构为被告;派出机构种类越权的,以所属行政机关为被告。本题中,派出所没有扣押权,其实施扣押权的行为属于种类越权,当事人不服提起诉讼的,应当以该派出所所属行政机关即县公安局为被告。因此,高某以派出所为被告提起诉讼,属于被告不适格。

《行政诉讼法解释》第 26 条第 1 款规定:"原告所起诉的被告不适格,人民法院应当告知原告变更被告;原告不同意变更的,裁定驳回起诉。"据此,若高某不同意变更被告的,法院应裁定驳回起诉。故本题 C 项正确。

考点 37 行政诉讼第三人

215. 行政诉讼第三人[AD]

[解析] 必须与行政诉讼案件有法律上利害关系的人,才能作为第三人参加诉讼。具体分析本题:

乙、丙都参与了违法行为,但结果却不同,乙受到处罚,而丙却未受到处罚。丙不是本案的被处罚人,

行政法与行政诉讼法 [答案详解]

与公安局对甲、乙作出的行政处罚没有利害关系，法院审查拘留15日是否合法，不会直接触及丙的利益，丙不能成为本案第三人。故A项当选。

乙是另外一个被拘留5日的被处罚人，与拘留15日引发的诉讼有一定的利害关系，可以作为第三人。根据《行政诉讼法解释》第30条第1款规定，在一个行政处罚案件中，行政机关处罚了两个以上的违法行为人，其中一部分人向法院起诉，而另一部分被处罚人没有起诉，没有起诉的可以作为第三人参加诉讼。故B项不当选。

工人李某作为受害人，案件的处理结果与其有直接关系，因此可以作为第三人，并且法院"应当"通知其参加。故C项不当选。

造纸厂厂长本人的身份为举报人，与公安局对甲、乙作出的行政处罚没有直接的法律上的利害关系，不能作为第三人。故D项当选。

216. 行政诉讼被告、第三人；地域管辖[CD（原答案为C）]

[解析]《行政诉讼法》第26条第2款规定："经复议的案件，复议机关决定维持原行政行为的，作出原行政行为的行政机关和复议机关是共同被告；复议机关改变原行政行为的，复议机关是被告。"本题中，李某不服某市公安局没收决定，向市政府申请复议，而市政府维持了某市公安局的没收决定，因此市政府和某市公安局是本案的共同被告。故A项错误。

B项是本题难点。许多考生认为，根据《民法典》第225条规定："船舶、航空器和机动车等物权的设立、变更、转让和消灭，未经登记，不得对抗善意第三人。"可知，本案中的轿车已经交付给李某，所有权已经归于李某，所以市公安局对走私车的认定与田某无法律上的利害关系，并由此错误地认定B项正确。这种思维逻辑不够缜密，对于"是否有法律上的利害关系"应当从更加缜密的角度进行判断。本题中，李某从田某处购得一辆汽车，而某市公安局认定该车是走私车，予以没收。而恰恰是关于"走私车"的认定，与田某有直接的利害关系：一方面，李某从田某处购买了轿车，作为卖方的田某对轿车承担瑕疵担保责任，如果轿车被认定为走私，即轿车的所有权存在瑕疵，田某应当对李某承担违约责任。另一方面，若田某不能作为第三人参加诉讼，将极大妨碍其通过司法途径获得救济。因为一旦被诉具体行政行为被法院维持，"走私车"将被法律所认可而成为既定事实，李某可以据此要求田某承担违约责任。如果李某提起民事诉讼，由于受行政判决的拘束，田某将不得以该轿车不是走私车作为抗辩理由，因而无法主张自己的权利。如此来看，田某与市公安局作出的没收轿车的具体行政行为有法律上的利害关系，可以成为本案第三人。故B项错误。

《行政诉讼法》第18条第1款规定："行政案件由最初作出行政行为的行政机关所在地人民法院管辖。经复议的案件，也可以由复议机关所在地人民法院管辖。"本题中经过复议后，复议机关市政府维持了某市公安局的没收决定，因此市公安局所在地和市政府所在地的法院都有管辖权。故C、D项正确。**【旧题新解】**根据旧法，复议维持不适用双重管辖，故原本D项是错误的。但是，根据新法，只要是经复议的案件，都适用双重管辖，故D项正确。

217. 行政复议前置；行政诉讼第三人；证据规则；被诉具体行政行为改变[AC]

[解析] 根据《行政复议法》第23条，侵犯当事人已经依法取得的自然资源的所有权或者使用权的案件，适用复议前置。本题中，段某拥有两块山场的权属证明，镇政府向王某发放山林权证，侵犯了段某已经依法取得的自然资源所有权，本案属于行政复议前置的典型案件，段某对镇政府的行为不能直接提起行政诉讼，必须先申请行政复议。故A项正确，当选。

《行政诉讼法》第26条第2款规定："经复议的案件，复议机关决定维持原行政行为的，作出原行政行为的行政机关和复议机关是共同被告；复议机关改变原行政行为的，复议机关是被告。"本案中，县政府作为复议机关维持了镇政府的决定，被告应为镇政府和县政府，被诉行为既包括镇政府向王某发放山林权证的行为，也包括县政府的维持决定。故B项错误，不选。

《行政诉讼证据规定》第71条规定："下列证据不能单独作为定案依据：……（五）无法与原件、原物核对的复制件或者复制品；……"据此，如果当事人未提供协议书原件，法院不能以协议书复印件单独作为定案依据。故C项正确，当选。

《行政诉讼撤诉规定》第4条规定："有下列情形之一的，可以视为'被告改变其所作的具体行政行为'：……（三）在行政裁决案件中，书面认可原告与第三人达成的和解。"本题中，段某与王某在诉讼中达成新协议，未经镇政府书面认可的，不属于被诉具体行政行为发生改变。故D项错误，不选。

218．行政诉讼原告、诉讼代表人、第三人；原告的举证责任[C（原答案为BC）]

[解析] 具体行政行为涉及相邻权的，公民、法人或者其他组织可以依法提起行政诉讼。故A项正确。

根据《行政诉讼法解释》第29条第3款规定，同案原告为10人以上，应当推选2至5名诉讼代表人参加诉讼。故B项正确。**【旧题新解】**对于诉讼代表人的人数，新司法解释将旧司法解释的"1至5名"改为了"2至5名"，所以根据新司法解释，B项正确。

《行政诉讼法解释》第30条第1款规定:"行政机关的同一行政行为涉及两个以上利害关系人,其中一部分利害关系人对行政行为不服提起诉讼,人民法院应当通知没有起诉的其他利害关系人作为第三人参加诉讼。"据此,本案中,张某等20人对区城乡建设局的行政行为不服提起诉讼,法院"应当"通知未起诉的100户居民作为第三人参加诉讼,而非"可以"通知。故C项错误。

原则上,被告对作出的行政行为负有举证责任,应当提供作出该行政行为的证据和所依据的规范性文件。例外时,原告只在特定的情况下对特定事项承担举证责任。行政诉讼中原告提供的证据仅限于下列情形:第一,公民、法人或其他组织向法院起诉的,应当提供其符合起诉条件的相应证据材料;第二,在起诉被告不履行法定职责的案件中,原告应当提供其在行政程序中曾经向被告提出申请的证据材料;第三,在行政赔偿、补偿诉讼中,原告应当对被诉行政行为造成损害的事实提供证据。D项属于第一种情况,正确。

专题十六　行政诉讼程序

考点38　行政诉讼的提起

219. 行政诉讼的起诉期限;行政诉讼代理人;二审全面审查原则[D(原答案为CD)]

[解析] 当事人对于行政处罚、行政强制和行政登记等作为类的行政行为直接起诉,起诉期限分为以下三种情况:

(1)全知道。行政机关已将行政行为向当事人送达,并告知起诉期限的,其起诉期限为当事人知道行政行为之日起6个月内。《行政诉讼法》第46条规定:"公民、法人或者其他组织直接向人民法院提起诉讼的,应当自知道或者应当知道作出行政行为之日起6个月内提出。法律另有规定的除外。因不动产提起诉讼的案件自行政行为作出之日起超过20年,其他案件自行政行为作出之日起超过5年提起诉讼的,人民法院不予受理。"

(2)知一半。行政机关向当事人送达的行政决定书,只告知了当事人行政行为的内容,但并未告知其起诉期限的,当事人起诉,需要同时满足以下两个条件:①起诉期:知起诉期限起6个月内;②最长保护期限:知内容起1年。《行政诉讼法解释》第64条第1款规定:"行政机关作出行政行为时,未告知公民、法人或者其他组织起诉期限的,起诉期限从公民、法人或者其他组织知道或者应当知道起诉期限之日起计算,但从知道或者应当知道行政行为内容之日起最长不得超过1年。"

(3)全不知。行政机关根本没有告知当事人行政行为的内容,当事人起诉,需要同时满足以下两个条件:①起诉期:知内容起6个月内;②最长保护期限:行为作出之日起5年(不动产案件20年)内。《行政诉讼法解释》第65条规定:"公民、法人或者其他组织不知道行政机关作出的行政行为内容的,其起诉期限从知道或者应当知道该行政行为内容之日起计算,但最长不得超过行政诉讼法第46条第2款规定的起诉期限。"

本案中,郭某事先并不知道房管局向严某核发房屋所有权证的行为,应当适用第三种情形"全不知",起诉期限为6个月,从郭某知道行政行为内容之日开始起算,而不是从具体行政行为作出之日即4月20日起算。故A、B项错误。

《行政诉讼法解释》第31条规定:"……当事人解除或者变更委托的,应当书面报告人民法院。"2018年的新司法解释删除了旧解释中书面报告法院后再由人民法院通知其他当事人的条款,意味着法院不再具有通知的义务。故C项错误。

《行政诉讼法》第6条规定:"人民法院审理行政案件,对行政行为是否合法进行审查。"第87条规定:"人民法院审理上诉案件,应当对原审人民法院的判决、裁定和被诉行政行为进行全面审查。"故D项正确。

220. 行政诉讼的立案、管辖、起诉期限[BC]

[解析] 经复议的案件,原机关所在地法院和复议机关所在地法院均有管辖权。本政府信息公开案件经过复议,应由县环保局所在地法院或县政府所在地法院管辖,原告环保联合会所在地法院无管辖权,故A项错误。

《行政诉讼法》第46条第1款规定:"公民、法人或者其他组织直接向人民法院提起诉讼的,应当自知道或者应当知道作出行政行为之日起6个月内提出。法律另有规定的除外。"故B项正确。

《行政诉讼法》第51条第2款规定:"对当场不能判定是否符合本法规定的起诉条件的,应当接收起诉状,出具注明收到日期的书面凭证,并在7日内决定是否立案。不符合起诉条件的,作出不予立案的裁定。裁定书应当载明不予立案的理由。原告对裁定不服的,可以提起上诉。"《行政诉讼法解释》第53条第2款规定:"对当事人依法提起的诉讼,人民法院应当根据行政诉讼法第51条的规定接收起诉状。能够判断符合起诉条件的,应当当场登记立案;当场不能判断是否符合起诉条件的,应当在接收起诉状后7日内决定是否立案;7日内仍不能作出判断的,应当先予立案。"故C项正确;7日内仍不能作出判断的,应当先予立案,故D项错误。

考点 39 行政诉讼的受理

221.申请复议期限;行政诉讼地域管辖;重复起诉;重复处理行为[AB(原答案为A)]

[解析] 行政复议的一般申请期限为知道或者应当知道侵权行政行为之日起60日。本题中,区社保局2004年9月30日向郑某送达告知书,郑某不服在2005年4月19日才向区政府申请复议,显然已超过了60日的申请行政复议期限。故A项正确。

《行政诉讼法》第18条第1款规定:"行政案件由最初作出行政行为的行政机关所在地人民法院管辖。经复议的案件,也可以由复议机关所在地人民法院管辖。"本案属于经复议的案件,复议机关区政府所在地的法院有管辖权。故B项正确。

本题中,郑某提起了两次行政诉讼:第一次是不服区社保局对其作出的缴纳养老保险费的《决定书》;第二次是不服区政府的不予受理决定。由于提起诉讼的理由不同,因此不属于重复起诉。故C项错误。

重复处理行为是指行政机关根据公民的申请或者申诉,对原有的生效行政行为作出的没有任何改变的二次决定。本题中,郑某起诉的一个是决定书,一个是告知书,虽然行政机关的两个行为都是针对郑某作出,但是内容完全不同,与郑某之间形成两个不同的权利义务关系。所以,告知书不是重复处理行为,法院不应以此为由不受理郑某的起诉。故D项错误。

222.证据的扣押;行政复议申请;滞纳金;提起行政诉讼的条件[BC]

[解析]《治安管理处罚法》第89条第1款规定:"公安机关办理治安案件,对与案件有关的需要作为证据的物品,可以扣押;对被侵害人或者善意第三人合法占有的财产,不得扣押,应当予以登记。对与案件无关的物品,不得扣押。"本案中,甲偷开的轿车为被侵害人乙所有,县公安局不得扣押。故A项错误。

《行政复议法实施条例》第38条第2款规定:"申请人撤回行政复议申请的,不得以同一事实和理由提出行政复议申请。但是,申请人能够证明撤回行政复议申请违背其真实意思表示的除外。"可知,如果甲能够证明撤回复议申请违背其真实意思表示,可以同一事实和理由再次对该处罚决定提出复议申请。故B项正确。

《行政处罚法》第72条规定:"当事人逾期不履行行政处罚决定的,作出行政处罚决定的行政机关可以采取下列措施:(一)到期不缴纳罚款的,每日按罚款数额的3%加处罚款,加处罚款的数额不得超出罚款的数额;……"因此,甲逾期不缴纳1000元罚款,县公安局可以按罚款数额的3%加处罚款。故C项正确。

在撤回行政复议申请后,一般不能再次以同一事实理由提起复议,但当事人仍然有权向法院提起行政诉讼。不过起诉的前提有两个:(1)不属于复议前置的情形;(2)未超过起诉期限。需要注意的是,本案不是针对复议行为起诉,而是针对原处罚决定起诉,应适用6个月的一般起诉期限,不适用15日的对复议决定的起诉期限,这也是许多考生因此丢分的原因。本题中,公安机关向甲送达罚款决定的日期是2006年5月9日,行政诉讼的期间从次日计算,所以,向法院起诉的时间是2006年5月10日至11月10日,本题中当事人是在2006年6月20日起诉的,仍在法定起诉期限内。故D项错误。

223.行政诉讼受案范围;行政诉讼的受理;诉讼第三人;证据的审核认定[D]

[解析] 本案中"通报"的内容是:对李某、钱某等4名作弊考生进行了处理,并通知当次考试各科成绩作废,3年之内不准报考。可见,通报是针对具体对象的一次性行为,直接影响当事人权利义务,其性质是具体行政行为,属于行政诉讼受案范围。同时,在复议机关复议不作为的情况下,李某可以对原行为(通报决定)提起诉讼,也可以对复议机关省政府不予答复的不作为提起诉讼,选项A、C项正确。

《行政诉讼法解释》第30条第1款规定:"行政机关的同一行政行为涉及两个以上利害关系人,其中一部分利害关系人对行政行为不服提起诉讼,人民法院应当通知没有起诉的其他利害关系人作为第三人参加诉讼。"这里适用"应当"通知的前提是"同一行政行为",也即只有在同一个具体行政行为影响到若干人的利益的情况下,法院才"应当"通知未起诉的人作为第三人。而对于同一类具体行政行为影响到若干人的利益,法院是"可以"通知未起诉的人作为第三人。本题中,省教委对李某和钱某作出的处罚各自独立,属于两个独立的具体行政行为。钱某作为另外一个行政行为的相对人,与李某提起的诉讼有一定的利害关系,可以作为第三人,但通知方式应为"可以"通知。故B项正确。

《行政诉讼证据规定》第60条规定:"下列证据不能作为认定被诉具体行政行为合法的依据:……(三)原告或者第三人在诉讼程序中提供的、被告在行政程序中未作为具体行政行为依据的证据。"行政诉讼法律制度不允许被告用事后的证据证明当时行为的合法性,不管事后证据是以何种方式获得的,是原告、第三人提交的,还是被告自己提交的。故D项错误。

考点 40 第一审普通程序

224.行政诉讼审理对象;第三人[BC]

[解析] 本案中,李某的身份是沈某的委托代理人,不是房屋的所有权人,与被诉行政行为之间不具有法律

上利害关系,不能作为本案的第三人,故A项错误。

行政诉讼的审理对象为被诉行政行为的合法性,题干中指明"某市人民政府以房屋转移登记事实不清撤销了房屋登记。赵某和沈某不服,向法院提起行政诉讼",可见,当事人的诉讼对象为市政府撤销房屋登记的复议决定,根据"诉什么、审什么、判什么"的一般逻辑,某市房管局办理此房屋转移登记行为和为沈某办理换证行为虽与本案有一定关系,但不是审查对象,故B、C项正确。

本案中,审查的对象是市政府的复议决定,核心是市政府复议决定的合法性,李某是否有委托代理权并不是本案重点审查内容,故D项错误。

考点41 行政诉讼简易程序

225. 共同被告;简易程序;举证责任;行政处罚的执行[B]

[解析] 本题为复议维持的案件,根据《行政诉讼法解释》第134条,应由作出原行政行为的机关和复议机关作共同被告。原告不同意追加被告的,法院也应当将另一机关列为共同被告。故A项错误。

《行政诉讼法》第82条第1款规定:"人民法院审理下列第一审行政案件,认为事实清楚、权利义务关系明确、争议不大的,可以适用简易程序:(一)被诉行政行为是依法当场作出的;(二)案件涉及款额二千元以下的;(三)属于政府信息公开案件的。"本案罚款为2000元,符合上述第2项规定,法院在认定案件事实清楚的情况下,可以适用简易程序审理本案。故B项正确。

根据《行政诉讼法解释》第135条规定,复议机关决定维持原行政行为的,作出原行政行为的行政机关和复议机关对原行政行为合法性共同承担举证责任,可以由其中一个机关实施举证行为。因此,区政府也应承担举证责任。故C项错误。

《行政处罚法》第73条第3款规定:"当事人申请行政复议或者提起行政诉讼的,加处罚款的数额在行政复议或者行政诉讼期间不予计算。"故D项错误。

【陷阱点拨】在行政诉讼期间,不停止行政行为的执行。有些考生因此联想到加处罚款(执行罚)也应继续,从而犯错。

226. 举证期限;文书送达;简易程序[CD]

[解析] 根据《行政诉讼法解释》第104条规定,适用简易程序案件的举证期限由人民法院确定,也可以由当事人协商一致并经人民法院准许,但不得超过15日。A项没有明确双方协商的举证期限的期间,如果超过15日,则不被允许。故A项错误。

《行政诉讼法解释》第103条第1款规定,适用简易程序审理的行政案件,人民法院可以用口头通知、电话、短信、传真、电子邮件等简便方式传唤当事人、通知证人、送达裁判文书以外的诉讼文书。据此,诉讼文书不可用短信方式送达,故B项错误;简易程序中可以电话传唤当事人,故C项正确。

根据《行政复议法》第23条规定,申请政府信息公开,行政机关不予公开的,应当复议前置。本题中李某申请公开政府信息,市国土局超过法定期限未予公开,李某应当先申请行政复议;如果直接提起行政诉讼,法院应当不予受理。故D项正确。

227. 简易程序;举证责任[ABC]

[解析]《行政诉讼法》第82条第1、2款规定:"人民法院审理下列第一审行政案件,认为事实清楚、权利义务关系明确、争议不大的,可以适用简易程序:(一)被诉行政行为是依法当场作出的;(二)案件涉及款额2000元以下的;(三)属于政府信息公开案件的。除前款规定以外的第一审行政案件,当事人各方同意适用简易程序的。"当事人各方同意适用简易程序的,根据本条的规定可以适用简易程序审理。故A项正确。

《行政诉讼法解释》第128条第2款规定:"行政机关负责人出庭应诉的,可以另行委托1至2名诉讼代理人。行政机关负责人不能出庭的,应当委托行政机关相应的工作人员出庭,不得仅委托律师出庭。"故B项正确。

《政府信息公开案件规定》第5条第1款规定:"被告拒绝向原告提供政府信息的,应当对拒绝的根据以及履行法定告知和说明理由义务的情况举证。"故C项正确。

2019修订的《政府信息公开条例》第29条删去了申请获取相关政府信息需"根据自身生产、生活、科研等特殊需要"的规定,申请人获取政府信息,无需再证明该信息与自身生产、生活、科研等特殊需要相关。故D项错误。

228. 行政诉讼审理程序[AC]

[解析]《行政诉讼法》第83条规定:"适用简易程序审理的行政案件,由审判员一人独任审理,并应当在立案之日起45日内审结。"故A项正确,B项错误。

《行政诉讼法》第84条规定:"人民法院在审理过程中,发现案件不宜适用简易程序的,裁定转为普通程序。"故C项正确。

《行政诉讼法》第85条规定:"当事人不服人民法院第一审判决的,有权在判决书送达之日起15日内向上一级人民法院提起上诉。当事人不服人民法院第一审裁定的,有权在裁定书送达之日起10日内向上一级人民法院提起上诉。逾期不提起上诉的,人民法院第一审判决或者裁定发生法律效力。"基于简易程序作出的一审判决允许上诉。故D项错误。

行政法与行政诉讼法[答案详解]

229. 政府信息公开诉讼[B]

[解析] 根据《行政复议法》第23条，申请政府信息公开，行政机关不予公开的，适用复议前置。本题中，工商局显然已经公开了乙公司的工商登记信息，虽然公开内容不完整，但不属于"不予公开"的问题，而属于"公开的内容是否适当"的问题，因此不适用复议前置。对此，《政府信息公开规定》第1条也规定，公民、法人或者其他组织认为行政机关提供的政府信息不符合其在申请中要求的内容或者法律、法规规定的适当形式，依法提起行政诉讼的，人民法院应当受理。关于本题的复议机关，根据《行政复议法》第24条规定，对地方政府工作部门作出的行政行为不服的，向本级人民政府申请复议，因此甲公司应当向工商局的本级人民政府申请复议，而非上一级工商局，A项中的复议机关表述错误。综上，A项错误。

《政府信息公开案件规定》第5条第1款规定："被告拒绝向原告提供政府信息的，应当对拒绝的根据以及履行法定告知和说明理由义务的情况举证。"故B项正确。

《行政诉讼法》第82条第1款规定："人民法院审理下列第一审行政案件，认为事实清楚、权利义务关系明确、争议不大的，可以适用简易程序：（一）被诉行政行为是依法当场作出的；（二）案件涉及款额2000元以下的；（三）属于政府信息公开案件的。"本案属于政府信息公开案件，可以适用简易程序。故C项错误。

《政府信息公开条例》第2条规定："本条例所称政府信息，是指行政机关在履行行政管理职能过程中制作或者获取的，以一定形式记录、保存的信息。"本题中，公司的经营范围、从业人数、注册资本属于工商登记信息，属于行政机关行使行政权所获得的、与行政权有关的信息，属于政府信息的范畴，且不属于涉及商业秘密、个人隐私的信息，故拒绝公开不合法。故D项错误。

专题十七　行政诉讼证据

考点42　举证责任

230. 证明效力；举证责任；国家赔偿的范围；行政诉讼判决[A]

[解析] 根据《行政诉讼证据规定》第63条规定，其他证人证言优于与当事人有亲属关系或者其他密切关系的证人提供的对该当事人有利的证言。卢某与本案无利害关系，而谢某作为镇政府工作人员与被告存在紧密联系，因此卢某的证言优于谢某的证言，A项正确。

《行政诉讼法》第38条第2款规定："在行政赔偿、补偿的案件中，原告应当对行政行为造成的损害提供证据。因被告的原因导致原告无法举证的，由被告承担举证责任。"本案中强制拆除行为是在夜里趁姜某不在家时进行的，这就导致原告对财产损失无法举证证明，因此应由被告镇政府承担举证责任，故B项错误。

违法强制执行的行为造成当事人损失的，应当予以赔偿。首先，只有县级以上人民政府才有强制拆除权，镇政府无权实施强制拆除；其次，《行政强制法》禁止在夜间实施行政强制执行。因此，镇政府的强制拆除行为违法，应当对违法行为造成的损失承担赔偿责任。故C项错误。

根据《行政诉讼法》第74条规定，行政行为违法，但不具有可撤销内容的，判决确认违法。本题中房屋已经被拆除，没有可撤销的内容，应当判决确认强制拆除行为违法。故D项错误。

231. 政府信息公开行政诉讼[BC]

[解析] 根据《行政复议法》第23条，申请政府信息公开，行政机关不予公开的，才适用复议前置。本题属于政府信息公开错误而拒绝更正的案件，不适用复议前置，故A项错误。

《政府信息公开案件规定》第5条第3款规定："被告拒绝更正与原告相关的政府信息记录的，应当对拒绝的理由进行举证和说明。"据此，区人社局应对拒绝更正的理由进行举证和说明。故B项正确。

《政府信息公开案件规定》第5条第7款规定："原告起诉被告拒绝更正政府信息记录的，应当提供其向被告提出过更正申请以及政府信息与其自身相关且记录不准确的事实根据。"故C项正确。

《政府信息公开案件规定》第9条第4款规定："被告依法应当更正而不更正与原告相关的政府信息记录的，人民法院应当判决被告在一定期限内更正。尚需被告调查、裁量的，判决其在一定期限内重新答复。被告无权更正的，判决其转送有权更正的行政机关处理。"首先，不能判定该信息是否有误；其次，即便有误需要更正，由于政府信息公开案件的复杂性，法院可能会作出限期更正、限期重新答复、转送有权机关处理等多种判决。因此，限期更正并不是唯一选择。故D项错误。

232. 行政诉讼被告的确定；举证责任；证据[BCD]

[解析]《行政诉讼法》第26条第5款规定："行政机关委托的组织所作的行政行为，委托的行政机关是被告。"本案中，镇政府受市城管执法局委托实施行政行为，因此应以委托机关即市城管执法局为被告。故A项错误。

《行政诉讼证据规定》第4条第1款规定："公民、法人或者其他组织向人民法院起诉时，应当提供其符合起诉条件的相应的证据材料。"因此，刘某父亲和嫂子要作为原告起诉，必须证明自己是被诉行政行为的行政相对人或行政相关人，即应当提供证据证明房屋为二人共建或与拆除行为有利害关系。故B项正确。

《行政诉讼证据规定》第33条第2款规定："勘验现场时，勘验人必须出示人民法院的证件，并邀请当地基层组织或者当事人所在单位派人参加。当事人或其成年亲属应当到场，拒不到场的，不影响勘验的进行，但应当在勘验笔录中说明情况。"据此，如法院对拆除房屋进行现场勘验，应当邀请当地基层组织或当事人所在单位派人参加。故C项正确。

《行政诉讼法》第34条第1款规定："被告对作出的行政行为负有举证责任，应当提供作出该行政行为的证据和所依据的规范性文件。"行政诉讼实行举证责任倒置原则，被告应当证明其作出行政行为的合法性，因此被告应当提供证据和依据证明有拆除房屋的决定权和强制执行的权力。故D项正确。

233. 行政诉讼的证据制度和审理裁判[BD]

[解析]《行政诉讼法》第6条规定："人民法院审理行政案件，对行政行为是否合法进行审查。"可见，行政诉讼中法院的审查对象是被诉行政行为，即本案中药监局没收药品并罚款20万元的行政处罚决定，而药厂的行为并不是行政诉讼的审查对象。故A项错误。

《行政诉讼证据规定》第6条规定："原告可以提供证明被诉具体行政行为违法的证据。原告提供的证据不成立的，不免除被告对被诉具体行政行为合法性的举证责任。"因此，药厂提供的证明被诉行政行为违法的证据不成立的，不能免除被告对被诉行政行为合法性的举证责任。故B项正确。

《行政诉讼证据规定》第43条第1款规定："当事人申请证人出庭作证的，应当在举证期限届满前提出，并经人民法院许可。……当事人在庭审过程中要求证人出庭作证的，法庭可以根据审理案件的具体情况，决定是否准许以及是否延期审理。"可见，申请证人出庭，原则上应当在举证期限届满前提出，但有例外：因正当事由申请延期提供证据的，经人民法院准许，可以在法庭调查中提供。可见，C选项的表述过于绝对化，故而错误。

《行政诉讼证据规定》第53条规定："人民法院裁判行政案件，应当以证据证明的案件事实为依据。"故D项正确。

考点43 证据的种类及提供证据的要求

234. 举证规则与举证要求[ACD]

[解析]《行政诉讼法》第29条规定："公民、法人或者其他组织同被诉行政行为有利害关系但没有提起诉讼，或者同案件处理结果有利害关系的，可以作

为第三人申请参加诉讼，或者由人民法院通知参加诉讼。人民法院判决第三人承担义务或者减损第三人权益的，第三人有权依法提起上诉。"本案中，县社保局接受夏某的申请，对其作出了工伤认定这一行政行为，夏某是该行为的行政相对人，夏某供职的公司因为社保局的工伤认定行为而需要承担相应的法律责任，可见其为认定行为的行政相关人。公司不服提起诉讼请求法院撤销认定，而夏某与被诉的认定行为存在利害关系，依法属于本案的第三人。故A项正确。

书证与证人证言为不同的证据类型。书证是以文字、符号、图案等形式记载的，能够表达某种思想或行为的物品。而证人证言则指了解案件相关事实的非诉讼参加人对案件事实的陈述。本题中，县社保局提交的公安局交警大队交通事故认定书、夏某住院的病案属于书证，而孙某的证言则应为证人证言。故B项错误。

对证据的审查包括三方面：真实性、合法性与关联性。真实性是指证据是否为客观存在，而非人为捏造；合法性则指证据的获取应当经过法定程序，而非通过非法手段；关联性是指证据与案件事实密切相关，可以对案件事实起到证明作用。C项中，法院对夏某住院的病案是否为原件进行审查，目的在于确定该病案是否为客观存在，因而是对证据真实性的审查。《行政诉讼证据规定》第56条规定："法庭应当根据案件的具体情况，从以下方面审查证据的真实性：……（三）证据是否为原件、原物，复制件、复制品与原件、原物是否相符；……"故C项正确。

本题中，如有证据证明交通事故确系夏某醉酒所致，则本案中行政机关社保局的工伤认定行为事实错误，属于典型的违法行为，且具有可以撤销的内容，法院应判决撤销某县社保局的认定。故D项正确。

235. 提供证据的要求[AD]

[解析] 根据《行政诉讼证据规定》第12条第1项规定，当事人向人民法院提供计算机数据或者录音、录像等视听资料的，应当提供有关资料的原始载体；提供原始载体确有困难的，可以提供与原物核对无误的复制件。故A项正确。

《行政诉讼证据规定》第13条规定："根据行政诉讼法第三十一条第一款第（四）项的规定，当事人向人民法院提供证人证言的，应当符合下列要求：（一）写明证人的姓名、年龄、性别、职业、住址等基本情况；（二）有证人的签名，不能签名的，应当以盖章等方式证明；（三）注明出具日期；（四）附有居民身份证复印件等证明证人身份的文件。"据此，仅有张某的签字，不能满足证人证言的证据要求。故B项错误。【思路拓展】B项从常识判断也能解答。同名同姓的情况在实践中屡见不鲜，证词仅有张某的签字，不足以证明

行政法与行政诉讼法[答案详解]

是"谁"说的,只有加上身份证复印件等信息才能证明是"谁"提供的证言。

《行政诉讼证据规定》第15条规定:"根据行政诉讼法第三十一条第一款第(七)项的规定,被告向人民法院提供的现场笔录,应当载明时间、地点和事件等内容,并由执法人员和当事人签名。当事人拒绝签名或者不能签名的,应当注明原因。有其他人在现场的,可由其他人签名。法律、法规和规章对现场笔录的制作形式另有规定的,从其规定。"据此,当事人拒绝签名或者不能签名的,应当注明原因,即当事人的签名并非必须。故C项错误。

《行政诉讼证据规定》第20条规定:"人民法院收到当事人提交的证据材料,应当出具收据,注明证据的名称、份数、页数、件数、种类等以及收到的时间,由经办人员签名或者盖章。"故D项正确。

考点44 证据的保全

236. 行政诉讼举证责任分配;鉴定结论的内容;申请重新鉴定的要求[BD]

[解析]《行政诉讼法》第34条第1款规定:"被告对作出的行政行为负有举证责任,应当提供作出该行政行为的证据和所依据的规范性文件。"《行政诉讼证据规定》第6条规定:"原告可以提供证明被诉具体行政行为违法的证据。原告提供的证据不成立的,不免除被告对被诉具体行政行为合法性的举证责任。"可知,被告对被诉具体行政行为的合法性承担举证责任,而对于具体行政行为的违法性,原告享有举证的权利,但不承担举证不能的后果。故A项错误。

《行政诉讼证据规定》第32条规定:"人民法院对委托或者指定的鉴定部门出具的鉴定书,应当审查是否具有下列内容:……(七)鉴定人及鉴定部门签名盖章。前款内容欠缺或者鉴定结论不明确的,人民法院可以要求鉴定部门予以说明、补充鉴定或者重新鉴定。"故B项正确。

《行政诉讼证据规定》第29条规定:"原告或者第三人有证据或者有正当理由表明被告据以认定案件事实的鉴定结论可能有错误,在举证期限内书面申请重新鉴定的,人民法院应予准许。"据此,当事人申请法院重新鉴定的,应当在举证期限内以书面形式提出。故C项错误,D项正确。

237. 行政诉讼证据保全[B]

[解析]《行政诉讼证据规定》第27条规定,当事人根据行政诉讼法第36条的规定向人民法院申请保全证据的,应当在举证期限届满前以书面形式提出,并说明证据的名称和地点、保全的内容和范围、申请保全的理由等事项。当事人申请保全证据的,人民法院可以要求其提供相应的担保。法律、司法解释规定诉前保全证据的,依照其规定办理。据此,A、C、D三项错误;B项正确。

考点45 质证及证据的审核认定

238. 行政诉讼证据;证人证言的认定;证据的证明效力;证人出庭作证的要求[A]

[解析]证人不适用回避制度,不能因李某与甲工厂有利害关系而对其证言不予采信,关键要看该证据是否具有真实性、关联性和合法性。故A项正确。

《行政诉讼证据规定》第20条规定:"人民法院收到当事人提交的证据材料,应当出具收据,注明证据的名称、份数、页数、件数、种类等以及收到的时间,由经办人员签名或者盖章。"可知,人民法院在出具证据收据时,应由经办人员签名或者盖章,并未要求加盖法院印章。故B项错误。

《行政诉讼证据规定》第63条规定:"证明同一事实的数个证据,其证明效力一般可以按照下列情形分别认定:……(七)其他证人证言优于与当事人有亲属关系或者其他密切关系的证人提供的对该当事人有利的证言;……"本题中,张某是某区城管执法局的工作人员,属于有其他密切关系的证人,其证言的证明效力不如没有其他密切关系的证人谢某的证言。故C项错误。

《行政诉讼证据规定》第43条规定:"当事人申请证人出庭作证的,应当在举证期限届满前提出,并经人民法院许可。人民法院准许证人出庭作证的,应当在开庭审理前通知证人出庭作证。当事人在庭审过程中要求证人出庭作证的,法庭可以根据审理案件的具体情况,决定是否准许以及是否延期审理。"可知,甲工厂在庭审过程中要求刘某出庭作证,法庭可以根据审理案件的具体情况,而不是不予准许。故D项错误。

239. 行政调查的程序要求;行政复议申请期限的计算;行政诉讼证据的证明效力;行政处罚的种类[ABC]

[解析]《行政处罚法》第42条第1款规定:"行政处罚应当由具有行政执法资格的执法人员实施。执法人员不得少于两人,法律另有规定的除外。"第55条第1款规定:"执法人员在调查或者进行检查时,应当主动向当事人或者有关人员出示执法证件。当事人或者有关人员有权要求执法人员出示执法证件。执法人员不出示执法证件的,当事人或者有关人员有权拒绝接受调查或者检查。"故A项正确。

根据《行政复议法实施条例》第15条第1款第1项规定,当场作出具体行政行为的,行政复议的申请期限自具体行政行为作出之日起计算。因此,若市卫生局当场作出决定,某公司不服申请复议的期限应自决定作出之日起计算。故B项正确。

《行政诉讼证据规定》第63条规定:"证明同一事

实的数个证据,其证明效力一般可以按照下列情形分别认定:……(二)鉴定结论、现场笔录、勘验笔录、档案材料以及经过公证或者登记的书证优于其他书证、视听资料和证人证言;……"可知,现场笔录优于其他证人证言。故C项正确。

D项的没收即没收非法财物,是永久性地剥夺当事人的财产,并非暂时性的保全,因此属于行政处罚,而非保全类的行政强制措施。故D项错误。

240. 行政诉讼证据制度[AC(原答案为ACD)]

[解析] 照片是公安机关对现场进行拍照形成的,是以文字、符号、图形所记载或表示的内容、含义来证明案件事实的证据,符合书证的特点,应为书证。故A项正确。

《行政诉讼证据规定》第15条规定,被告向人民法院提供的现场笔录,应当载明时间、地点和事件等内容,并由执法人员和当事人签名。当事人拒绝签名或者不能签名的,应当注明原因。有其他人在现场的,可由其他人签名。法律、法规和规章对现场笔录的制作形式另有规定,从其规定。由上述规定可知,现场笔录没有当事人签名,但注明原因或第三人签名佐证的,具有证据效力。B项说法太绝对,故错误。

《行政诉讼证据规定》第14条规定,被告向人民法院提供的在行政程序中采用的鉴定意见,应当载明委托人和委托鉴定的事项、向鉴定部门提交的相关材料、鉴定的依据和使用的科学技术手段、鉴定部门和鉴定人鉴定资格的说明,并应有鉴定人的签名和鉴定部门的盖章。故C项正确。

《行政诉讼法解释》第41条规定:"有下列情形之一,原告或者第三人要求相关行政执法人员出庭说明的,人民法院可以准许:(一)对现场笔录的合法性或者真实性有异议的;……"可见对现场笔录的合法性或真实性有异议的,原告或者第三人可以要求相关行政执法人员出庭说明,而非"作为证人出庭作证"。故D项错误。

241. 举证责任;证据的审核认定;诉讼管辖 [D]

[解析] 在本案中,复议机关补充了相关证据后维持了原处罚决定,仍然属于复议维持。复议维持案件,以原机关和复议机关为共同被告。故A项错误。

由于属于复议维持,原机关和复议机关为共同被告,因此,对于原行政行为行政拘留15日的举证责任由原机关县公安局和复议机关甲县政府共同承担。对此,《行政诉讼法解释》第135条第2、3款规定:"作出原行政行为的行政机关和复议机关对原行政行为合法性共同承担举证责任,可以由其中一个机关实施举证行为。复议机关对复议决定的合法性承担举证责任。复议机关作共同被告的案件,复议机关在复议程序中依法收集和补充的证据,可以作为人民法院认定复议决定和原行政行为合法的依据。"故B项错误。

《行政诉讼证据规定》第2条规定,原告或者第三人提出其在行政程序中没有提出的反驳理由或者证据的,经人民法院准许,被告可以在第一审程序中补充相应的证据。在本案中,庭审中陈某提出该处罚未经过负责人集体讨论,这是其在行政程序中没有提出的反驳理由,因此法院可以要求被告补充记录,故C项错误。

法院对被告提供的记录形成时间的审查,是判断记录究竟形成于处罚决定程序之中,还是之后伪造补充的,是对证据真实性的审查,而非对证据关联性的审查,故D项正确。

专题十八 行政诉讼的法律适用

考点46 行政诉讼的法律适用

242. 行政诉讼的法律适用;抽象行政行为的性质及附带审查[CD]

[解析] 本题的解题关键在于准确判断《关于在市场监管领域全面推行部门联合"双随机、一公开"监管的意见》(以下简称为《意见》)的法律性质。从名称上看,《意见》明显不属于行政法规,行政法规的名称一般称"条例",也可以称"规定""办法"等;另外,行政法规以国务院令公布,而《意见》的发文字号是"国发〔2019〕5号"。由此可知,《意见》不是行政法规,而是国务院制定的其他规范性文件(行政决定、行政命令)。故A项错误。

根据《行政诉讼法》第63条规定,人民法院审理行政案件,以法律和行政法规、地方性法规为依据。既然《意见》的性质为其他规范性文件,则不能作为法官裁判的依据。故B项错误。【总结提示】行政案件审理中,法律和法规是依据,规章是参照,其他规范性文件是参考。

《规章制定程序条例》第3条第2款规定:"没有法律或者国务院的行政法规、决定、命令的依据,部门规章不得设定减损公民、法人和其他组织权利或者增加其义务的规范,不得增加本部门的权力或者减少本部门的法定职责。没有法律、行政法规、地方性法规的依据,地方政府规章不得设定减损公民、法人和其他组织权利或者增加其义务的规范。"据此,部门规章制定的依据为"法律或者国务院的行政法规、决定、命令",其中国务院的决定和命令即为国务院制定的其他规范性文件。故C项正确。

根据《行政诉讼法》第53条规定,抽象行政行为的附带审查范围是规章以下的规范性文件,即国务院部门和地方政府及其部门制定的除规章之外的规范性文件,不包含国务院制定的行政规章及其他规范性文件。故 D 项正确。

243. 行政诉讼的法律适用;行政裁决与行政确认;抽象行政行为的附带审查[ABCD]

[解析] 行政确认是行政机关对特定的法律事实、法律关系或者法律状态作出的具有法律效力的认定并且予以证明的行政行为。工伤认定,是对是否构成工伤这一事实的确认,性质为行政确认。故 A 项错误。【总结提示】行政确认 VS 行政裁决:行政确认的目的是确认事实,行政裁决的目的是解决相对人之间的纠纷;行政确认是行政机关以管理者身份作出,行政裁决是行政机关以第三方中立身份作出;行政确认涉及双方主体(行政机关+相对人),行政裁决涉及三方主体(行政机关+甲相对人+乙相对人)。

根据《行政诉讼法》第 63 条规定,人民法院审理行政案件,以法律和行政法规、地方性法规为依据,并参照规章。《工伤保险条例》属于行政法规,是法院审判的依据而非参照。故 B 项错误。

行政法规、规章不属于行政诉讼附带性审查范围,《工伤保险条例》作为行政法规,法院无权附带审查。故 C 项错误。

本案中,刘某是否构成工伤未能明确,法院判决有两种可能:如果工伤认定合法,应当判决驳回原告诉讼请求;如果工伤认定违法,应当撤销工伤认定。D 项说法过于绝对,故错误。

专题十九 行政案件审理中的特殊制度

考点47 规范性文件的附带审查

244. 规范性文件的一并审查;行政诉讼被告[C]

[解析] 本案的罚款决定由区交通局作出,应由区交通局为被告,市交通局与本案无关。故 A 项错误。

根据《行政诉讼法解释》第 146 条规定,对规范性文件一并提出审查要求,应当在第一审开庭审理前提出;有正当理由的,也可以在法庭调查中提出。故 B 项错误。

《行政诉讼法解释》第 149 条第 2 款规定:"规范性文件不合法的,人民法院可以在裁判生效之日起三个月内,向规范性文件制定机关提出修改或者废止该规范性文件的司法建议。"故 C 项正确。

《行政诉讼法解释》第 150 条规定:"人民法院认为规范性文件不合法的,应当在裁判生效后报送上一级人民法院进行备案。涉及国务院部门、省级行政机关制定的规范性文件,司法建议还应当分别层报最高人民法院、高级人民法院备案。"可知,对备案期限无

要求,故 D 项错误。【陷阱点拨】提出司法建议应在裁判生效后 3 个月内,备案则无此要求。

245. 规范性文件的审查[ACD]

[解析]《行政诉讼法解释》第 147 条第 1、2 款规定:"人民法院在对规范性文件审查过程中,发现规范性文件可能不合法的,应当听取规范性文件制定机关的意见。制定机关申请出庭陈述意见的,人民法院应当准许。"故 B 项正确。只有在发现规范性文件可能不合法的时候,才需要听取规范性文件制定机关的意见,如果合法则不需要听取,故 A 项错误。

《行政诉讼法解释》第 149 条第 2、3 款规定:"规范性文件不合法的,人民法院可以在裁判生效之日起三个月内,向规范性文件制定机关提出修改或者废止该规范性文件的司法建议。规范性文件由多个部门联合制定的,人民法院可以向该规范性文件的主办机关或者共同上一级行政机关发送司法建议。"可见,法院提出司法建议的对象为规范性文件的制定机关;联合制定的,向主办机关或共同上一级机关提出。省人大常委会既不是该规范性文件的主办机关,也不是省公安厅和司法厅的共同上一级行政机关。故 C 项错误。

根据《行政诉讼法解释》第 149 条第 1 款,人民法院经审查认为行政行为所依据的规范性文件合法的,应当作为认定行政行为合法的依据;经审查认为规范性文件不合法的,不作为人民法院认定行政行为合法的依据,并在裁判理由中予以阐明。据此,如果法院认定规范性文件不合法,只能在具体个案中不予适用,而不能直接撤销该文件或宣告文件无效。故 D 项错误。

考点48 先予执行

246. 行政诉讼先予执行[B]

[解析]《行政诉讼法》第 57 条规定:"人民法院对起诉行政机关没有依法支付抚恤金、最低生活保障金和工伤、医疗社会保险金的案件,权利义务关系明确、不先予执行将严重影响原告生活的,可以根据原告的申请,裁定先予执行。当事人对先予执行裁定不服的,可以申请复议一次。复议期间不停止裁定的执行。"据此,申请先予执行的当事人一般是因为生活困难,所以法律没有要求申请人提供担保,故 A 项错误。当事人对先予执行裁定不服的,可以申请复议一次。这里的复议不是行政复议,而是司法复议,当事人既包括原告也包括被告,故 B 项正确。

根据《行政复议法》第 23 条,对行政不作为(不履行法定职责)不服的,适用复议前置。本题中,朱某向区民政局申请最低生活保障金,区民政局认为朱某不符合申请资格予以拒绝,可见,区民政局已经受理案件并对案件作出了处理,不属于行政不作为,因此不

适用复议前置。故 C 项错误。

本题中没有交代拒绝给付最低生活保障金的行为是否违法。如果区民政局拒绝行为合法,应当驳回原告诉讼请求;如果拒绝行为违法,应当作出给付判决,只有在判决给付没有意义的情况下(如诉讼中朱某死亡),才需要判决确认违法。对此,《行政诉讼法》第73 条规定:"人民法院经过审理,查明被告依法负有给付义务的,判决被告履行给付义务。"故 D 项错误。

247. 行政诉讼先予执行;举证责任;裁判;国家赔偿范围[AD]

[解析]《行政诉讼法》第 57 条第 1 款规定:"人民法院对起诉行政机关没有依法支付抚恤金、最低生活保障、工伤、医疗社会保险金的案件,权利义务关系明确,不先予执行将严重影响原告生活的,可以根据原告的申请,裁定先予执行。"本案不属于先予执行的情形。故 A 项错误。

《行政诉讼法》第 38 条第 2 款规定:"在行政赔偿、补偿的案件中,原告应当对行政行为造成的损害提供证据。因被告的原因导致原告无法举证的,由被告承担举证责任。"故 B 项正确。

《行政诉讼法解释》第 97 条规定:"原告或者第三人的损失系由其自身过错和行政机关的违法行政行为共同造成的,人民法院应当依据各方行为与损害结果之间有无因果关系以及在损害发生和结果中作用力的大小,确定行政机关相应的赔偿责任。"故 C 项正确。

房管局未履行充分核实义务,其行为导致当事人遭受财产损害,依法应当属于国家赔偿的范围。故 D 项错误。

考点49 被告改变被诉行政行为的处理与撤诉制度

248. 行政诉讼中被告改变被诉具体行政行为的情形[ACD]

[解析]《行政诉讼撤诉规定》第 3 条规定:"有下列情形之一的,属于行政诉讼法第 51 条(现为第 62 条)规定的'被告改变其所作的具体行政行为':(一)改变被诉具体行政行为所认定的主要事实和证据;(二)改变被诉具体行政行为所适用的规范依据且对定性产生影响;(三)撤销、部分撤销或者变更被诉具体行政行为处理结果。"可知,A 项中被诉公安局把拘留 3 日的处罚决定改为罚款 500 元,属于变更被诉具体行政行为的处理结果,符合上述第 3 项规定。故 A 项正确。B 项中被诉土地局更正被诉处罚决定中不影响决定性质和内容的文字错误,不构成被诉具体行政行为的实质改变。故 B 项错误。

《行政诉讼撤诉规定》第 4 条规定:"有下列情形之一的,可以视为'被告改变其所作的具体行政行为':(一)根据原告的请求依法履行法定职责;(二)

采取相应的补救、补偿等措施;(三)在行政裁决案件中,书面认可原告与第三人达成的和解。"C 项中被诉工商局未在法定期限答复原告的请求,在二审期间作出书面答复符合第 1 项规定,D 项中县政府针对甲乙两村土地使用权争议作出的处理决定被诉后,甲乙两村达成和解,县政府书面予以认可符合第 3 项规定,C、D 两项属于被告改变其所作的具体行政行为的情形。故 C、D 两项正确。

考点50 行政机关负责人出庭应诉

249. 行政机关负责人出庭应诉;简易程序[A]

[解析]《行政诉讼法解释》第 128 条第 2 款规定:"行政机关负责人出庭应诉的,可以另行委托一至二名诉讼代理人。行政机关负责人不能出庭的,应当委托行政机关相应的工作人员出庭,不得仅委托律师出庭。"据此,A 项正确,B 项错误。

《行政诉讼法解释》第 132 条规定:"行政机关负责人和行政机关相应的工作人员均不出庭,仅委托律师出庭的或者人民法院书面建议行政机关负责人出庭应诉,行政机关负责人不出庭应诉的,人民法院应当记录在案和在裁判文书中载明,并可以建议有关机关依法作出处理。"据此,法院不可以传唤唐某出庭,故 C 项错误。

《行政诉讼法》第 82 条规定:"人民法院审理下列第一审行政案件,认为事实清楚、权利义务关系明确、争议不大的,可以适用简易程序:(一)被诉行政行为是依法当场作出的;(二)案件涉及款额二千元以下的;(三)属于政府信息公开案件的。除前款规定以外的第一审行政案件,当事人各方同意适用简易程序的,可以适用简易程序。发回重审、按照审判监督程序再审的案件不适用简易程序。"本题既不满足法定简易程序条件,也不满足约定简易程序条件,不应当适用简易程序进行审理。故 D 项错误。

考点51 行政公益诉讼

250. 行政公益诉讼;代履行;行政处罚的认定[ABC]

[解析]《行政诉讼法》第 25 条第 4 款规定:"人民检察院在履行职责中发现生态环境和资源保护、食品药品安全、国有财产保护、国有土地使用权出让等领域负有监督管理职责的行政机关违法行使职权或者不作为,致使国家利益或者社会公共利益受到侵害的,应当向行政机关提出检察建议,督促其依法履行职责。行政机关不依法履行职责的,人民检察院依法向人民法院提起诉讼。"故 A 项正确。**【特别提醒】**民事公益诉讼以公告为起诉前提,行政公益诉讼以检察建议为起诉前提。

行政公益诉讼的起诉期限与普通行政诉讼案件相同,均为 6 个月,故 B 项正确。

行政法与行政诉讼法 [答案详解]

《行政强制法》第50条规定："行政机关依法作出要求当事人履行排除妨碍、恢复原状等义务的行政决定，当事人逾期不履行，经催告仍不履行，其后果已经或者将危害交通安全、造成环境污染或者破坏自然资源的，行政机关可以代履行，或者委托没有利害关系的第三人代履行。"本题中，某公司的行为破坏了自然资源，行政机关可以实施代履行，故C项正确。

责令恢复原状的功能在于恢复合法状态，没有给当事人增加额外负担，不具有惩戒性，因此不属于行政处罚，命题人观点认为其属于制止违法行为的行政强制措施（主观题中答行政命令亦可），故D项错误。

251. 检察公益诉讼[AB]

[解析]《行政诉讼法》第25条第4款规定："人民检察院在履行职责中发现生态环境和资源保护、食品药品安全、国有财产保护、国有土地使用权出让等领域负有监督管理职责的行政机关违法行使职权或者不作为，致使国家利益或者社会公共利益受到侵害的，应当向行政机关提出检察建议，督促其依法履行职责。行政机关不依法履行职责的，人民检察院依法向人民法院提起诉讼。"根据上述规定，检察机关被赋予了提起检察公益诉讼的法定职责，同时立法也明确了检察机关提起检查公益诉讼的前置程序，即先向作出行政违法行为的行政机关提出检察建议，督促其纠正违法行为或依法履责，在不奏效的情况下，再向人民法院提起诉讼，故A、B项正确。由上述规定可知，检察院是有权提起行政公益诉讼的唯一主体，故C项错误。【陷阱提示】C项混淆了行政公益诉讼和民事公益诉讼，注意二者的区别：行政公益诉讼，只能由检察院提起，民间公益诉讼组织无此权利；民事公益诉讼，只有在"法律规定的机关和有关组织"（含民间公益诉讼组织）没有提起的情形下，检察院才可以提起（《民事诉讼法》第58条）。

检察院提起行政公益诉讼的起诉期限适用行政诉讼法起诉期限的规定，即6个月。故D项错误。

专题二十 行政诉讼的裁判与执行

考点52 行政诉讼第一审判决

252. 行政诉讼管辖；判决种类[C]

[解析] 本题中县政府为被告，因此应当由中级人民法院管辖。故A项正确。

B项中，某银行与某公司的借贷关系是平等主体之间的民事关系，法院的生效判决已经对该民事关系予以确认，具有司法终局性，除法定情形外，任何力量都不得动摇或推翻司法裁判。因此，县政府作为行政机关不能对其重新进行确定。故B项正确。

《行政诉讼法》第69条规定："行政行为证据确凿，适用法律、法规正确，符合法定程序的，或者原告申请被告履行法定职责或者给付义务理由不成立的，人民法院判决驳回原告的诉讼请求。"本题中，法院经审理认为，"某县政府已履行相应职责"，因此某银行起诉某县政府不作为理由不能成立，法院应驳回某银行的诉讼请求。故C项错误，D项正确。【特别提醒】在行政诉讼判决中，被诉行政行为合法（原告败诉）的判决形式只有判决驳回原告诉讼请求一种，若选项中如果出现确认合法判决、维持判决等均是错误选项。

253. 行政合同；行政许可撤回；行政诉讼参加人；确认判决[D]

[解析] 内部协议是指行政机关之间，或行政机关与其公务员之间的协议，属于内部行政行为，本题中，县政府与甲开发公司并不存在内部的隶属关系，所以，该协议不可能是内部行为，更不可能是内部行为中的内部协议。从性质上看，该协议属于行政合同。故A项错误。

《土地管理法》第58条规定，由有关人民政府自然资源主管部门报经原批准用地的人民政府或者有批准权的人民政府批准，可以收回国有土地使用权。据此，有权决定收回国有土地使用权的政府为原批准用地的人民政府或有批准权的人民政府，且程序上应由人民政府自然资源主管部门报批。本题中，乙公司持有的第15号地块国有土地使用证由某市政府批准取得，根据行政机关下级服从上级的一般逻辑，不可能由下级机关县政府撤回上级机关市政府发放的许可证。故B项错误。

《行政诉讼法》第25条第1款规定："行政行为的相对人以及其他与行政行为有利害关系的公民、法人或者其他组织，有权提起诉讼。"本题中，乙公司持有的第15号地块正好位于《某地区改造项目协议书》约定的改造范围之内，该协议影响到了乙公司对15号地块享有的使用权，因此乙公司与该协议存在法律上利害关系，可以依法提起行政诉讼。故C项错误。

《行政诉讼法》第74条规定："行政行为有下列情形之一的，人民法院判决确认违法，但不撤销行政行为：（一）行政行为依法应当撤销，但撤销会给国家利益、社会公共利益造成重大损害的；……"旧城改造属于涉及公共利益的事项，而且甲公司的房屋已经向社会公开预售，如果撤销会让房屋买卖法律关系处于不确定的状态，对社会公共利益造成重大影响。因此，法院不能撤销，而应当作出确认被诉行政行为违法的判决，并责令被告采取补救措施；给原告造成损失的，依法判决被告承担赔偿责任。故D项正确。

254. 行政诉讼的一审判决；行政强制执行；共同诉讼；行政处罚[AB(原答案为ABD)]

[解析]《行政强制法》第45条规定,行政机关依法作出金钱给付义务的行政决定,当事人逾期不履行的,行政机关可以依法加处罚款或者滞纳金。加处罚款或者滞纳金的数额不得超过金钱给付义务的数额。据此,本案中计划生育委员会向李某、周某收取滞纳金,不得超过之前的金钱给付义务12万元的数额。故A项正确。

《行政诉讼法》第27条规定:"当事人一方或者双方为二人以上,因同一行政行为发生的行政案件,或者因同类行政行为发生的行政案件、人民法院认为可以合并审理并经当事人同意的,为共同诉讼。"本案中,李某、周某二人超生属于共同作出的违法行为,某县计划生育委员会也是对二人共同作出了征收12万元社会抚养费的决定。如果二人不服,应当共同提起行政诉讼,则本案为共同诉讼。故B项正确。

社会抚养费是一项行政性收费,属行政征收性质,并非对当事人的行政处罚,不适用《行政处罚法》,自然就不能适用行政处罚的时效制度。故C项错误。

《行政诉讼法》第77条第1款规定:"行政处罚明显不当,或者其他行政行为涉及对款额的确定、认定确有错误的,人民法院可以判决变更。"本案中,征收社会抚养费属于行政征收,涉及对款额的确定、认定问题。所以,法院如果审理认为本案中某计划生育委员会征收12万元社会抚养费在数额上确有错误,可以作出变更判决。故D项错误。

255. 行政诉讼证据与判决[ABCD(原答案为ABC)]

[解析]《行政诉讼证据规定》第10条规定,当事人向人民法院提供由有关部门保管的书证原件的复制件、影印件或者抄录件的,应当注明出处,经该部门核对无异后加盖其印章。本案中,余某房屋所在中心村规划布局图是由县政府保管的,因此县规划局提交其复印件,应加盖县政府的印章。故A项正确。

《行政诉讼证据规定》第12条规定,当事人向人民法院提供计算机数据或者录音、录像等视听资料的,应当注明制作方法、制作时间、制作人和证明对象等。因此,余某提交的录像应注明制作方法和制作时间。故B项正确。

《行政诉讼法》第69条规定:"行政行为证据确凿,适用法律、法规正确,符合法定程序的,或者原告申请被告履行法定职责或者给付义务理由不成立的,人民法院判决驳回原告的诉讼请求。"从原告余某的角度看,县规划局对其大修房屋的申请不予批准的行为属于不作为,如法院认定余某的请求不成立,则可以适用本条规定判决驳回余某的诉讼请求。故C项正确。

《行政诉讼法》第26条第2款规定:"经复议的案件,复议机关决定维持原行政行为的,作出原行政行为的行政机关和复议机关是共同被告;复议机关改变原行政行为的,复议机关是被告。"《行政诉讼法解释》第136条第1款规定:"人民法院对原行政行为作出判决的同时,应当对复议决定一并作出相应判决。"本案属于复议维持的案件,故本案的被告是原机关县规划局和复议机关县政府,法院经过审理,应当对县规划局不予批准答复的合法性和县政府的复议决定一并作出裁判。故D项正确。

256. 行政诉讼判决[B]

[解析]《行政诉讼法》第74条第2款规定:"行政行为有下列情形之一,不需要撤销或者判决履行的,人民法院判决确认违法:(一)行政行为违法,但不具有可撤销内容的;(二)被告改变原违法行政行为,原告仍要求确认原行政行为违法的;(三)被告不履行或者拖延履行法定职责,判决履行没有意义的。"由于大棚已经拆除完毕,无法复原,因此具有不可撤销的内容,符合第(一)种情形,所以应判决确认违法。故A项错误,B项正确。

《行政诉讼法》第72条规定,履行判决主要适用于行政机关不作为案件中,本案显然不符合适用条件。故C项错误。

《行政诉讼法》第77条规定,变更判决适用于行政处罚行为,或者涉及款额的确定、认定行为,本案中的强拆行为显然不符合此条件。故D项错误。

257. 行政诉讼判决；行政赔偿[BD]

[解析]公安机关确未履行法定职责,属于违法的不作为。对于违法的不作为原则上法院应当作出履行或给付判决,在履行没有意义的情况下,法院应当判决确认不作为违法。本题就属于履行没有意义的情况,朱某因涉嫌抢劫被刑事拘留,不会对罗某的人身继续产生威胁,履行职责已经没有意义。这种情况下,应当作出确认违法判决。故A项错误,B项正确。

本题中,罗某要求赔偿精神损失,是指金钱赔偿,即赔偿精神损害抚慰金。《国家赔偿法》对精神损害的金钱赔偿有较为严格的限制要求,限于国家机关的行为侵害到人身权的同时,导致精神损害并造成严重后果的情形。《国家赔偿法》第35条规定:"有本法第三条或者第十七条规定情形之一,致人精神损害的,应当在侵权行为影响的范围内,为受害人消除影响,恢复名誉,赔礼道歉;造成严重后果的,应当支付相应的精神损害抚慰金。"《最高人民法院关于审理国家赔偿案件确定精神损害赔偿责任适用法律若干问题的解释》第7条第1款规定:"有下列情形之一的,可以认定为国家赔偿法第三十五条规定的'造成严重后果':(一)无罪或者终止追究刑事责任的人被羁押六个月以上;(二)受害人经鉴定为轻伤以上或者残疾;(三)受害人经诊断、鉴定为精神障碍或者精神残疾,且与侵权行为存在关联;(四)受害人名誉、荣誉、家庭、职业、教育等方面遭受严重损害,且与侵权行为存在关联。"本题中,罗某的人身权并未受到侵害,从题目中不能判断对其造成精神损害,更不存在造成严重后果的情形,因此其请求赔偿精神损失没有法律依据。故 C 项错误,D 项正确。

法条变更	《最高人民法院关于审理国家赔偿案件确定精神损害赔偿责任适用法律若干问题的解释》
	2021 年 2 月 7 日由最高人民法院审判委员会第 1831 次会议通过(法释〔2021〕3 号)

258.行政诉讼判决;复议前置;行政诉讼期限[AD]

[解析] 秦某使用伪造材料办理了过户登记,行政机关并未发现材料有假,以虚假的材料为事实依据向吴某发放了房屋所有权证,这属于行政行为所依据的主要证据不足的情形。根据《行政诉讼法》第 70 条规定:"行政行为有下列情形之一的,人民法院判决撤销或者部分撤销,并可以判决被告重新作出行政行为:(一)主要证据不足的;……"据此,被诉具体行政行为主要证据不足的,人民法院应当判决撤销颁发给吴某的房屋所有权证,故 A 项正确。

对于一项具体行政行为是否合法,是否应当撤销,取决于作出行政行为时的依据是否真实、合法、充分,而是否存在民法上的善意第三人,并不是行政机关作出撤销行为所要考虑的因素。本题中,房屋登记部门对于房屋过户材料有审核的职责,其应当发现材料有假却没有发现,明显存在过错,其依据虚假的材料作出的房屋过户行为不存在合法性。对于违法行政行为,作出机关有权而且理应予以撤销。至于吴某,作为善意第三人,如果要保护自己的权益,其可以向法院提起民事诉讼,主张房屋买卖合同有效。如果法院支持其主张,其可以依据法院判决和合法有效的房屋买卖合同向房屋登记机关重新申请房屋所有权证。故 B 项错误。

颁发房屋产权证书属于行政确认,对产权登记错误的行为不服,不适用复议前置,可直接起诉。故 C 项错误。

《行政诉讼法》第 46 条第 2 款规定:"因不动产提起诉讼的案件自行政行为作出之日起超过二十年,其他案件自行政行为作出之日起超过五年提起诉讼的,人民法院不予受理。"本题中房屋登记部门办理过户登记的行为涉及不动产,故江某提起行政诉讼的最长期限是在该行为作出之日起 20 年,D 项正确。

考点 53 行政诉讼第二审判决

259.行政诉讼二审判决[C]

[解析] 本案中的罚款属于行政处罚,而加收超标准排污费不是行政处罚,属于我国《环境保护法》排污收费制度中的行政征收行为。因为达标排放是当事人本就应当遵守的义务,当事人超标准排污,国家为了治理环境作出巨大投资,征收超标准排污费没有给其增加新的义务,因为是当事人自己本来就该做的,故而不符合行政处罚"惩戒性"的要求。故 A 项错误。

《行政诉讼法》第 58 条规定:"经人民法院传票传唤,原告无正当理由拒不到庭,或者未经法庭许可中途退庭的,可以按照撤诉处理;被告无正当理由拒不到庭,或者未经法庭许可中途退庭的,可以缺席判决。"本题中该企业未经法庭许可中途退庭,可以按撤诉处理。故 B 项错误。

《行政诉讼法》第 89 条第 3 款规定:"人民法院审理上诉案件,需要改变原审判决的,应当同时对被诉行政行为作出判决。"所以,本案中,二审法院认为需要改变一审判决的,应同时对县环保局的原决定作出判决。故 C 项正确。

《行政诉讼法解释》第 109 条第 4、5 款规定:"原审判决遗漏行政赔偿请求,第二审人民法院经审查认为依法不应当予以赔偿的,应当判决驳回行政赔偿请求。原审判决遗漏行政赔偿请求,第二审人民法院经审理认为依法应当予以赔偿的,在确认被诉行政行为违法的同时,可以就行政赔偿问题进行调解;调解不成,应当就行政赔偿部分发回重审。"据此,二审法院对于一审法院遗漏赔偿请求的情形,应分情况处理:(1)应予赔偿的,二审法院可以调解,调解不成,仅就赔偿部分发回重审;(2)不应赔偿的,直接驳回赔偿请求。D 项中"裁定撤销一审判决,发回重审"是没有法律依据的。故 D 项错误。

260.行政诉讼管辖;国家赔偿计算标准;行政诉讼裁判[AD(原答案为 D)]

[解析]《行政诉讼法》第 19 条规定:"对限制人身自由的行政强制措施不服提起的诉讼,由被告所在地或者原告所在地人民法院管辖。"《行政诉讼法解释》第 8 条第 2 款规定:"对行政机关基于同一事实,既采取限制公民人身自由的行政强制措施,又采取其他行政强制措施或者行政处罚不服的,由被告所在地或者原告所在地的人民法院管辖。"根据上述规定,限制人身自由案件的特殊地域管辖规则较旧法有所调整,应符合下列要求:第一,当事人必须针对限制人身

自由的行政强制措施(不管是单纯的限制人身自由的强制措施,还是限制人身自由的强制措施再加上其他行为)提起诉讼,才可以由原告所在地或被告所在地法院管辖;拘留类的行政处罚行为(不管是单纯的拘留,还是拘留加罚款、扣押等财产类行为)只能由被告所在地法院管辖。第二,原告必须是被限制人身自由人,受害人做原告只能由被告所在地法院管辖。第三,原告所在地包括原告的户籍所在地、经常居住地和被限制人身自由地。本题行政机关作出的是拘留10日并处罚款500元的行政处罚决定,缺乏限制人身自由的行政强制措施的要素,所以,只能由被告区公安分局所在地法院管辖,原告蔡某所在地法院没有管辖权。故A项正确。【旧题新解】2018年《行政诉讼法解释》明确规定,限制人身自由案件的特殊地域管辖只适用于"限制公民人身自由的行政强制措施",据此,行政拘留不再适用此特殊管辖规定。

《国家赔偿法》第33条规定:"侵犯公民人身自由的,每日的赔偿金按照国家上年度职工日平均工资计算。"第36条规定:"侵犯公民、法人和其他组织的财产权造成损害的,按照下列规定处理:……(七)返还执行的罚款或者罚金、追缴或者没收的金钱,解除冻结的存款或者汇款的,应当支付银行同期存款利息;……"据此,"判决撤销拘留决定""按照国家上年度职工日平均工资赔偿拘留十日的损失"是正确的;"返还罚款500元"的同时,还应当支付银行同期存款利息,此处存在错误。对于精神损害抚慰金,《国家赔偿法》第35条规定:"有本法第三条或者第十七条规定情形之一,致人精神损害……造成严重后果的,应当支付相应的精神损害抚慰金。"《最高人民法院关于审理国家赔偿案件确定精神损害赔偿责任适用法律若干问题的解释》第7条第1款规定:"有下列情形之一的,可以认定为国家赔偿法第三十五条规定的'造成严重后果':(一)无罪或者终止追究刑事责任的人被羁押六个月以上;……"据此,只有被羁押6个月以上的,才能请求支付精神损害抚慰金,本题中蔡某被拘留10日,不属于"造成严重后果"的情形,不应向其支付精神损害抚慰金。综上,B项错误。

《行政诉讼法解释》第109条第4、5款规定:"原审判决遗漏行政赔偿请求,第二人民法院经审查认为依法不应当予以赔偿的,应当判决驳回行政赔偿请求。原审判决遗漏行政赔偿请求,第二人民法院经审理认为依法应当予以赔偿的,在确认被诉行政行为违法的同时,可以就行政赔偿问题进行调解;调解不成的,应当就行政赔偿部分发回重审。"可知,二审判决遗漏行政赔偿请求,二审法院应区分情况分别处理。故C项错误。

《行政诉讼法解释》第109条第6款规定:"当事人在第二审期间提出行政赔偿请求的,第二人民法院可以进行调解;调解不成的,应当告知当事人另行起诉。"故D项正确。

261. 行政诉讼管辖;行政诉讼二审程序[CD]

[解析]《行政诉讼法》第15条规定:"中级人民法院管辖下列第一审行政案件:(一)对国务院部门或者县级以上地方人民政府所作的行政行为提起诉讼的案件;(二)海关处理的案件;(三)本辖区内重大、复杂的案件;(四)其他法律规定由中级人民法院管辖的案件。"本案被告为县政府,应由中级人民法院管辖。故A项错误。

《行政诉讼法》第86条规定:"人民法院对上诉案件,应当组成合议庭,开庭审理。经过阅卷、调查和询问当事人,对没有提出新的事实、证据或者理由,合议庭认为不需要开庭审理的,也可以不开庭审理。"对于经过阅卷和询问当事人,对没有提出新的事实、证据或者理由,合议庭认为不需要开庭审理的二审案件,也可以不开庭审理。故B项错误。

《行政诉讼法》第87条规定:"人民法院审理上诉案件,应当对原审人民法院的判决、裁定和被诉行政行为进行全面审查。"本案二审法院应对一审法院的判决和被诉行政行为进行全面审查。故C项正确。

《行政诉讼法解释》第109条第4款规定:"原审判决遗漏行政赔偿请求,第二人民法院经审查认为依法不应当予以赔偿的,应当判决驳回行政赔偿请求。"关于遗漏当事人的行政赔偿请求的处理方式,分为三步:(1)法院先审理赔偿请求,不应当赔偿的,直接判决驳回行政赔偿请求;应当赔偿的进行下一步。(2)在确认行政行为违法的前提下,就赔偿请求进行调解,调解不成的走下一步。(3)发回重审。本题中属于一审法院遗漏了当事人的行政赔偿请求,经审查认为不应给予赔偿的,法院应当判决驳回行政赔偿请求。故D项正确。

262. 行政诉讼二审判决[AD]

[解析]《行政诉讼法解释》第109条第3款规定:"原审判决遗漏了必须参加诉讼的当事人或者诉讼请求的,第二人民法院应当裁定撤销原审判决,发回重审。"同时,该条第2款规定:"第二人民法院裁定发回原审人民法院重新审理的行政案件,原审人民法院应当另行组成合议庭进行审理。"因此,A、D两项正确,B、C两项错误。

考点54 行政诉讼裁判的执行

263. 行政判决的执行[B(原答案为BC)]

[解析]《行政诉讼法》第96条规定:"行政机关拒绝履行判决、裁定、调解书的,第一人民法院可以采取下列措施:(一)对应当归还的罚款或者应当给付

的款额,通知银行从该行政机关的账户内划拨;(二)在规定期限内不履行的,从期满之日起,对该行政机关负责人按日处50元至100元的罚款;(三)将行政机关拒绝履行的情况予以公告;(四)向监察机关或者该行政机关的上一级行政机关提出司法建议。接受司法建议的机关,根据有关规定进行处理,并将处理情况告知人民法院;(五)拒不履行判决、裁定、调解书,社会影响恶劣的,可以对该行政机关直接负责的主管人员和其他直接责任人员予以拘留;情节严重,构成犯罪的,依法追究刑事责任。"

可知,法院可以对区教委负责人而不能对区教委处以罚款,A项错误,B项正确。同时,根据上述规定,法院可以向市教委提出司法建议,由市教委按照有关规定处理,法院无权"责令"市教委进行处理。"责令"是命令的意思,而我国的国家机构中,法院作为司法机关只能向行政机关提出建议,无权命令行政机关,D项错误。只有拒不履行裁判书、调解书社会影响恶劣的,法院才可对区教委的主要负责人处以拘留,而不是在任何情况下都可以,C项错误。

专题二十一 国家赔偿概述

考点55 国家赔偿概述

264. 行政复议案件被告的确定;国家赔偿的归责原则[ABCD]

[解析]《行政诉讼法》第26条规定,复议机关改变原行政行为的,复议机关为被告。另根据《行政诉讼法解释》第22条规定,本题甲区政府改变甲区公安局的处理结果,属于复议改变,因此甲区政府为被告。故A项说法错误,当选。

《国家赔偿法》第8条规定:"经复议机关复议的,最初造成侵权行为的行政机关为赔偿义务机关,但复议机关的复议决定加重损害的,复议机关对加重的部分履行赔偿义务。"本题中,5日拘留部分由原机关赔偿,增加的10日拘留部分由复议机关赔偿,两个机关共同作为赔偿义务机关,彼此之间承担按份责任。故B项说法错误,当选。

在限制公民人身自由期间,因为监管机关监管不力,出现唆使或放纵的现象,应当由负责监管的行政机关承担行政赔偿责任。故C项说法错误,当选。

《国家赔偿法》第15条规定,在举证责任的分配上原则上采取"谁主张,谁举证",但在限制人身自由期间,发生公民死亡或丧失行为能力的后果时,实行举证责任倒置,应当由赔偿义务机关就因果关系的问题进行举证。李某只是被打成轻微伤,不符合举证责任倒置的情形,应由赔偿请求权人李某承担举证责任。故D项说法错误,当选。

专题二十二 行政赔偿

考点56 行政赔偿义务机关及赔偿程序

265. 行政赔偿诉讼[ABD]

[解析]《行政赔偿案件规定》第11条第1款规定:"行政赔偿诉讼中,原告应当对行政行为造成的损害提供证据;因被告的原因导致原告无法举证的,由被告承担举证责任。"故A项正确。

县政府对工作人员追究责任属于典型的内部行政行为,不属于行政赔偿诉讼的受案范围。故B项正确。

《国家赔偿法》第14条第1款规定:"赔偿义务机关在规定期限内未作出是否赔偿的决定,赔偿请求人可以自期限届满之日起三个月内,向人民法院提起诉讼。"据此,单独提起行政赔偿诉讼的起诉期限为3个月,不同于普通行政诉讼的6个月,故C项错误。

县级以上政府作为被告案件,由中级人民法院管辖,故D项正确。

266. 行政赔偿义务机关;赔偿程序[BD]

[解析]《国家赔偿法》第7条第1款规定:"行政机关及其工作人员行使行政职权侵犯公民、法人和其他组织的合法权益造成损害的,该行政机关为赔偿义务机关。"本题中,对违法建筑的拆除决定和行为是合法的,但区政府违法行使职权将拆下的钢板作为建筑垃圾运走,侵犯了该公司的财产权。因此,本案的赔偿义务机关是区政府,A项错误,B项正确。

2010年修订的《国家赔偿法》实行后,行政相对人请求国家赔偿无需先申请确认行政行为违法。故该公司申请国家赔偿之前无需申请确认运走钢板的行为违法,C项错误。

《国家赔偿法》第15条规定,人民法院审理行政赔偿案件,赔偿请求人和赔偿义务机关对自己提出的主张,应当提供证据。因此,如该公司申请国家赔偿,应当对自己的主张提供证据,D项正确。

267. 行政赔偿诉讼的立案、审理期限及被告的确定;行政赔偿请求的提出[BC]

[解析]2022年新的《最高人民法院关于审理行政赔偿案件若干问题的规定》公布施行,旧的司法解释同时废止,本题根据新法对选项和答案解析作了适当调整。

《最高人民法院关于审理行政赔偿案件若干问题的规定》第22条第1款规定:"两个以上行政机关分别实施违法行政行为造成同一损害,每个行政机关的违法行为都足以造成全部损害的,各行政机关承担连带赔偿责任。"故A项错误。

该司法解释第14条第3款规定:"原告在第二审

程序或者再审程序中提出行政赔偿请求的,人民法院可以组织各方调解;调解不成,告知其另行起诉。"故 B 项正确。

该司法解释第 9 条规定:"原行政行为造成赔偿请求人损害,复议决定加重损害的,复议机关与原行政行为机关为共同被告。赔偿请求人坚持对作出原行政行为机关或者复议机关提起行政赔偿诉讼,以被起诉的机关为被告,未被起诉的机关追加为第三人。"故 C 项正确。

该司法解释第 14 条第 2 款规定:"原告在第一审庭审终结前提起行政赔偿诉讼,符合起诉条件的,人民法院应当依法受理;原告在第一审庭审终结后、宣判前提起行政赔偿诉讼的,是否准许由人民法院决定。"据此,如果原告是在一审庭审终结后、宣判前提起行政赔偿诉讼的,由法院决定是否受理,并非应当受理。故 D 项错误。

法条变更	《最高人民法院关于审理行政赔偿案件若干问题的规定》
	2021 年 12 月 6 日最高人民法院审判委员会第 1855 次会议通过,2022 年 3 月 20 日公布(法释[2022]10 号)。《最高人民法院关于审理行政赔偿案件若干问题的规定》(法发[1997]10 号)同时废止

268. 行政赔偿义务机关 [ABD]

[解析] 本题中,公安分局公安人员驾驶警车追捕时为躲闪其他车辆,不慎将李某服装厅的橱窗玻璃及模特衣物撞坏,可见,公安人员的行为属于职务行为,应由公安分局承担相应责任。B 项认为公安人员的行为属于与行使职权无关的个人行为,故错误。

我国行政赔偿实行违法归责原则,即只有对违法行政行为,国家才予以赔偿。而本题中公安人员的行为属于执行职务时的紧急避险行为,没有违法性,因此不适用国家赔偿。既然谈不上国家赔偿,公安分局即不应作为赔偿义务机关。故 A、D 项错误。

虽然对公安人员的行为不适用国家赔偿,但因国家机关的合法行为造成当事人损失的,应当予以补偿,所以应当对李某予以行政补偿。故 C 项正确。

专题二十三 司法赔偿

考点 57 司法赔偿义务机关

269. 司法赔偿义务机关和程序 [BCD]

[解析] 根据司法赔偿义务机关后置原则,作出最终错误决定的机关为赔偿义务机关。本题中,最终由县检察院作出逮捕决定,因此县检察院是赔偿义务机关,故 A 项正确。刑事赔偿义务机关为公检法机关,鉴定机关不能作为赔偿义务机关,故 B 项错误。

刑事赔偿期间为错误羁押期间。本题中,程某于 2021 年 11 月 30 日被刑事拘留,2022 年 5 月 3 日被释放,因此赔偿期间应为此段时间。故 C 项错误。

根据《国家赔偿法》第 24 条规定,赔偿义务机关在规定期限内未作出是否赔偿的决定,赔偿请求人可以自期限届满之日起 30 日内向赔偿义务机关的上一级机关申请复议。赔偿义务机关是人民法院的,赔偿请求人可以直接向其上一级人民法院赔偿委员会申请作出赔偿决定。本题中的赔偿义务机关是县检察院,程某应当先申请复议。故 D 项错误。

270. 刑事赔偿义务机关的确定 [AB]

[解析] 对限制人身自由的刑事司法赔偿机关的确定,采后置原则。根据《国家赔偿法》第 21 条规定,对公民采取逮捕措施后决定撤销案件、不起诉或者判决宣告无罪的,作出逮捕决定的机关为赔偿义务机关。……二审改判无罪,以及二审发回重审后作无罪处理的,作出一审有罪判决的人民法院为赔偿义务机关。本案经市中院二审后发回区法院重审而改判无罪,属于一审判决有罪、二审发回重审改判无罪的情形,应当由一审法院区法院作为赔偿义务机关。故 A、B 项错误,应选。D 项,如果区检察院在审查起诉阶段决定撤销案件,方某请求国家赔偿,应当由作出逮捕决定的机关区检察院作为赔偿义务机关。故 D 项正确,不选。

C 项考查国家赔偿程序中的赔偿义务机关先行处理程序。《国家赔偿法》第 22 条第 2 款规定:"赔偿请求人要求赔偿,应当先向赔偿义务机关提出。"因此,区法院作为赔偿义务机关,方某应当先向区法院提出赔偿请求。故 C 项正确,不选。

271. 司法赔偿义务机关 [D]

[解析]《国家赔偿法》第 21 条第 4 款规定:"再审改判无罪的,作出原生效判决的人民法院为赔偿义务机关。二审改判无罪,以及二审发回重审后作无罪处理的,作出一审有罪判决的人民法院为赔偿义务机关。"司法赔偿义务机关的确定采取后置原则,故本题的赔偿义务机关为法院。注意,这里的"二审发回重审后作无罪处理的"情形包括:(1)一审法院重审后改判无罪;(2)二审发回重审,重审期间检察院撤回起诉,并作出不起诉决定或撤销案件。本案中,甲市中级法院裁定将案件发回丙区法院重新审理,重审期间,丙区检察院撤回起诉并作出不起诉决定,符合上述法条规定,应以丙区法院为赔偿义务机关。故 D 项正确。

考点58 司法赔偿范围

272. 刑事司法赔偿义务机关；刑事司法赔偿范围 [CD]

[解析] 根据《国家赔偿法》第21条规定，刑事赔偿义务机关的确定遵循"后置原则"，即由最后一个作出错误的法律文书的机关作为赔偿义务机关。再审改判无罪的，作出原生效判决的法院是最后一个作出错误的法律文书的机关，应为赔偿义务机关。本题中，对于赵某的甲罪，省高院再审改判无罪，作出有罪判决的是作为二审法院的市中院，依前述规定应当由其作为赔偿义务机关。故A项正确。

《最高人民法院关于人民法院执行〈中华人民共和国国家赔偿法〉几个问题的解释》第4条规定，人民法院判处管制、有期徒刑缓刑、剥夺政治权利等刑罚的人被依法改判无罪，国家不承担赔偿责任，但是，赔偿请求人在判决生效前被羁押的，依法有权取得赔偿。本题中，方某的甲罪为有期徒刑缓刑，不属于国家赔偿范围；乙罪未被撤销，国家也不予赔偿；此外，因为乙罪未被撤销，不属于上述规定的"改判无罪"，仍属于有罪判决，所以对于判决生效前被羁押（逮捕）的期间国家也不予赔偿。故B项错误，C项正确。

《国家赔偿法》第33条规定："侵犯公民人身自由的，每日赔偿金按照国家上年度职工日平均工资计算。"本题中，如果赵某被违法羁押，属于人身自由受到侵害，赔偿方式为给付赔偿金，律师费用不在赔偿范围之内。故D项正确。

273. 国家赔偿的范围 [ABCD（原答案为D）]

[解析]《国家赔偿法》第17条规定："行使侦查、检察、审判职权的机关以及看守所、监狱管理机关及其工作人员在行使职权时有下列侵犯人身权情形之一的，受害人有取得赔偿的权利：（一）违反刑事诉讼法的规定对公民采取拘留措施的，或者依照刑事诉讼法规定的条件和程序对公民采取拘留措施，但拘留时间超过刑事诉讼法规定的时限，其后决定撤销案件、不起诉或者判决宣告无罪终止追究刑事责任的；（二）对公民采取逮捕措施后，决定撤销案件、不起诉或者判决宣告无罪终止追究刑事责任的；（三）依照审判监督程序再审改判无罪，原判刑罚已经执行的；……"据此，《国家赔偿法》对于限制人身自由的司法赔偿范围仅限于拘留、逮捕及已经执行刑罚的情形，即采取"错误羁押"原则，只对申请人被错误羁押并实际执行的期间给予赔偿，未被羁押的期间不予赔偿。有期徒刑缓刑在5月10日变更强制措施取保候审后，王某就没有被实际羁押了，因此对2009年5月10日以后的期间国家不予赔偿。

需要注意的是归责原则的变化。本题是根据旧《国家赔偿法》命制的，修改后的《国家赔偿法》对刑事拘留、逮捕和判决均采用结果归责原则，所以，当年司法部公布标准答案为D选项。2010年《国家赔偿法》修改后，对于逮捕和刑事判决依然采用结果归责原则，所以对2月24日到5月10日王某实际被关押的期限，应当予以赔偿。但现行《国家赔偿法》拘留部分的归责原则由结果归责改为了违法归责，即对违反刑事诉讼法的规定采取拘留和拘留超期这两种情形予以赔偿。本题中并未明确指出是违法拘留，做题时应按没有违法拘留作答，因此，对2月10日至2月24日的拘留期间不予赔偿。

综上，本题的国家赔偿期间应是2009年2月24日到5月10日。根据现行《国家赔偿法》，本题ABCD均错误。

274. 刑事司法赔偿 [BCD]

[解析] 王某犯罪时不满16周岁，属于不负刑事责任的人，国家赔偿适用"免罪关了分前后，赔后不赔前"的规则，即：依法不负刑事责任或不追究刑事责任的人被羁押，以判决生效为界限区分前后，在判决生效前对当事人的羁押，不论拘留和逮捕，不赔偿；在判决生效之后，如果对当事人还有羁押，则赔偿。本案中，王某于2008年6月5日被二审法院维持原判、交付执行，因此本案的判决确定之日应为2008年6月5日，王某也正是从此日起开始执行原判刑罚的。因此国家应对2008年6月5日到2009年3月2日王某因执行原判刑罚而被羁押期间的损失承担赔偿责任。故A项正确，B、C、D项错误。

考点59 司法赔偿程序

275. 刑事赔偿义务机关；刑事赔偿程序与范围 [BC]

[解析] 解答本题，首先要确定赔偿义务机关。刑事司法赔偿义务机关的确定遵循后置原则，由最后一个作出错误决定的机关作为赔偿义务机关。本案中，区法院经审理认为徐某构成职务侵占，虽然判决免予追究刑事责任，但是并没有宣告徐某无罪，仍然属于有罪判决，因此区法院是赔偿义务机关。故D项错误。

《国家赔偿法》第24条第3款规定："赔偿义务机关是人民法院的，赔偿请求人可以依照本条规定向其上一级人民法院赔偿委员会申请作出赔偿决定。"本案的赔偿义务机关为区法院，不存在复议程序，更不存在向检察院申请复议的可能，徐某可以向上一级法院即市中级法院赔偿委员会申请赔偿。故A项错误，B项正确。

司法赔偿的判断标准为"违法羁押"原则，即只有对当事人进行了错误的实际羁押，才应当予以赔偿。本案中，虽然区法院免予追究徐某的刑事责任，对徐某不存在实际羁押，但先前检察院对徐某采取了逮捕措施,直至判决前,徐某都处于被羁押的状态,对于这段时间的实际羁押,国家机关需要承担赔偿责任。故C项正确。

276. 赔偿委员会审理赔偿案件的质证程序[C]

[解析]《最高人民法院关于人民法院赔偿委员会适用质证程序审理国家赔偿案件的规定》第3条第2款规定:"赔偿请求人或者赔偿义务机关申请不公开质证,对方同意的,赔偿委员会可以不公开质证。"据此,乙县法院申请不公开质证,只有当李某同意时赔偿委员会才可能予以准许。故A项错误。

该规定第19条第1款规定:"赔偿请求人或者赔偿义务机关对对方主张的不利于自己的事实,在质证中明确表示承认的,对方无需举证;既未表示承认也未否认,经审判员询问并释明法律后果后,其仍不作明确表示的,视为对该项事实的承认。"李某对乙县法院主张的不利于自己的事实,既未表示承认也未否认,但未经审判员的询问及释明法律后果,因而不能视为对该项事实的承认。故B项错误。

该规定第18条第1款规定,赔偿委员会根据赔偿请求人申请调取的证据,作为赔偿请求人提供的证据进行质证。故C项正确。

该规定第23条规定:"书记员应当将质证的全部活动记入笔录。质证笔录由赔偿请求人、赔偿义务机关和其他质证参与人核对无误或者补正后签名或者盖章。拒绝签名或者盖章的,应当记明情况附卷,由审判员和书记员签名。具备条件的,赔偿委员会可以对质证活动进行全程同步录音录像。"据此,一般情况下,质证活动只需制作质证笔录,只有在条件允许的情况下才进行全程同步录音录像。而且"可以"表明同步录音录像并非赔偿委员会必须履行的义务,即使在条件允许的情况下,赔偿委员会对是否录音录像仍有裁量权。故D项错误。

277. 刑事赔偿义务机关的确定;赔偿程序及范围;赔偿复议[BCD]

[解析]《国家赔偿法》第21条第3款规定:"对公民采取逮捕措施后决定撤销案件、不起诉或者判决宣告无罪的,作出逮捕决定的机关为赔偿义务机关。"据此,赔偿义务机关应为县检察院,而非县公安局。故A项错误。

《国家赔偿法》第23条第3款规定:"赔偿义务机关决定不予赔偿的,应当自作出决定之日起10日内书面通知赔偿请求人,并说明不予赔偿的理由。"据此,赔偿义务机关拒绝赔偿时,应当书面通知沈某。故B项正确。

《国家赔偿法》第17条规定,行使侦查、检察、审判职权的机关以及看守所、监狱管理机关及其工作人员对公民采取措施后,决定撤销案件、不起诉或者判决宣告无罪终止追究刑事责任的,受害人有取得赔偿的权利。本题中,沈某被采取了逮捕措施,而后检察院又决定不起诉,则沈某有权申请国家赔偿,国家也应当给予沈某赔偿。故C项正确。

《国家赔偿法》第24条第2款规定,赔偿请求人对赔偿的方式、项目、数额有异议的,或者赔偿义务机关作出不予赔偿决定的,赔偿请求人可以自赔偿义务机关作出赔偿或者不予赔偿决定之日起30日内,向赔偿义务机关的上一级机关申请复议。据此,县检察院为赔偿义务机关,当县检察院作出不予赔偿决定时,沈某应向县检察院的上一级检察院申请复议。故D项正确。

278. 刑事赔偿[D]

[解析] 对限制人身自由的刑事司法赔偿机关的确定,采取"谁最后作有罪决定,谁赔偿"的后置原则。《国家赔偿法》第21条第4款规定,二审改判无罪,以及二审发回重审后作无罪处理的,作出一审有罪判决的人民法院为赔偿义务机关。本题中,县法院一审判处李某有罪,市中院二审改判无罪,此种情况下,赔偿义务机关应当是作出有罪判决的一审法院县法院,故A项错误。

现行《国家赔偿法》已经取消了先行确认程序,故B项错误。

《国家赔偿法》第39条规定,赔偿请求人请求国家赔偿的时效为2年,自其知道或应当知道国家机关及其工作人员行使职权时的行为侵犯其人身权、财产权之日起计算,但被羁押等限制人身自由期间不计算在内。据此,申请赔偿的时效是自当事人知道或应当知道自己的权利遭受侵害之日起计算,而不是自国家机关的行为被确认违法之日起计算,故C项错误。

《国家赔偿法》第23条第1款规定:"……赔偿义务机关作出赔偿决定,应当充分听取赔偿请求人的意见,并可以与赔偿请求人就赔偿方式、赔偿项目和赔偿数额依照本法第四章的规定进行协商。"故D项正确。

279. 司法赔偿程序[A]

[解析]《最高人民法院关于人民法院赔偿委员会审理国家赔偿案件程序的规定》第1条规定:"赔偿请求人向赔偿委员会申请作出赔偿决定,应当递交赔偿申请书一式四份。赔偿请求人书写申请书确有困难的,可以口头申请。口头提出申请的,人民法院应当填写《申请赔偿登记表》,由赔偿请求人签名或者盖章。"故A项正确。

《最高人民法院关于人民法院赔偿委员会审理国家赔偿案件程序的规定》第5条第2款规定:"赔偿义务机关、复议机关可以委托本机关工作人员1至2人作为代理人。"据此,县公安局只能委托本机关人员为代理人。故B项错误。

《国家赔偿法》第26条规定:"人民法院赔偿委员会处理赔偿请求,赔偿请求人和赔偿义务机关对自己提出的主张,应当提供证据。被羁押人在羁押期间死亡或者丧失行为能力的,赔偿义务机关的行为与被羁押人的死亡或者丧失行为能力是否存在因果关系,赔偿义务机关应提供证据。"本案中,李某认为县公安局的刑事拘留行为给他造成了损失而主张国家赔偿,因此李某必须对他所受到的损失与刑事拘留行为之间是否存在因果关系提供证据。故C项错误。

《国家赔偿法》第29条第3款规定:"赔偿委员会作出的赔偿决定,是发生法律效力的决定,必须执行。"第30条第1款规定:"赔偿请求人或者赔偿义务机关对赔偿委员会作出的决定,认为确有错误的,可以向上一级人民法院赔偿委员会提出申诉。"据此可知,李某不服中级法院赔偿委员会作出的赔偿决定的,只能选择向上一级法院赔偿委员会申诉。故D项错误。

280. 刑事赔偿[AD]

[解析] 根据《国家赔偿法》第23条规定,赔偿义务机关决定不予赔偿的,应当自作出决定之日起10日内书面通知赔偿请求人,并说明不予赔偿的理由。因此A项正确。

本案中李某被刑事拘留、批准逮捕后,由县法院判处有期徒刑6年,李某上诉后甲市中级法院改判无罪。根据《国家赔偿法》第21条规定,二审改判无罪,以及二审发回重审后作无罪处理的,作出一审有罪判决的人民法院为赔偿义务机关。因此,本案的赔偿义务机关是一审法院县法院,公安局和县检察院都不承担赔偿责任。法院作为赔偿义务机关的,赔偿请求人应先向该法院提出赔偿申请。在法院作出先行处理后,赔偿请求人对赔偿的方式、项目、数额有异议或法院作出不予赔偿决定的,赔偿请求人无需经过复议,直接向上一级法院赔偿委员会申请作出赔偿决定。因此B项错误。

根据《最高人民法院关于人民法院赔偿委员会审理国家赔偿案件程序的规定》第7条规定:"赔偿委员会审理赔偿案件,应当指定1名审判员负责具体承办。负责具体承办赔偿案件的审判员应当查清事实并写出审理报告,提请赔偿委员会讨论决定。赔偿委员会作赔偿决定,必须有3名以上审判员参加,按照少数服从多数的原则作出决定。"可见,具体承办赔偿案件时可以指定1名审判员,但是作出赔偿决定时,必须有3名以上审判员参加。因此C项错误。

《国家赔偿法》第30条第1款规定:"赔偿请求人或者赔偿义务机关对赔偿委员会作出的决定,认为确有错误的,可以向上一级人民法院赔偿委员会提出申诉。"由此可见,如甲市中级法院赔偿委员会作出赔偿决定,赔偿义务机关认为确有错误的,可以向该省高级法院赔偿委员会提出申诉。因此D项正确。

281. 赔偿义务机关;国家赔偿范围;赔偿程序[C]

[解析] 司法赔偿义务机关的确定采"后置原则"。根据《国家赔偿法》第21条第1~3款规定,行使侦查、检察、审判职权的机关以及看守所、监狱管理机关及其工作人员在行使职权时侵犯公民、法人和其他组织的合法权益造成损害的,该机关为赔偿义务机关。对公民采取拘留措施,依照本法的规定应当给予国家赔偿的,作出拘留决定的机关为赔偿义务机关。对公民采取逮捕措施后决定撤销案件、不起诉或者判决宣告无罪的,作出逮捕决定的机关为赔偿义务机关。据此,赔偿义务机关为县检察院。故A项错误。

《国家赔偿法》第17条规定:"行使侦查、检察、审判职权的机关以及看守所、监狱管理机关及其工作人员在行使职权时有下列侵犯人身权情形之一的,受害人有取得赔偿的权利:……(二)对公民采取逮捕措施后,决定撤销案件、不起诉或者判决宣告无罪终止追究刑事责任的;……"故B项错误。

《国家赔偿法》第12条第4款规定,赔偿请求人当面递交申请书的,赔偿义务机关应当当场出具加盖本行政机关专用印章并注明收讫日期的书面凭证。申请材料不齐全的,赔偿义务机关应当当场或者在5日内一次性告知赔偿请求人需要补正的全部内容。故C项正确。

《国家赔偿法》第24条规定:"赔偿义务机关在规定期限内未作出是否赔偿的决定,赔偿请求人可以自期限届满之日起30日内向赔偿义务机关的上一级机关申请复议。赔偿请求人对赔偿的方式、项目、数额有异议的,或者赔偿义务机关作出不予赔偿决定的,赔偿请求人可以自赔偿义务机关作出或者不予赔偿决定之日起30日内,向赔偿义务机关的上一级机关申请复议。赔偿义务机关是人民法院的,赔偿请求人可以依照本条规定向其上一级人民法院赔偿委员会申请作出赔偿决定。"可见,除法院外,复议程序是必经程序。本案赔偿义务机关为检察院,必须经过复议后,才可以向法院赔偿委员会申请作出赔偿决定。另外,司法赔偿为非诉讼救济,只能是向法院赔偿委员会申请司法赔偿,而不可被称为提起赔偿诉讼。故D项错误。

282. 国家赔偿[A]

[解析]《国家赔偿法》第21条第3款规定:"对公民采取逮捕措施后决定撤销案件、不起诉或者判决宣告无罪的,作出逮捕决定的机关为赔偿义务机关。"司法实践中,赔偿义务机关的确定适用"后置原则",

即哪个机关是最后一个作出错误决定的机关,哪个机关即为赔偿义务机关。本题作出错误决定的机关为市检察院,即为赔偿义务机关。故A项正确。

《国家赔偿法》第12条第2款规定:"赔偿请求人书写申请书确有困难的,可以委托他人代书;也可以口头申请,由赔偿义务机关记入笔录。"司法赔偿和行政赔偿均适用此条规定。因此,在申请国家赔偿过程中,如果申请人书写困难,可以口头提出申请。故B项错误。

《最高人民法院关于审理国家赔偿案件确定精神损害赔偿责任适用法律若干问题的解释》第9条规定:"精神损害抚慰金的具体数额,应当在兼顾社会发展整体水平的同时,参考下列因素合理确定:(一)精神受到损害以及造成严重后果的情况;(二)侵权行为的目的、手段、方式等具体情节;(三)侵权机关及其工作人员的违法、过错程度、原因力比例;(四)原错判罪名、刑罚轻重、羁押时间;(五)受害人的职业、影响范围;(六)纠错的事由以及过程;(七)其他应当考虑的因素。"C项说法过于绝对。故C项错误。

《国家赔偿法》第33条规定:"侵犯公民人身自由的,每日赔偿金按照国家上年度职工日平均工资计算。"这里的上年度指的是赔偿义务机关、复议机关或者法院的赔委会作出赔偿决定时的上年度。本题里并没有给出赔偿决定的作出时间,但是从朱某申请国家赔偿的日期2016年3月15日来看,赔偿决定依法应当在2016年度作出,故侵犯朱某人身自由的每日赔偿金应按照2015年度职工日平均工资计算。故D项错误。

考点60 民事、行政司法赔偿

283. 人民法院违法解除保全措施的司法赔偿[B(原答案为BD)]

[解析]《国家赔偿法》第38条规定:"人民法院在民事诉讼、行政诉讼过程中,违法采取对妨害诉讼的强制措施、保全措施或者对判决、裁定及其他生效法律文书执行错误,造成损害的,赔偿请求人要求赔偿的程序,适用本法刑事赔偿程序的规定。"可知,《国家赔偿法》明确规定了人民法院在民事诉讼过程中违法解除保全措施,侵犯公民、法人和其他组织合法权益造成损害的,依法应由国家承担赔偿责任。故A项错误。

《关于审理民事、行政诉讼中司法赔偿案件适用法律若干问题的解释》第3条规定:"违法采取保全措施,包括以下情形:……(二)依法不应当采取保全措施而采取,或者依法应当解除保全措施而不解除的;……"故B项正确。

是否属于国家赔偿范围是法定事项,没有调解空间,不能适用调解,故C项错误。

现行《国家赔偿法》已经取消了确认程序,故D项错误。

284. 行政司法赔偿范围[B]

[解析]本案中,杜某逾期未履行法院生效的判决偿还债务,法院有权对其强制执行,查封、裁定过户都是执行行为的具体表现。误工费2000元和房屋过户损失30万元都不属于法院强制执行而直接导致的物质损失,对此应不予赔偿。故A、D项错误。

查封造成屋内财产毁损和丢失5000元,属于法院执行行为直接导致的物质损失,应当予以赔偿。故B项正确。

《国家赔偿法》规定,只有侵害公民人身权才会产生精神损害赔偿。本案中法院的执行行为并未涉及杜某的人身权,所以不存在精神损害赔偿问题。故C项错误。

285. 民事、行政诉讼中的司法赔偿[ABD]

[解析]《关于审理民事、行政诉讼中司法赔偿案件适用法律若干问题的解释》第2条规定:"违法采取对妨害诉讼的强制措施,包括以下情形:……(四)对同一妨害诉讼的行为重复采取罚款、拘留措施的;……"A项中的情况属于法条中的第4项。故A项正确。

该司法解释第5条规定:"对判决、裁定及其他生效法律文书执行错误,包括以下情形:(一)执行未生效法律文书的;……"B项符合第1项规定的情形。故B项正确。

该司法解释第9条规定:"受害人对损害结果的发生或者扩大也有过错的,应当根据其过错对损害结果的发生或者扩大所起的作用等因素,依法减轻国家赔偿责任。"C项"不承担"说法错误,应是减轻国家赔偿责任。故C项错误。

该司法解释第7条规定:"具有下列情形之一的,国家不承担赔偿责任:……(五)因不可抗力、正当防卫和紧急避险造成损害后果的;……"D项符合第5项规定的情形。故D项正确。

专题二十四 国家赔偿方式、标准和费用

考点61 国家赔偿方式与标准

286. 司法赔偿义务机关;刑事司法赔偿程序;精神损害赔偿标准[CD]

[解析]正确回答本题,首先需要确定赔偿义务机关。根据《国家赔偿法》第21条,刑事赔偿义务机关的确定遵循"后置原则",即由最后一个作出错误法律文书的机关作为赔偿义务机关。本题,县检察院是最后一个作出错误法律文书的机关,不该批准逮捕

行政法与行政诉讼法[答案详解]

却错误地作出了批准逮捕决定,因此县检察院是赔偿义务机关。D项正确。

《国家赔偿法》第23条第1款规定:"赔偿义务机关应当自收到申请之日起两个月内,作出是否赔偿的决定。赔偿义务机关作出赔偿决定,应当充分听取赔偿请求人的意见,并可以与赔偿请求人就赔偿方式、赔偿项目和赔偿数额依照本法第四章的规定进行协商。"赔偿方式、项目与数额均可协商,故B项错误。

根据《国家赔偿法》第24条,关于刑事赔偿程序,赔偿义务机关是法院的,遵循"两步走"的规则(无复议程序);赔偿义务机关不是法院的,遵循"三步走"的规则(有复议程序)。本题中的赔偿义务机关是县检察院,应遵循"三步走"规则:先向县检察院申请赔偿(第一步);对赔偿决定不服的,可向县检察院的上一级机关(市检察院)申请复议(第二步);对复议决定不服的,还可向市中级人民法院赔偿委员会申请赔偿(第三步)。故C项正确。

根据《国家赔偿法》第35条规定,致人精神损害,只有造成严重后果的,才应当支付精神损害抚慰金。另《最高人民法院关于审理国家赔偿案件确定精神损害赔偿责任适用法律若干问题的解释》第7条第1款规定,"造成严重后果"是指:(1)无罪或者终止追究刑事责任的人被羁押6个月以上;(2)受害人经鉴定为轻伤以上或者残疾;(3)受害人经诊断、鉴定为精神障碍或者精神残疾,且与侵权行为存在关联;(4)受害人名誉、荣誉、家庭、职业、教育等方面遭受严重损害,且与侵权行为存在关联。本题中并未交代对朱某造成了以上严重后果,应理解为不存在严重后果,因此不应向其支付精神损害抚慰金。此外,即便应当支付精神损害抚慰金,根据《最高人民法院关于审理国家赔偿案件确定精神损害赔偿责任适用法律若干问题的解释》第8条规定:"致人精神损害,造成严重后果的,精神损害抚慰金一般应当在国家赔偿法第三十三条、第三十四条规定的人身自由赔偿金、生命健康赔偿金总额的百分之五十以下(包括本数)酌定;后果特别严重,或者虽然不具有本解释第七条第二款规定情形,但是确有证据证明前述标准不足以抚慰的,可以在百分之五十以上酌定。"可知,精神损害抚慰金应当以人身自由赔偿金、生命健康赔偿金总额的50%为标准确定,A项中"不得低于侵犯人身自由赔偿金的两倍"的说法也是错误的。故A项错误。

287. 国家赔偿的方式[ABD]

[解析]《国家赔偿法》第36条规定:"侵犯公民、法人和其他组织的财产权造成损害的,按照下列规定处理:……(六)吊销许可证和执照、责令停产停业的,赔偿停产停业期间必要的经常性费用开支;……"据此,建筑材料公司被责令停产停业,应当赔偿其停业期间必要的经常性费用开支。这里的必要的经常性费用开支,是指法人或其他组织为维系停产停业期间运营所需的基本开支,包括留守职工工资、必须缴纳的税费、水电费、房屋场地租金、设备租金、设备折旧费等。所以,A、B、D项正确。

根据《国家赔偿法》第36条第8项,国家赔偿原则上只赔偿直接损失,不赔偿间接损失。直接损失,是指因遭受不法侵害对现有财产带来的必然性、直接性的侵害。预期利润损失属于不确定的"或然性"损失,属于间接损失,国家不予赔偿,故C项错误。

288. 国家赔偿的范围与方式[ABC]

[解析]《国家赔偿法》第34条规定:"侵犯公民生命健康权的,赔偿金按照下列规定计算:……(二)造成部分或者全部丧失劳动能力的,应当支付医疗费、护理费、残疾生活辅助具费、康复费等因残疾而增加的必要支出和继续治疗所必需的费用,以及残疾赔偿金。残疾赔偿金根据丧失劳动能力的程度,按照国家规定的伤残等级确定,最高不超过国家上年度职工年平均工资的20倍。造成全部丧失劳动能力的,对其扶养的无劳动能力的人,还应当支付生活费;……"本案中,廖某部分丧失劳动能力,因此国家赔偿的范围包括医疗费、残疾生活辅助具费、残疾赔偿金,并不包括廖某扶养的无劳动能力人的生活费。只有造成全部丧失劳动能力的,才需要对其扶养的无劳动能力人支付生活费。故A、B、C项正确,D项错误。

289. 国家赔偿的范围与标准[AD]

[解析]《国家赔偿法》第36条规定:"侵犯公民、法人和其他组织的财产权造成损害的,按照下列规定处理:……(六)吊销许可证和执照、责令停产停业的,赔偿停产停业期间必要的经常性费用开支;……"本题中,工商局扣缴张某营业执照致使张某停业,因此对于停业期间的损失赔偿限于必要的经常性费用开支。"必要的经常性费用开支"是指企业、商店、公民等停产、停业期间用于维持其生存或存续的基本开支,如水电费、房屋租金、税费、职工工资、设备折旧费等。可知,A项中的门面租赁费属于房屋租金,D项中停业期间张某依法缴纳的税费属于税费资金,均为必需的经常性费用开支。故A、D项当选。

《国家赔偿法》第36条第8项规定,侵犯公民、法人和其他组织的财产权造成损害的,按照直接损失给予赔偿。直接损失,是指因遭受不法侵害而使现有财产必然减少或消灭而造成的损失,它与间接损失、可预期利益损失相对。B项中食品过期不能出售造成的损失不属于直接损失,因为张某可以对其经营的食品在过期前通过其他方式处理,以避免损失,故B项属于间接损失,不当选。C项中张某无法经营的经济损失属于可预期利益的损失,故C项不当选。

290. 刑事赔偿范围;赔偿义务机关的确定;国家赔偿标准等[C]

[解析] 司法赔偿采取赔偿义务机关后置原则，在法院作出无罪判决时，批准逮捕的检察机关为赔偿义务机关。所以本题赔偿义务机关为检察院，县公安局不履行赔偿义务。故A项错误。

《国家赔偿法》第13条第1款规定:"赔偿义务机关应当自收到申请之日起2个月内，作出是否赔偿的决定。赔偿义务机关作出赔偿决定，应当充分听取赔偿请求人的意见，并可以与赔偿请求人就赔偿方式、赔偿项目和赔偿数额依照本法第四章的规定进行协商。"因此，赔偿项目是可以协商的。故B项错误。

刑事赔偿的范围是指被采取拘留、逮捕强制措施以及错判刑罚并被羁押，人身自由受到完全限制的情形，即"实际羁押"，在本题中由于取保候审没有实际羁押方某，所以这个时间段不属于国家赔偿的范围。故C项正确。

《关于办理刑事赔偿案件适用法律若干问题的解释》第21条规定，国家赔偿标准中的"上一年度"是指赔偿义务机关作出赔偿决定时的上一年度。题干中并未交代赔偿义务机关作出赔偿决定的时间，无法确定上一年度的时间。但方某于2014年3月2日才申请国家赔偿，其上一年度至少应是2013年。故D项错误。

291. 国家赔偿的方式和计算标准[AB]

[解析]《国家赔偿法》第33条规定:"侵犯公民人身自由的，每日赔偿金按照国家上年度职工日平均工资计算。"据此，对杨某被羁押，每日赔偿金按国家上年度职工日平均工资计算，故A项正确。

《国家赔偿法》第36条规定:"侵犯公民、法人和其他组织的财产权造成损害的，按照下列规定处理:……(五)财产已经拍卖或者变卖的，给付拍卖或者变卖所得的价款;变卖的价款明显低于财产价值的，应当支付相应的赔偿金;……(七)返还执行的罚款或者罚金、追缴或者没收的金钱，解除冻结的存款或者汇款的，应当支付银行同期存款利息;……"根据该条第7项规定，B项正确。根据该条第5项规定，财产被拍卖的，仅给付拍卖所得的价款，不存在支付赔偿金的问题，只有在财产被变卖且所得价款明显低于财产价值时，才应当支付相应的赔偿金，故C项错误。

《国家赔偿法》第17条规定:"行使侦查、检察、审判职权的机关以及看守所、监狱管理机关及其工作人员在行使职权时有下列侵犯人身权情形之一的，受害人有取得赔偿的权利:……(三)依照审判监督程序再审改判无罪，原判刑罚已经执行的;……"本案中，杨某于2006年12月6日被交付执行，后依照审判监督程序再审改判无罪，因此杨某有权要求国家赔偿。《国家赔偿法》第35条规定:"有本法第三条或者第十七条规定情形之一，致人精神损害的，应当在侵权行为影响的范围内，为受害人消除影响，恢复名誉，赔礼道歉;造成严重后果的，应当支付相应的精神损害抚慰金。"《最高人民法院关于审理国家赔偿案件确定精神损害赔偿责任适用法律若干问题的解释》第7条第1款规定:"有下列情形之一的，可以认定为国家赔偿法第三十五条规定的'造成严重后果':(一)无罪或者终止追究刑事责任的人被羁押六个月以上;……"本案中，杨某从2006年12月6日被一直被关押到2010年9月9日，应当认定为"造成严重后果"，故杨某可以要求支付精神损害抚慰金，故D项错误。

292. 侵犯人身自由赔偿金的计算[C]

[解析]《国家赔偿法》第33条规定:"侵犯公民人身自由的，每日赔偿金按国家上年度职工日平均工资计算。"同时，《办理刑事赔偿案件适用法律若干问题的解释》第21条第1款规定:"国家赔偿法第33条、第34条规定的上年度，是指赔偿义务机关作出赔偿决定时的上一年度;复议机关或者人民法院赔偿委员会改变原赔偿决定，按照新作出决定时的上一年度国家职工平均工资标准计算人身自由赔偿金。"在本案中，县公安局于2005年12月作出给予李某赔偿的决定书，因此2005年为有关机关作出赔偿决定的年度。尽管李某于2006年先后向市公安局和市法院赔偿委员会提出复议和申请，但是二者均作出维持决定，这意味着本案的赔偿仍应以作出原赔偿决定时(2005年)的上一年度即2004年度国家职工日平均工资计算。故C项正确。